民国文学史论 第二辑

国家出版基金项目
NATIONAL PUBLICATION FOUNDATION

李 怡 张中良 主编

民国作家的抒情意识与审美追求

张堂锜 著

南方出版传媒

花城出版社

中国·广州

图书在版编目（CIP）数据

民国作家的抒情意识与审美追求 / 张堂锜著. —— 广
州：花城出版社，2019.6
（民国文学史论 / 李怡，张中良主编. 第二辑）
ISBN 978-7-5360-8860-3

Ⅰ. ①民… Ⅱ. ①张… Ⅲ. ①作家－人物研究－中国
－民国 Ⅳ. ①K825.6

中国版本图书馆CIP数据核字（2018）第303547号

出　版　人：肖延兵
专业审读：罗执廷
特邀编辑：张灵舒
策划编辑：张　瑛
责任编辑：张　瑛
技术编辑：凌春梅
装帧设计：杨亚丽　贡日亮

书　　名	民国作家的抒情意识与审美追求	
	MINGUO ZUOJIA DE SHUQING YISHI YU SHENMEI ZHUIQIU	
出版发行	花城出版社	
	（广州市环市东路水荫路 11 号）	
经　　销	全国新华书店	
印　　刷	佛山市浩文彩色印刷有限公司	
	（广东省佛山市南海区狮山科技工业园 A 区）	
开　　本	787 毫米×1092 毫米　16 开	
印　　张	19.75　1 插页	
字　　数	354,000 字	
版　　次	2019 年 6 月第 1 版　2019 年 6 月第 1 次印刷	
定　　价	78.00 元	

如发现印装质量问题，请直接与印刷厂联系调换。
购书热线：020－37604658　37602954
花城出版社网站：http://www.fcph.com.cn

总序一：文学研究与历史意识

李　怡

　　在相对平静的中国现代文学研究领域，最近几年出现的"民国文学"研究的设想似乎是值得注意的动向，面对这样一种动向，有人认为是打破某种学术停滞的契机，但也有人提出了自己的质疑，表达了自己的担忧，但无论如何，有关民国的话题已经成为我们无法绕开的存在，即使质疑，也有必要理解它生成的理由。

　　在我看来，借助"民国社会历史"这一视角研究中国现代文学，最重要的其实并不是提出了"民国"这一概念，更大的价值是它提示我们，文学的研究必须回到历史的语境之中。既然中国史已经可以清晰地划分为古代史与近现代史，又有什么必要独立出一个"民国史"呢？这当然是为了进一步关注和描述民国特有的社会、政治与文化情态。一般说来，古代、近现代，这都是世界通行的普泛性概念，这些概念的意义在于昭示了一种共同的人类历史进程，其意义自不待言。但是普泛性的概括并不能代替各个国家和民族的具体遭遇和问题，共同的历史进程之中，依然掺杂千差万别的"民族史""区域史"，特别是像中国这样的独特的东方"现代"国家，许多历史的细节都不是西方话语体系的"近现代"所能够涵盖的，中国的"现代"就集中发展于"民国"，所以研讨"民国"也就是真正落实中国的"现代"历史是什么。近些年来，民国史研究是中国史学界取得显著成果的一个领域，可以说，在尊重、回到历史的取向上，历史学家已经走在了学术的前列。中国现代文学研究开始重视"民

总序二：还原民国文学史

张中良

不止一次听到质疑：既然中国现代文学史的概念早已获得公认，20 世纪中国文学史的概念也逐渐为人们所接受，为什么还要另起炉灶提出民国文学史？

尽管存在着质疑，而且对民国文学史的理解也不尽相同，但这个概念总算引起了人们的注意，这就扩大了探讨的空间。

民国文学史的概念，1994 年见之于一套"中国全史"时，只是参照历代文学史的分法，标志着一个时段，并没有涉及多少民国赋予文学的意义。现在，仍有学者持同样的理解。2006 年，秦弓提出"从民国史视角看现代文学"，意在把现代文学还原到民国史的历史语境中去重新审视。2009 年，李怡阐述现代文学的"民国机制"，将问题的讨论向前推进了一步。几年来，民国文学乃至民国文学史的概念逐渐凸显出来，中国现代文学研究会、北京师范大学文学院等举办的学术会议都曾就民国文学问题展开过讨论，《文学评论》《中国现代文学研究丛刊》《学术月刊》《文艺争鸣》《广东社会科学》《湖南社会科学》《厦门大学学报》《湖南大学学报》《郑州大学学报》《重庆师范大学学报》《衡阳师范学院学报》《金陵科技学院学报》《兰州学刊》《当代文坛》《江汉学术》等刊物发表相关论文。从讨论来看，民国文学史确有新民主主义文学史、现代文学史、20 世纪文学史所不能表征的独特而丰富的意涵，既然如此，"民国文学史"的梳理、叙述与阐释又有何不可？

在相当长的时期，民国是一个禁忌。人们每每把民国简化为一个败亡的政府，如果作为一个历史时期来表述的话，通常是"解放前""旧社会"。一个简单的逻辑就是：政府如果不腐败，怎么会被推翻？旧社会如果不黑暗，怎么会结束？在这样的背景下，有谁还敢"冒天下之大不韪"去探讨民国问题呢？

然而，问题在于：民国在推翻了清朝政权、结束了两千余年的封建帝制的基础上建成，是辛亥革命的胜利成果，而非历史的耻辱；民国作为亚洲第一个共和国，曾经寄托了中华民族走向现代化的希望；民国是一个国家实体，而国家从来就不等同于政府，民国有多种势力对峙、冲突、交错、并存的政治，有虽然地区之间并不平衡，但毕竟曾经几度繁荣的经济，有由弱到强的外交，有终于赶走侵略者的抗日战争胜利，有大踏步发展的新式教育，有束缚与自由交织的新闻出版，有丰富多彩的文学艺术，等等，怎么能够因为民国政府的最后败亡而抹杀民国的一切？民国是一个历史过程，从诞生到成长再到衰败，怎么可以由其结局否定此前的所有历史？

即使为了总结历史经验教训，也不能无视民国的存在。中国向来有后世修史的传统，1956 年，国家制定十二年科学发展规划时，中华民国史研究被列入其中，然而，1957 年的"反右"使规划搁浅，在接下来阶级斗争之弦越绷越紧的政治形势下，民国史研究没有人敢于问津。关于民国时期政治史、经济史、口述史等资料经过整理面世一批，但没有一种以"民国"冠名。1971 年 9 月 13 日三叉戟折戟温都尔汗之后，"文革"狂潮呈现衰势。1972 年，周恩来总理再次号召编写中华民国史，中国科学院近代史研究所成立了中华民国史研究室，开始启动研究与编写工作。但在"文革"后期，学术研究步履维艰。直到改革开放以来，才恢复了实事求是的优良传统，民国史研究逐渐步入正轨。① 史料的发

---

① 参照张宪文等：《中华民国史》第 1 卷，南京：南京大学出版社，2005 年，"导论"，第 2—5 页。

掘、整理与出版，敏感问题的探索，均有可喜的成绩。在此基础上，张宪文等著《中华民国史》（4卷本）、李新担任总编的《中华民国史》（12卷本）①等代表性成果先后问世，引领读者走近民国史的真实。

比较而言，中国现代文学研究在民国文学的历史还原方面要落伍很远。人们已经习惯于在原来的思维框架中思考问题，怯于拓展新的学术视野。直到今天，还有人担心研究民国文学会不会有什么风险？历史已经走到21世纪，多少惨痛的教训才换来了新时期以来的改革开放，走回头路的可能固然并没有完全杜绝，但我们应该相信社会的进步、民族的良知、人民的觉醒，如果有谁再敢倒行逆施，很难得逞。民国文学史研究的指归，小则是要呈现真实的民国文学史风貌，丰富人们的历史认知，大则是要普及实事求是的历史主义精神，保障社会稳步前进。

以新民主主义观点、现代性或20世纪眼光来梳理与阐释文学史，自然各有所长，但是民国文学在民国的背景下诞生、成长，打上了深刻的民国烙印，表现了独特的民国风貌，而从20世纪50年代以来的学术史来看，从迄今出版的近600种现代文学史著作来看，回避民国文学概念，便无法揭示文学的民国基因，因而，很难准确地画出这一历史时期的中国文学全图，无法解释文学发展的复杂动因，也无法理解民国文学的多元内涵与艺术个性。

民国政治自始至终是一种多元化的政治。北洋政府时期，南北对峙自不必说，北洋政府内部派系林立，你方唱罢我登场，客观上给新文学提供了一个相当宽松的发展空间。1927年4月18日南京国民政府成立，到1937年卢沟桥事变，这期间不仅存在着尖锐的国共冲突，而且两党之外还有活跃的自由主义阵营、根基深广的民主主

---

① 李新总编：《中华民国史》（12卷16册），北京：中华书局，2011年。

义力量，国民党内部也有各种错综复杂的派系。全面抗战爆发之后，各派政治力量团结在民族统一战线的旗帜下共同抗日，但又各自保留着相对独立的空间，不仅有陕甘宁边区、新辟的敌后根据地与广义的国统区之别，而且在国统区内部，也有桂、粤、滇、晋等具有一定独立性的区域。这种多元化的政治是民国文学形成多样形态的重要原因。民国的法律，有其自身的缺陷，也存在着法律层面与实践层面的巨大反差，但作家的生活与创作还是有一定的法律保障。若不然，鲁迅怎么能够在对教育总长的诉讼中胜诉、恢复了被免去的教育部金事职务？在他成为左翼作家之后，怎么能够躲得了牢狱之灾，继续他的著译事业？在"白色恐怖"之外，还有广阔的空间，于是，才会有色彩斑斓的民国文学。民国时期，尽管确有政治压迫与文化管制，但民国文学能在错杂的空间得以发展，不仅内蕴丰盈复杂，而且审美风格也是千姿百态。

民国文学应是民国时期文学的总称，就文体而言，不仅有五四文学革命开创的新文学，也有传统形式的旧体诗词、戏曲、文言小说、文言散文，还有介乎二者之间的改良体；就政治倾向而言，不仅有官方属意甚深而命途塞涩的三民主义文学，官方倡导且得到广泛呼应的民族主义文学，也有左翼倡导的革命文学、左翼文学，还有"五四"以来脉息不绝的自由主义文学、民主主义文学；就创作方法而言，不仅有现实主义，也有浪漫主义、古典主义，还有形形色色的现代主义，以及各种方法的杂糅重构；就审美格调而言，有《凤凰涅槃》式的豪迈弘放，也有《义勇军进行曲》式的慷慨悲壮，还有《再别康桥》式的缠绵悱恻；从喜剧风格来看，有鲁迅浙东式的冷隽幽默，也有李劼人式的麻辣川味，有老舍杂糅着京味儿与英国风的月色幽默，还有张天翼式的湖南辛辣讽刺；就城乡文明倾向来看，有新感觉派式的斑驳陆离的都市色彩，也有沈从文式粗犷与清新交织的湘西风光，还有赵树理最为典型、叙事偏于传统的乡土通俗，等等。气象万千的文学风景，无论是其内蕴，还是其形式，都在民国的历史进程中形成，都与民国的机制息息相关，因而民国文学研究不是单纯的外部研究，而且含有审美机理的内部研究。

民国文学史研究还是刚刚起步，要做的工作有许多。我与李怡教授曾经交流过，我们都认为，一部成熟的文学史著作应该有扎实的研究作基础，与其现在匆匆忙忙地"凑"一部民国文学史，毋宁脚踏实地地考察民国文学与民国政治、经济、法律、战争、外交、民族、宗教、文化、教育、艺术、新闻出版、自然环境及灾变诸多方面的关联，考察文学所表现的民国风貌，考察民国文化生态对文学风格的影响（或曰民国文学审美建构不同于前后时代的特色），然后再进行民国文学史的整合性的叙述与分析。我们不去奢望将来关于20世纪上半叶的文学史叙述仅由民国文学史来承担，那样既无必要，也不可能，大一统式的构想本来就是与学术自由相背离的。但我们相信，民国文学史的叙述必定会在中国文学史的总体框架中占有不可或缺的一席之地。

我们的构想与努力有幸得到花城出版社乃至上级管理部门的认同与支持，"民国文学史论"第一辑六卷列入"'十二五'国家重点图书出版规划项目"与"国家出版基金项目"，于2014年出版，并在"国家出版基金项目"2015年绩效考评中获得"优秀项目"。丛书问世以来，有学者在海内外发表评论，予以积极的肯定。这对我们来说，无疑是巨大的鼓舞。民国文学话题也遇到一些质疑，但探索并未中止，视野与深度反而不断拓展，曾经一度持有尖锐意见的学者也加入了推进民国文学研究的队伍，这正是我们所希冀的良性学术生态。花城出版社张瑛女士在成功策划了"民国文学史论"丛书第一辑之后，又积极策划第二辑、第三辑。如果说第一辑主要是在观念与宏观方面打下基础的话，那么，第二辑则较多在语言、审美品格、文学教育、经典作家、形象和刊物等典型个案等方面做出新的拓展，第二辑的问世将会进一步丰富读者对民国文学的认识。第二辑 11 卷同样被列入国家出版基金项目，感激自在不言之中！这无疑也增强了我们将民国文学研究不断引向深入的信心。

2018 年 8 月 19 日修订于上海

| 目　录 |

决定文学主导思潮的原因都不是源自于文学。

　　这不能不说是中国现代文学的不幸。正因这不幸的命运，中国现代文学表现出异于其他时期的独特面貌，现代作家承受着也表现着属于这个异常变动时代下曲折、丰富、艰难的精神跋涉，国家不幸诗家幸，从某个角度来说，现代文学又可以说是幸运的。现代作家们在面临时代风云的诡谲变幻中，或自觉不自觉地与文学主潮合拍同流，意兴风发；或自觉不自觉地与文学主潮疏离隔离，退居边缘。主潮或边缘，集体或个人，作家们经常面对的是进退两难的尴尬痛苦，或是随波逐流的无奈忧郁，上下求索的迷惘与向往。作家意识深处总有着经世致用与自由独立两种不同选择的纠结矛盾，这构成了作家心灵世界的深刻性与歧异性。本书想着力揭示的正是 20 世纪前半叶现代作家精神探索的面向之一，那就是在启蒙、革命、救亡主潮之外对抒情审美意识的坚持与追求。这种对文学审美性如信仰般的凝望，在我看来，对于我们研究中国现代文学的思潮发展，乃至现代作家的创作心态与审美思维，都具有相当重要的启发意义。

二、作家意识与时代任务的复杂构成

　　从近代以来，启蒙和救亡就一直是中华民族面临的两大时代主题，也是影响和制约这段时期作家主体心态最直接的思想取向和精神动力。启蒙和救亡，虽然在动机、手段、本质上有其歧异性，但根本目标同样都是要体现"现代性"（modernity），实现"现代化"（modernization）。"现代性"不仅是时间概念，也是一种以人的主体自由为核心的政治、社会、经济、文化、法律、教育等各种层面的理性原则与精神，正如李欧梵在其论文《中国现代文学中的现代主义》所指出的，是指一种"进化与进步的观念，实证主义对历史前进运动的信心，以为科技可以造福人类的信仰，以及广义的人文主义架构中的自由与民主的理想"[1]。至于"现代化"也不仅是指近代资本主义兴起后的特定国际关系格局下，经济上落后的国家透过技术革命实现工业化，以赶上世界先进水平的历史进程，而更是指一种心理状态、价值观和生活方式的改变过程。[2] 也就是说，只有思想上的现代化，才有真正意义上的"人"的觉悟，而实现"人

---

　　① 李欧梵：《中国现代文学中的现代主义》，《中西文学的徊想》，香港：三联书店，1986 年，第 24 页。

　　② 罗荣渠：《现代化新论》，北京：北京大学出版社，1993 年，第 9—15 页。

的发现""人的觉醒""人的哲学"，正是一种现代性的追求。只有思想上的现代化，才使其他诸如政治、经济、军事等的现代化成为可能。回眸 20 世纪的中国历史，其实是一部追求独立、自主、强盛的现代化民族国家的奋斗史，其中心推动力就是现代性，20 世纪中国历史可以说是一部现代性的追寻史，而从时代发展的考察来看，这种对现代性的追求，主要具体表现于启蒙与救亡这两大时代主题之中。

启蒙与救亡的命题是由李泽厚在 1986 年《启蒙与救亡的双重变奏》一文中提出来的，他从思想、文化、政治等多元视角描绘中国近现代历史发展的线索时强调，科学民主的启蒙主题与爱国图存的救亡主题在相互促进、碰撞、纠缠中，有时同步发展，有时彼此扞格，构成了一种复杂的关系。在我看来，正是这种复杂关系，使中国对现代性的追求走上了一条曲折、艰难且不无遗憾的道路。说"不无遗憾"，是因为只要进一步分析，又可以看到隐隐存在其中的简单对应形态，那就是，除了五四时期曾出现过启蒙意识与救亡意识合流的短暂局面外，从 20 世纪初到 40 年代末期，时代的主旋律一直都是救亡，救亡不只压倒了启蒙，更是压倒一切。救亡意识不仅主导了历史进程与时代氛围，也主宰了作家文人的文化思维与生命抉择。当启蒙退位、纯美缺位，当作家不得不扮演"角色"并以牺牲"本色"为代价，不得不以突显"个体中的群体"部分为念，舍弃张扬"群体中的个体"人格追求时，怎么说都是一件遗憾的事。

世纪初的梁启超提出"新民说"，其理论思路是：新民为了救国，而文学是新民的利器。换言之，文学是实践救国理念的工具。梁启超、谭嗣同、黄遵宪等晚清维新知识分子在面对国民性改造的思想努力上，救亡意识始终是他们思考、讨论问题的核心观念。戊戌变法、辛亥革命、军阀混战等一系列的政治事件与危机，历史并没有给这些文人太多选择。五四新文化运动以启蒙为特征，但别忘了同时发生的五四运动，外交挫败带来的民族危亡心理，使得救亡迅速成为时代召唤的主题意识。1928 年革命文学口号的喧天价响，30 年代滚滚滔天的红色文学洪流，伴随着国共斗争、日寇入侵、全民抗战、颠沛流离的现实压迫，救亡意识几乎占据了大部分作家的思想、心灵。

在半世纪的文学发展历程中，我们清楚地看到文学的角色是如何从"为新民""为人生"，一步步走向"为革命""为人民"（为农民），这些不同阶段的不同口号或文艺主潮，说穿了都只是"救亡"主题曲的变奏与和弦，"救亡"可说是大时代的"一家独唱"，是知识分子思想的中心意识，以下的图示既是现代作家意识的主流呈现，也是时代任务衍变的大势轨迹：

救亡

↗ ↑ ↖

新民→启蒙→革命

时代的中心任务，作家的主流意识，使得绝大部分的创作主体及其或抒情，或言志，或载道的载体——文学，无可避免地与现实政治必须保持一个"不离"的位置、"呼应"的姿态，文学之所以具有或新民，或启蒙，或革命的等等价值，其深层原因恐怕还在于它和时代主题、社会任务、国家意识形态相适应有关。

我无意以个人的独语来否定时代的大合唱，也不主张作家都从十字街头回到自己的乌托邦，毕竟时代大潮的形成有其历史的必然性与偶发性，不以个人意志为转移，这里想强调的是，作家意识与时代任务之间，应该容许"大同"中有"小异"，在与时代同流合拍之外，应该有作家追求自由、超越、独立、纯美的心灵空间。因为启蒙也好，救亡也好，现代中国文学已经不由自主地承担了许多非文学的沉重负荷，正如谢冕在回顾百年中国文学发展历程时所说的："近代以来接连不断的内忧外患，使中国有良知的诗人、作家都愿以此为自己创作的基点。不论是救亡还是启蒙，文学在中国作家的心目中从来都是'有用'，文学有它沉重的负载。原本要让人轻松和休息的文学，因为这责无旁贷和义无反顾的超常的负担而变得沉重起来。中国百年文学，或者说，中国百年文学的主流，便是这种既拒绝游戏又放逐抒情的文学。"这种文学的负重感，逐渐演变成文学的直接功利性，甚而成为服务于政治目的的工具，导致意识形态非此即彼的区分与排他，"中国文学就这样在文学与非文学、纯文学与泛文学、文学的教化作用与更广泛的审美愉悦之间处境尴尬，更由此引发了无穷无尽的纷争"①。如此一来，文学的主体性消失了，文学自身的问题常常得靠政治、权力、意志来决定和诠释，由此而造成文艺界一场又一场的悲剧，已经屡见不鲜。这是中国文人的不幸，也是中国文学的不幸。

本着这样的立场与观点，以下，我将先概要勾勒 20 世纪前半叶文学主潮的更迭推演，再进一步分析置身启蒙、救亡大潮下被忽略的抒情审美意识，以及对审美意识自觉追求的作家们如何展开其精神生存方式的艰难选择与突围。

---

① 谢冕：《总序一：辉煌而悲壮的历程》，《百年中国文学总系·1898 百年忧患》，济南：山东教育出版社，1998 年，第 3 页。

三、现代文学发展的主潮更迭：新民、启蒙、革命与救亡

中国近代以来因危亡图存时势所形成的文学，一直是被视为可以疗治社会的"药方"在思索着和表现着，知识分子秉其"匡时济民"的深重情结，也一直不停地为国家民族的痼疾"开药方""下猛剂"，如前所述，"救亡"是文学成为"药方"的病因，随着"病情"的变化，不同阶段有不同诉求，这些主要诉求在时代的需要下遂成为主潮。以下，假如我们可以暂时抛开文学（文化）思潮间纠缠不清的复杂关系，如历时性与共时性的无法一刀划分，思潮彼此间的对峙性与互渗性的不易简单厘清，共名无名间的悖反共存等，而从时代文学主导思潮的角度来观照的话，那么我们可以将 20 世纪初期到 1949 年的文学发展脉络，用一种线性思维、竹节式的分期来概括：20 世纪初期是文学维新的新民主潮，五四时期（或 20 年代）是文学革命的启蒙主潮，30 年代是无产阶级革命文学的政治主潮，40 年代则是战争文学的救亡主潮。这样的说法当然不能完全涵盖文学史发展的歧异现象与历史细节，也可能犯了二元对立、非此即彼的片面论断偏误，但从较宏观的视野来观察，这样的分期至少能重点描述出这 50 年来文学主潮演进的大致面貌①，同时作为本文叙述的策略运用，也可以省去许多枝节的讨论与繁冗辨证。

1. 20 世纪初期：文学维新的新民主潮

当梁启超在《新民说》中大声疾呼"新民为今日中国第一急务"时，中国社会正进行着第一次普遍而深刻的社会启蒙及文学改良运动。从戊戌到辛亥前后，思想和文学主潮都以"新民"为中心。康有为主张维新，谭嗣同主张"冲决网罗"，严复在《原强》中强调"鼓民力""开民智""新民德"，认为"此三者，自强之本也"，再加上梁启超在《新民说》中指出："欲其国之安富尊荣，则新民之道不可不讲"，"苟有新民，何患无新制度？无新政府？无新国家？"从这些维新思潮代表人物的言论中，我们可以看出，"新民"是维新思潮的主要内容。从本质上来看，"新民"是一场融入"救亡意识"的"启蒙"

---

①　如张俊才、李扬：《20 世纪中国文学主潮》即以启蒙、革命、救亡来划分，钱理群、温儒敏、吴福辉著《中国现代文学三十年》（修订本）（北京：北京大学出版社，1998年。）也采类似看法，其他各种现代文学史、思潮史书籍在不同名称描述下大致也有相近的思路与观察。

思潮。文学，就在这样的思想舞台上被推上了前线，成为改造国民精神、推动社会改革、甚至是挽救民族危亡的利器。

无疑的，梁启超是鼓动"新民"文学主潮的领袖人物。他于 1902 年创办的《新小说》杂志上发表《论小说与群治之关系》时就明确说出"欲新民，必自新小说始"，矫枉过正地将小说（文学）与强国、救亡、政治改良任务结合在一起。透过他畅快淋漓、才气纵横的健笔鼓吹，诗界革命、小说界革命、文界革命、戏曲改良等一系列文学改良运动蓬勃展开，新派诗、新小说、新文体也一时风行。"新民"思潮的本身既是启蒙与救亡的合理产物，它带有强烈的功利性、目的性，乃至于政治性、宣传性，也就势所必然了。有论者就指出，梁启超的文学观或可用"文学即新民"一语概括，其重视文学的社会与政治功能的主张，促使文学与时代、现实和人生紧密联系，"引导作家以强烈的社会责任感和崇高的'新民'意识，揭举社会和人生的种种'问题'以推动政治的变革，从而使创作出现了划时代的革新与进步，并因此成为'五四'现代文学的先导"①。五四时期成为热门话题的自由、平等、国民性、白话文学、俗语文学等口号，早在 20 世纪初期以新民意识为核心的思想、文学主潮中就已被提出和讨论，只不过"五四"知识分子对启蒙主义精神的思考与发扬更深刻更彻底，是"新民"意识更高层次的历史推展。从这个角度来说，梁启超等人的文学功能论在催生五四新文学、新文化诞生上有其不可磨灭的作用。

尽管我同意李欧梵在其重要论文《追求现代性（1895—1927）》的观点，认为"严格说来，不能把严复和梁启超看成是文学界人士。在他们看来，文学——特别是小说——是为一种远大的目标服务的：那就是为中国民众启蒙"②。他认为梁启超虽曾涉笔于小说创作，但《新中国未来记》并未完成。在我看来，如果不从文学创作的角度，而着眼于文学活动、宣传，开一时风气的影响与贡献来说，将梁启超排除于"文学界"（这本身就是个模糊、宽泛的名词）之外则是不合理的。李欧梵在这篇论文中也承认："梁启超在使小说成为一种重要的媒介手段上颇有功劳"。虽然梁启超不是一个成功的小说家，但他提出的"新民"这一著名概念却在当时十分流行，他对散文、诗歌的语言、形式上的"解放"也有其进步意义，在主张广泛输入西方文学的思想意境、形式语

---

① 张俊才、李扬：《20 世纪中国文学主潮》，石家庄：河北教育出版社，2002 年，第 24 页。

② 李欧梵：《现代性的追求：李欧梵文化评论精选集》，台北：麦田出版公司，1996 年，第 235—236 页。

句，加以消化吸收，造出本国的新文学上，也可说是启动了中国文学走向世界、走向现代的进程。作为近代文学革新主潮的发起者和鼓吹者，五四文学主潮的先驱者，他成功扮演了过渡时代的英雄角色。

2. 五四时期：文学革命的启蒙主潮

以 1919 年五四运动为中心的前后几年，约从 1915 年陈独秀创办《新青年》到 1921 年文学研究会、创造社成立，一般将这段时期称为"五四时期"，而五四时期是救亡与启蒙主题并行不悖、相互合流的阶段。由《新青年》发起的"新文化运动"，是以启蒙为目标，以批判旧传统为特色，以道德革新和文学革命为内容的思想启蒙运动，也就是说，一开始，陈独秀、胡适、鲁迅、刘半农等这些鼓吹新文化的知识分子们所关注的焦点主要不在政治，而在文化，但"问题的复杂性却在，尽管新文化运动的自我意识并非政治，而是文化。它的目的是国民性的改造，是旧传统的摧毁。它把社会进步的基础放在意识形态的思想改造上，放在民主启蒙上。但从一开头，其中便明确包含着或暗中潜埋着政治的因素和要素"，"启蒙的目标，文化的改造，传统的扔弃，它仍是为了国家、民族，仍是为了改变中国的政局和社会的面貌。仍然既没有脱离中国士大夫'以天下为己任'的固有传统，也没有脱离中国近代的反抗外侮，追求富强的救亡主线"①。正是这种抛不开的救亡意识，使思想启蒙性的新文化运动和政治救亡的反帝爱国运动在五四运动迅即合而为一。

一般来说，启蒙与救亡往往是相互为用、二位一体的，因为要救亡就不可能不要求人的觉悟，只有人的真正意义上的觉醒才能从根本上解决救亡的时代课题，启蒙文化本来就包含了救亡的意义。但是，考察 20 世纪中国社会政治思潮和文化思潮的发展事实，不难发现：五四时期是仅有一次具有如此彻底、全面的启蒙姿态的时期。民主与科学、德先生与赛先生、改造国民性、人的觉悟、人的发现、人的文学、自我表现等口号喧天价响，人道主义、个人主义、个性主义的一时流行，都说明了五四时期鲜明的启蒙主义色彩。人们通常将五四新文化运动比作欧洲的文艺复兴运动，因为两者都属于启蒙运动，呼唤着人的意识的觉醒。不论是"随感录"体的杂文创作，文学研究会标榜的"为人生而艺术"，创造社追求的"自我表现"，或是冰心"爱的哲学"，鲁迅逼视灵魂、抨击礼教吃人的小说，郭沫若《女神》的个性喷发，还是郁达夫的感伤情

---

① 李泽厚：《启蒙与救亡的双重变奏》，《中国现代思想史论》，台北：三民书局，2002 年，第 7—9 页。

调，丁玲的女性自觉与呐喊，甚至 1921 年前后出现的"问题小说"热潮，都没有脱离启蒙主义的范畴。作家们强调将文学作为改造社会人心的工具，对婚姻爱情、个性解放的题材描写大都服膺于清醒的理性批判精神，并在艺术表现上充分展露个性，自由发挥，洋溢着强烈的主观情绪和抒情色彩。文学的革新、文化的改造与思想的觉醒、情感的解放，都围绕在以追求"现代性"的启蒙中心任务下成为 20 年代的主要潮流。

3. 20 世纪 30 年代：无产阶级革命文学的政治主潮

五四时期启蒙与救亡合流的局面并没有持续多久，20 年代中期以后，随着时局的危急存亡与现实的剧烈斗争，包括 1925 年的"五卅"惨案、1926 年的"三一八"惨案、1927 年的清党，以及北伐战争、内战、对日抗战等，使历史的主旋律由启蒙向救亡转移，抵抗外族侵略，国家独立富强的救亡主题很快就压倒了思想启蒙的主题，个性解放、思想革命被社会解放、政治革命取代，而现代文学的主潮也开始从文化批判转向社会与政治批判。五四时期对"文学是什么"的本质问题的讨论已基本结束，这个阶段引起关注的是"文学为什么""文学能什么"的功能性质的思考。不同政治力量、党派、立场的对峙与抗衡，对文学往哪里走有着尖锐对立的主张，左翼文学与京派、海派、自由主义、人文主义、民族主义文学等的论争，成了"红色 30 年代"文坛上激烈斗争的戏码。1928 年起，由后期创造社与太阳社倡导的"革命文学"逐渐在救亡的时代氛围下成为文学意识的中心，1930 年成立的"中国左翼作家联盟"，虽然对革命文学有所批判，但以无产阶级文学为核心的理论纲领没有改变。普罗文学、革命文学、无产阶级文学口号的流行，说明了"为人生"的启蒙意识已向"为革命"的救亡意识、政治意识倾斜。

我们不妨看看当时"革命文学"倡导者的一些主张——郭沫若说："你们要把文艺的主潮认定！……你们要晓得我们所要求的文学是表同情于无产阶级的社会主义的写实主义的文学……"[①]；瞿秋白说："文艺永远是，到处是政治的'留声机'。问题在于做哪一阶级的'留声机'，并且做得巧妙不巧妙。"[②]；李初梨说："一切的文学，都是宣传，普遍地，而且不可避免地是宣传"，"文学，与其说它是自我的表现，毋宁说它是生活意志的要求。文学，与其说它是

---

① 郭沫若：《革命与文学》，《创造月刊》第 1 卷第 3 期，1926 年 5 月 16 日。

② 瞿秋白（易嘉）：《文艺的自由和文艺家的不自由》，《现代》第 1 卷第 6 号，1932 年 10 月。

社会生活的表现，毋宁说它是反映阶级的实践。"①；钱杏邨说："普罗文学不是普罗的消闲艺术，是一种斗争的艺术，是一种斗争的武器！它是有它的政治的使命！创作的内容是必然的要适应于政治的宣传的口号和鼓动口号的！"②从这些主张可以看出，文学的个性已经被集体性取代，文学革命也一变为功利性、宣传性、战斗性、工具性的革命文学，政治斗争的必要性远大于文化批判的启蒙性，五四时期开启的相对思想自由的空间紧缩了，文学主潮随着整个社会的变革、局势的动荡而变得空前的政治化、党派化、意识形态化。

　　一些清醒的文化人如鲁迅、茅盾等人，都对革命文学的偏差发展提出了警告与批评，指出其标语化、口号化、教条化的缺失，认为虽然挂着"革命文学"招牌，却只有革命而没有文学。新月派的主要理论家梁实秋以永恒的、普遍的、人性的文学反对无产阶级的阶级的文学，和左翼文坛展开了激烈的论战；自称"自由人"的胡秋原和自称代表"第三种人"的苏汶，针对左翼文学的趋向极端也有直接的批判。此外，还有京派的朱光潜、沈从文，提倡"性灵"的林语堂等人，都有坚持文学立场的发言，但响应他们的却是从左右对立的政治观点与阶级立场出发的谩骂与尖锐攻击。其实，这些对革命文学的批评有许多是一针见血的，但政治决定了时代的文学、思想主潮，则是不争的事实。20 世纪 30 年代的政治、文学氛围就是如此复杂，马克思主义、社会主义、革命文学理论的传播与运用，在一定程度上决定了此后文坛的面貌。

4．20 世纪 40 年代：战争文学的救亡主潮

　　从 20 世纪 30 年代中期开始，中国社会内部阶级对立的尖锐，逐渐因为日本军国主义侵略的民族危机日趋严峻，而有了新的转变。为了因应全民抗战的时代来临，文学主潮也有了相应的调整，无产阶级革命文学主潮的正当性与必要性，迅即被更广泛深入的救亡主潮所取代。14 年的对日抗战加上 4 年的国共内战，战争文化以无所不在的方式影响着作家的创作心态、思维倾向以及文本的叙说、书写内涵的面貌。"五四"以来所关注的启蒙主题，在国难当头、炮火连天的时刻，暂时退出了中心位置，内部的阶级革命也必须让位给一致对外的抗战大业。在整个民族血火歌哭的时代，文学与民族命运紧紧捆绑在一起，同仇敌忾的战争救亡心理成为压倒一切的主题，辅助战争的功利主义成为文学的第一价值。

----

① 　李初梨：《怎样地建设革命文学》，《文化批判》第 2 号，1928 年 2 月。
② 　钱杏邨：《幻灭动摇的时代推动论》，《海风周报》第 14、15 期合刊，1929 年 4 月。

　　曾经是"艺术至上主义者"的苏汶，此时不得不喊出："纯文艺暂时让位吧！"①；老舍也说："文艺，在这时候，必为抗战与胜利的呼声。……当社会需要知识与激励，而文艺力避功利，是怠职。抗战文艺的注重宣传与教育，是为尽职。"② 30 年代高举"无产阶级革命文学"大旗的左联解散了，取而代之的是张扬"抗日民族统一战线"的"中华全国文艺界抗敌协会"（简称"文协"），它的口号是"文章下乡，文章入伍"，它的发起旨趣是"我们应该把分散的各个战友的力量，团结起来，像前线战士用他们的枪一样，用我们的笔，来发动群众，捍卫祖国，粉碎寇敌，争取胜利。民族的命运，也将是文艺的命运"③。文学，在这特定的战争时空里，是一种呼吁、战斗、宣传的工具，是要激励人心、鼓舞士气，一言以蔽之，是要救亡。

　　在救亡的主潮下，文艺的大众化、民族化理论的提出，其实是顺势发展的必然要求。毛泽东于 1942 年的发言《在延安文艺座谈会上的讲话》（简称《讲话》），从文艺"为群众"到"如何为群众"的根本问题，其中就涉及了"工农兵方向"的确定，以及实现自身民族化、民间化的原则。为了更直接发挥文学的武器功能（"团结人民、教育人民、打击敌人、消灭敌人"），强调"我们的文学艺术都是为人民大众的，首先是为工农兵的，为工农兵而创作，为工农兵所利用的。"文艺批评则是"以政治标准放在第一位，以艺术标准放在第二位"④，作为在特定的以政治为中心的历史条件下的文艺观，毛泽东的文艺思想从此牢牢确立了在革命文艺发展史上的权威话语地位。赵树理的小说如《小二黑结婚》《李有才板话》《李家庄的变迁》等因符合《讲话》的政策方向而受到关注，其他如丁玲的《太阳照在桑干河上》、周立波的《暴风骤雨》等影响也较大。

　　讲救亡也好，讲政治也好，文学只能是工具、武器；从"为人生"到"为革命"，再到"为人民"，文学所负载的使命越来越沉重，而它离文学自身的审美艺术也越来越远。这是时代使然，民族的命运使然，特定的文化时空造就了特定的文学主潮。启蒙让位，革命转移，救亡压倒了一切。这是历史的必然，也是文学的不幸。谢冕对百年中国文学悲剧发展的轨迹有一针见血的概

————————————

① 杜衡（即苏汶）：《纯文艺暂时让位吧》，《宇宙风》第 68 期，1938 年 5 月 16 日。
② 老舍：《三年来的文艺运动》，《大公报》1940 年 7 月 7 日。
③ 《中华全国文艺界抗敌协会发起旨趣》，《文艺月刊·战时特刊》新 1 卷第 9 期，1938 年 4 月 1 日。
④ 以上所引毛泽东的言论均出自《在延安文艺座谈会上的讲话》，《毛泽东选集》第 3 卷，北京：人民出版社，1953 年，第 849—880 页。

括，他认为主要表现在以下三方面：尊群体而斥个性，重功利而轻审美，扬理念而抑性情。[①] 文学有许多目的，但就是不在文学自身。追求文学自身的审美性、纯粹性、独立性，在群体为重、功利为主、理念为先的时代主潮冲击下，愈来愈显得微不足道了。

四、主潮更迭下的边缘存在：抒情审美

文学之有主潮，一如江河大川之有主河道。但主河道之外必有支流、细流，也一如文学主潮外必有"非主流"的存在。这些"非主流"的边缘性，使它不能成为时代的中心，但若没有这些"非主流"，时代的丰富性必将大为失色。现代文学 30 年的发展史，触目所及是启蒙、革命、战斗、救亡、批判、社会意识、阶级、政治、民族、反帝、反封建等宏大叙述话语，作家们似乎不在家中提笔写战斗之檄文，便须上街头发传单宣扬革命，甚至于提枪上战场与敌人进行救亡图存的殊死战。当然，这样的身影是可贵的，他们的牺牲也是可敬的，但是，对文学本质的存在而言，这样的意识形态不一定是可喜的。在启蒙、革命、救亡的功利性考虑之外，应该容许一种不以启蒙、革命、救亡为出发点，而以追求文学自身审美艺术价值为重心的文学创作，这种"没有主义"的"抒情审美意识"追求，在我看来，它的价值意义不在启蒙意识、救亡意识之下。

所谓"抒情审美意识"，是指明显以纯文学的艺术价值与表现为其审美追求的创作意识。它具有一定的非功利、非现实、非道德化、非政治化倾向，力求避免文学的堕落，捍卫文学的纯洁性。在作家的主体意识中，尽力超脱于政治漩涡与商业色彩之外，设法保持超然独立的文化人格、自由的文学心态，以及与文化人格相贯通的生命人格。在创作方法上，它不因启蒙、救亡意识的强调现实主义，而一概地反对现实主义精神，但反对独尊现实主义，反对现实主义中简单模仿现实的片面倾向，因此，从某个角度来说，它也是对现实主义的丰富和深化。"抒情审美意识"不是全然脱离社会的象牙塔，成为"唯美主义"的膜拜者，也不可能完全脱离具体的时代背景，只是想在意识形态分崩离析的时代，保持个人精神的独立，企图脱离现实的功利，赢得文学创作充分的自由。在血与泪的时代，我们应当容忍爱与美的存在；在"风沙扑面，狼虎成

---

① 谢冕：《总序一：辉煌而悲壮的历程》，《百年中国文学总系·1898 百年忧患》，第 6 页。

群"（鲁迅语）的时代，应当容许作家有不作民族文化代表、人民大众代言人、阶级战士及青年导师的自由。让文学回归本体、回归自我、回归审美，让作家走出文以载道的框架、走出政治时尚的宣传斗争、走出各种旗号、主义、党派的不当束缚，这是我所理解并主张的"抒情审美意识"。

与"抒情审美意识"相近的有"纯美意识"一词，首见于陈思和《启蒙与纯美——中国新文学的两种文学观念》一文①，他以"纯美意识"来指称强调文学本体意义的"文学的启蒙"，而与运用文学为手段去启蒙思想的"启蒙的文学"并列为五四新文化运动的两种文学观念。他进一步分析这种文学观念"首先在形式上、其次在内涵上启发了读者对美的敏感和认识，进而改变和提高民族的审美素质"，"这是文学自身的任务，与当时思想文化上的启蒙不是一回事，但又是那个时代的启蒙的一个不可或缺的任务"。至于纯美意识的意义，"是在反对新文学被视作政治思想改良的工具而体现出来，这并不意味着它将排除文学的一切思想内容、只强调纯而又纯的形式美"，要衡量纯美意识的标准在于"文学作品能否以它最恰切的语言完美地传达出作者所要表达的思想情感，而不是思想内容或思想情感本身。这与启蒙意识的标准是不一样的"②。他认为直到 30 年代中期为止，新文学可以说是由启蒙（包含了救亡）意识和纯美意识相对峙所构成的。不管时代文学主潮的选择为何，单从文学的角度来说，纯美与启蒙的标准不一致，但重要性是一样的。

与"抒情审美意识"接近的说法还有胡有清的"纯艺术思潮"。胡有清发表了几篇论文讨论中国现代文学中存在着一种与启蒙、革命、救亡的文学主潮相左的纯艺术理论思潮，他认为 20 世纪前半叶的文学发展中"还有另一种非功利化非政治化的纯艺术理论思潮作为支脉存在。这一思潮在文学的地位、功能、性质和文体特点等方面，同'文以载道'等传统文学观念和以左翼文学为代表的主流文学思想形成了鲜明的对照。具体说来，其理论上的主要特点表现为：坚持和维护文学作为艺术的独立地位，强调文学以审美为基本内容的独特功能而否定或限定其社会功利性，突出文学纯粹的人性因素而否定或限定其多种社会性质，重视文学和其他文字撰述的区别而致力于其纯正文体的建设"③。

---

① 此文收于陈思和的《笔走龙蛇》（台北：业强出版社，1991 年）一书。

② 陈思和：《笔走龙蛇》，第 23、30 页。

③ 胡有清：《夹缝中生存的现代文论支脉》，《江苏社会科学》1998 年第 3 期。胡氏有关纯艺术思潮的文章尚有《中国现代文学中的纯艺术思潮》《略论中国现代纯艺术思潮与传统文化》《中国现代的纯艺术文论与其西方渊源》等篇。

胡有清从思潮理论的视角指出这股非功利化的支脉思潮，与本文所指涉的"抒情审美意识"在含义上是一致的。

抒情审美的文学观念在清末已经出现，王国维被视为此一观念的代表人物。如上一节所述，以梁启超为代表的"新民"文学观念，虽含有改良人生的启蒙主义动机，但更明显的是服务于维新大业的政治功利心态，也就是融入了救亡意识的启蒙思潮。作为政治家与宣传家，梁启超具有儒家的入世精神，重视的是文学的社会政治功能，以文学为新民的利器，救国的首务。梁氏之说，虽然夸大了文学的启蒙、社会功能，使文学有沦为政治宣传工具的不良倾向，但他的文学观念和后来五四新文学社团文学研究会"为人生"思潮却是一脉相承的。至于王国维的文学思想则深受康德纯粹美、艺术无功利论概念的影响，标举超功利的文学观和美学观，认为"美之性质，一言以蔽之曰：可爱玩而不可利用者也"①。"一切学问皆能以利禄劝，独哲学与文学不然"②。在《论近年之学术界》一文中，他对"不重文学自身之价值，而惟视为政治教育之手段"的现象深感不满，并抨击一味强调文学政治功能的人是"本不知学问为何物，而但有政治之目的"③，他的文学观很清楚地传达出坚持美之独立价值的立场，因此他注重的是文学内部的"境界说"，以及着眼个人生命体验的"悲剧论"。王国维文学思想的独特性与重要性一如陈思和所论："王国维首先提出了'纯粹之美学'的概念，他力陈中国美学之所以不发达，就是由于文学的政治功利主义导致了艺术审美价值的独立地位的丧失。……这可以说是中国第一代资产阶级知识分子从审美意义上维护了初步觉醒的个性独立，'纯美意识'也由此而来。"④ 王国维的非功利文学观绝然否定了文学干预社会现实的功能，不免是一个缺憾，但抒情审美意识的张扬，确实更接近文学的本质，并在后来五四时期创造社"为艺术"的主张中看到相同的论调，其与梁启超的启蒙、救亡功利说，形成对峙之势，也基本奠定了 20 世纪中国现代文艺思潮两种文学观念对峙互补的格局。

然而，这两种文学观念的发展很快就呈现失衡的态势，梁启超启蒙、新民、改良社会与人生的文学思想，由于"适应了世纪初中国社会改革的需求，

① 王国维：《古雅之在美学上之位置》，《王国维文学美学论著集》，周锡山编校，太原：北岳文艺出版社，1987 年，第 37 页。
② 王国维：《文学小言》，《王国维文学美学论著集》，第 24 页。
③ 王国维：《论近年之学术界》，《王国维文学美学论著集》，第 107 页。
④ 陈思和：《笔走龙蛇》，第 25—26 页。

因而梁启超能够登高一呼，应者云集，成为世纪初的文化巨人。王国维接受的应是西方的当代'新潮'文化，但他却暂时不适合世纪初中国的社会改革的需求，因而尽管王国维观念超前，却只能在学术这块寂寞的园地上一展才华，并领受先知者的孤独"①。王国维的寂寞与孤独，恰恰象征了文学审美意识在中国那个特定时空里不得不然的命运。时代的需要决定了文学的必要。反清、反帝、反军阀、反日寇，救亡主题总是一步步压挤启蒙主题，而救亡与启蒙又经常合并、互补，压倒审美。王国维对非功利文学、美学观念的执着探索，以及在非主流位置上受到的冷淡与轻忽，也正是此后中国现代作家在抒情审美路上艰难跋涉的一个缩影。

五、凝望纯美：中国现代作家艰难曲折的精神探索

救亡、启蒙、审美等思潮，虽有相互挤压的失衡，但同时也是共存并行的。即使在启蒙文学、革命文学、救亡文学成为时代文学主调的大潮下，我们依然可以看到冰心小诗中甜美的爱，周作人美文的淡雅古朴，湖畔诗社爱情诗中的大胆率真，新月派对诗歌格律的追求，李金发对象征语言的经营，也可以看到朱自清笔下情真意切的《背影》《给亡妇》，徐志摩浪漫的《想飞》与《雪花的快乐》，这些作品流露的是浓厚的审美意识，而非救亡；当"革命"成为最时髦先进的代名词时，沈从文贡献出了优美田园牧歌式的小说《边城》，现代主义风格的新感觉派登场，戴望舒、卞之琳等现代派诗人创作不懈，何其芳精致的美文《画梦录》问世；当战争硝烟四起之际，林语堂没忘记一贯鼓吹的性灵与幽默，梁实秋在四川雅舍写着脍炙人口的小品，张爱玲、苏青、施济美以女性特有的细腻讲述了一个个苍凉琐细的故事，而无名氏《北极风情画》、《塔里的女人》是畅销的浪漫爱情小说，鹿桥也用爱与美的情调风格完成校园青春小说《未央歌》……这些作品不都是以抒情审美意识为主的表现吗？没有意识形态的枷锁，只有对文学纯粹的追求，就如何其芳所言："我追求着纯粹的柔和，纯粹的美丽"②，沈从文所说："我不轻视'左'倾，却也不鄙视右翼，我只信仰'真实'。……文学实有其独创性与独立价值。……不问左右，

---

① 张俊才、李扬：《20世纪中国文学主潮》，第33页。

② 何其芳：《我与散文》，《画梦录·还乡杂记》，石家庄：河北教育出版社，1994年，第26页。

解决这问题还是作品。"① 可以说，他们追求与体现的正是"没有主义"的自由。

　　作家的心态是复杂丰富的，知识分子的心灵世界有时也是多面而矛盾的，如前所述，他不可能脱离客观生存环境（社会、文化、自然等），也不可能无视于时代风云的变幻，这正是作为有思想、有情感的精神个体不可救赎的哀歌；同样的道理，以笔代剑、驰骋于各式战线上的作家们，也不可能没有梦境的追寻、难以排遣的抑郁。救亡与纯美，在许多作家身上不必然是二元对立的绝缘体，甚至于，同一作家在不同阶段可能做出完全相反的选择。承认作家心态的歧异性，是研究中国现代作家应有的清醒认知。对纯美的凝望，往往是作家主体精神探索的一个面向而已，但这个面向的存在，即使不在文学史的中心视野里，它仍是不可忽视的存在。

　　以鲁迅为例，他在《小品文的危机》里谈到小品文如果要生存，"也只仗着挣扎和战斗"，"生存的小品文，必须是匕首，是投枪，能和读者一同杀出一条生存的血路的东西"，他虽然承认小品文能给人"愉快和休息"，但"它给人的愉快和休息是休养，是劳作和战斗之前的准备"，因为，面对社会矛盾尖锐的 30 年代，"谁还有这许多闲工夫，来赏玩琥珀扇坠，翡翠戒指呢。他们即使要悦目，所要的也是耸立于风沙中的大建筑，要坚固而伟大，不必怎样精；即使要满意，所要的也是匕首和投枪，要锋利而切实，用不着什么雅"②。一生战斗形象鲜明的鲁迅，因失望于民众的麻木愚昧与现实的黑暗，而以启蒙之姿，救亡之忧，写出了暴露落后国民性、揭穿知识分子虚伪性、抨击封建传统压迫性的小说，以及十多部批判性的杂文。然而，我们也看到了鲁迅追忆童年、重提旧事的《朝花夕拾》和自言自语、倾泻内心巨大孤独的《野草》，这些具有抒情审美风格的散文及散文诗，表现的是直逼内在、灵魂自审的纯美意识，与启蒙无涉，也非关救亡。这些美文在鲁迅作品中只是少数，但却是熠熠发光的少数，从中可以看到这位"文化巨人"苦闷、焦虑、温暖、童真的一面，如果忽略了这个面向，那么看到的将不是真实而完整的鲁迅。

　　如果连鲁迅这种战士、斗士、勇者型的文人都不免对纯美投以深情的凝望，那么一般文人，尤其是以追求文学艺术价值为职志的文人，对抒情审美意识的张扬也就理有固然了。20 年代的周作人，曾经是十字街头的闯将，但最

---

　　① 沈从文：《记丁玲》，收入《沈从文别集》，长沙：岳麓书社，1992 年，第 268 页。
　　② 鲁迅：《小品文的危机》，《鲁迅全集》第 4 卷，北京：人民文学出版社，1981 年，第 575—577 页。本书所引《鲁迅全集》均为该版本。

后成了书斋中抄书听雨的"苦茶庵主人","喝不求解渴的酒，吃不求饱的点心"① 热衷于写一些生活美学的"趣味之文"，他曾在一篇短文中概括自己人生观和艺术观的改变："以前我所爱好的艺术与生活之某种相，现在我大抵仍是爱好，不过目的稍有转移，以前我似乎多喜欢那里边所隐现的主义，现在所爱好的乃是在那艺术与生活自身罢了。"② 在周作人身上，抒情审美意识显然主宰着他的生活态度与艺术气质，然而，他越是走向审美、走向个人本位主义，他受到的责难与批判如"落伍""沉沦""倒退"等则越激烈，即使周作人的人生选择确实有可议之处，但时代容不下一个只想在"自己的园地"里"闭户读书"的知识分子，却也是不争的事实。

1930 年由周作人创办的《骆驼草》周刊，在《发刊词》中说道："不谈国事。既然立志做'秀才'，谈干什么呢？此刻现在，或者这个'不'也不蒙允许的，那也就没有法儿了。"在文艺方面，他的态度是"笑骂由你笑骂，好文章我自为之，不好亦知其丑，如斯而已，如斯而已。"清楚表明了追求文艺、疏离政治的立场。和周作人同为《语丝》杂志同仁、五四时期曾经并肩作战过的林语堂，也有着和周作人相似的思想转变历程。在《语丝》时代，林语堂为文批判军阀，火力猛烈，但到了 30 年代，时代斗争益趋严峻的环境下，他却提倡幽默、闲适、性灵，以《论语》《人间世》《宇宙风》等刊物为阵地，鼓吹其"以自我为中心，以闲适为格调"（《人间世发刊词》）的幽默小品、性灵文学，专门刊登一些平和冲淡的纯粹散文小品。放弃五四时期的启蒙激情，营求小品文的审美风格，这样的林语堂，不可避免的也招致了"遁世""清谈""与时代脱节""小摆设"的讥讽。

翻开现代文学史，与周作人、林语堂有着类似命运的作家还有不少。1938年底，梁实秋接编重庆《中央日报》的《平明》副刊，在《编者的话》中他说道："现在抗战高于一切，所以有人一下笔就忘不了抗战。我的意见稍微不同。于抗战有关的材料，我们最为欢迎，但是于抗战无关的材料，只要真实流畅，也是好的，不必勉强把抗战截搭上去。至于空洞的'抗战八股'，那是对谁都没有益处的。"③ 这样一段理性平和的邀稿说明，却被当时"唯左是尊"的意识形态给曲解、简化成提倡"与抗战无关论"，而对梁实秋展开不留情的

---

① 周作人：《北京的茶食》，《周作人自编文集·雨天的书》，止庵校订，石家庄：河北教育出版社，2002 年，第 52 页。

② 周作人：《自序》，《周作人自编文集·艺术与生活》，止庵校订，第 2 页。

③ 梁实秋：《编者的话》，重庆《中央日报·平明副刊》1938 年 12 月 1 日。

批判，说他宣传"资产阶级的文艺思想"，导致以后一段长时间的文学史书写里，他成了反面、被否定的人物；一贯强调文学独立性的沈从文，不过是认为文学应从"商场"和"官场"解放出来，作家不要一味热衷于"因缘时会一变而为统治者或指导者，部长或参议员"，而应该"只重在尽职，尽一个中国国民身当国家存亡忧患之际所能尽的本分"①，这个主张本身有何错误呢？但它却被简化成"反对作家从政论"，沈从文因此又受到了"不合时宜"的攻击，陷入孤立寂寞的处境；上海沦陷时期崛起的张爱玲，曾经坦率地自陈："一般所说'时代的纪念碑'那样的作品，我是写不出来的，也不打算尝试，因为现在似乎还没有这样集中的客观题材。我甚至只是写些男女间的小事情，我的作品里没有战争，也没有革命。"② 对她来说，文学就是文学，是生命体验的艺术呈现，人生况味的冷眼旁观，然而如此一来，缺乏时代热情、新鸳鸯蝴蝶，甚至"海上文妖"的各式帽子都扣在她的头上了，柯灵一语道破地说出了张爱玲的"困境"："中国新文学运动从来就和政治浪潮配合在一起，因果难分。五四时代的文学革命——反帝反封建；30 年代的革命文学——阶级斗争；抗战时期——同仇敌忾，抗日救亡，理所当然是主流。……我扳着指头算来算去，偌大的文坛，哪个阶段都安放不下一个张爱玲。"③ 张爱玲的边缘化困境，何尝不是现代文学中抒情审美意识的困境呢？

凝望纯美，竟沉重如斯；坚持个性，竟孤立如斯。甚至，有的连一席之地都被剥夺，面对现代文学作家走过的这段精神负重、失衡、偏颇的艰辛历程，怎不令人感叹？这些作家面临的，常常不是单纯的文学话题，而是政治时代话题。血雨腥风，刀光剑影，烽火连天，民族危亡，想要静处乱世静观人生，谈何容易？想要袖手旁观，无动于衷，于心何忍？平心而论，文学为了启蒙、革命、救亡而战斗、挣扎，本身是庄严可敬的，即使在艺术上有些粗糙，手法上有些稚嫩，但其精神是无可指责的。只不过，我们想强调的是，这些涌动民族血性、负载政治使命的文学，不必也不应妨碍我们兼容爱与美式的文字，时代疾风劲雨的狂飙之外，审美心灵的微风细雨，不也同样滋润人心，抚慰生命吗？

---

① 沈从文：《一般或特殊》，《今日评论》第 1 卷第 4 期，1939 年 1 月 22 日。

② 张爱玲：《自己的文章》，《流言》，上海：中国科学公司初版，1944 年。此处引自《流言》，台北：皇冠出版社，1981 年，第 22 页。

③ 柯灵：《遥寄张爱玲》，原发表于《读书》杂志 1985 年第 4 期，引自《柯灵文集》第 1 卷，上海：文汇出版社，2001 年，第 361 页。

从王国维"纯粹之美学"开始，徐志摩"爱、自由、美"的信仰，湖畔诗社"尽情地唱呵"的放歌，创造社"为艺术而艺术"的主张，穆木天等人打出的"纯诗"旗号，周作人"为文章的（而）文章"的观点，冰心、沈从文、林语堂、梁实秋等人对人性的呼唤，对纯正文学艺术趣味抱持虔诚态度的京派作家，用现代文体写现代都市男女的"新感觉派"，玩味庸常人生的张爱玲，鼓吹"静穆美"的朱光潜，"雨巷诗人"戴望舒，以及《汉园集》三诗人对诗歌现代性的追求，冯至、穆旦等人对诗歌精神家园的坚守，丽尼、陆蠡、何其芳等人对文体艺术独立的创造性表现等等，这些作家的抒情审美意识，以及与之相关的文学实践，构筑了一个现代文学史上以非功利、非政治为主要特点的审美思潮。凝望纯美，是这些作家对精神生存方式的一种选择，对艺术独立审美价值的一种皈依，但在强调"大我"而非"大写的我"的特定历史情境中，抒情审美也注定只能落入非主流的边缘性位置。

六、结语

周作人曾说："我觉得文学好像是一个香炉，它的两边还有一对蜡烛台，左派和右派。……文学无用，而这左右两位是有用有能力的。"① 这句话中有对专讲"经世致用"文学的讥刺，也有对审美意识的自解。在"铁与血"为有效性话语的时代，自由中立的心态，消解社会现实内容的文学当然是会招人诟病的，但我们也不得不承认，周作人在文学的园地里，独立文化人格的形象是鲜明的，他一系列的美文，有力证明了不遵从革命、救亡文学美学规范的作家，一样能创造出具有经典品位的作品。周作人说的"无用"，更长远地说，可能是一种"大用"。

文学史是主潮的发展史，但又不只是主潮的发展史。人生、时代、历史往往是多声部的复杂交响乐，企图用单一尺度衡量一切，既不合乎人性的真实，也不合乎文学史的真实。令人遗憾的是，不少现代文学作家曾经在时代主潮的扭曲变形下，命运多舛，失去创作甚至人身的自由。时至今日，我们已能正确认知：启蒙、革命、救亡与审美之间的关系是对立又互补、矛盾又统一的，如何正确面对和评价人生与艺术、讲功利和非功利、载道与言志、写什么和怎么写等深刻的命题，是文学史赋予研究者的艰难课题。从这个角度看，现代文学史家唐弢的呼吁格外启人深思："把各种主张认真进行研究，看看文艺方面有

---

① 周作人：《草木虫鱼·小引》，《周作人自编文集·看云集》，第14页。

哪些不同的思潮互相争执，互相消长，那么写起文学史来就充实得多，就不会是简单的'中国现代进步文学史'或'中国现代革命文学史'了。"①

　　或许，当纯美的凝望不再是时代集体意识下"不合时宜"的罪恶时，文学的自由、健全发展才会成为一种可能。

---

　　① 唐弢：《艺术风格与文学流派》，《西方影响与民族风格》，北京：人民文学出版社，1989 年，第 149 页。

第一编
民国文学中抒情审美意识的发生与建构

20 世纪特殊的政治语境，救亡、启蒙、革命成为时代的主旋律，抒情审美写作——这个充满个体精神与自我意识的艺术表现，只能蜿蜒在现实与艺术的夹缝之中，艰难地生存。所谓"抒情审美意识"并不是纯粹的形式主义的表现方式与态度，而是与作家的生命主体意识相关的内在表达方式与态度。尽管抒情审美写作无法成为"重要"，但谁也不能否认，它又是一种"必要"。它不会是时代的中心焦点，但谁也不能抹煞它在边缘存在的位置。坚持抒情、坚持审美，不仅需要才气，有时候更需要勇气。

　　民国作家的抒情意识与审美追求，并非对"纯文学"的神秘追求，也不是沉迷于"唯美文学"的象牙塔，而是一种突围与对抗，对时代主潮、意识中心、政治先行、阶级决定、市场洪流的保持距离或坚不妥协。只要还原于民国的历史语境中，就会明白这样的保持距离或坚不妥协是多么艰难，多么可贵。

　　从王国维、蔡元培对美学思想的提倡，到鲁迅、周作人、朱自清、徐志摩、闻一多等人对爱、自由与美的召唤与实践，我们相信，透过对作家及其代表作品的历时性线索的探求与掌握，我们将可以进行多维视野的考察、透视与追踪，将民国文学的现象事实、作家的审美心理、文化性格、精神状态的不同层面、特点和规律，作整体宏观又具体而微的分析阐释，从而更深刻地洞察民国文学的风貌和底蕴。

第一章　独立之价值，纯粹的美术

——王国维—蔡元培

一、生命多艰的纯粹学者

作为中国现代美学的开端者及奠基者，王国维在 20 世纪初期所阐发的关于美学理论的诸多变革观点，以及以此新视角所建构的文学理论体系，对美学体系走向现代意义上的独立形态以及文学批评理论的深化，都产生了重要的影响和启示。他的审美意识在文学及美学的大力倡导中充分显现，虽然在高度强调文学的政治目的和社会价值的历史阶段，这样的思考与声音显得空谷足音；虽然他的美学思想只是 20 世纪初期到辛亥革命前后这段时间的产物，但其超功利的文学审美观，却对后来有其不可磨灭的恒久价值与影响。他对纯粹美术（指文学、艺术或文艺，蔡元培、鲁迅等人在当时也使用此一词汇）、哲学的追求，代表着 20 世纪初期文学理论观念上的一次突破，现代审美意识的一次觉醒。他的文学观、哲学观、美学观和人生观的形成，既有对西方哲学思想与方法的吸收借鉴，又有中国传统文化的融合汇通，加上个人对生命现实、人生感受的沉思体验，因而能在文学、美学领域的研究上有革命性的突破，同时又向我们揭示了在维新狂潮下一代学人复杂矛盾的精神世界与艰难执着的人生艺术选择。

在不可免的矛盾与执着中，王国维注定成为一位悲剧人物，正如叶嘉莹在其重要著作《王国维及其文学批评》一书中称他为"一个新旧文化激辩中的悲剧人物"。他的悲剧不仅在于 4 岁丧母，父亲长年在外经商佐幕，使他童年孤独寡欢；不仅在于"体素羸弱，性复忧郁"①；不仅在于中年丧妻，老年丧子，又与挚友罗振玉失和，心生老境凄凉之感；更不仅在于最后投颐和园昆明湖自尽，以五十之年求得"义无再辱"之死。他的悲剧，还在于天才多感下，受叔本华哲学影响所缠绕不去的悲观心理，在于与时代主流（包括政治与文学）疏离、隔离甚至背离所带来的寂寞与痛苦。当维新派与革命派的功利主义文学大行其道时，他提出非功利的文学主张，超前性的见解使他不获时人青睐甚至误解；当民主共和成为政治追求的主流价值时，他拖着象征清室的辫子，应废帝溥仪之召，授五品"南书房行走"，出任帝师，政治上的落后性使他成为封建遗老而备受批判。无怪乎有学者对他作了这样的评价："在学业上是所向披靡的雄狮，可是在政治上他却又是迷入歧途的羔羊。"②

即使在"学业"上，他也历经了几次痛苦的转折。为解人生之问题，他研究哲学从康德入手，因窒碍不可解而中间放弃康德，改读叔本华，醉心于《意志及表象之世界》，嗣后又对叔本华的学生尼采产生信仰，最后又从叔本华重返康德，历经四次研究方觉窒碍稍减，但仍"觉其窒碍之处大抵其说之不可持处而已"（《自序》），企图从哲学中寻求人生解脱之道而不可得，悲观之情怀终生萦绕不去；在哲学与文学的选择中，他也曾苦恼地徘徊犹豫："余之性质，欲为哲学家则感情苦多，而知力苦寡；欲为诗人，则又苦感情寡而理性多。诗歌乎？哲学乎？他日以何者终吾身，所不敢知，抑在二者之间乎？"（《自序二》）最后，他终于由哲学转向文学，又由文学转向史学、考古学、敦煌学、校勘学，这样的转折说明了他精神跋涉的沉重与苦闷，他说：

> 余疲于哲学有日矣。哲学上之说，大都可爱者不可信，而可信者不可爱。余知其理，而余又爱其谬误。伟大之形而上学，高严之伦理学，与纯粹之美学，此吾人所酷嗜也。然求其可信者，则宁在知识论上之实证论，伦理学上之快乐论，与美学上之经验论。知其可信而不能爱，觉其可爱而不能信，此近二三年中最大之烦闷……（《自序二》）

"人生过处惟存悔，知识增时只益疑"，学术道路的曲折孤单，加上生命历程的坎坷多艰，政治立场的保守滞后，使得孤独、悲观、痛苦、寂寞似乎已成为这位近代学人一生形影不离的形容词。殉清说（吴宓）、惧怕革命说（胡

---

① 王国维：《自序》，《王国维文学美学论著集》，周锡山编校，第242页。
② 周锡山：《王国维文学美学论著集》，"前言"，第5页。

适）、厌世解脱说（浦江清）、文化衰落义尽说（陈寅恪）、罗振玉逼债说、悲观主义说等等都是后人之说，我们可以肯定的是，他以死终结了自己多忧苦也多精彩的一生，他以死捍卫了一个生命个体不可侵犯的尊严，他以死忠于自己一生可信可爱的文化追求，他也以死保存了一个纯粹学者仅有的自由与独立人格。

撇开政治立场的争议不论，王国维在学术的道路上孜矻以求，苦思纯粹哲学艺术的真理，其努力的精神、坚持的态度，以及所留下的可贵成果，堪称近代少有的纯粹学者。"纯粹"是相对的概念，主要是指在 19 世纪末热闹登场的文学革命中，他并没有扮演梁启超那样振臂一呼、呼风唤雨的角色，热心宣传鼓动，强调文学与救国现实的密切性，也不像严复那样充分自觉地为救亡图存而引进西方的学术思想，或者像夏增佑等人那样大声疾呼小说戏曲改良的重要性与实用性，他更看重的是学术的本质，或者说，他更愿担当的角色是学者，一个潜心研究西方哲学以试图疗救中国传统文化思想的学者，一个试图引进西方美学理论框架应用于中国文学作品以建立新批评范式的学者，一个企图以纯美的追求来解放人们禁锢心灵、还原个体与文学自由独立价值的学者。在《文学与教育》中，他就这样认为：

> 生百政治家，不如生一大文学家。何则？政治家与国民以物质上之利益，而文学家与以精神上之利益。夫精神之于物质，二者孰重？且物质上之利益，一时的也；精神上之利益，永久的也。前人政治上所经营者，后人得一旦而坏之，至古今之大著述，苟其著述一日存，则其遗泽且及于千百世而未沫。……彼等诚与国民以精神上之慰藉，而国民之所恃以为生命者，若政治家之遗泽，决不能如此广且远也。

在学术与政治之间，他毫无迟疑地选择了前者。不可否认的，作为一位纯粹的文人学者，他的角色与历史发展和社会现实存在着相当的距离，相对于轰轰烈烈的革命蓝图、改良呼声，他的纯粹学术的文学美学研究只能偏于一隅，在寂静的园地里默默耕耘，但也正因为这种与现实的距离，使他能够获得更客观、扎实的学理研究成果，因为选择了本色当行的学者角色，使他的影响能超越当时，留给后人具开创意义的珍贵启示。

二、文学审美的超功利性与独立价值

王国维的文学观是建立在他的美学观上的。他的美学观是以康德、叔本华、尼采的审美理论作为理解美和文学特性的基础。在他们学说的影响下，天才说、古雅说、游戏说、苦痛说、境界说等观点成了王国维美学理论和文艺理论的主要特色，这其中尤以"美术之特质"应具有超功利、游戏性质的"无利害性"最为他所强调，他说："余谓一切学问皆能以利禄劝，独哲学与文学不然。……若哲学家而以政治及社会之兴味为兴味，而不顾真理之如何，则又决非真正之哲学。……文学亦然；餔缀的文学，绝非真正之文学也。"（《文学小言》）又说："美之性质，一言以蔽之曰：可爱玩而不可利用者是也。虽物之美者，有时亦足供吾人之利用，但人之视为美时，决不计其可利用之点。其性质如是，故其价值亦存于美之自身，而不存乎其外。"（《古雅之在美学上之位置》），明确地肯定文学的审美性，排斥文学的实用功利性。在《红楼梦评论》中他也表达了这个看法："吾人知识与实践之二方面，无往而不与生活之欲相关联，即与苦痛相关系。兹有一物焉，使吾人超然于利害之外而忘物与我之关系，此时也，吾人之心无希望，无恐惧，非复欲之我，而但知之我也……然物之能使吾人超然于利害之外者，必其物之于吾人无利害关系而后可。易言以明之，必其物非实物而后可。然则非美术何足以当之乎？"可以说，超功利主义美学观是王国维美学的核心思维，这种力图保持学科及学者纯洁性、学术性的审美意识，是王国维美学现代性的鲜明特征。

王国维主张文学艺术无实用功利性的审美论，事实上也是康德美学主张的重要命题之一。在康德《判断力批判》中，"审美无利害性"是被视为审美的首要决定因素，是鉴赏判断的第一个契机。康德从质、量、目的、样式四个方面分析了美的本质，其中"质"的方面对美的规范就是超功利、无利害的纯粹美。康德认为："审美是一种愉快，但这种愉快有着特殊的规定。主体的生理快感或感官满足和对善的愉快都怀有利益的观念，都涉及对象的实际存在和实用价值，因而是不自由的；只有审美愉快仅仅出于对对象之纯粹表象的兴趣，是完全凭借无利害的观念，不涉及对象的实际存在和实用价值，从而也是自由的。可见，'无利害性'主要是对主体某种意识指向的质的规定，它是指一种特殊的知觉方式，并在这种意识作用下形成主体与客体表象之间纯粹的观赏关系，这就是审美的重要特征之一。"① 作为一种纯粹的审美哲学，康德以此为基点，清楚划分审美和艺术在人类生活中的自律性位置，规范现代美学的方向，区分审美与非审美、艺术与非艺术的尺度，而在文学艺术领域，这个命题也成为文学艺术与现实、政治、功利性、道德等一系列对立的最基本界线，是文学艺术独立的重要理论基石。至于叔本华，他把审美视为一种不涉及欲望、意志的"静观"，在静观状态下，主体是认识的纯粹主体，对象是纯粹的表象世界，叔本华将这种使对象从现实世界的关系中"孤立"出来的知觉方式描述为"一种对欲求没有任何关系的认识"，并称之为"美感的观察方式"②，也就是说，叔本华也认为"无利害性"是审美得以产生的最根本条件。

王国维对文学艺术、美学哲学的纯美意识基本上是在康德、叔本华等西方美学理论的认识上转化形成的。超功利美学观、文学观的提出，意味着主张美学、文学具有自身的独立价值。王国维多次在文章中申述此一观点，例如在《论哲学家与美术家之天职》一文中痛陈："呜呼！美术之无独立之价值也久矣。此无怪历代诗人，多托于忠君爱国劝善惩恶之意，以自解免，而纯粹美术上之著述，往往受世之迫害而无人为之昭雪者也。此亦我国哲学美术不发达之一原因也。"他清楚指出，哲学与美术是"天下有最神圣、最尊贵而无与于当世之用者"，如果学者"自忘其神圣之位置，而求以合当世之用"，那么哲学与美术的价值都将不存，因此他大声疾呼："若夫忘哲学美术之神圣，而以为道德政治之手段者，正使其著作无价值者也。愿今后之哲学美术家，毋忘其天职，而失其独立之位置，则幸矣！"要让文学有独立之位置，首先就必须摆脱政治道德的附庸地位，才能有独立发展的空间，因此他反对用政治家的眼光来观察事物，认为"政治家之眼，域于一人一事；诗人之眼，则通古今而观之。词人观物，需用诗人之眼，不可用政治家之眼。故感事、怀古等作，当与寿词同为词家所禁也"。（《人间词话未刊稿·39》），以此审美标准，如杜甫《三吏》《三别》，白居易《新乐府》之类有鲜明政治倾向的作品，在他眼中是等而下之的。也就是说，文学要追求的是自身独立、纯粹、完足、直观、无欲忘我的美，他因此强烈主张："文学者，游戏的事业也"，如果"个人汲汲于争存者，决无文学家之资格也。"（《文学小言》）；也主张："一切之美，皆形式

---

① 康德之说见《判断力批判》上卷，宗白华译，北京：商务印书馆，1964 年。此处所引的概要叙述出自杜卫：《走出审美城》，北京：东方出版社，1999 年，第 3 页。

② 叔本华：《作为意志和表象的世界》，北京：商务印书馆，1982 年，第 263、273 页。

之美也。"(《古雅之在美学上之位置》),其反对文学为现实服务,认为纯文学应有独立价值的态度,使他对梁启超等维新派及南社等革命派的功利主义文学都大表反对,在《论近年之学术界》中就说道:"观近数年之文学,亦不重文学自己之价值,而唯视为政治教育之手段,与哲学无异。如此者,其亵渎哲学与文学之神圣之罪,固不可逭,欲求其学说之有价值,安可得也!"

"学术之发达,存于其独立而已。"王国维坚持,只有将学术视为目的而非手段,学术才能真正发达。文学的超功利性与文学的独立价值是二合一的,这对维新派与革命派文学不重视文学自身美学个性特征的缺失确实是一语中的,击中要害,且不论他的意见与时代现实是否格格不入,从文艺的本质来看,王氏之说更具有恒久的意义,从某个角度来说,他一针见血地道出了我国传统文论、美学观的缺陷。更难能可贵的是,他在引进、阐述这样的理论体系的同时,他也以实际的文学批评操作试图印证或强化他上述的文艺观、美学观,并因此给我们留下了精彩且富极个性的文学理论范本,启发后人至今。

三、从红楼到人间:文学审美意识的批评实践

自觉而有系统地用西方理论为架构来审视我国传统文艺,王国维是第一人,而其具体成果以《红楼梦评论》和《人间词话》最受称道,从中显现出他以审美意识为基础的文学批评理论观点,从而形成其卓立特行的纯粹文艺美学,并在文化及文学观念上表现出独特的个性和超前性。

《红楼梦评论》是王国维在1904年夏天完成的一篇具有划时代意义的文学批评论文。过去对《红楼梦》的研究基本上采用"随感录"式、评点式、索隐式的方法,真正能以文学的观点给予评论者始自王国维。他引叔本华的悲观主义哲学和康德美学理论来分析,突破既往,为《红楼梦》研究史树立了一座里程碑,"是一篇无论在形式上、思想上、方法上、眼界角度上都彻头彻尾与中国传统文学批评不同的论文,它是中国文学批评走向世界的一个最大胆的尝试"[1]。说"走向世界",是因为王国维以世界文学的角度来论析这部"宇宙之大著述",认为《红楼梦》所探讨的是全人类亘古以来所共同面对的人生本质问题,而不仅仅是一部中国小说而已。

在《红楼梦评论》中,王国维认为,生活的本质是"欲",有欲望而不得满足,人生因此痛苦,即使如愿以偿也会感到倦厌,倦厌也是一种痛苦,"故

---

[1] 朱忠元、刘朝霞:《王国维美学思想略论》,《洛阳师范学院学报》2002年第6期。

人生者，如钟表之摆，实往复于痛苦与倦厌之间者也"，欲望、生活、痛苦"三者一而已矣"。这种苦痛的、悲观的看法明显来自叔本华，而与中国传统精神迥异："此书之精神，大背于吾国人之性质"，"吾国人之精神，世间的也，乐天的也，故代表其精神之戏曲小说，无往而不着此乐天之色彩：始于悲者终于欢，始于离者终于合，始于困者终于亨。"这就使得王国维分析《红楼梦》的观点与传统文论有强烈的反差。既然人生充满痛苦，有什么可以解脱这种痛苦呢？王国维指出："非美术何足以当之乎？"因为美术（即文艺）可以"使吾人超然于利害之外，而忘物与我之关系。"从这个观点出发，他发现了《红楼梦》此一"绝大著作"，因为它昭示了人们看破人生痛苦的本质，拒绝"生活之欲"而走"解脱"之道。这解脱之道，王国维指出是"存于出世，而不存于自杀"，因此，他认为《红楼梦》里的人物，真正称得上解脱的只有宝玉、惜春、紫鹃三人，其他自尽的如"金钏之坠井也，司棋之触墙也，尤三姐、潘又安之自刎也，非解脱也，求偿其欲而不得者也。"在战胜生活之欲、得到真正解脱的人之中，又分两种："一存于观他人之苦痛，一存于觉自己之苦痛。""观者"之解脱要百倍困难于"觉者"之解脱，因为由看到别人的经历痛苦而解脱，像惜春、紫鹃，这是"非常之人"，有"非常之知力"，能"洞观宇宙人生之本质"，"知生活与痛苦之不能相离，由是求绝其生活之欲，而得解脱之道。"至于宝玉则是从自己遍尝痛苦而解脱，是"通常之人"，"其解脱由于苦痛之阅历，而不由于苦痛之知识"。王国维称"观者"之解脱是超自然的、神秘的、宗教的、和平的，而"觉者"之解脱是自然的、人类的、美术的、悲凄的、壮美的，也是文学的、诗歌的、小说的，因此他下结论说："此《红楼梦》之主人公，所以非惜春、紫鹃，而为贾宝玉者也。"而《红楼梦》一书则是"以生活为炉，苦痛为炭，而铸其解脱之鼎"。他从审美角度来论解脱，确实是别具只眼。

对于《红楼梦》的美学价值，王国维也独辟蹊径，以叔本华的悲剧理论和康德的美学理论进行深入的剖析。按照叔本华的观点，悲剧有三种：第一种是由极恶之人用极恶之手段造成的悲剧；第二种是盲目的命运所致；第三种是"由于剧中之人物之位置及关系而不得不然者"，普通人因环境所迫，明知其害却不得不如此所造成的悲剧，这种悲剧"其感人贤于前二者远甚"。基于这种看法，他认为宝黛之爱情悲剧并非"有蛇蝎之人物，非常之变故，行于其间"所造成，"不过通常之道德，通常之人情，通常之境遇为之而已"，因此《红楼梦》堪称"悲剧中之悲剧"。

王国维也从"美"的角度来分析《红楼梦》。他将美分为两种：一为优美，一为壮美（宏壮），这个理解来自康德与叔本华。优美与壮美在西方美学称为美与崇高，康德与叔本华对此均有深入论述，王国维在他们学说的基础上，结合中国传统文化，形成自己的看法。他认为优美与壮美都是美，虽有种种区别，但"其可爱玩而不可利用也同"，"其快乐存于使人忘物我之关系"也相同。至于二者的区别主要是：

> 苟一物焉，与吾人无利害之关系，而吾人之观之也，不观其关系，而但观其物；或吾人之心中，无丝毫生活之欲存，而其观物也，不视为与我有关系之物，而但视为外物，则今之所观者，非昔之所观者也。此时吾心宁静之状态，名之曰优美之情，而谓此物曰优美。若此物大不利于吾人，而吾人生活之意志为之破裂，因之意志遁去，而知力得为独立之作用，以深观其物，吾人谓此物曰壮美，而谓其感情曰壮美之情。

换言之，优美是静态美，壮美是动态美；处优美的境界，心理状态是宁静和谐的，处壮美的境界，心理状态是分裂对立的；优美的美感是愉悦，壮美的美感是痛苦中或痛苦后有快感。王国维以此衡量《红楼梦》，指出其既有优美，又有壮美，"壮美之部分，较多于优美之部分"，如第 96 回宝玉与黛玉最后之相见就是全书中最壮美之一例，所以《红楼梦》可以减轻吾人生活上之痛苦，这是它在美学上的价值之一。谈苦痛，谈解脱，谈悲剧，谈优美与壮美，从这些不同于传统文论的新颖角度，王国维充分肯定了《红楼梦》是可以和《浮士德》并驾齐驱的伟大作品。

当然，也必须承认，《红楼梦评论》中有些见解不一定正确，例如强调解脱之道就是出世为僧；完全以唯心主义哲学切入，忽略了这部作品现实主义的一面等等，都有待商榷。但这并无碍于它在我国文学批评史上所占有的重要地位与开创性的意义。

从《红楼梦评论》到《人间词话》，王国维的生命历程有了明显的转折，这种转折既是学术上的，也是个人生命气质上的。《王国维评传》的作者萧艾就指出："《红楼梦评论》对王国维的一生具有重大意义，因为这是他多年用功学习哲学，以叔本华哲学思想作指导所写的一篇专著；同时也是他开始感觉到叔本华哲学自身存在着矛盾，最后促使他与哲学分手，从而转到文学方面的一座分水岭。"[1]《人间词话》是用传统"词话"形式所写成的文学批评专书，

---

[1] 萧艾：《王国维评传》，台北：骆驼出版社，1987 年，第 60 页。

但透过新的文学观念、术语、思维和方法，使这部以词为主要批评对象的著作，有了文学理论的普遍意义与崭新内涵。对王国维的文学批评理论钻研甚深的叶嘉莹就曾指出，具理论体系的《红楼梦评论》是"完全假借西方之哲学理论来从事中国之文学批评的一种尝试之作，其中固不免有许多牵强疏失之处"，而《人间词话》"则是他脱弃了西方理论之局限以后的作品，他所致力的乃是运用自己的思想见解，尝试将某些西方思想中之重要概念融会到中国旧有的传统批评中来。"所以《人间词话》虽然从表面上看起来和传统诗话词话无太大不同，但事实上已经"为这种陈腐的体式注入新观念的血液"①。

王国维在《人间词话》中标举"境界说"，这个源自佛经的概念，成为他衡量作品的标准，也是他文论思想的核心，他企图以此掌握文学艺术创作的审美特征和本质属性，并使其文学审美意识在这64则或谈境界的基本理论，或具体分析历代作家作品的境界高低中有了生动的呈现。在王国维的理论中，"境界"与"意境"是相近的概念，有时也简称为"境"②。拈出此说，王国维显然颇为得意，其第9则说："沧浪所谓'兴趣'，阮亭所谓'神韵'，犹不过道其面目，不若鄙人拈出'境界'二字为探其本也。"《人间词话未刊稿》第14则又说："言气质，言神韵，不如言境界。有境界，本也；气质、神韵，末也；有境界而二者随之矣。"可见王国维有意将传统批评的其他范畴如兴趣、气质、神韵、风骨、格调等，纳为"境界"之下的次概念，将"境界"视为具有体系性的批评理论框架的主轴。

《人间词话》开宗明义就说："词以境界为最上。有境界，则自成高格，自有名句。五代、北宋之词所以独绝者在此。"在《人间词乙稿·序》中也说："文学之工不工，亦视其意境之有无与其深浅而已。"至于"境界"（意境）的内涵，王国维也多所着墨：

---

① 叶嘉莹：《王国维及其文学批评》，台北：源流出版社，1982年，第212页。

② 关于"境界"一词的含义，由于王国维自己并未立一明确定义，因此后人有许多不同的猜测与解释，加上他在许多地方也用"意境"一词，因此有些学者如刘任萍、萧遥天等以"意"与"境"二字来解说"境界"一词，指其兼有情意与景物；有些学者如李长之则以"作品中的世界"来解说"境界"；有些学者如陈咏则以"鲜明的艺术形象"来诠释；叶嘉莹则从感觉经验之特质来解说，着重于"感受"，认为"境界"应该是说凡作者能把自己所感知的"境界"，在作品中作鲜明真切的表现，使读者也能得到同样鲜明真切的感受者，即为"有境界"的作品。以上各家说法都有其立论的依据，很难说孰是孰非，本文采取宽泛的解释，视"境界"与"意境"为相近之词，同指透过作者感受与作品表现所呈现出来真切鲜明、情景交融的艺术形象。

文学之事，其内足以摅己而外足以感人者，意与境二者而已，上焉者意与境浑，其次或以境深，或以意深，苟缺其一，不足以言文学。（《人间词乙稿·序》）

境非独谓景物也，喜怒哀乐亦人心中之一境界。故能写真景物、真感情者，谓之有境界。否则谓之无境界。（第6则）

"红杏枝头春意闹"，着一"闹"字而境界全出。"云破月来花弄影"，着一"弄"字而境界全出矣。（第7则）

大家之作，其言情也必沁人心脾，其写景也必豁人耳目，其词脱口而出，无矫揉妆束之态。以其所见者真，所知者深也。诗词皆然。持此以衡古今之作者，可无大误矣。（第56则）

由此可见，所谓"境界"是指创作者的主观之"意"与作品表现的外在之"境"，二者浑然一体，情景交融所产生的真切鲜明的理想审美效果与艺术形象。而要做到情景交融、情理统一，其"本"不离一"真"字。真情真景，真意真味，真心真见，这就使得王国维的"境界说"比平常所言的"情景交融"更为精妙深刻。

以境界说为核心，王国维提出了一系列富有启发性和指导性的论点，从中体现出他所追求的文学审美理想，也揭示出他在创作和批评上的理论标准。例如谈到境界的不同类型，他有以下几个不同角度的分析，可看出他在审美批评标准的创见与发扬。其一是"造境"与"写境"："有造境，有写境，此理想与写实二派之所由分。然二者颇难分别，因大诗人所造之境必合乎自然，所写之境亦必邻于理想故也。"（第2则）这一对境界类型的提出，触及了浪漫派与写实派因不同的创作手法而造成的两种不同的艺术境界，"造境"是创作者依其主观"理想"虚构而成，"写境"是创作者按照客观"自然"写实而成，更重要的是，二者是互相联系渗透的，能将理想与现实统一交融者才是真正的"大诗人"；其二是"有我之境"与"无我之境"。"有我之境"是"以我观物，故物皆着我之色彩"，并且是"由动之静时得之"，给人的美感是"宏壮"；"无我之境"是"以物观物，故不知何者为我，何者为物"，并且是"惟于静中得之"，给人的美感是"优美"。他举"泪眼问花花不语，乱红飞过秋千去""可堪孤馆闭春寒，杜鹃声里斜阳暮"为例说明"有我之境"，举"采菊东篱下，悠然见南山""寒波澹澹起，白鸟悠悠下"为例说明"无我之境"，因为"无我之境"的物我交融，比"有我之境"更能使人达到忘却利害的精神境界，也较符合他一贯主张的超功利文学观，因此他强调说："古人为词，

写有我之境者为多，然未始不能写无我之境，此在豪杰之士能自树立耳。"（第
3 则）亦即要写"无我之境"需要更精湛的艺术修为与更高尚的人格素养，其
境界更在"有我之境"上。

其三，王国维还从审美鉴赏的角度提出"隔"与"不隔"的概念，强调
写景写情都应该追求鲜明真切的"不隔"，摒弃虚浮矫饰、生硬造作、雾里看
花的"隔"，而不隔方为有境界。在第 41 则中他举例"生年不满百，常怀千
岁忧。昼短苦夜长，何不秉烛游？""服食求神仙，多为药所误；不如饮美酒，
被服纨与素。"认为"写情如此，方为不隔"；又举"采菊东篱下，悠然见南
山。山气日夕佳，飞鸟相与还。""天似穹庐，笼盖四野。天苍苍，野茫茫，风
吹草低见牛羊。"认为"写景如此，方为不隔"。姜白石的写景之作如"二十
四桥仍在，波心荡，冷月无声。""数峰清苦，商略黄昏雨。""高树晚蝉，说
西风消息。"等名句，在他看来，"虽格韵高绝，然如雾里看花，终隔一层。"
（第 39 则）寻绎王国维的"不隔"，主要是对自然景物的意象化表现应能在语
言上做到自然、真切，在内涵上能究指事物的本真，艺术上能达到物我两忘的
意境。"隔"与"不隔"之论，使王国维的"境界说"内涵更为充实而全面。
除此之外，《人间词话》第 8 则还提到，境界有大小之分，但不因此而分优劣，
如"细雨鱼儿出，微风燕子斜"，其境界并不逊于"落日照大旗，马鸣风萧
萧"；《人间词话附录》第 16 则也提到两种境界："诗人之境界"与"常人之
境界"。在他看来，"诗人之境界"只有诗人能"感之"并"写之"，例如
"悲欢离合、羁旅行役之感，常人皆能感之，而惟诗人能写之"，因此若能达到
这境界，则作品将会"入于人者至深，而行于世也尤广"。以上许多不同视角
的描述与阐发，使"境界"一词充实而多元的意涵得到了深刻精要的诠释，也
让后人理解了王国维文学与美学的基本态度与审美观点。

王国维的"境界说"，虽然采用了传统的"词话"形式和"境界"术语，
而且在理论批评形式上的革新也毕竟有限，许多概念仍嫌含糊模棱，缺乏系统
的理性、逻辑分析，因而无法真正建立起严密的现代文学批评理论体系，就如
叶嘉莹所说，这是因为他受到"自己所生之时代以及他自己之思想意识的局
限"，加上"他所采取的词话之体式，也原来就不适宜于做精密和广泛的探讨
说明"①，但他试图跳脱传统诗话的窠臼，这个尝试本身是可贵的，而他对中
西美学融合的启示性努力，也对中西文艺思想交流迈出了可喜的一步。从《红
楼梦评论》到《人间词话》，我们看到文学批评从过去的风格论、技巧论、趣

① 　叶嘉莹：《王国维及其文学批评》，第 342 页。

味论、神韵论，转而发展到本质论，不论是深探生命体验的悲剧论，还是重视文学内核的境界说，他以西方现代美学思想来论述我国传统文学，这样的尝试是别开生面的。尤其值得一提的是，在文化启蒙大潮下，举世滔滔热衷文学功利研究的语境中，他却能沉潜于纯美意识的开掘，对文学的审美现象进行深入的本质研究，仅此一点，王国维的价值就已经可以不朽，《20世纪中国文学主潮》中对此有一段不算过誉的评价：

> 王国维标举非功利的美学观和文学观，其哲学背景从主导层面看并非传统的老庄哲学，而是西方的纯粹美学（康德）和人生哲学（从叔本华到尼采），这在世纪初以西方启蒙文化为主色调的"西学东渐"大潮中，是一种非同凡响的绝唱。这不仅反映出王国维对世界学术发展动向敏锐的感知和追踪世界学术前沿的进取精神，而且在世纪之初就形成了与以梁启超为代表的重功利的文学思想的对峙之势（这种对峙在当时显然并不平衡，也不可能平衡），从而奠定了20世纪中国现代文学重功利与超功利两大文学体系对峙互补的基本格局，并为20世纪中国现代文艺思想的发展种下了更属于未来的种子。①

在政治喧嚣的时代大合唱之外，王国维以其审美意识对文学美学的追求，奏出了另一种清新不随俗的乐章。他对文学与美学的细致研究，无疑的也使20世纪初期稍嫌浮躁的文学理论批评，有了一些深沉的厚度与安静的色泽。他处于中西近代与现代的交汇点，既有对中国古典美学的继承与总结，又能开创现代文艺思想的新局，从某个角度讲，他的文学观念对后来文学的发展要比梁启超等人的文学观念更符合文学的审美规律与艺术本体特质，他是中国传统文论的最后一座里程碑，同时又是现代文学革命的先驱者，他复杂矛盾的生命人格及坚持审美意识的学术品格，即使是今天也仍有一定的启发意义。

四、从王国维到蔡元培：美育理论的提出与开拓

显然的，王国维的生命形态和人生追求，和梁启超的功利美学与人文理想有着截然不同的面向。然而，我们不能因为他主张超功利的美学观，就简单化地将他理解成一个漠视现实、超然世外的唯美主义者。事实上，他对《红楼

---

① 张俊才、李扬：《20世纪中国文学主潮》，第40页。

梦》悲剧的评论仍然是来自于现实人生痛苦的关注，在《屈子文学之精神》中也提过："诗歌者，描写人生者也。此定义未免太狭，今更广之曰'描写自然及人生'。""诗之为道，既以描写人生为事，而人生者，非孤立之生活，而在家族、国家及社会中之生活也。"可见他是主张文学应介入人生而非逃避人生的。王国维强调文学的独立自主性，认为创作者应有独立的人格、自由的精神，这本身就是对传统文以载道的政治道德教化作用的深沉批判，这种态度在当时无疑是具有一定的现代性的。有学者就指出："如果说古典美学更多地与伦理学相联系，更多地考虑'善'与'不善'的问题，那么，现代美学则更多地与科学相联系，更多地考察'真'与'不真'的问题，艺术家在文艺创作中偏重于'真'与'不真'的价值评判，强调现代美学的各项要求，本身就是对封建意识的冲击。重视文艺创作中的科学精神，重视文艺作品展示人的权利本位，这是中国现代美学反封建的特征"，而"王国维的美学现代性便具备这一特征"，"王国维美学强烈的反传统性、反封建性应该被我们充分地认识到"[1]。从这个角度来思考，王国维美学思想仍有其不可避免的"现实性"，他会重视以审美教育来拯救人类心灵，进而对美育功能的肯定和对美育思想的提倡也就不足为奇了。

王国维在《红楼梦评论》中曾明确表示，惜春、紫鹃的解脱是宗教的，贾宝玉的解脱是美术的，而他所推崇的是美术的解脱，亦即审美的解脱，而非宗教的解脱，这一点，显然与蔡元培"以美育代宗教"说是一致的。这不是偶然的现象。20世纪初期很多知识分子在向西方学习，试图改造文化、革新社会的时候，不选择宗教而选择美育，说明了美育思想更切合中国文化传统，他们认为正因为审美的无利害性，反而可以使人摆脱实用功利的考虑，放下一己私利，养成高尚的情操。对西方美学的学理而言，这样的理解是一种"误读"，但这种因"误读"而向功能的"转化"却给当时中国思想启蒙产生了积极的影响，包括王国维在内，很多人都对美育寄予厚望，"王国维的《孔子的美育主义》《论教育之宗旨》，鲁迅的《拟播布美术意见书》，蔡元培的《对于教育方针的意见》《以美育代宗教说》《文化运动不要忘了美育》等等，都是20世纪中国美育理论的重要文献，以如此重要的国学家、思想家、教育家、文学家却对美育如此强调推崇，在中外历史上都是空前绝后的"[2]。

---

① 杜寒风：《王国维美学与20世纪中国美学》，《云南大学人文社会科学学报》2000年第1期。

② 杜卫：《走出审美城》，第28页。

如果说，梁启超思想的"现实功利性"过多地集中于政治层面的改造，蔡元培思想的"现实功利性"则主要集中于教育（特别是美育）层面的启蒙，在这一点上，王国维较接近的是后者。王国维在《论教育之宗旨》中就认为，美的教育价值是"使人忘一己之利害，而入高尚纯洁之域"，也就是在强调美的独立性之外，并没有忽视审美的教化功能。当然，王国维不像蔡元培喊出"美育救国"的口号，但对美育能培养无利害的精神，超越人我之界的作用是看法一致的，在美学观念上，两人都同受康德美学的影响甚深，在20世纪初期现代美学倡导上也都是重要的代表人物。

蔡元培早在1905年留学德国时就对美学进行过专门研究，"美育"一词也是他在民国元年根据德文 Asthetische Erziehung 所译。出任民国政府首任教育总长时，首开先例将美感教育列入教育宗旨，此后几十年，他始终积极提倡美育，不遗余力，可以说，"蔡元培"已和"美育"成了不可分割的一体形象。他的《以美育代宗教说》《美育》《美育实施的方法》等文章已成美育理论的经典；在北大期间首先创立音乐、绘画、书法等各种研究会，并开设美学和美术史课程，且亲自讲授美学课；后来又分别创设国立音乐学院和艺术专科学校于上海和杭州，从理论到实践，他有力地推动了我国美育的发展。虽然他的美学思想主要不在探讨文学层面，但他流露的审美意识和对美的认知与提倡，仍在一定程度上对文学理论的发展有所影响，同时也提供了不同于维新派和革命派侧重于政治变革的另一种选择，正是这种选择有了文学／文化史上的意义。

蔡元培所一贯强调的是"纯粹的美感"和"纯粹之美育"。在1912年《对于教育方针之意见》中，他就清楚指出，教育分为"隶属于政治"和"超轶乎政治"两种，专制时代是隶属于政治，而共和时代则是超轶乎政治。世界也分为两种，一是"现象世界"，"以造成现世幸福为鹄的"，如政治；一为"实体世界"，"以摆脱现世幸福为作用"，如宗教，因此，"教育者，则立于现象世界，而有事于实体世界者也"①。至于如何从现象世界达到实体世界，蔡元培认为"不可不用美感之教育"。所谓"美感"，是"合美丽与尊严而言之，介乎现象世界与实体世界之间，而为之津梁。"这个看法，他明言"此为康德所创造，而嗣后哲学家未有反对之者也。"他在1916年特别写了一篇《康德美学述》，介绍其学说，在这点上，他和王国维有同样的学术渊源。著名的《以美育代宗教说》中有一大段谈"都丽之美"和"崇闳之美"（即优美与壮美），

---

① 蔡元培有关美学、美育的言论可参见《蔡元培文集》卷4，台北：锦绣出版公司，1995年。本书所引蔡元培相关言论均出自此书。

也提到"屈子之离忧"，分析《红楼梦》的悲剧观等，和王国维所论几乎雷同，应是受到王国维学说的启发。

对于美感的基本特征，蔡元培认为有两点：普遍性和超绝性（即超脱性）。在普遍性方面，他说："纯粹之美育，所以陶养吾人之感情，使有高尚纯洁之习惯，而使人我之见，利己损人之思念，以渐消沮者也。盖以美为普遍性，决无人我差别之见能参入其中。"对于美的价值人人都可以领略，他举例说："北京左近之西山，我游之，人亦游之，我无损于人，人亦无损于我也。……我与人均不得而私之。……埃及之金字塔，希腊之神祠，罗马之剧场，瞻望赏叹者若干人，且历若干年而价值如故"，即使是对美的批评，"虽间亦因人而异，然不曰是于我为美，而曰是为美"（《以美育代宗教说》），可见美是有着公认的、普遍的标准。在超绝性方面，他认为美是超绝现实的，美的事物和人之间不会有利害关系，例如"马、牛，人之所利用者；而戴嵩所画之牛，韩干所画之马，决无对之而作服乘之想者。狮、虎，人之所畏也；而卢沟桥之石狮，神虎桥之石虎，决无对之而生抟噬之恐者。"正因为美具有普遍性和超绝性，因此只有"舍宗教而易以纯粹之美育"，才可以"破人我之见，去利害得失之计较……陶养性灵，使之日进于高尚"。

蔡元培的美育思想，从理论上是属于美学，但在实践上是属于教育，和王国维相比，他更专注于实践层面的思索与发扬，而王国维主要在美学理论上作本质层面的探讨与阐述。关于美育的本质，蔡元培有两处直接做了解释，一是1930年为《教育大辞书》所撰写的《美育》条目："美育者，应用美学之理论于教育，以陶养感情为目的者也。"二是1931年左右写的《美育与人生》中说："人人都有感情，而并非都有伟大而高尚的行为，这由于感情推动力的薄弱。要转弱而为强，转薄而为厚，有待于陶养。陶养的工具，为美的对象，陶养的作用，叫作美育。"强调美的"目的"和"作用"，其现实功利性不言而喻。在《美育》中针对这一点有进一步的分析，他说："教育之目的，在使人人有适当之行为，即以德育为中心是也。"要做到行为适当，须有两方面的准备："一方面，计较利害，考察因果，以冷静之头脑判定之；凡保身卫国之德，属于此类，赖智育之助者也。又一方面，不顾祸福，不计生死，以热烈之感情奔赴之；凡与人同乐、舍己为群之德，属于此类，赖美育之助者也。所以美育者，与智育相辅而行，以图德育之完成者也。"蔡元培强调德育的宗旨，显然是受到传统儒家思想的影响，以美育来完成德育，这是蔡元培美学思想中极具特色的主张，他在《对于学生的希望》《创办国立艺术大学之提案》等其他文章中也不断强调这一点，认为"美育之目的，在陶冶活泼敏锐之性灵，养成高尚纯洁之人格"，可以看出，他的美育观是"育"大于"美"的。

事实上，蔡元培"以美育代宗教说"的提出，是在当时特定的历史氛围中有意识地以"柔性战斗"的姿态所产生的响亮口号，恐怕不能仅在人格感化、性灵陶冶方面简单对待或片面理解。1912 年袁世凯担任临时大总统后，为帝制复辟而鼓吹尊孔读经运动，一时间，"定孔教为国教""恢复祭孔典礼"之类的主张甚嚣尘上，孔教会、孔社、尊孔会等组织纷纷成立，隐然形成一股"借尊孔之名，行复辟之实"的声势不小的逆流，蔡元培主张"舍宗教而易以纯粹之美育"，正是针对性地反对这股封建复古的逆流，试图用民主自由和科学精神反抗专制和愚昧，具有一定的现实战斗性。蔡元培《以美育代宗教说》分析宗教是因人的精神作用而构成，而人的精神作用分为知识、意志、情感三种，起初这三者都附丽于宗教，但随着科学发达、社会文化进步，宗教逐渐丧失其知识作用和意志作用，"于是宗教所最有密切关系者，唯有情感作用，即所谓美感。"但发展至今，"美育之附丽于宗教者，常受宗教之累，失其陶养之作用，而转以激刺感情"，因为不论何种宗教，都有"扩张己教攻击异教之条件"，为了克服宗教"激刺感情之弊"，真正实现陶养感情之目的，他主张宗教与美育分离，而且因为二者的性质截然不同："美育是自由的，而宗教是强制的；美育是进步的，而宗教是保守的；美育是普及的，而宗教是有界的"（《以美育代宗教说》），无法并行共融，唯有以美育代宗教才是正途。他甚至在 1919 年 12 月特地写了一篇《文化运动不要忘了美育》，谆谆告诫"致力文化运动诸君，不要忘了美育"。

说到底，蔡元培的美育思想还是为了"救国"。抗战开始后，他曾利用演讲阐述美术对抗战的重要性；1940 年在香港病重弥留之际，仍在呼吁"美育救国"等主张。有论者就指出："蔡元培认为，艺术鉴赏以及整个审美活动，固然要给人以娱乐、消遣、享受，但这不是美育的根本目的，他一再强调的是教育，是提高道德情操，培养创造性，以便为救国革命，为建设事业而献身。"① 把美育的社会功能和时代需求紧密结合，重视其实践性，不脱离现实，不忽视国情，以培养造就"健全人格的共和国民"为教育宗旨，这是蔡元培在20 世纪初期新旧嬗变的特殊时代所倡导的美育思想的底蕴，也是他的美育思想能在当时产生一定影响的原因。当然，美感教育不能立竿见影，也不可能速成，它是济世救民的百年大计，讲求的是"潜移默化"，因此，他的奔走呼吁，尽管取得一些成效，但最终仍无法尽如所愿。这不是美育理论的不可行，而是

---

① 宫承波：《蔡元培美育思想的基本内容》，《山东大学学报》2000 年第 1 期。

时代根本不允许美育理想从容有序的推行，这不是思想本身的缺陷，而是时代的悲哀。

蔡元培一生以弘扬美育为己任，他早期提出的"教育救国"理想，也在他一生的努力实践中得到彰显与肯定，和王国维在思想和政治上的巨大反差，并导致矛盾痛苦，终以自沉求得解脱相比，蔡元培思想的一体性与实践的一贯性相对比较突出。在功利美学与超功利美学的对立互补上，蔡元培的思想与实践提供了一个相对中立的选择。

五、美的功利性与纯粹性：梁启超、王国维的选择与命运

我们还可以谈谈另一位转型时期的代表梁启超，这位和王国维相比属于另一个极端的例子。梁启超早期对美学问题的思考主要体现在文学问题上，他以一系列的文学论文如《译印政治小说序》（1898）、《论小说与群治之关系》（1902）、《饮冰室诗话》（1902—1907）、《夏威夷游记》（1903）、《告小说家》（1915）等，表达他对文学革新的重要思考，强调文学"力"和"移人"的作用。1920年以后，他从早期将美学（文学）与政治直接相连的思考模式转为与文化思想相连，写下了一批与美学相关的重要论文，如《欧游心影录》（1920）、《中国韵文里头所表现的情感》（1922）、《情圣杜甫》（1922）、《美术与生活》（1922）、《学问之趣味》（1922）、《陶渊明》（1923）、《中国之美文及其历史》（1924）、《为什么要注重叙事文学》（1927）等，强调美与生活的联系，审美教育等问题，倡导"趣味"和"情感"，具有建构美学体系的自觉倾向。不管前后期，梁启超个人学术个性的基本特征是不变的，"前期，梁启超美学思想的重心在于关注艺术与政治的关系，直接倡导文学革命。后期，梁启超更多地关注美与人生的关系，研究美与人的心灵、个性、情感等精神形态之间的联系，弘扬审美教育的功能。但不管是前期还是后期，梁启超以审美介入现实，追求求是与致用的统一的学术宗旨始终未变。……他把审美视为启蒙的重要途径与人格塑造的重要工具的基本思想具有内在的一致性"①。

梁启超美学思想的功利观，和他的政治观、人生观是统一的，其中有其不得不然却又是自觉必然的选择。他在《外交欤内政欤》（1921）一文中提到："我的学问兴味、政治兴味都甚浓，两样比较，学问兴味更为浓些。我常常梦

---

①　金雅：《体系性·变异性·功利性—梁启超美学思想研究中的三个问题》，《杭州师范学院学报》2003年第4期。

想能够在稍微清明点子的政治之下，容我专作学者生涯。但又常常感觉，我若不管政治，便是我逃避责任。"① 作为中国近代爱国知识分子，这样的真诚表白是具有一定的代表性的。和蔡元培一样，"爱国"是他思想中最核心的要素，他曾自我剖析道："我自己常说：'不惜以今日之我去反对昨日之我'，政治上如此，学问上也是如此。但我是有中心思想和一贯主张的，决（绝）不是望风使舵，随风而靡的投机者。……我的中心思想是什么呢？就是爱国。我的一贯主张是什么呢？就是救国。"② 爱国救国的人文情怀与启蒙精神，使他欲以美来"新民"的理想终生不变，政治活动也好，学术研究也好，都是他关注现实人生的一种方式，这种鲜明独特的学术品格，和王国维潜心于美的本质、美的起源、美的种类、美的鉴赏等重要问题的思辨与镕铸，试图建构中国现代美学的学科体系的追求，确实是迥异的学术意向与人生形态。不同的选择决定了他们不同的历史命运，从文学社会学的角度来看，王国维所抨击的文学功利化倾向，恰恰推动了历史的前进，而他所坚持的非功利主张，却与那个时代格格不入。梁、王二人虽同为中国近代学术由古典向现代转型的开拓者与奠基者之一，但两人所受到的关注程度却大大不同。在特定历史条件下，梁启超介入现实的姿态有其历史的合理性，他的主张会风行一时，引领主潮，乃是因为汇入了启蒙救亡的历史主题之中，而成为当时的主流价值。王国维纯美意识的超功利主张，在那个救亡强国成为民族首务的危急年代，一开始就注定了他的超前性与孤独性。只有经过时间的汰洗推衍，它所存在的合理价值才能被人们正确认识、理解和肯定。

当代美学理论家李泽厚曾为文比较梁启超与王国维两人的成就与影响，结论是："社会影响上，梁远甚王；学术成就上，梁不及王。在整个历史地位上，梁当然在王之上。但如果说梁启超的启蒙影响虽广泛，毕竟只在一时，那么王国维的学术成果，却虽专门而影响更为长久。"③ 也许可以这样说，王国维的美学思考是其追求学术纯粹性、独立性理论建构的有机组成部分，以文学的纯美价值为目标的审美本质论，而梁启超的美学思考则是他启蒙新民思想建构的有机组成部分，以文学的功利价值为目标的审美实践论。一本质，一实践，其

---

① 参见梁启超：《饮冰室文集》第 13 册，台北：台湾中华书局，1960 年，第 59 页。

② 引自夏晓虹：《追忆梁启超》，北京：中国广播电视出版社，1997 年，第 147—148 页。

③ 李泽厚：《梁启超王国维简论》，《中国近代思想史论》，北京：人民文学出版社，1979 年，第 437 页。

实都一样重要，只是历史选择了实践的功能，王国维因此成为孤独的先行者。

　　"天末彤云黯四垂，失行孤雁逆风飞。江湖寥落尔安归?"（《浣溪沙》）；"人间孤愤最难平，消得几回潮落又潮生。"（《虞美人》）；"人生只似风前絮，欢也零星，悲也零星，都作连江点点萍。"（《采桑子》）从王国维的词作中，我们不难看到一个充满悲观色彩的痛苦灵魂的孤绝形象，一个先觉的现代知识分子，其个体生命的苦衷试图要在纯文学的追求中寻得一席安身之地、避难之所，然而他最后的解脱之道，却是以"自沉"这种对人生最彻底的绝望与抗议方式。1927 年 6 月 2 日，他投身颐和园的昆明湖自尽，和他早年在《红楼梦评论》中所说过的："解脱之道，存于出世，而不存于自杀"，显然背道而驰。他的生命没有得到真正的解脱，他对文学超功利的纯粹性、对文学独立价值的不遗余力的强调，在当时以及其后相当长的一段时间，也没有得到真正的重视。"独有倚栏人，断肠君不闻"（《菩萨蛮》），王国维生命的孤独与悲哀，从某个角度来说，也是纯美文学的孤独与悲哀。

第二章 召唤力之美、恶之声的孤独者

——鲁迅

一、孤独而巨大的文化图腾

鲁迅，一个文化巨人的名字，这个名字是涵盖了思想家、文学家、革命家与活动家的综合体，同时它也是战士、斗士、勇士、先驱者、导师、伟人的代名词，长期以来，"鲁迅"这个文化图腾，是被后人以一种仰望、追随、赞叹、学习的心理与姿态不断凝塑而成的历史存在。他的巨大身影，主要来自他对旧世界封建传统搏斗过程中的坚毅、无畏与决绝的精神，他对丑恶、落后、虚伪、黑暗民族性、国民性的批判深度与力度，他在多种文体实验上所显现的过人才华，以及他在思想上所能达到当时的高度与超前性、丰富性，这使他在整个 20 世纪成了不可替代的指标人物，不论在文学、思想、文化甚至政治上，我们都能轻易地看到他的作品、言论在当时、后来所产生不可低估的影响。①

除了以上的原因，鲁迅之所以对时人、后人具有无与伦比的吸引力，之所以始终闪烁着魅人的光辉，很大的因素来自于他这个人，他独特的心灵世界与

---

① 《亚洲周刊》于 1999 年举办的"20 世纪中文小说一百强"活动，鲁迅以《呐喊》获得第一名，被称为"百年小说冠军"，该刊编辑章海陵在《鲁迅为何是世纪冠军》一文中写道："有哪一个作家会像鲁迅这样死后几十年，仍让他的人民痛彻心脾地反省和无地自容地羞愧？"对于鲁迅是否真的伟大的质疑，他也指出："……经过……痛苦思索，人们最终还是确定鲁迅在中国现代文学史上独一无二的崇高地位，承认他不仅是天才的文学家，更是伟大的思想家……"这个说法并不新鲜，只是再次印证了鲁迅作为 20 世纪中国作家象征人物的事实，而这个事实已是历来多数学者的共识。此文见《亚洲周刊》第 13 卷第 24 期，1999 年 6 月 14—20 日，第 35 页。

丰富的精神场域，特别是他一贯向绝望虚无对抗的孤独者形象，他敢于自我审视、自我挣扎的冷峻性格，以及在他生命本质中存在对立冲突的矛盾性与深刻性，这种趋近于极端的心理与性格特征和他外在总是皱眉叹气、凝视民族苦难的形象生动地混融在一起，共构出一幅散发悲凉、孤愤、深沉、寂寞却又锐敏、顽强、刚烈、有力的鲁迅画像。他是清醒而痛苦的先觉者，是在心灵炼狱中熔铸而成的诗魂。鲁迅的这种悲凉意识、孤独意识，正如李泽厚所分析，"这当然与他早期接受尼采哲学作为人生观有关。贬视庸俗，抨击传统，勇猛入世，呼唤超人，不但是鲁迅一生不断揭露和痛斥国民性麻木的思想武器，而且也是他的孤独和悲凉的生活依据。……孤独悲凉感由于与他整个人生荒谬的形上感受中的孤独、悲凉纠缠融合在一起，才更使它具有了那强有力的深刻度和生命力的。鲁迅也因此而成为中国近现代真正最先获有现代意识的思想家和文学家"①。

鲁迅终其一生独有的孤独与悲凉，以及这种孤独与悲凉所具有的现代意识与哲理风味，和王国维有着极大的相似性，郭沫若大概是最早看出这一点的人，他曾经把王国维和鲁迅加以比较，认为这两人在履历、思想历程、治学态度上都"相似到实在可以令人惊异的地步"，只不过"鲁迅随着时代的进展而进展，并且领导了时代的前进；而王国维却中止在了一个阶段上，竟成了时代的牺牲"②。撇开两人后来的不同发展不论，至少在青年鲁迅的阶段，他曾经宣扬过王国维式的超功利的美学观念，对文学审美的独立性也曾经充分肯定过，在反对传统"文以载道"观、要求文学艺术回归到人的本位的主张上，两人都体现了 20 世纪初期现代文学审美意识上的自觉。

二、从主美向主用倾斜的文学功能观

鲁迅当然无意醉心于做一个美学家，但他却在从事文艺活动的几十年中以不同的形式逐渐形成自己的美学观点，并因此而与王国维超功利的美学观分道扬镳。鲁迅以文学为启蒙手段、战斗工具的一贯主张早已成为他最鲜明的理论特色，这从他 1922 年写《呐喊·自序》时强调："我们的第一要著，是在改

---

① 见李泽厚：《胡适陈独秀鲁迅》，《中国现代思想史论》，台北：风云时代出版公司，1990 年，第 131—132 页。

② 郭沫若：《鲁迅与王国维》，《历史人物》，北京：中国人民大学出版社，2005 年，第 226、228 页。

变他们的精神，而善于改变精神的是，我那时以为当然要推文艺，于是想提倡文艺运动了。"① 到1935年逝世前一年写《叶紫作〈丰收〉序》时仍振力呼吁："作品在摧残中也更加坚实"，作家的任务是对压迫者回复："文学是战斗的！"② 可以充分看出他视文学为启蒙、救亡武器的审美功利论的坚定态度。然而，鲁迅的价值并不完全在此，而在于他既是伟大的启蒙者，又超越了启蒙；既是伟大的救亡者，又超越了救亡。在救亡、启蒙之外，他从来也没有忽略过（即使曾经不那么强调）文学的审美价值，这从他写于1907年的长文《摩罗诗力说》中提到："由纯文学上言之，则以一切美术之本质，皆在使观听之人，为之兴感怡悦。文章为美术之一，质当亦然，与个人暨邦国之存，无所系属，实利离尽，究理弗存。"③ 到1928年写《文艺与革命》对革命文学只挂"革命"招牌却忽略"文学"货色的偏差提出纠正说："我以为当先求内容的充实和技巧的上达，不必忙于挂招牌。……革命之所以于口号，标语，布告，电报，教科书……之外，要用文艺者，就因为它是文艺。"④ 在热情推动文学的实用功利性之余不忘强调文学的审美性，这正是鲁迅高明于当时一批左翼文学家之处，也正是鲁迅不同于当时一批自由主义作家之处。在主美与主用的立场上，虽然他明显地向主用倾斜，但他企图使美用合一的努力是他的美学理念中非常突出的一环，忽略了这一点，对鲁迅文学思想的深刻性与对立性将无法正确掌握。

对艺术"美"与"用"的辩证思考，形成青年鲁迅独异的美学观。和王国维一样，他主张文学艺术是美，是无实用功利性的，这是来自康德的西方现代美学观，但他又很重视文学艺术在精神教化上的作用，明显受到蔡元培超功利的"以美育代宗教说"思想的影响。试图沟通"美"与"用"的"为人生的艺术"，达到"美用合一"，或许可以用来描述他这段时期的美学观。在1913年写的《拟播布美术意见书》中他说："言美术之目的者，为说至繁，而要以与人享乐为枭极，惟于利用有无，有所抵牾。主美者以为美术目的，即在美术，其于他事，更无关系。诚言目的，此其正解。然主用者则以为美术必有利于世，傥其不尔，即不足存。顾实则美术诚谛，固在发扬真美，以娱人情，

---

① 《鲁迅全集》第1卷，第417页。
② 《鲁迅全集》第6卷，第220页。
③ 《鲁迅全集》第1卷，第71页。
④ 《鲁迅全集》第4卷，第84页。

比其见利致用，乃不期之成果。沾沾于用，甚嫌执持。"① 又说："美术之中，涉于实用者，厥惟建筑。他如雕刻、绘画、文章、音乐，皆与实用无所系属者也。"② 可以看出，早年的鲁迅对文学艺术的"美"与"用"曾有过认真的思考，甚至一度是比较倾向于"主美"的。但他并没有忽略对于"用"的提倡，他在《摩罗诗力说》中提出"不用之用"的独特观点："文章不用之用，其在斯乎？……涵养人之神思，即文章之职与用也。"③ 这"不用之用"，其目的仍是为了"用"。他推崇 19 世纪西方拜伦、雪莱等浪漫主义诗人的创作，目的还是为了"立意在反抗，指归在动作"④，一如他在《文化偏至论》中所说："诚若为今立计，所当稽求既往，相度方来，掊物质则张灵明，任个人而排众议。人既发扬踔厉矣，则邦国亦以兴起。"⑤ "首在立人，人立而后凡事举；若其道术，乃必尊个性而张精神。"⑥ 即使他对立人、个性十分重视，但他的目的是为了邦国之计，这一点是他一生思想中不变的基础。也就是说，在短暂沉迷于"主美"的浪漫意识后，他很快就自觉地从尼采、康德式的美学中抽离出来，挥别王国维、蔡元培美学的影响，从倡导浪漫主义的狂飙突进精神，转而介绍现实主义的批判精神，以大胆揭露社会的病苦黑暗为毕生之职志。

五四时期新文化运动反封建的思想革命使鲁迅从一主美者，一变为美用合一者，再变为主用者，此后并不断在文章中表达出对文学的社会功能的追求。《野草·题辞》说："我自爱我的野草，但我憎恶这以野草作装饰的地面。"⑦ 对于杂文，他在《且介亭杂文·序言》中说："作者的任务，是在对于有害的事物，立刻给以反响或抗争，是感应的神经，是攻守的手足。"⑧ 1933 年写的《我怎么做起小说来》尤其是代表性的一篇自白，他说：

> 说到"为什么"作小说罢，我仍抱着十多年前的"启蒙主义"，以为必须是"为人生"，而且要改良这人生。我深恶先前的称小说为"闲书"，而且将"为艺术的艺术"，看作不过是"消闲"的新式的别号。所以我的

① 《鲁迅全集》第 8 卷，第 47 页。
② 同上，第 46 页。
③ 《鲁迅全集》第 1 卷，第 71 页。
④ 同上，第 66 页。
⑤ 同上，第 46 页。
⑥ 同上，第 57 页。
⑦ 同上，第 159 页。
⑧ 同上，第 3 页。

取材，多采自病态社会的不幸的人们中，意思是在揭出病苦，引起疗救的注意。①

可以说，"五四"以后的鲁迅已经逐渐转成一个鲜明的功利主义美学论者，不论写散文诗、杂文或是小说，他不再强调过去超功利、超实用、超政治的观点，而是顺应了时代发展的潮流，从尼采转到马克思，在这一点上，他和王国维当然是走在了两条截然不同的道路上。

三、力之美的热烈召唤

有论者指出："和同样要建立非功利性的文学观念的周氏兄弟相比较，王国维的非功利性确实要'纯'得更彻底，而周氏兄弟是如何也不肯放弃启蒙的大功利的。"② 这话并没有错，但并不完整，因为在致力于启蒙的大功利同时，周氏兄弟也是如何都不肯放弃文学的审美意识。以他们两人合作翻译出版于1909 年的《域外小说集》为例，其中所显现的除了人道主义精神与民族关怀外，侧重于主观表现的抒情化手法，刻意淡化情节，讲究诗意的叙事模式，也是这部小说选集重要的审美特征。但是，它超前的文学趣味与审美倾向，显然无法得到当时读者的认同与接纳，"几乎没有对晚清文学创作与阅读产生影响，因而它的审美价值未能实现"，但它的潜在影响却在十年以后发挥了重大的作用，"周氏兄弟对中国现代文学的影响，未能通过读者对《域外小说集》的阅读实现，却以'潜文本'的方式蓄积并整理了他们的新文学理念；《域外小说集》由于夭折而未能实现的审美追求，作为'潜文本'，延续到了五四时期，在周作人的白话翻译、论文和鲁迅的小说创作中得以实现。"③ 以鲁迅《呐喊》、《彷徨》中鲜明的主观色彩与诗化抒情手法来说，其实是他自《域外小说集》以来一直探索的现代小说叙事模式，透过一篇篇写意抒情的小说，不仅形成自己独特的风格，"创造出了充满中国艺术写意精神、语言洗练的现代抒情小说"，也"开启了中国现代小说诗化叙事的审美先河"④。换言之，对文学

---

① 《鲁迅全集》第 4 卷，第 512 页。

② 张新颖：《20 世纪上半期中国文学的现代意识》，北京：三联书店，2001 年，第 63 页。

③ 杨联芬：《晚清至五四：中国文学现代性的发生》，北京：北京大学出版社，2003 年，第 144 页。

④ 同上，第 151、156 页。

艺术强烈的审美意识与开拓，使得鲁迅及其作品蕴含了更深沉丰富的象征意味，而有了自己的美学风格。

鲁迅对抒情审美意识的自觉追求，即使在后来由于"风沙扑面、狼虎成群"①的社会现实，而必须向启蒙、救亡意识倾斜，但他从不认为因此必须以牺牲文学的艺术性为代价，恰恰相反，他始终清醒地认识到艺术审美性的重要，只不过，他所追求呼唤的美是一种与传统的美学观迥异的、全新的、具现代性的艺术世界，其具体表现是透过文学中的对立、冲突、矛盾、反差，追求宏伟崇高的"力"的美学效果，而与传统美学的"和谐""静穆""中庸"决裂，并且热情召唤非比寻常、如恶魔般破坏一切障碍、冲撞一切罗网、掀开一切真相，令人怵目惊心的"恶"的艺术显现，而与传统文学中的"柔弱""宁静""平和"相对抗。鲁迅所倾心的美学观显然是有着鲜明的现代意味。不管对立或冲突，矛盾或丑恶，其中所显现出来的强大、深刻而持久的美感力量，显然是鲁迅所向往的美学境界，这种境界更直接的说是有着战斗的力量、批判的精神、怀疑的色彩和直面一切真相的勇气。鲁迅这种具现代性的美学观，在五四作家中并非特例，郭沫若气势雄浑的诗歌也有类似的美学力量，但他肯定是最突出且最具代表性的。

对"力之美"的崇拜与追求，甚至于可以说是鲁迅美学观的核心，他以此自我期许于文艺的创作理想，也以此作为评价文艺作品的美学标准。早期的《摩罗诗力说》，鲁迅"别求新声于异邦"，赞美"其力足以振人"②的摩罗诗人，指出这些人"种族有殊"，但"无不刚健不挠，抱诚守真；……发为雄声，以起其国人之新生，而大其国于天下。"③，在文末，他痛心地呼唤："今索诸中国，为精神界之战士者安在？有作至诚之声，致吾人于善美刚健者乎？"④ 1925年写的《睁了眼看》，更是语气激昂地呼吁："世界日日改变，我们的作家取下假面，真诚地，深入地，大胆地看取人生并且写出他的血和肉来的时候早到了；早就应该有一片崭新的文场，早就应该有几个凶猛的闯将！"⑤ 1927年到上海以后，"力之美"已是鲁迅心中呼唤的美学理想，他对气势雄伟但艺术技巧稍嫌粗糙的作品能给予充分肯定，但对技法成熟的纤巧之作，他虽

---

①　鲁迅：《小品文的危机》，《鲁迅全集》第4卷，第575页。

②　《鲁迅全集》第1卷，第65页。

③　同上，第99页。

④　同上，第100页。

⑤　同上，第241页。

未予否定，却并不提倡。例如在《"题未定"草》中对陶渊明作品的分析，指出除了一般人所熟悉的"采菊东篱下，悠然见南山"之外，其实还有"精卫衔微木，将以填沧海；刑天舞干戚，猛志固常在"之类"金刚怒目"式的作品①，他借此道出对"力之美"的肯定："历来的伟大的作者，是没有一个'浑身是"静穆"'的。陶潜正因为并非'浑身是"静穆"'，所以他伟大'。现在之所以往往被尊为'静穆'，是因为他被选文家和摘句家所缩小，凌迟了。"② 他以此为标准，高度评价萧红《生死场》写"北方人民的对于生的坚强，对于死的挣扎，却往往已经力透纸背。"③ 鲁迅晚年大力提倡新兴木刻，尤其是黑白木刻，着眼之一就是"捏刀向木，直刻下去"，仿佛"以铁笔刻石章"的遒劲精神④；在所有版画中，他最推崇德国和苏联的版画，原因也在于它那特有的厚实、强劲、粗豪的审美风格，例如 1936 年为《苏联版画集》写的序中，就称赞这些版画作者"没有一个是潇洒，飘逸，伶俐，玲珑的。他们个个如广大的黑土的化身，有时简直显得笨重"，而版画作品则"有哪一幅不坚实，不恳切，或者是有取巧，弄乖的意思的呢？"⑤ 同样的，他对苏联小说《毁灭》《铁流》出版中译本深表欢喜，因为"这两部小说，虽然粗制，却并非滥造，铁的人物和血的战斗，实在够使描写多愁善病的才子和千娇百媚的佳人的所谓'美文'，在这面前淡到毫无踪影"⑥。凡此，均可见出鲁迅所追求的"力"的美学境界。

现实生活中血与火的残酷鞭挞，磨炼出鲁迅具韧性的坚强的战斗精神，他不屑于小摆设、小玩意、小巧与小品，而是勇于直面人生，与痛苦搏斗，以"力"激发人的斗志，即使是悲壮的抗争，也决不屈服。这就是鲁迅，这就是鲁迅精神。在中国备受欺凌的年代，他用自己的生命用力呐喊，以笔奋战不懈，即使是晚年病痛缠身，他仍精神昂扬的这么说："假使我的血肉该喂动物，我情愿喂狮虎鹰隼，却一点也不给癞皮狗们吃。"⑦ 鲁迅的巨大身影，正是来自于他将自己的生命毫不保留地奉献，而且很少人像他这样，不妥协的战斗意志几乎贯穿一生各个时期。他毕生追求"力之美"，最后，本身也成了"力之

---

① 《鲁迅全集》第 6 卷，第 422 页。
② 同上，第 430 页。
③ 《鲁迅全集》第 6 卷，第 408 页。
④ 《鲁迅全集》第 7 卷，第 320 页。
⑤ 《鲁迅全集》第 6 卷，第 593 页。
⑥ 《鲁迅全集》第 4 卷，第 385 页。
⑦ 《鲁迅全集》第 6 卷，第 597 页。

美"的突出典范。

四、在矛盾对立的炼狱边缘开出的小花

当然，鲁迅也有消沉、失意、软弱、痛苦的时刻，这个时刻的鲁迅，脱去了虚幻的巨大外衣，还原成一个真实的凡人，寂寞与孤独，矛盾与对立，挣扎与彷徨，诸多凡人的情绪与心境，他不免有属于自己深刻的审视与曲折的呈现。《野草》这部散文诗集，就是他作为一个孤独个体面对生存困境所体验、升华出来的哲理思考，是在人性炼狱边缘艰难开出的一朵小花，置身于野草中，显得那么独特，动人。

《野草》是鲁迅作品中最具个性化，但也最复杂难解之作，文中多处表现出反抗黑暗、向往光明的战斗意志，但又不免流露出些许空虚失望的消极心态，因此有人说这是"苦闷的象征"，也有人说《野草》"集中了鲁迅最'黑暗'的思想，最'悲凉'的体验"①。它一改杂文的具象、实写、讽刺，代之以大量虚构、象征、抒情，形成一种奇特、幽深、隐晦的风格，具有强烈的艺术魅力。《野草》的写作背景与小说集《彷徨》相近，时值"五四"高潮消退，新文化阵营分裂内耗，"有的高升，有的退隐，有的前进"②，加上段祺瑞执政府迫害日甚，腐化凶暴，使鲁迅感到了巨大的孤独与焦虑，而有了这一部审视自我的作品。虽然鲁迅并没有完全剖露自己，但字里行间袒露出来的孤绝深度，已经超乎想象。他曾对自己的作品作过如下的告白：

> 我的作品，太黑暗了，因为我常觉得惟"黑暗与虚无"乃是"实有"，却偏要向这些作绝望的抗战，所以很多着偏激的声音。……③

> 我的确时时解剖别人，然而更多的是更无情面地解剖我自己，发表一点，酷爱温暖的人物已经觉得冷酷了，如果全露出我的血肉来，末路正不知要到怎样。我有时也想就此驱除旁人，到那时还不唾弃我的，即使是枭蛇鬼怪，也是我的朋友，这才真是我的朋友。倘使并这个也没有，则就是

---

① 见钱理群：《精神的炼狱——中国现代文学从"五四"到抗战的历程》，南宁：广西教育出版社，1996年，第59页。

② 鲁迅：《〈自选集〉自序》，《鲁迅全集》第4卷，第456页。

③ 鲁迅：《〈两地书〉》，《鲁迅全集》第11卷，第20—21页。

我一个人也行。①

黑暗，虚无，孤独，绝望，腐朽的气息，充溢在他许多怪诞可怖的小说中，在冷嘲热讽的杂文中，在《野草》这部梦魇般的杂文诗中。"我希望这野草的死亡与朽腐，火速到来。"（《题辞》）从某个角度说，在《野草》里是看不到温暖与希望的，只有对温暖与希望卑微的渴求。环境的黑暗，人性的黑洞，精神的深渊，结合着独特的审美意象言语，《野草》呈现出迥异于一般的美学风格。《影的告别》中说："我独自远行，不但没有你，并且再没有别的影在黑暗里。只有我被黑暗沉没，那世界全属于我自己。"《题辞》说："当我沉默着的时候，我觉得充实；我将开口，同时感到空虚。"《求乞者》说："我将用无所为和沉默求乞！……我至少将得到虚无。"明知前面是坟，却偏要向前走的"过客"。明知将在"无物之阵中老衰，寿终"，仍坚持举起投枪的"这样的战士"。还有《秋夜》中只剩"一无所有的干子，却仍然默默地铁似的直刺着奇怪而高的天空"的枣树，以及朝玻璃灯罩"撞得丁丁地响"的小飞虫；《复仇》中"裸着全身，捏着利刃，对立于广漠的旷野之上"的人等，都是鲁迅精神世界里的化身，也是他个人心理特征的隐喻性表达。

正是这样的绝望心理与虚无意识，鲁迅的审美情感无疑的是倾向于复仇、憎恶、反叛、怀疑、否定、毁灭的召唤，也就是对"恶"的力量有种热烈的追求。鲁迅"黑暗"的作品背后，不可否认的源自于他特殊的"黑暗之心"，也许和他早期家道中落后受到歧视的经验有关，也许和他难以忍受民族落后愚昧的国民性有关，也许和他在政治漩涡中险恶周旋有关，他似乎渴望那种足以涤荡一切的"恶"的力量。早在第一篇文学论文《摩罗诗力说》中他就热烈推崇"恶魔"，直到晚年写《再论"文人相轻"》，他仍主张文人应该"像热烈地拥抱着所爱一样，更热烈地拥抱着所憎"②。鲁迅所呼唤的"恶之声"，显然不同于中国传统文学所强调的宁静、平和、无邪、圆善、和谐之美，有学者便指出："他讲摩罗、赞撒旦、主破坏、谈复仇，论证憎的合理性，反对宽容，撕破慈善的面孔，抨击假道学，肯定狂人，赞扬疯子，批判'大团圆'、'十景病'、'曲终奏雅'、'尽善尽美'，都是恶之美在不同侧面的表现。"③ 再看鲁迅作品中经常出现的"狼""枭""乌鸦"等属于异类的意象，以及他所偏爱

---

① 鲁迅：《写在〈坟〉后面》，《鲁迅全集》第1卷，第284页。

② 《鲁迅全集》第6卷，第336页。

③ 贺智利：《鲁迅美学观的现代性》，《宁波大学学报（人文科学版）》1999年第1期。

的死亡、鬼魂、夜色、旷野、荒原、地狱等意象，都不符合中国传统艺术优雅的审美惯例，而比较接近于康德所提出的"崇高型美学"，在对立矛盾中透射出一股不可逼视的叛逆精神与战斗力量。

《秋夜》中万籁俱寂的夜空，"哇的一声，夜游的恶鸟飞过了。"给人不寒而栗的恐怖感；《药》的结尾，死寂的坟场里，两个上坟的老女人"忽听得背后'哑——'的一声大叫"，两人不禁"竦然的回过头"，"只见那乌鸦张开两翅，一挫身，直向着远处的天空，箭也似的飞去了。"给人撕裂心肺的哀痛感。鲁迅对"恶之声"的呼唤，型塑出独特而冷峻的意境，在阴冷悲凄的氛围中，我们彷见一位孤独的战士，坚持着一种不随俗、不低头、不倒下的姿势，呐喊着刻骨铭心却也怵目惊心的悲恸。

这撼人的姿势，不正是鲁迅独有的审美意识的深刻呈现吗？力之美，恶之声，鲁迅一生不懈的战斗精神，和一篇篇透视现实、深邃犀利的作品，都清清楚楚地写着他源自生命体验的思想复杂性与审美深刻性。

五、战士的孤独：在往事重提中自言自语

鲁迅一生，外表看是光辉四射，但内心却是黯淡苦闷的。《野草》让我们看到他战士形象背后难言的寂寞，而《朝花夕拾》则是鲁迅作品中少见的亮色，有一丝的温暖升起，也有一脉春光乍现，虽然这仍是在"目前是这么离奇，心里是这么芜杂"（《小引》）的情境中完成的回忆之作，但对照他一生的写作风格，这十篇"从记忆中抄出来"的叙人记事之作，已属难能可贵。

和《野草》相比，《朝花夕拾》显得明朗、朴直、平易而隽永，二者都是个人化的私语，前者幽晦曲折，后者则清朗可喜。《朝花夕拾》最初在《莽原》杂志上发表时题为"旧事重提"，编定成书后的《小引》中，对这部散文集有清晰的定调，那就是"追忆"，他说："惟独在记忆上，还有旧来的意味留存。他们或许要哄骗我一生，使我时时反顾。""想在纷扰中寻出一点闲静来"是不容易的，只有从回忆里拾起一些片段，这些"眼前一闪烁"的往事，流露出鲁迅难得的宽容、亲切，文学纯美的风格和他批判嘲讽的杂文有着明显的不同，虽然批判与嘲讽仍是免不了的。

鲁迅写《朝花夕拾》系列文章时，面临的是血与火交织屠戮的局势，以及个人被军阀政府通缉、赴厦门大学任教又遭排挤离校的处境，心绪杂乱中，他透过追忆往事的方式暗寓反抗封建主义和其他黑暗势力的战斗精神，只不过他采用的是娓娓道来的语调，这就使得文章具有一种含蓄蕴藉、情意隽永的艺术

特色。这部散文集"自叙传"的色彩鲜明,组构出鲁迅前半生的生活史和精神发展史,同时具有文学与历史的意义。鲁迅时而以真挚自然的笔调叙写其童年的坎坷,如《父亲的病》《琐记》,时而以亲切有趣的口吻追述孩提时代的生活,如《狗·猫·鼠》《阿长与〈山海经〉》《从百草园到三味书屋》,有时则以充满地方色彩的语言描述故乡绍兴的风俗民情,如《五猖会》《无常》等。《朝花夕拾》最为人称道的大概是人物艺术形象的生动塑造,如《范爱农》中的范爱农,《藤野先生》中的藤野,《琐记》中的衍太太,《阿长与〈山海经〉》中的长妈妈,《父亲的病》中的"名医",《从百草园到三味书屋》中的先生等,这些人物个性鲜活,具艺术概括性,也有现实的批判性,更重要的是,透过这些文章,我们可以直面鲁迅情感的另一面,所谓"无情未必真豪杰,怜子如何不丈夫",其自道之语,为我们勾勒了一个真情实感、重亲情、重乡土的鲁迅形象。在他与险恶环境斗争的救亡启蒙大业之外,幸而有了《野草》与《朝花夕拾》这样的作品,使这位文化巨人、思想巨擘、文学巨匠有了纯美意识的真情流露。

重提往事,夕拾朝花,以鲁迅当时的纷扰处境,要寻出这一点闲静,"委实不容易";即使是自言自语的《野草》,他也在《〈野草〉英文译本序》中说:"大半是废弛的地狱边沿的惨白色小花,当然不会美丽","后来,我不再作这样的东西了。日在变化的时代,已不许这样的文章,甚而至于这样的感想存在。"① 鲁迅毕竟是战士、猛士型文人,这样的"真情流露"只能是短暂的,"闲静"对他而言是奢望,"爱"与"美"只能是属于人类全体,而非自己。这样的战士注定是孤独的,只不过,孤独也是一种美的姿态。这不禁让人想起他晚年在《题〈彷徨〉》一诗中所言:"寂寞新文苑,平安旧战场。两间余一卒,荷戟独彷徨。"② 在"荒原""暗夜"的广袤背景中,我们仿佛看见了漫漫长路上那消瘦、不屈、踽踽独行的身影。

那身影,是鲁迅,也是文学,在 20 世纪不断呐喊,不断彷徨后留下的印记。

---

① 《鲁迅全集》第 4 卷,第 356 页。
② 《鲁迅全集》第 7 卷,第 150 页。

第三章 自己的性情，个人的文学

——周作人—俞平伯—废名—钟敬文

一、苦雨里寂寞的乌篷船

作为"新文学一代大师"，同时又是"近代中国散文艺术最伟大的塑造者之一"①，周作人的一生充满了魅力，也充满着争议。他的魅力来自于独具一格的趣味主义人生观和美学观，透着简单味和苦涩味的美文小品，冲淡平和的人格形象，几十年来，其艺术格调与文化影响，始终后继有人，服膺者众；他的争议则来自于20世纪20年代后期明哲保身、闭户读书的消极主张，以及20世纪40年代出任伪华北教育总署督办因而成为汉奸的"失节"。周作人的受到瞩目（有时是受到漠视），还与他身为"周氏兄弟"有关，在鲁迅巨大的光芒下，他与鲁迅渐行渐远的人生抉择，为他带来了两相对照后毁多于誉的评价。

在现代文学史上，周作人及其作品留下的是一个复杂的话题。曾经，他是十字街头的闯将，与鲁迅并肩作战的猛士，在五四时期，高张"人的文学"大旗，左批封健礼教，右批军阀暴行，意兴风发，大有睥睨文坛之势。且看1921年他为"文学研究会"执笔的宣言中说："将文艺当作高兴时的游戏或失意时的消遣的时候，现在已经过去了。我们相信文学是一种工作，而且又是于人生很切要的一种工作，治文学的人也当以这事为他终身（生）的事业，正同劳农

---

① 杨牧：《周作人论》（代序），《周作人文选》，台北：洪范书店，1983年，第1页。

一样。"① 相似的激情与使命感,在1924年为《语丝》创刊写的发刊词又再度出现:"我们所想做的只是想冲破一点中国的生活和思想界的昏(浑)浊停滞的空气。我们个人的思想尽自不同,但对于一切专断与卑劣之反抗则没有差异。"② 然而,同样的这段时期,他也流露出对人生的失望与消沉,如1923年为出版《自己的园地》所写的序中就感叹道:"我已明知我过去的蔷薇色的梦都是虚幻","我因寂寞,在文学上寻求慰安;……或者国内有和我心情相同的人,便将这本杂集呈献与他;倘若没有,也就罢了。——反正寂寞之上没有更上的寂寞了"③。到1930年为《骆驼草》写发刊词时,更是以一派无所谓的态度表示:"文艺方面,思想方面,或而至于讲闲话,玩古董,都是料不到的,笑骂由你笑骂,好文章我自为之,不好亦知其丑,如斯而已,如斯而已。"④ 1934年,周作人50寿辰时发表了《知堂五十自寿诗》二首,读来真令人百感交集:

其一

前世出家今在家,不将袍子换袈裟。
街头终日听谈鬼,窗下通年学画蛇。
老去无端玩古董,闲来随分种胡麻。
旁人若问其中意,且到寒斋吃苦茶。

其二

半是儒家半释家,光头更不着袈裟。
中年意趣窗前草,外道生涯洞里蛇。
徒美低头咬大蒜,未妨拍桌拾芝麻。
谈狐说鬼寻常事,只欠工夫吃讲茶。⑤

---

① 这份由周作人执笔的宣言,原载《小说月报》第12卷第1号,1921年1月10日。同时还曾经先后发表于1920年12月13日北京《晨报》1920年12月19日上海《民国日报·觉悟》1921年1月1日出版的《新青年》第8卷第9号。

② 原载1924年11月17日《语丝》第1期。

③ 此为《自己的园地》旧序,收入《周作人自编文集·苦雨斋序跋文》,第22页。《自己的园地》有两个版本:1923年北京晨报社版,这篇旧序就是放在这个版本;1927年上海北新书局版,删去旧序,另写《小引》代之。

④ 周作人:《发刊词》,《骆驼草》周刊第1期,1930年5月12日。

⑤ 见《周作人自编文集·知堂回想录》第173条《打油诗》,第623—624页。此诗署名知堂,先发表于《现代》第4卷第4期,1934年2月,后又转载于《人间世》创刊号,1934年4月。

从五四时代的文化启蒙领袖，街头闯将，一步步退回到自己的苦雨斋中抄古书，苦茶庵中喝苦茶，听雨声，谈狐说鬼，此时的周作人真成了解甲归田的员外了。整首诗流露出的是浓浓的寂寞，不甘但也只能无奈的寂寞。

　　1926 年元月，周作人在北京给朋友写信，介绍故乡绍兴的"乌篷船"，这便是他脍炙人口的美文代表作之一《乌篷船》。在文章中，他不断用着类似的词汇如"有特别的风趣""颇有趣味""真趣味""很有意思"等来追忆故乡的景物，但描写愈是有趣，愈代表着人在北京的孤独与寂寞；他在文中还表明自己喜欢坐在船上，以"游山的态度"观赏四周物色，"困倦的时候睡在舱中拿出随笔来看；或者冲一碗清茶喝喝"，"要看就看，要睡就睡，要喝酒就喝酒，我觉得也可以算是理想的行乐法"①。然而，当他真的在"书房一角"经营"自己的园地"，喝清茶听雨声时，现实政治的风暴却终究没有放过他。即使躲进"苦雨斋"，心中的两个鬼："叛徒"与"隐士"始终如影随形地啃啮着他的内心，渔樵耕读的生活向往底下，经世济民的念头并没有完全断绝，这样的矛盾冲突，他心中焉能不痛苦？郁达夫在 1935 年编选《中国新文学大系·散文二集》写的《导言》中，对"周氏兄弟"的成就大加推崇："中国现代散文的成绩，以鲁迅、周作人两人的为最丰富最伟大"，因此他们两人的作品就"占得全书的十分之六七"②，然而，谁料到两年后，未随北大南迁的周作人竟一步步附逆，成为全国文化界通电讨伐的对象，以至于在往后很长一段时间，周作人的"失足"使他的名字和作品在文学史、各种文学选集中"失踪"，即使出现，也是被口诛笔伐得一无是处，面对这样的境遇，他心中焉能不感到寂寞？

　　周作人于"文革"初期在北京寂寞地死去，以"寿则多辱"的感叹留给后人更多的感叹。"以人废言"的残酷现实，导致对周作人的文学也一起否定，长期以来造成许多不必要的偏见，随着历史公允而无情的发展，如今已无须再为其文学价值作种种辩护了，相关著作大量出版，一度"失踪"的周作人重返人间，并再度引起阅读和研究的热潮。抛开政治上的错误不论（这是"硬伤"，再多的动机、辩护也难掩此一事实），文化、文学、思想、美学上的周作

---

① 周作人：《乌篷船》，《周作人自编文集·泽泻集》，第 27—29 页。

② 郁达夫编选：《中国新文学大系·散文二集·导言》，台北：业强出版社，1990 年，第 15 页。这套《大系》由赵家璧主编，1935—1936 年间由上海良友图书公司出版，早已绝版，业强出版社根据原版重印。

人，毫无疑问地已是不容忽视的巨大存在，他毕竟是"周氏兄弟"之一，即使后来走上了与鲁迅不同的道路，但他留下的身影足迹仍有着属于自己的风格，这种自己的风格，从某个角度说，也正是周作人及其文学的价值意义所在。

二、在载道与言志、文学有用论与无用论间摆荡

周作人冲淡平和、闲适趣味的人格形象和美学思想的形成有着曲折的历程，也有着不可解的矛盾，这决定了他一生难以挣脱的生命悲剧。

周作人文学、美学思想的形成是受到中外文化的启发与影响的。梁启超企图以"新小说"来改变国民性的功利主义思想，使周作人进入文坛初期和鲁迅一样都是"载道派"，主张"文学有用论"；但他同时对晚明文人独抒性灵的小品文非常欣赏，也佩服晚明文人张扬个性的精神，后来他在谈中国新文学的源流时，特地把晚明公安派视为新文学源流之一，并大大推崇了公安三袁、张岱、金圣叹、李渔等人，也将"表现自己的情感"作为新文学发展应有的方向。这些晚明以来的文人对周作人影响甚大，这使他后来在审美观念上能够欣赏西方美学的审美"超功利"主张。然而梁启超的"载道"观念与性灵派的"言志"观念是矛盾的，这也造成了周作人在文学、美学思想上的矛盾。

外国文学的影响对周作人思想的形成同样深远。他受梁启超在《新小说》谈"嚣俄"（Marie Hugo，今译雨果，1802—1885）的影响，成了雨果的崇拜者，爱读八册英文的《嚣俄选集》，并模仿《悲惨世界》创作了小说《孤儿记》，藉小说抒发人间不平之鸣[1]；由雨果进而选择丹纳（Hippolyte Adolphe Taine，1828—1893），他常运用丹纳主张文艺应取决于种族、环境、时代社会的理论来探究中国文学，以及文学中"国民性问题"的反思。到日本留学后，他有计划地研习西方近代文学理论，其中对他影响最大的是蔼理斯（Havelock Ellis，1859—1939），他曾说："蔼理斯是我所最佩服的一个思想家。"[2] 蔼理斯是知名的性学家，同时能从科学的角度研究文学批评，强调文学艺术是一种"生命之舞""生命的颤动"，主张一方面必须让人的本能自然发展，同时又必须用人所区别于动物的精神力量加以节制，以使人得到和谐和满足，并带来现世的享受。蔼理斯融合科学与艺术的理论，令周作人豁然开朗，佩服极了，所以在他的文集里，几乎都有引用蔼理斯言论的地方。周作人称自己有"叛徒"

① 周作人：《学校生活的一页》，《周作人自编文集·雨天的书》，第41—42页。
② 周作人：《蔼理斯的话》，《周作人自编文集·雨天的书》，第88页。

和"隐士"的双重性格（也就是他在《谈虎集·两个鬼》中说的"流氓鬼"与"绅士鬼"），其出处就是戈尔特堡（Isaac Goldberg，1887—1938）批评蔼理斯的话，说蔼理斯心中"有一个叛徒和一个隐士"。① 足见他受蔼理斯影响之深。蔼斯理所强调的生命自由发展，将文学视为"生命之舞"，以及生活的艺术化，视"审美"为一种人生态度等，明显地偏向个人主义，这和雨果、丹纳的主张也存在着基本的矛盾。

中外文化、思想上启蒙、审美意识的复杂接受，使周作人在战斗与闲适、浮躁凌厉与冲淡平和间来回摆荡，杂糅难解。受梁启超载道之说的影响，周作人和鲁迅在日本时翻译了弱小民族革命的《域外小说集》，也计划创办文学刊物《新生》；在五四时期撰文抨击"二十四孝"等封建礼教，翻译与谢野晶子的《贞操论》，强调男女平等、自由恋爱等新思想，国内舆论界、文化教育界为之震动；到20世纪20年代中期，女师大事件、五卅事件、"三一八"惨案等，周作人都没有袖手旁观，以《谈虎集》为例，书中56篇文章就有15篇是反对日本帝国主义的内容。这一时期的杂文显现了他"金刚怒目"、人道主义的一面。然而，他同时还有一些抒情叙事的散文，如《故乡的野菜》《初恋》《北京的茶食》《喝茶》《谈酒》《苦雨》《鸟声》《寻路的人》《死之默想》等，和充满战斗气息的杂文相比，这类散文小品笔触明净、隽永，题材宽广，大至宇宙，小至苍蝇，涉笔成趣，皆成文章，显现出他闲适雅致的一面。1925年写《雨天的书·自序二》，他说："我近来作文极慕平淡自然的景地"，希望"能够从容镇静地做出平和冲淡的文章来"，但同时又表示目前做不到，"因为这有气质境地与年龄的关系"。第二年写《艺术与生活·自序》，他开宗明义即说："梦想家和传道者的气味渐渐地有点淡薄下去了"，"以前我似乎多喜欢那边所隐现的主义，现在所爱的乃是在那艺术与生活自身罢了。"对五四时期倾向于人道主义、现实主义的作品风格有所不满而思改变，但因为"我的心真是已经太荒芜了"，何况"现在中国连思索的余暇都还没有"，只能是一种理想的憧憬罢了。不管如何，他在此时已表现出对"审美超功利"文艺观的追求，以上这些抒情叙事的美文，大体是他这种心态下的产物。

虽然在本质上，他因受西方文学的影响而成为自由主义者、个人主义者，并逐渐远离梁启超"文学救国论"的轨道，但梁氏对他的影响并未完全消失，他仍然企图用文学来达到改造国民性的目的，只不过不像梁氏直接用文学来改良政治，因为他深知文学不具备这样的功能，事实上也做不到。20年代后期，

---

① 见周作人：《周作人自编文集·泽泻集·序》，第1页。

他开始由"载道派"向"言志派"倾斜后，"文学无用"的言论逐渐多了起来，例如 1932 年《中国新文学的源流》中说："欲使文学有用也可以，但那样已是变相的文学了。"① 1935 年编选《中国新文学大系·散文一集》时又说："我觉得文学好像是一个香炉，他的两旁边还有一对蜡烛台，左派和右派。……文学无用，而这左右两位是有用有能力的。"② 从"无用"观点出发，将文学视为一种审美意义上的游戏、消遣，在这一点上，周作人已经远离梁启超而较为接近王国维了。一般来说，主张"文学有用论"者是倾向于"人生派"，亦即"为人生而艺术"，相反则倾向于"艺术派"，亦即"为艺术而艺术"，对这个说法，周作人虽然在 1921 年为"文学研究会"写下"为人生"的宣言，但其实他有着自己不同的思考，1920 年在北平少年学会的演讲中就提出折中的"人生的艺术派"主张：

> 艺术派的主张，是说艺术有独立的价值，不必与实用有关，可以超越一切功利而存在。艺术家的全心只在制作纯粹的艺术品上，不必顾及人世的种种问题。……但在文艺上，重技工而轻情思，妨碍自己表现的目的，甚至于以人生为艺术而存在，所以觉得不甚妥当。人生派说艺术要与人生相关，不承认有与人生脱离关系的艺术。这派的流弊，是容易讲到功利里边去，以文艺为伦理的工具，变成一种坛上的说教。正当的解说，是仍以文艺为究极的目的；但这文艺应当通过了作者的情思，与人生有接触。换一句话说，便是著者应当用艺术的方法，表现他对于人生的情思，使读者能得艺术的享乐与人生的解释。这样说来，我们所要求的当然是人生的艺术派的文学。③

这个主张在 1922 年《自己的园地》中又再次强调："于人生有实利，当然也是艺术本有的一种作用，但并非唯一的职务。总之艺术是独立的，却又原来是人性的，所以既不必使他隔离人生，又不必使他服侍人生，只任他成为浑然的人生的艺术便好了。"④ 相对于救亡、启蒙的功利主义思潮盛行，周作人指出

① 周作人：《周作人自编文集·中国新文学的源流》，第 16 页。
② 周作人：《中国新文学大系·散文一集·导言》，台北：业强出版社，1990 年重印本，第 13 页。
③ 周作人：《新文学的要求》，《周作人自编文集·艺术与生活》，第 18—19 页。
④ 周作人：《自己的园地》，《周作人自编文集·自己的园地》，第 6—7 页。

不应偏废艺术的观点，事实上已透露出他更为重视言志、为艺术的态度，以及能够从文学的角度看文学的审美意识。这个文学超功利的审美观，使他自然进一步得出"文学无目的"的结论，这个看法在1932年关于"中国新文学的源流"演讲中有详尽的解释，他说："文学本是宗教的一部分，只因二者的性质不同，所以到后来又从宗教里划分了出去。"二者的性质不同在于有无"目的"，宗教仪式都是有目的的，而文学则无，"文学是无用的东西。因为我们所说的文学，只是以达出作者的思想情感为满足的，此外再无目的之可言。里面，没有多大鼓动的力量，也没有教训，只能令人聊以快意。不过，即这使人聊以快意一点，也可以算作一种用处的：它能使作者胸怀中的不平因写出而得以平息"①。

可以看出，周作人试图在载道与言志、人生与艺术、出世与入世、有用与无用间求取平衡的努力，之所以不趋于极端，或许和他持"中庸主义"的态度有关。他在《谈龙集》《谈虎集》的序中就说："我的绅士气"、"我原是一个中庸主义者"，在《秉烛后谈·序》中也直陈："披中庸之衣，着平淡之裳，时作游行，此亦鄙人之消遣法也。"② 但也正如他自己所言，中庸与平淡只是披着的外表衣裳，其内心深处仍有着两条路线（即他说的"两个鬼"）的斗争、角力，使他难以抉择而有歧路彷徨之慨，且看他在《过去的生命》中的《歧路》一诗：

> 而我不能决定向哪一条路去，
> 只是睁了眼望着，站在歧路的中间。
> 我爱耶稣，
> 但我也爱摩西。
> 耶稣说："有人打你右脸，连左脸也转过来由他打！"
> 摩西说："以眼还眼，以牙还牙。"
> 吾师乎！吾师乎！
> 你们的言语怎样的确实呀！
> 我如果有力量，我必然跟耶稣背十字架去了。
> 我如果有较小的力量，我也跟摩西做士师去了。
> 但是懦弱的人，你能做什么事呢？

① 周作人：《周作人自编文集·中国新文学的源流》，第13—15页。
② 周作人：《几篇题跋》，《周作人自编文集·立春以前》，第174页。

这样的困惑几乎缠绕了他的一生。1944 年说的这段话："我在文坛之外蹲着，写我自己的文章，认为与世无争，可以相安无事，可是实际上未必能够如此，这又使我觉得为难了。"① 想来绝非虚语，而是有感而发。这确实是生命中深沉的矛盾。抗战开始后，他一面读旧书，抄古书，写他的"文抄公体"文章，但一面又出任伪华北教育总署督办职，赴日慰问日军伤病员，并捐款；一面写他擅长的随笔小品如《卖糖》《撒豆》《蚊虫药》《炒栗子》等，一面又四处为伪政权演讲如"治安强化运动与教育之关系""东亚解放之证明"等；一面写追忆故乡往事如《绍兴城门》《东昌坊》《烧鹅》《杨梅》《素火腿》等作品，一面又不断出任伪职，甚至身着日本军服在天安门检阅青少年团的分列式。抗战胜利前夕，他出版了《苦口甘口》一书，序中大谈忧国济世之志，令人觉得突兀，如"鄙人本非文士，与文坛中人全属隔教，平常所欲窥知者，乃在于国家治乱之源，生民根本之计"，"我一直不相信自己能写好文章，如或偶有可取，那么所可取者也当在于思想而不是文章。总之我是不会做所谓纯文学的，我写文章总是有所为，于是不免于积极，这个毛病大约有点近于吸大烟的瘾，虽力想戒除而甚不容易，但想戒的心也常是存在的。"说是"想戒"，其实对自己文章的"积极"还是有种肯定的欣慰，抗战胜利后出版的《立春以前·后记》中就再次强调："以前杂文中道德的色彩，我至今完全的是认，觉得这样是好的，以后还当尽年寿向这方面努力。"似乎，对于文学的"歧路"，他已有了最终的选择。而这样的选择，恰恰否定了过去受蔼理斯等思想影响下的审美超功利文学观，而向中国现代文学的主潮流认同皈依。

学者袁进针对周作人的抉择，认为是"否定了自己最有价值的主张"，"周作人的一生中思想发生过多次变化，他几乎一直在审美功利性与审美超功利之间徘徊。这种变化与徘徊从一个侧面显示了那个时代的矛盾和中学与西学的矛盾。中国文化是史官文化，它与政治紧密相连，政治作为压倒一切的主宰。周作人试图借助西方近代美学思想，改变中国文学作为政治'祭器'的状况。然而孙悟空翻了一个勋斗，终究没有跳出如来佛的掌心。"② 这段话说出了周作人以及那个时代许多知识分子内心的矛盾、挣扎与无奈。时代主流的号召力确实是强大的，想在"书房一角"放置一张平静的书桌有时竟也万般艰

---

① 周作人：《文坛之外》，《周作人自编文集·立春以前》，第 158 页。
② 袁进：《周作人美学思想的形成、特点与矛盾》，《上海社会科学院学术季刊》1995年第 2 期，第 183 页。

难，"叛徒"与"隐士"的双重性格，使周作人在现实漩涡中"坐立难安"，最终导致了自己悲剧的命运，付出了惨痛的代价，或许这就是周作人说的"凡人的悲哀"吧！

三、艺术的生活，趣味的文学

政治上的周作人是可议的，文学上的周作人却是可爱的。虽然在文学上，周作人也有着冲淡平和与浮躁凌厉两种不同风格，但从 20 世纪 20 年代末、30 年代初起，周作人的文学创作大体已倾向朴实自然、平易散淡的风格，正如郁达夫 1935 年在《中国新文学大系·散文二集·导言》中所说："近几年来，一变而为枯涩苍老，炉火纯青，归入古雅遒劲的一途了。"对周作人作品中呈现的"悠然见南山"般的人格与风格，包括废名、许杰等许多人都自然地将他比拟成陶渊明。我们当然知道陶渊明并非"浑身是静穆"（鲁迅语），事实上也没有哪一个文人可以做到纯粹的超然世外，不问世事，或者是时刻启蒙救亡，没有一丝自在尘外的念头。郁达夫就指出："废名说他（按：指周作人）有点像陶渊明。可是'陶潜诗喜说荆轲'，他在东篱下采菊的时候，当然也忘不了社会的大事，'少时壮且厉，抚剑独行游'的气概，还可以在他的作反语用的平淡中想见得到。"[①] 周作人自己也在《雨天的书·自序二》中说："田园诗的境界是我以前偶然的避难所，但这个我近来也有点疏远了。"《泽泻集·序》中又再次强调："我希望在我的趣味之文里，也还有叛徒活着。"或许从这个角度看，周作人与陶渊明因为都不是"浑身是静穆"，加上所写的闲适趣味之文有着相似的恬淡自然风格，因此被联想在一起。

陶渊明有"金刚怒目"式的作品，但他最大的成就以及在文学史上主要的意义是在那些"悠然见南山"的诗作，同样的，周作人在现代散文史上的影响与意义，冲淡平和要远大于浮躁凌厉。尤其是他以一篇《美文》给新文学开辟了一块新的园地——抒情叙事的小品散文，在现代散文写作史、理论史上堪称独具慧眼，别开生面。

现代散文从一诞生起，就背负着打倒"选学妖孽，桐城谬种"的战斗使命，以《新青年·随感录》为代表的一批杂文作家如陈独秀、李大钊、鲁迅、周作人、钱玄同、刘半农等，都是下笔如刀，充满激进批判色彩。浮躁凌厉的周作人于 1921 年 6 月 8 日发表于《晨报》副刊上的《美文》，篇幅虽不长，对

---

① 郁达夫：《中国新文学大系·散文二集·导言》，第 15 页。

他个人和整个文学史的发展却饶富意义，文中说：

> 外国文学里有一种所谓论文，其中大约可以分作两类。一批评的，是学术性的。二记述的，是艺术性的，又称作美文，这里边又可以分出叙事与抒情，但也很多两者夹杂的。这种美文似乎在英语国民里最为发达，如中国所熟知的爱迭生，兰姆，欧文，霍桑诸人都做有很好的美文，近时高尔斯威西，吉欣，契斯透顿也是美文的好手。读好的论文，如读散文诗，因为他实在是诗与散文中间的桥。中国古文里的序、记与说等，也可以说是美文的一类。但在现代的国语文学里，还不曾见有这类文章，治新文学的人为什么不去试试呢？……我希望大家卷土重来，给新文学开辟出一块新的土地来，岂不好么？①

周作人所称的"美文"即英文中的 essay，有许多不同的译名如随笔、小品文、小品散文、絮语散文、随笔散文、家常散文等，后来以"小品文"较为风行。李素伯在《什么是小品文》中指出 essay 是"起源于法兰西而繁荣于英国的一种专于表现自己的美的散文。"② 日本文艺批评家厨川白村在《出了象牙之塔》书中对此有一段生动的描绘，经由鲁迅翻译成中文介绍到中国来以后，几乎成了诠释"小品文"的经典说法：

> 如果是冬天，便坐在暖炉旁边的安乐椅子上，倘在夏天，便披浴衣，啜苦茗，随随便便，和好友任心闲话，将这些话照样地移在纸上的东西就是 essay。兴之所至，也说些以不至于头痛为度的道理罢。也有冷嘲，也有警句罢，既有 humor（滑稽），也有 pathos（感愤）。所谈的题目，天下国家的大事不待言，还有市井的琐事，书籍的批评，相识者的消息，以及自己的过去的追怀，想到什么就纵谈什么，而托于即兴之笔者，是这一类的文章。③

不管是"专于表现自己的美"，还是"任心闲话"的即兴之笔，周作人的

---

① 周作人：《美文》，《周作人自编文集·谈虎集》，第 29 页。

② 李素伯：《什么是小品文》，原载其《小品文研究》一书，此引自李宁编：《小品文艺术谈》，北京：中国广播电视出版社，1990 年，第 47 页。

③ 李素伯：《什么是小品文》，引自李宁编：《小品文艺术谈》，第 48 页。

提倡"美文"，代表着回归文学抒情审美意识、不战斗的文体开始出现了。这种文体的提倡，特别是在"五四"时期救亡、启蒙喧嚣价天的文坛，显得难能可贵，一如散文研究者范培松所言："《美文》是中国现代散文批评的第一块基石。它预示着：散文观念在实现艺术的蜕变，它将和非文学划清界限，这是古今散文创作和批评的一次重大变革，它的真正历史意义也正在这里。"①

周作人不仅提倡美文，而且身体力行地从事于美文的创作，出手不凡，其一生的创作表现使现代散文运用白话的技巧臻于炉火纯青，达到一个难以企及的高峰，模仿者众，但能得其精髓者却少矣。② 鲁迅在《小品文的危机》里虽然以"风沙扑面，狼虎成群"的时代需要匕首、投枪式的小品文，而非风雅的"小摆设"，但他也承认："到五四运动的时候，……散文小品的成功，几乎在小说戏曲和诗歌之上。这之中，自然含着挣扎和战斗，但因为常常取法于英国的随笔（essay），所以也带一点幽默和雍容；写法也有漂亮和缜密的，这是为了对于旧文学的示威，在表示旧文学之自以为特长者，白话文学也并非做不到。"③ 鲁迅在此指出了"美文"的特点是幽默、雍容、漂亮和缜密。1922 年3 月，胡适在《五十年来中国之文学》的篇末对周作人的散文大表推崇："这几年来，散文方面最可注意的发展，乃是周启明等提倡的'小品散文'。这一类的小品，用平淡的谈话，包藏着深刻的意味；有时很像笨拙，其实却是滑稽。这一类作品的成功，大约可彻底打破那'美文不能用白话'的迷信了。"④ 周作人闲适、自然、趣味的美文之作，代表着他对文学超功利审美观的追求，这种追求使他和鲁迅分居杂文与美文的泰斗，学者孔庆东形容得好："如果说鲁迅是战斗性杂文的元帅，那么周作人便是美文的状元。"⑤

周作人"美文"的魅力，正在于它的"不战斗性"。"不战斗性"是相对的，并非完全不战斗，只是不以战斗为主要诉求，不强调文学的社会目的性，

①　范培松：《中国散文批评史》，南京：江苏教育出版社，2000 年，第 36 页。

②　杨牧在其《周作人论》中指出："模仿周作人的散文的，半世纪以来前仆后继。有人学到他的苦涩，竟失去了清纯的风味；有人学到他的淡漠，却少了一份炽热参与社会和关怀人生的心肠；有人学到他的沉静，殊不知他安详中还有一份涌动的知识欲望；有人学到他杂学丰富，惟不免掉错书袋之讥；有人学到他以文字语法委婉突兀所企及的幽默，却误会了那幽默背后的无奈和嘲讽，反而以戏谑取胜……"见杨牧编：《周作人文选》，第 3 页。

③　鲁迅：《小品文的危机》，《鲁迅全集》第 4 卷，第 576 页。

④　胡适：《五十年来中国之文学》，《胡适文存》二集，合肥：黄山书社，1996 年，第240 页。

⑤　孔庆东：《1921：谁主沉浮》（"百年中国文学总系"丛书），济南：山东教育出版社，1998 年，第 160 页。

而是要求在艺术表现上要有自己的鲜明个性和独特风格，用周作人自己的话说就是"须用自己的文句与思想"（《美文》）。自己而不是别人，个人而不是集体，个性而不是群性，这是周作人散文理论及其作品的核心理念，其在文学史上的价值也在于此。1918 年《人的文学》中他提出"个人主义的人间本位主义"，1921 年《个性的文学》中则主张"创作不宜完全抹煞自己去模仿别人"，"个性的表现是自然的"，"有个性的新文学便是这国民所有的真的国粹的文学"。① 1930 年 9 月，自称是"诗言志派"的周作人更对"小品文"提出了个人独到的见解："小品文则在个人的文学的尖端，是言志的散文，它集合叙事说理抒情的分子，都浸在自己的性情里，用了适宜的手法调理起来，所以是近代文学的一个潮头。"② 这段话道出了周作人心中理想的"美文"或"小品文"，尤其拈出"个人的文学"、"自己的性情"，可视为他散文美学的终极追求。从自己的性情出发，周作人发展出极具个人化的美学理论，包括闲适、冲淡、趣味、简单、苦涩等，再加上"适宜的手法"，一篇篇充满性情的美文典范就在他散发艺术趣味的笔调下问世，并形成散文史上的"周作人风格"。

"周作人风格"是一个笼统的概念，其人其文有着极大的一致性，趣味也好，闲适也好，苦涩也好，不妨将之视为周作人的人生态度、风格基调，或者是一种散文境界的追求。正如他自己所言，生命中有"隐士"的一面，周作人的隐士风度、士大夫气质，使他讲求趣味的艺术，悠然的心境，清雅的生活形态。这种名士气息在他著作中随处可见，如："雨虽然细得望去都看不见，天色却非常阴沉，使人十分闷气。在这样的时候，常引起一种空想，觉得如在江村小屋里，靠玻璃窗，烘着白炭火钵，喝清茶，同友人谈闲话，那是颇愉快的事。"（《雨天的书·自序二》）；"喝茶当于瓦屋纸窗之下，清泉绿茶，用素雅的陶瓷茶具，同二三人共饮，得半日之闲，又抵十年的尘梦。"（《喝茶》）；"夜间睡在舱中，听水声橹声，来往船只的招呼声，以及乡间的犬吠鸡鸣，也都很有意思。"（《乌篷船》）；"我在西四牌楼以南走过，望着异馥斋的丈许高的独木招牌，不禁神往，因为这不但表示他是义和团以前的老店，那模糊阴暗的字迹，又引起我一种焚香静坐的安闲而丰腴生活的幻想。"（《北京的茶食》）；"在日本旅行，于新式的整齐清洁之中，却仍保存着旧日的长闲的风趣。我在东海道中买过一箱'日本第一的吉备团子'，虽然不能证明是桃太郎的遗制，口味却真不坏，可惜都被小孩们分吃，我只尝到一两颗，而且又小得

① 周作人：《个性的文学》，《周作人自编文集·谈龙集》，第 147 页。
② 周作人：《近代散文抄序》，《周作人自编文集·苦雨斋序跋文》，第 127 页。

可恨。"（《济南道中》）等等，记写生活情趣，表现自然情味，悠然神往于平淡自然的意境，周作人清新冲淡的美文，和他清高的名士风度浑然融合成一体，这里头没有剑拔弩张的激情，也没有挣扎战斗的呐喊，娓娓闲谈中自有一份亲近，一份自在，这种风格也被称为"闲话风"，和鲁迅泼刺、犀利的杂文风格有明显的不同。郁达夫对"周氏兄弟"散文文体的比较就直指二人艺术个性的差异："鲁迅的文体简练得像一把匕首，能以寸铁杀人，一刀见血。重要之点，抓住了以后，只消三言两语就可以把主题道破，……与此相反，周作人的文体，又来得舒徐自在，信笔所至，初看似乎散漫支离，过于繁琐！但仔细一读，却觉得他的漫谈，句句含有分量。"① 也就是说，周作人的"闲话"不是"扯淡"，而是既有艺术的趣味美感，又有思想内容的深刻启发，只不过这趣味、思想都是周作人"自己的""个人的"。自己的性情，个人的文学，周作人的文学审美意识于此深刻表现。

趣味的表现，闲适的追求，是周作人文学审美意识必然的发展趋向，也是他个人散文美学的关照视野。他曾说："我很看重趣味，以为这是美也是善，而没趣味乃是一件大坏事。这所谓趣味里包含着好些东西，如雅，拙，朴，涩，重厚，清朗，通达，中庸，有别择等，反是者都是没趣味。"② 这是他对"趣味"最明确的阐释，也可看出他以"趣味"涵盖了许多审美要素，不论情趣、理趣、意趣、天趣、别趣、生趣、雅趣、谐趣，他多以"趣味"一词笼统称之，正因为他在散文艺术建构上自觉追求着丰富的审美趣味，才使他的散文"逸趣横生"，令人耐读且玩味不已。至于"闲适"，周作人也有不同于一般认定的解释，他说："拙文貌似闲适，往往误人。唯一二旧友知其苦味。"③ 这里的"闲适"指的是一般的认定，周作人所谓的"闲适"则要复杂得多，他不认为"闲适"就是"饱暖懒惰"，而是"一种很难得的态度，不问苦乐贫富都可以如此，可是又并不是容易学得会的。"他将"闲适"分成两种，一种是"小闲适"，是秦观词"醉卧古藤荫下，了不知南北"的闲适，"如农夫终日车水，忽驻足望西山，日落阴凉，河水变色，若欣然有会"，这也是小闲适；至于他所向往的则是"大闲适"，是王景文饮鸩酒前"视死如甘寝"的"镇静之态"，是陶渊明"向来相送人，各自还其家，亲戚或余悲，他人亦已歌"的悲凉中的豁达。不过，周作人一再强调这大闲适"只是我的一理想而已"，"闲

---

① 郁达夫：《中国新文学大系·散文二集·导言》，第 14 页。
② 周作人：《笠翁与随园》，《周作人自编文集·苦竹杂记》，第 60 页。
③ 周作人：《周作人自编文集·药味集·序》，第 2 页。

适不是一件容易学的事情"。① 周作人心目中的"闲适",是在外表的冷静、平淡、超脱之下仍有着难言的热情和反抗,所以他才会在 40 年代有所感地说:"过了多少年,才明白过来,闲适原来是忧郁的东西。"② 闲适与忧郁这一悖反的概念在此巧妙地联系在一起,审美理想与艺术风格之间有着无奈的矛盾,这正是"苦雨斋主人"难言的苦涩,也就是"一二旧友"所知的"苦味"。

这种苦味,主要表现在两个方面。一是在写作上对难以企及的理想境界的向往。"大闲适"是理想,是他想写的"正经文章",但他同时也写了不少"小闲适"的文章,他说:"我的确写了些闲适文章,但同时也写正经文章,而这正经文章里面更多的含有我的思想和意见,在自己更觉得有意义。……至于闲适的小品我未尝不写,却不是我主要的工作,如上文说过,只是为消遣或调剂之用,偶尔涉笔而已。"③ 即使是闲适的小品,他也觉得自己"性情才力都不及,写不出这种文字",因为"材料难找,调理不易",所以,即使"那种平淡而有情味的小品文我是向来仰慕,至今爱读,也是极想仿作的",但"一直未能写出一篇满意的东西来"。④ 这应该是周作人过谦之词,至少在"小闲适"的小品美文来说,他有许多佳作确实是做到"平淡而有情味"的。第二方面是在现实上对出世入世难以超脱的矛盾与痛苦。曹聚仁写于 1935 年的一段话对此有一针见血的观察:"周先生自新文学运动前线退而在苦雨斋谈狐说鬼,其果厌世冷观了吗? 想必炎炎之火仍在冷灰底下燃烧着。"⑤ 对照周作人抗战时期的言行,这位"苦雨斋主人"还是风声雨声,声声入耳的。外冷内热的煎熬,心中焉能不苦? 知之者,谓之忧苦,不知者,谓之堕落,和周作人同时期的作家许杰就根据《五十自寿诗》而指责他:"周作人因为他的士大夫的气质,决定了他不去做官,不肯革命,甚至再不敢发牢骚,又不肯说自己不敢发牢骚,于是便只好自甘落伍,躲入苦雨斋中喝他的苦茶了。"⑥ 置身于争议的风暴中,想求得完全的自在超脱,看来只能是个梦想而已。

① 关于大闲适、小闲适的说法均引自《自己的文章》,收于《周作人自编文集·瓜豆集》,第 172—173 页。

② 这是周作人 1944 年 1 月所写《风雨后谈序》中的说法,此序和其他 7 篇序跋一起题为《几篇题跋》,收于《周作人自编文集·立春以前》,第 173 页。

③ 周作人:《两个鬼的文章》,《周作人自编文集·过去的工作》,第 87—89 页。

④ 同上,第 89—90 页。

⑤ 曹聚仁:《周作人先生的自寿诗——从孔融到陶渊明的路》,《曹聚仁文选》上册,绍衢编,北京:中国广播电视出版社,1995 年,第 38 页。

⑥ 许杰:《周作人论》,原载 1934 年《文学》第 3 卷第 1 期,此引自王运熙主编、许道明编著:《中国文论选·现代卷(中)》,南京:江苏文艺出版社,1996 年,第 401 页。

　　不管周作人内心的挣扎如何，周作人于 1928 年底写了《闭户读书论》，强调"苟全性命于乱世是第一要紧"①，又在 1929 年《永日集》的序言里正式声明从此不谈时事，此后周作人的散文的确越写越冲淡平和。少了之前的烟消味与战斗气，"草木虫鱼"成了他关注的对象，生活形态日趋隐逸，阿英就曾将周作人笔下的生活"整理"如下："读古书，看花，生病，问病，'莲花白酒'，'吃福茶'，闲游，闲卧，闲适，约人闲谈，写楹联，买书，考古，印古色古香的信封信笺，刻印章，说印泥，说梦，宴会，延僧诵经，搜集邮票，刻木版书，坐萧萧南窗下。"当然，这种"整理"，其目的是要说明周作人的散文使"读者不能透过他个人的生活，看到一些社会生活的影像"，因此周作人已经"被历史的齿轮毁弃"。② 都说历史是无情残酷的，阿英、许杰等人对周作人其人其文的批判以及否定，也让人看到了无情残酷的一面。文学史似乎只能是浮躁凌厉的高论，不允许冲淡平和的低语，只有融入历史主流的大合唱才是进步，要在自己的园地里清唱就是一种落伍。这样的文学史观何其独裁又何其粗暴！周作人研究者钱理群对此有深刻的反思："周作人是把个性的自由与独立看得高于一切，重于一切的。他最后选择了与被启蒙者的群众运动决裂的道路。他因此而最终'超越'了'五四'的思想启蒙，也同时被自己当年的启蒙对象所抛弃——他也没有逃脱悲剧性的命运。"③

　　时至今日，人们终于认识了周作人散文的价值与重要性，终于能从文学自身的审美规律与艺术表现上给予周作人散文应有的地位，周作人基于审美意识所创作的文学典范是任何人不应抹煞，也是任何人抹煞不了的。学者张恩和对周作人这一类离现实生活较远，看不出时代风云但却给人美的享受的散文小品，有一段公允的分析可供参考："你可以说它们流露了士大夫阶级的闲情逸致，甚至让人在追求清高淡远的情趣中沉静下去，于革命无所裨益。但是，也不能不看到和承认，读这些作品，不仅可以扩大知识视野，欣赏到一些传统的生活情趣，也可以陶冶人的性情，给人以战斗后的休息。人们的生活是丰富多彩的，精神生活就更忌单调统一，文艺的百花园里也应该允许有各种各样的花

---

① 周作人：《闭户读书论》，《周作人自编文集·永日集》，第 114 页。
② 阿英：《"周作人书信"》，《夜航集》，北京：中国文联出版公司，1993 年重印本，第 80 页。此书原为 1935 年上海良友图书印刷公司出版，中国文联出版公司根据初版重印，列入其《中国代散文名家名作原版库》丛书中。
③ 钱理群：《精神的炼狱——中国现代文学从"五四"到抗战的历程》，第 107 页。

朵。"① 但愿这"应该允许"是得到大多数人认同的,而且将来可以不必做这样的"但愿"。

从审美角度说,周作人的美文远远没有得到它应有的地位,这些美文中的思想、境界、趣味、诗意,也还没有得到充分的开掘与研究,至于他作为一个现代具有代表性的知识分子类型,其心态的复杂性也没有得到完整而深入的探索与呈现。战士与名士,叛徒与隐士,流氓与绅士,周作人所提供的典型意义何其丰富,在现代作家中又显得何其独特而迷人!只要读读《苦雨》中的"卧在乌篷船里,静听打篷的雨声,加上欸乃的橹声,以及'靠塘来,靠下去'的呼声,却是一种梦似的诗境。"或者《北京的茶食》中"我们于日用必需的东西以外,必须还有一点无用的游戏与享乐,生活才觉得有意思。我们看夕阳,看秋河,看花,听雨,闻香,喝不求解渴的酒,吃不求饱的点心,都是生活上必要的——虽然是无用的装点,而且是愈精练愈好。"这类既不救亡又不启蒙,但却情长、味深、意远、境雅的文字,可不是"无用的装点",相反的,却是"生活上必要的",也是文学上必要的。

鲁迅是必要的,周作人也同样是必要的。这个"简单的道理",在某些历史进程里竟完全对之视而不见,这个历史的教训诚然是具有深刻的启示吧!

四、冲淡平和的名士风度:俞平伯、废名、钟敬文

周作人在现代文学史上的意义之一,是在战斗、抗争、呐喊的散文之外,另辟出闲适、清淡、充满趣味性与知识性的一派散文,并且从其散文小品中看到一种冲淡平和的名士风度,俞平伯、废名、钟敬文等,就是属于这一流派的主要作家,文学史上有时径称为"名士派"。学者孔庆东形容得妙:"周作人的'瓦屋纸窗'之下,东倒西歪地聚集了几个'茶友':俞平伯、钟敬文、废名等。"② 这几位作家的散文风格和周作人接近,人格形态也和周作人有几分类似,名士气,绅士风,都有自己的性情,崇尚雅致,也追求着人生趣味的境界,并因此而得到周作人的为文赞赏。有这些"同道",周作人寂寞的乌篷船里倒也平添几分热闹。

俞平伯有着和周作人相似却并不完全相同的文学历程。阿英说过:"周作

---

① 张恩和:《周作人的生平和创作》,收于《中国新文学大师名作赏析·周作人》,台北:海风出版社,1991年,第26页。
② 孔庆东:《1921谁主沉浮》("百年中国文学总系"丛书),第164页。

人的小品文，在中国新文学运动中，是成了一个很有权威的流派。……这一流派的小品文，周作人之外，首先应该被忆起的，那是俞平伯。"① 周、俞二人的相似处很多，例如在五四时期都曾浮躁凌厉过，都是文学研究会会员，也在1928年左右思想开始有意地疏远现实，与政治保持距离，散文风格由浓转淡，追求冲淡平和、雅素古朴的涩味与简单味，两人对晚明文人及小品文的喜爱，使他们的人格与文风都流露着中国传统名士气派和风范。至于不同之处，阿英有细腻的剖析，认为周作人"在他的文字中，无论怎样，还处处可以找到他对黑暗的现实的各种各样的抗议的心情"，而俞平伯则是"无往而不表现着他的完全逃避现实"；至于散文文字的风格，周作人是"朴实简练，冲淡平和"，而俞平伯夹叙夹议中有时"繁褥晦涩"；在对明人小品的追迹上，周作人小品美文不论从认识或方法上"处处可以看到现代性的痕迹"，是向前发展的，"因此，相仿佛的程度，也是有限止的"②。而俞平伯则是与竟陵一派非常仿佛，所以不论是周作人、朱自清或是以后的许多学者，都认为俞平伯和晚明文人在性情、风度、气质、情趣上有极大的相似性。

晚明小品的特征之一是力矫做作，独抒性灵，不拘格套，俞平伯的创作主张恰好与之相近，加上性情、艺术爱好的相通，使他的作品随处可见晚明文人的影子，周作人就直指俞平伯"为近来的第三派新散文的代表"，《燕知草》"是最有文学意味"的新散文，这种散文有着明朝人的"雅致"，"自然，大方的风度，并不要禁忌什么字句，或是装出乡绅的架子"③。朱自清也指出俞平伯散文"以趣味为主"，很像明末张岱、王思任一派名士，"只要自己好好地受用，什么礼法，什么世故，是满不在乎的。他们的文字，也如其人，有着'洒脱'的气息。"不过，朱自清也强调，这不是俞平伯刻意模仿明人："我知道平伯并不曾着意去模仿那些人，只是性习有些相近，便尔闇合罢了。"④ 换言之，俞平伯的散文仍有其个人真情实感的流露，也就是有自己的性情和个人的面目，而非简单地模仿、沿袭，这其中有文化心态、审美情趣不断创新发展的一个文化过程，有论者就从文化的视角来看俞平伯的名士现象："实际上，这是俞平伯与三百年前明末名士之间，对中国传统文化的一种认同，是审美判

① 阿英：《俞平伯》，《夜航集》，上海良友图书印刷公司，1935年，第16页。

② 同上，第19—20页。

③ 周作人：《燕知草·跋》，收于俞平伯：《燕知草》，上海：开明书店，1928年，第61页。此书由上海书店于1984年重印。

④ 朱自清：《燕知草·序》，收于俞平伯：《燕知草》，第3页。

断高度共同一致而结下的果实。俞平伯在美文中流露出来的怀旧伤往、悼春悲秋、生离死别的意绪情怀，看花眠月、赏雪听雨、寻诗读碑的洒脱雅兴，对自然景色的欣赏品鉴，对爱情和家庭的崇尚依恋等等，并不是他一个人的专利独有，而是千百年来人们吟诵讽咏的永恒主题，是历来文人学士审美情结的所在，也是传统文化积淀的一个部分。"① 这个观点对周作人、废名等名士派文人都是适用的。

俞平伯的散文风格可以 1928 年为界，之前的作品主要是《杂拌儿》《燕知草》，他许多在 20 年代传诵一时的名篇大多收于这两本散文集中，如《桨声灯影里的秦淮河》《陶然亭的雪》《西湖的六月十八夜》《眠月》《芝田留梦记》《湖楼小撷》等，写得漂亮缜密，流丽缠绵，情景交融，充满诗情画意，表现出俞平伯作为一个诗人对文字的敏感与精练，正是这些名篇，奠定了他在现代散文史上的地位。特别是 1923 至 1928 年间，他的文学才华充分展现，抒情写景之作迭出，堪称他美文写作的高峰期。他用华丽浓重的手法写杭州、西湖、江南山水，并借景抒情，或抚今忆昔，或怀旧伤时，或追慕当年，缅怀故人，感情纤细而想象丰富，给人一种朦胧灵秀的意境美，他的抒情审美意识透过细腻绵密的语言，微妙地表达出深刻的心绪。1928 年以后的作品，结集的有《燕郊集》《杂拌儿之二》《古槐梦遇》，其中有些篇章已逐渐由细腻转为冲淡，有意追求一种"素朴的趣味"，事实上这种转变在《燕知草》后半部分作品就已经出现，朱自清在《燕知草·序》就说："近年来他觉得描写太板滞，太繁缛，太矜持，简直厌倦起来了；他说他要素朴的趣味。《雪晚归船》一类东西便是以这种意态写下来的。"② 我们只要读一读《冬晚的别》《出卖信纸》《打橘子》《清河坊》《城站》《阳台山大觉寺》《中年》《古槐梦遇》《秋荔亭记》《春来》等作品，就会觉得一股"冲淡平和"的名士气息扑面而来，涩苦之中有余味，足堪咀嚼。朱自清对俞平伯前后风格的转变有一生动的比喻："用杭州的事打个比方罢：书中前一类文字，好像昭贤寺的玉佛，雕琢工细，光润洁白；后一类呢，恕我拟不于伦，像吴山四景园驰名的油酥饼——那饼是入口即化，不留渣滓的，而那茶店，据说是'明朝'就有的。"③

所谓"入口即化"，主要是指他作品中那种平和恬淡的语调、舒缓的节奏，

---

① 见乐齐、范桥编：《俞平伯散文·前言》，北京：中国广播电视出版社，1997 年，第 18 页。

② 朱自清：《燕知草·序》，收于俞平伯：《燕知草》，第 4 页。

③ 同上。

如清风徐来，如知友谈心，使读者在一种舒适、清静、和谐的氛围中进入他的美文世界。但若要说俞平伯的文字"入口即化"恐怕并不妥当，事实上他的文字有涩味也有苦味，不顺畅而略显隐晦曲折，必须细细品味，就像喝浓茶、嚼青果，有着苦后回甘的力道，让人回味。在这一点上，周作人的观察比较精确："平伯、废名一派涩如青果。"① 确实指出了此一名士派所努力追求的一种散文艺术境界。俞平伯超脱自在的心态，表现在散文题材上的偏爱描写故乡、童年、夜、月、水、梦等，特别是"梦"，几乎成了俞平伯散文中最常出现的单位意象。他自称是"逢人说梦之辈"，多篇作品以梦名篇，如《古槐梦遇》《芝田留梦记》《梦游》《槐屋梦寻》《梦记》等，至于作品中谈到梦的则不计其数，或以梦抒怀，或以梦寄意，个人化、私语化的风格极其鲜明，他曾在《燕知草·自序》说："浮生若梦为欢几何？真一句老话。然而不说是梦又说什么呢？"梦的玄妙、感伤、空灵、朦胧、远离现实，从某个角度说，也代表了俞平伯及其散文的格调。

和俞平伯风格相近的废名，也是"苦雨斋四弟子"② 之一，而其苦涩味则更胜俞平伯。废名的每部集子都由周作人写序，他对周作人发自真心地推崇，进而模仿、追随，他在《竹林的故事·序》中就说："我自己的园地，是由周先生的走来。"③ 他的成就自然不如周作人，但也有自己的面目。对于散文写作，他提出"隔"的美学理论："近人有以'隔'与'不隔'定诗之佳与不佳，此言论诗大约很有道理，若在散文恐不如此，散文之极致大约便是'隔'，这是一个自然的结果，学不到的……我读知堂先生的文章，每每在这一点上得到很大的益处。"④ "隔"与"涩味"是联系在一起的，但周作人的涩味是自然有之，而废名却是刻意为之，追求枯涩古怪。他的作品有文体模糊化的倾向，如小说集《竹林的故事》，有时写得如诗一般，而周作人认为可以当小品散文读，加上对文字用心推敲，句式多变，时而长篇大论，时而短言几句；说理时则因受禅宗思想影响，往往思路跳跃，如公案机锋，令人费解。这些审美上的曲折、朦胧、生涩，读来格外辛苦，有人谓之"陷入歧途"，有人称其

---

① 周作人：《志摩纪念》，《周作人自编文集·看云集》，第 65 页。
② "苦雨斋四弟子"是指俞平伯、废名、沈启无、江绍原。
③ 《竹林的故事》，署名冯文炳，1925 年由北京新潮社初版版，此引自王风编：《废名集》第 1 卷，北京：北京大学出版社，2009 年，第 12 页。
④ 废名：《关于派别》，《废名集》第 3 卷，第 1306 页。

"走火入魔"①，但废名却乐此不疲，而周作人也大加赞赏，鲁迅则批评他"有意低徊，顾影自怜"②。

和俞平伯一样，废名有一篇散文《说梦》，谈的是诗人的梦、文学的梦、纯美的梦，从他充满激情的自述中，可以理解何以止庵会说他是"很纯粹的文学家"③，例如他说："有许多人说我的文章 obscure，看不出我的意思。但我自己是怎样的用心，要把我的心幕逐渐展出来！"又说："是梦，所以与当初的实生活隔了模糊的界。艺术的成功也就在这里。"④ 和周作人一样，废名也喜欢从生活中、阅读中寻找创作素材，并以鲜明的平淡闲话风表现在字里行间，这从他的散文题目如《蝇》《闲话》《随笔》《小时读书》《二十五年来我的爱读书》等即可窥知。只不过，废名的后期散文偏重说理，有时过于卖弄，有时流于玄妙不可解，1948 年写的《散文》中他就如此自剖："我现在只喜欢事实，不喜欢想象。如果要我写文章，我只能写散文，决不会再写小说。"⑤ 看来是把散文视为说理的文体了。

和散文比起来，废名在小说上的成就其实要高些。他的第一部短篇小说集《竹林的故事》，以冲淡质朴的文笔描写未被现代社会污染的农村世界，表现出一种清新、寂静的美，刻意淡化情节的散文化小说形式，富于诗意的象征境界，这种写法对后来的沈从文、汪曾祺等人产生一定的影响。1932 年由上海开明书店出版的长篇小说《桥》，在虚构中流露废名的纯美意识，有论者即指出《桥》这部小说"不仅反映乡村风景、风俗之美、人情之美，而且更透露出一种独有的人生态度和体悟生命的方式。在这里，废名早先对乡村小人物不幸的同情，已让位于对人间的'真'与'梦'的编织。……反映了作者对人间纯美的向往"⑥。同年出版的另一部长篇小说《莫须有先生传》和抗战胜利以后写的《莫须有先生作飞机以后》，则在诗意之外加入了讽刺和荒诞，富有

---

① 钱理群、温儒敏、吴福辉：《中国现代文学三十年》（修订本）（北京大学出版社，1998 年，第 152 页。）说他："语言修饰得愈发生涩古怪，陷入歧途。"；孔庆东的《1921：谁主沉浮》（第 168 页）说他："越写越'走火入魔'，刻意追求枯涩古怪，用以表现洗尽烟火气的禅意。虽然周作人对他推崇备至，但这种走极端的做法实在罕人仿效，只可看作是一种辛苦的'文体实验而已'。"

② 鲁迅：《中国新文学大系·小说二集·序》，《鲁迅全集》第 6 卷，第 244 页。

③ 止庵：《废名文集·序》（北京：东方出版社，2000 年），第 3 页。

④ 废名：《说梦》，原载《语丝》第 133 期，1927 年 5 月 28 日，引自《废名集》第 3 卷，第 1153—1154 页。

⑤ 废名：《散文》，《废名集》第 3 卷，第 1453 页。

⑥ 钱理群、温儒敏、吴福辉：《中国现代文学三十年》（修订本），第 315 页。

理趣，文化意味浓厚。大体而言，废名的散文体现了周作人冲淡平和的文艺思想，散文化、抒情体的小说则是周作人文艺思想在散文以外领域的实践。

承认喜欢读周作人文章，而且"所写的确有些和他相像"的钟敬文，始终并不掩饰自己对周作人散文的钟爱与追随，在他的第一部散文集《荔枝小品》题记中就引了朋友来信说明其与周氏散文的密切关系："去冬聂畸从俄京来信云：'你的文章，冲淡平静，是个温雅学人之言，颇与周岂明作风近似。'日昨王任叔在香港来信也说：'你的散文是从周作人《自己的园地》里走出来的。'"① 在《试谈小品文》中他更对周作人的散文成就表达由衷的敬佩："散文——小品文——似乎是一条荆棘丛生的野径，肯去开辟的人尚不多。但在这寥寥的几个走荒径的人中，却有一位已获得了很好的成绩，那就是周作人先生。他的文体是幽隽、淡远的，情思是明妙、深刻的。在这类创作家中，他不但在现在是第一个，就过去两三千年的才士群里，似乎尚找不到相当的配侣呢。"② 这也就难怪他会被归在周作人名士一派的文人群中了。

钟敬文印行的散文集有 3 部：1927 年《荔枝小品》、1929 年《西湖漫拾》、1930 年《湖上散记》，从书名即可窥知他在散文创作题材上的特色，一是咏物小品，一是游记小品。在咏物小品方面，有《荔枝》《再谈荔枝》《水仙花》《莼菜》《残荷》《茶》《黄叶小谈》等，善于将自己的经验和文史典故结合，娓娓道来中充满生活的情趣，如"写于饱啖荔枝之后"的代表作《荔枝》中写道："我们当日影已斜的午后，或银月初上的黄昏，独自的或多人的，坐在那清风徐来，绿荫如盖的树下，吃着这一颗颗晶丸般的荔枝，比起古人'浮瓜沉李'的故事，不知道要风韵得多？犹记得数年前曾以荔枝一筐，馈送某女郎，简上附以诗云：'眼前三百堪消夏，纤指无劳雪藕丝。'实在的，这种风味，即比之杜甫所盛称的'公子调冰人，佳人雪藕丝'，也无须多让呢？"③ 确有名士高雅之风；游记之作也不少，有《游山》《临海的旅店上》《西湖的雪景》《钱塘江的夜潮》《海滨》《太湖游记》《重阳节游灵隐》等，大多写景如画，深情有致，如《西湖的雪景》中写道："当我们在岳王庙前登舟时，雪

---

① 钟敬文：《荔枝小品题记》，《荔枝小品·西湖漫拾》，石家庄：河北教育出版社，1994 年，第 8 页。《荔枝小品》原为 1927 年新月书店出版，《西湖漫拾》原为 1929 年北新书店出版，河北教育出版社 1994 年根据原版将二书合并重印，列入《中国现代小品经典》系列丛书。

② 钟敬文：《试谈小品文》，《钟敬文文集·诗学及文艺论卷》，合肥：安徽教育出版社，2002 年，第 280 页。

③ 钟敬文：《荔枝》，《荔枝小品·西湖漫拾》，第 14 页。

又纷纷的下起来了。湖里除了我们的一只小划子以外，再看不到别的舟楫。平湖漠漠，一切都沉默无哗。舟穿过西泠桥，缓泛里西湖中，孤山和对面诸山及山下的楼亭房屋，都白了头，在风雪中兀立着。山径上，望不见一个人影；湖面连水鸟都没有踪迹，只有乱飘的雪花坠下时，微起些涟漪而已。柳宗元诗云：'千山飞鸟绝，万径人踪灭。孤舟蓑笠翁，独钓寒江雪。'我想，这时如果有一个渔翁在垂钓，他很可以借来说明眼前的景物了。"① 寂寞中有种超脱人世的美，让人不禁联想起《陶庵梦忆》中《湖心亭看雪》一类的文字。眼前景物、往事追忆加上读书心得，混融闲谈，和周作人散文清隽淡远的美学追求有着相仿的风味。

对钟敬文的小品文，郁达夫的评价是"清朗绝俗"，认为"可以继周作人、冰心的后武"②。但钟敬文自己却对这些20岁到26岁时期（1923—1929）的作品不甚满意，因为"当时正处在青年时期，生活经历很狭窄，知识更是浮浅，而思想、情感，又主要是个人主义的。"因此，"我当时所写散文的内容中，不免呈现出一种灰色。……在某些篇章里，感伤主义的调子是比较浓厚的"③。不过，自20世纪30年代起，钟敬文就专心致力于民俗学、民间文艺学的研究，从创作的路上退下来，成为一位纯粹的学者，他所留下的散文作品，不论满意与否，已经因其冲淡平和的风格和审美艺术上的有个性、有特色，成为周作人名士派中的一员大将了。

俞平伯散文《燕知草·清河坊》末尾有一诗云："只缘曾系乌篷艇，野水无情亦耐看。"这句话不仅道出俞平伯深挚的故乡情，也可借来说明俞平伯、废名、钟敬文三人因为追随周作人而写出了意境、文体、题材相仿的散文，慢慢品味，也确实都很"耐看"。他们并不是一意地模仿，只因性情、文艺观相近而自然走在同一路上，钟敬文对这一点的说法可为代表："论到我个人特别的癖好，表现上比较平远、清隽的一派。这没有什么多大的道理可说，大约只是个人性格、环境的关系罢了。"④ 他们的创作历程都有前期浮躁凌厉与后期冲淡平和的表现，在清隽平和的笔调文风背后，体现了他们基本相似的艺术审美追求，那就是反对束缚人性的封建教条，反对"文以载道"的信条，主张"诗言志"、个性解放、表现自我，有自己的性情、面目、气度，从抒发自我的

---

① 钟敬文：《西湖的雪景》，《荔枝小品·西湖漫拾》，第108页。
② 郁达夫：《中国新文学大系·散文二集·导言》，第17页。
③ 钟敬文：《两部散文集重印题记》，《荔枝小品·西湖漫拾》，第2—3页。
④ 钟敬文：《西湖漫拾·自叙》，《荔枝小品·西湖漫拾》，第97页。

性灵出发，他们在"自己的园地"写下了许多闲适、清幽、趣味、充满审美意识的散文，也表达了共同的美学理想。这一派的"祖师爷"周作人说："我们太要求不朽，想于社会有益，就太抹杀了自己。……我们的思想无论如何浅陋，文章如何平凡，但自己觉得要说时便可以大胆的说出来，因为文艺只是自己的表现。"① 这番话想必也是俞平伯等人共同的心声，他们为中国现代文学（特别是散文）艺术的成熟和发展所作出的贡献，正在于有自己的性情，是个人的文学，超越了功利，回到了文学的本体。

---

① 周作人：《自己的园地旧序》，《周作人自编文集·苦雨斋序跋文》，第 21 页。

第四章 诗意的追求，美文的典范

——朱自清—冰心

一、人、文俱美的精神品格

朱自清、冰心两人均是文学研究会的成员，虽然文学研究会是以"为人生"的价值取向为其艺术特征的主要倾向，但在诗意审美的追求上，不少成员也都有着自己鲜明的风格，他们在不忘现实、直面人生、关心社会的时代共性下，充分而自由地发展着自己的创作个性，这种个性化的追求与文学审美意识的坚持和尝试，为"五四"以来新文学的发展提供了具有典范意义的审美艺术样式。朱自清以其漂亮、缜密风格的美文被称为"白话美术文的模范""散文美术师"①；冰心以其温柔清丽的美文风格形成独树一帜的"冰心体"。他们的美文没有政治口号的宣传味，也没有八股教条的陈腐气，有的是爱与美的赞歌，思与真的抒发，诗意盎然的文字加上朴实清新的题材，使他们的作品在当时或以后都拥有极多的读者和颇高的评价。一个有趣的现象是，不管海峡两

---

① "漂亮""缜密"的说法，原为鲁迅在《小品文的危机》（《鲁迅全集》第4卷）所提："写法也有漂亮和缜密的，这是为了对于旧文学的示威，在表示旧文学之自以为特长者，白话文学也并非做不到。"后来王瑶在《念朱自清先生》一文中加以引用来评论朱自清的散文，指出"朱先生早期的散文，如《背影》、《荷塘月色》、《桨声灯影里的秦淮河》等，都是被称作早期散文里的代表作的。这些正是像鲁迅先生说的漂亮缜密的写法，尽了对旧文学示威的任务的"。（原载王瑶：《中国文学论丛》，平明出版社，1953年），此引自朱金顺编：《朱自清研究资料》（北京师范大学出版社，1981年，第28页）；"白话美术文的模范"的说法是朱自清于1923年10月发表美文《桨声灯影里的秦淮河》后时人所评，见浦江清：《朱自清先生传略》，《国文月刊》第37期。

岸，只要学校编选范文，他们的散文作品几乎都成了必选的佳作，尤其是朱自清，长期从事语文教育的叶圣陶就说过："现在大学里如果开现代本国文学的课程，或者有人编现代本国文学史，论到文体的完美，文字的全写口语，朱先生该是首先被提及的。"① 余光中也说："30 年来，《背影》、《荷塘月色》一类的散文，已经成为中学国文课本的必选之作，朱自清三个字，已经成为白话散文的代名词了。"② 冰心的作品在各种不同版本的课本、选集、文学史中也都不难看到，她发表于 1920 年的美文《笑》，不仅学校竞相选入课本，还有语法学家通篇加以句式解读，可见影响之大。

除了呈现出文体美、意境美、结构美、修辞美的散文创作之外，他们同样让人称道的还有诚挚、踏实、执着向上、不急功近利的人格美，这种洁身自好的道德情操、不失童心的人间美好本质、始终坚持理想追求的精神品格，和他们的作品融合在一起，自然浑成，而对读者别具一种魅力；可以这么说，他们作品中的"美"正因为有着理想人格的外化，才能如此强烈地震撼着读者的心灵。朱自清的风范被郑振铎、叶圣陶、俞平伯、李广田等人誉为一代宗师，称之为"最完整的人格"；冰心的风范则被誉为"世纪泥石流中的一片净土"，认为她的一生"洒向人间皆是爱"③。正是这种主体精神品格和客观艺术形式特征使他们的作品在现代文学史上处于显著的地位，因此而成为现代文学史上杰出的作家。他们以真诚的生命主体护住了文学艺术的本体价值，而他们笔下纯净美好的篇章，则处处显现出人格的辉光，李广田说："正由于他这样的至情，才产生了他的至文。"④ 大抵而言，朱自清和冰心都是有着这样"人"与"文"俱美的特质与风范。

二、时代困惑下"哪里走"的彷徨

若要论现代散文的文体、语言之美，称得上是大师级的散文家，朱自清肯

---

① 叶圣陶：《朱佩弦先生》，《叶圣陶集》第 13 卷，南京：江苏教育出版社，1992 年，第 158 页。

② 余光中：《论朱自清的散文》，《青青边愁》，台北：纯文学出版社，1977 年，第 213 页。

③ 1999 年 4 月，香港《明报月刊》制作"冰心的风范"特辑，作家刘再复撰有一文《世纪泥石流中的一片净土》；苏州大学学者范伯群于 2001 年由台北文史哲出版社出版的《冰心传》则以"洒向人间皆是爱"为书名，纪念"永远的冰心"。

④ 李广田：《最完整的人格——哀念朱自清先生》，收于朱金顺编：《朱自清研究资料》，第 252 页。

定是其中一位重要的代表。他最早是以诗人的身份进入文坛的，五四新文学的第一份诗刊，就是他和俞平伯、叶圣陶、刘延陵等人于 1922 年创办的《诗》月刊；文学研究会丛书之一的诗合集《雪朝》，作者有周作人、俞平伯、郑振铎等 8 人，第一位是朱自清；他的长诗《毁灭》，无论意境或技巧都超过当时诗坛的水平，一发表即甚获好评。但他很快就放弃了写诗，因为有朋友说他"不能作抒情诗，只能作史诗"，他也深表同感地承认自己其实"不能作诗"，而"越发懒怠起来"。① 由此可以看出，朱自清想追求的是言志抒情的文学风格，既然在诗歌上无法发挥，他只好放弃，转而在散文的领域里一试身手。1924 年出版的诗与散文合集《踪迹》是个分水岭，从此他就很少写诗，而在散文的园地里光芒四射，佳作连连，尤其是漂亮清丽的抒情美文，简直是他的拿手绝活。他自觉放弃做一个二流诗人，努力成就自己为一流的散文家。

　　且看 1922 年的散文诗《匆匆》中的片段："燕子去了，有再来的时候；杨柳枯了，有再青的时候；桃花谢了，有再开的时候。但是，聪明的，你告诉我，我们的日子为什么一去不复返呢？——是有人偷了他们罢：那是谁？又藏在何处呢？是他们自己逃走了罢：现在又到了哪里呢？//我不知道他们给了我多少日子；但我的手确乎是渐渐空虚了。在默默地算着，八千多日子已经从我手中溜去；像针尖上一滴水滴在大海里，我的日子滴在时间的流里，没有声音，也没有影子。我不禁头涔涔而泪潸潸了。"篇幅不长，构思却精巧，韵律和谐，充满视觉听觉之美的修辞使这篇寓意深邃的小品在启人深思之余，别具一种抒情的意境，虽然是对时光匆匆流逝的感伤，却美得让人一读再读，爱不释手；又如让他文名鹊起的美文《桨声灯影里的秦淮河》，正如郁达夫所论，朱自清的散文是"能够满贮着那一种诗意"②，他正是用着诗人的真情和艺术的美感，为我们形象地勾勒出灯月交辉、桨声悠扬底下的秦淮河风情，以下这段细腻瑰丽的描绘就可看出朱自清汉语修辞的功力："秦淮河的水是碧阴阴的；看起来厚而不腻，或者是六朝金粉所凝么？我们初上船的时候，天色还未断黑，那漾漾的柔波是这样的恬静，委婉，使我们一面有水阔天空之想，一面又憧憬着纸醉金迷之境了。等到灯火明时，阴阴的变为沉沉了：黯淡的水光，像

① 朱自清在《背影·序》中对此有所说明："我写过诗，写过小说，写过散文。25 岁以前，喜欢写诗；近几年诗情枯竭，搁笔已久。前年一个朋友看了我偶然写下的《战争》，说我不能作抒情诗，只能作史诗；这其实就是说我不能作诗。我自己也有些觉得如此，便越发懒怠起来。"见《朱自清全集》第 1 卷，南京：江苏教育出版社，1996 年，第 33 页。

② 郁达夫说："朱自清虽则是一个诗人，可是他的散文，仍能够满贮着那一种诗意。"见郁达夫编选：《中国新文学大系·散文二集·导言》，第 18 页。

梦一般；那偶然闪烁着的光芒，就是梦的眼睛了。我们坐在舱前，因了那隆起的顶棚，仿佛总是昂着首向前走着似的。"画舫凌波之美感，灯影水色之变幻，在奇妙想象的描绘下，使人如见其景，得到灵性的美的享受。再如《荷塘月色》中融情入景、即景生情的贴切形容，将夜里无边的荷香月色，化成一幅清新、美丽的景象映现眼前："曲曲折折的荷塘上面，弥望的是田田的叶子。叶子出水很高，像亭亭的舞女的裙。层层的叶子中间，零星地点缀些白花，有袅娜地开着的，有羞涩地打着朵儿的；正如一粒粒的明珠，又如碧天里的星星，又如刚出浴的美人。微风过处，送来缕缕清香，仿佛远处高楼上渺茫的歌声似的。"富有艺术表现力的遣词用字，具音乐美的明朗节奏，对声、光、色、味的感官借移，使原本不易描摹的感觉与风韵，具体而可感地自然呈现，达到出神入化、令人神醉的境界。这些美文中氤氲着一股浓郁的诗意，既是散文，也可以当诗来读。

朱自清虽说不再写诗，但他对诗的评论还是不断问世，如为《中国新文学大系》编选诗集，抗战期间还出版《新诗杂话》一书等，足见他对"诗"这种抒情的文体并未忘情。他在《诗与感觉》中有一段精彩的诗论："花和光固然是诗，花和光以外也还有诗，那阴暗，潮湿，甚至霉腐的角落儿上，正有着许多未发现的诗。实际的爱固然是诗，假设的爱也是诗。山水田野里固然有诗，灯红酒醺里固然有诗，任一些颜色，一些声音，一些香气，一些味觉，一些触觉，也都可以有诗。惊心怵目的生活里固然有诗，平淡的日常生活里也有诗。"[1] 应该说，朱自清在他的创作里始终有着"诗的感觉"，对于缪思的爱与美，他一生都在进行着虔诚的膜拜。此外，只要稍对现代散文有所认识者，对于朱自清的名篇如《春》中的"盼望着，盼望着，东风来了，春天的脚步近了。"《绿》中的"我第二次到仙岩的时候，我惊诧于梅雨潭的绿了。"《背影》中的"我与父亲不相见已二年余了，我最不能忘记的是他的背影。"应该都是印象深刻，朗朗上口。对此，大陆学者孔庆东有一段生动的叙述："白话文究竟能不能达到乃至胜过唐宋八大家之作，朱自清的创作实践是最好的回答。现在受过中学教育的青年，不一定能背出为考试而背的《赤壁赋》、《小石潭记》、《游褒禅山记》、《项脊轩志》，但你一说'我第二次到仙岩的时候'，他就会说：'我惊诧于梅雨潭的绿了。'你一说'曲曲折折的荷塘上面'，他就会说'弥望的是田田的叶子'。朱自清把古典与现代、文言与口语、情意与哲理、

---

① 《诗与感觉》一文收于1944年出版的《新诗杂话》，见《朱自清全集》第2卷，第326页。

义理与词章，结合到了一个完美得令人陶醉的境地。"① 说"完美"可能是过誉，但朱自清散文（特别是 20 年代的美文佳作）的优美、含蓄、和谐，确乎是 20 世纪的文章典范，这一点应该可以同意。

朱自清初期致力于意象繁复的诗质美文，后来则逐渐洗尽铅华，走向自然洗练、质朴醇厚一路，这种风格的代表作有《背影》《儿女》《给亡妇》《冬天》《择偶记》等，叙事写人，很见真情，浸润着个人的性情。他还有《欧游杂记》《伦敦杂记》等记游写景之作，这类题材在他的创作总体中占有很大的比重，他仿佛一位富有艺术修养的向导，以其生花妙笔、独到观察，带领读者尽情领略无穷的异国风土和山川美景。朱自清一生多在校园、书斋中度过，渴望一张平稳的书桌，宁静的生活环境，也渴望幸福平顺的家庭之乐，如果时代可以让文人自由地选择，相信这位自称"彻头彻尾，沦肌浃髓是小资产阶级"②、性情平实温和、喜爱艺术和旅游、追求文学审美理想的作家，应该会毫不迟疑地选择爱与美的路线，而非血与泪的斗争。然而，即使在个人文学的创作上，他也面临了这两条路线的选择。从 20 世纪 20 年代起，他一面写风雅纯净的美文，一面也写出了《生命的价格——七毛钱》《白种人——上帝的骄子》《执政府大屠杀记》《航船中的文明》这样批判性十足的文章，夹叙夹议中，犀利的笔锋将现实发生的悲惨事件形象化地予以突显，有时虽然语气平和，却丝毫不减损其惊心怵目的主题，尤其是血的纪实之作《执政府大屠杀记》，对 1926 年震惊中外的"三一八"惨案，朱自清以其亲历性的见证，为"民国以来最黑暗的一天"留下真实记录，这是他初期创作中批判性最强的作品。然而 1927 年以后，他对现实的黑暗感到失望，无力感使他陷入迷惘的苦闷中，他也因此老实地回到校园，回到书斋，写他擅长的爱与美的文章。直到抗战期间，他才走出书房，在大后方的西南联大校园中，写了一些战斗性十足的杂文。

黑暗的现实，丑恶的政治，帝国主义的侵略，军阀血腥的暴行，在在让这位温良恭俭的君子不能安于校园，安于书斋，然而他又不适于投身到十字街头的革命行列中，这样的"进退两难"，终于让他写出了一篇深刻自剖、真诚自

---

① 孔庆东：《1921：谁主沉浮》，第 175 页。

② 朱自清在《哪里走》中这样自剖："我在小资产阶级里活了 30 年，我的情调，嗜好，思想，伦理与行为的方式，都是小资产阶级的；我彻头彻尾，沦肌浃髓是小资产阶级的。离开了小资产阶级，我没有血与肉。"此文最早发表于 1928 年 3 月《一般》第 4 卷第 3 期，见《朱自清全集》第 4 卷，第 233 页。

白的《哪里走》，这篇长文其实道出了许多和朱自清有类似挣扎心境的知识分子的思想与心理。

"文章"中他毫不掩饰地坦白说道："我解剖自己，看清我是一个不配革命的人！这小半由于我的性格，大半由于我的素养；总之，可以说是命运规定的吧。——自然，运命这个名词，革命者是不肯说的。在性格上，我是一个因循的人，永远只能跟着而不能领着。""所以新时代的急先锋，断断没有我的份儿！"……他难掩心中的惶然痛苦。他清楚地认识到自己的阶级局限，也厌恶充满罪恶的现实社会，却找不到一条正确的出路，这样的思想与现实之间的尖锐矛盾，使他陷入了不知何去何从的苦闷与困惑中。他说："我是要找一条自己好走的路；只想找着'自己'好走的路罢了。但哪里走呢？或者，哪里走呢！我所彷徨的便是这个。"最后，他不得已地选择了一条属于自己的出路，那就是远离政治与革命，钻进国学研究的避风港中，因为"国学比文学更远于现实；担心着政治风的袭来的，这是个更安全的避难所"。他明知这是一条"死路"，但他"乐意这么走，也就没有法子"，即使会招致"落伍者"的批判，"随你怎样批评，我就是这样的人。"其心中的无奈与逃避，由此可见。他对自己的选择并无把握，但"现在年龄是加长了，又遇着这样'动摇'的时代，我既不能参加革命或反革命，总得找一个依据，才可姑作安心地过日子。我是想找一件事，钻了进去，消磨了这一生。我终于在国学里找着了一个题目，开始像小儿的学步"。他套用胡适在《我的歧路》中的说法，"哲学是我的职业，文学是我的娱乐"，宣称自己要走的路是"国学是我的职业，文学是我的娱乐"。然而"究竟能够走到何处，是全然不知道，全然没有把握的。"换言之，仍是歧路彷徨，看不到前途的光明。这篇时代风雨下一个文人的告白，道出了远离政治纷扰的艰难，以及欲求安身立命之所的大不易。

朱自清后来果然走进书斋中专心致志做学问，陆续写出了《诗言志辨》《经典常谈》《精读指导举隅》《略读指导举隅》《国文教学》《语文零拾》《中国歌谣》等书，但同时，他的文学创作也始终没有停过，《背影》《欧游杂记》《你我》等散文、杂文集相继问世，就如在《哪里走》中说的："我又是个乐意弄弄笔头的人；虽是当此危局，还不能认真地严格地专走一条路——我还得要写些，写些我自己的阶级，我自己的过，现，未三时代。"深刻地说，朱自清在国学、文学上的研究与创作，是他对抗时代黑暗现实的方式，这才是他真正的选择，有论者就指出："如果不是这个国度里发生着血淋淋的战斗，朱自清也就写不出《绿》，写不出《荷塘月色》，写不出《匆匆》，写不出《背影》。对优雅和谐、含蓄节制的美的极致的追求，一方面是对中国传统文化精神的延续，另一方面也正是对中国现实社会景象的否定。"① 对文学审美的坚持，但又脱不开政治现实的诸多纷扰，朱自清的抒情审美意识只有在自己的小天地里才能得到抒发，他的美文名篇《荷塘月色》就巧妙而曲折地书写了这种心境。1927 年，朱自清在清华园中任教，去年的"三一八"惨案，今年四月的"清党"事件，使他感触甚深，但也无可如何，幸而还有校园的宁静使他得以专心地从事研究与创作，因此文章一开头就说："这几天心里颇不宁静。"因而想起"日日走过的荷塘，在这满月的光里，总该另有一番样子吧。"遂披衣出门，走向幽静的荷塘，试图让自己的"不宁静"在荷香夜色中得到纾解与超脱，以下的这段叙述恐怕要比接下来对荷塘风致一连串的美丽描写来得重要，因为他直接道出了对做一个"自由的人"的渴望：

> 路上只我一个人，背着手踱着。这一片天地好像是我的；我也像超出了平常的自己，到了另一个世界里。我爱热闹，也爱冷静；爱群居，也爱独处。像今晚上，一个人在这苍茫的月下，什么都可以想，什么都可以不想，便觉是个自由的人。白天里一定要做的事，一定要说的话，现在都可不理。这是独处的妙处，我且受用这无边的荷香月色好了。②

正因为"觉是个自由的人"，才能受用这荷塘夜色，"荷塘"既是现实校园里一个美丽清幽的静处，更是一个与黑暗丑恶现实相悖的超尘脱俗的世界，这是他在审美世界里创造出来的世界。荷塘月色愈美，对应的现实世界就愈不美。对一个惶惑颓唐于"哪里走"的知识分子来说，坚持这一点小小的纯美是必要的，也是难得的。理解了这一点，我们就可以说，文学是他的救赎，而不仅仅是"娱乐"而已。

三、"意在表现自己"的美学追求

在《背影·序》中，朱自清说自己的写作态度是："我自己是没有什么定见的，只当时觉得要怎样写，便怎样写。我意在表现自己，尽了自己的力便行。"他之所以提出"意在表现自己"这样的散文创作美学命题，主要源自于他在审美理想和经验基础上的创作实践。我们只要读读他在 20 世纪二三十年

---

① 孔庆东：《1921：谁主沉浮》，第 178 页。
② 《朱自清全集》第 1 卷，第 70 页。

代发表的散文，就不难发现这些都是他"意在表现自己"的心路轨迹。他脍炙人口的佳作，都是有自己真性情的流露，以出版于 1936 年的散文集《你我》来说，多篇是回忆往事之作，如《看花》中从儿时扬州看桃花写到白马湖与夏丏尊一起赏花，再到北平教书有时一天三、四趟地在清华园花下徘徊的往事；《给亡妇》中对过世妻子的悼念与自责，生活琐事淡淡写来，却字字催人泪下；《冬天》里几个温暖的画面，亲情友情，让他"无论怎么冷，大风大雪，想到这些，我心上总是温暖的。"还有回忆儿时相亲的《择偶记》，《说扬州》里的小吃与茶馆等，虽然写的是个人琐事，但情深意切，给人性灵的感发。如果再加上《背影》中的《儿女》，写孩子们的天真情态和自己不会做父亲的追悔，以及《背影》中父子车站分别的情景，深印在他脑海里的"在晶莹的泪光中，又看见那肥胖的，青布棉袍，黑布马褂的背影"形象，真是道尽了天下父子的心情，引起无限亲切的共鸣。诸如此类的作品，充满了爱与美，梦与诗，和鲁迅《朝花夕拾》一样的心境，他在逝去的旧梦里捡拾美丽的花瓣，走在回忆的路上，他感到甜蜜与温馨，而回忆也让他痛惜美的失落与美的毁灭。透过这些作品，朱自清爱父亲、妻子、儿女、朋友的形象深入人心，他的禀性、气质、情思、嗜好、修养、人生经历与哲学，全都生动地呈现出来，朱自清的散文之所以能保持历久不衰的艺术生命，主要的原因正在于活脱脱地再现了一个有血有肉、有情有义、有理想有挣扎的"自己"。虽然在后来写《欧游杂记》和《伦敦杂记》时，他有意以记述景物为主，少写自己，因为"这个时代，'身边琐事'说来到底无谓"[1]。但很快又发现，如果没有"自己"，文章容易有"干枯板滞"之弊，"游记也许还是让'我'出现，随便些的好"[2]。在那血雨腥风的时代，不管是回避自我还是表现自我，这种写法与态度的本身就已经体现了作家的人格色彩。

不仅是抒情美文有着自己鲜明的主体个性，朱自清的评论文章也处处有我，可以说，诗意、自我、抒情，是他创作时看重并致力的审美追求。他的评论文章善用比拟、设喻等修辞技巧，堪称是以严密逻辑说理为骨架的美文，例如他评论孙福熙的散文集《山野掇拾》，宛如老友促膝谈心般，将自己欣赏《山野掇拾》时的情感、联想、体会都全盘托出，文辞灵动，本身就是耐人咀嚼的美文。他从"意在表现自己"的视角推崇说："而书中写 Loisieux 村的文化，实在也非写 Loisieux 村的文化，只是作者孙福熙先生暗暗地巧巧地告诉我

---

① 朱自清：《欧游杂记·序》，《朱自清全集》第 1 卷，第 290 页。
② 朱自清：《伦敦杂记·自序》，《朱自清全集》第 1 卷，第 379 页。

们他的哲学，他的人生哲学。所以写的是'法国的一区'，写的也就是他自己！他自己说得好：'我本想尽量掇拾山野风味的，不知不觉的掇拾了许多掇拾者自己。'但可爱的正是这个'自己'，可贵的也正是这个'自己'！"接着，他指出孙福熙文章的特色在于有诗、有画、有哲学："他的文几乎全是画，他的作文便是以文字作画！他叙事，抒情，写景，固然是画；就是说理，也还是画。人家说'诗中有画'，孙先生是文中有画；不但文中有画，画中还有诗，诗中还有哲学。""这本书的长处，也就在'别的话'这一点；乍看岂不是淡淡的？缓缓咀嚼一番，便会有浓密的滋味从口角流出！你若看过瀼瀼的朝露，皱皱的水波，茫茫的冷月，薄薄的女衫，你若吃过上好的皮丝，鲜嫩的毛笋，新制的龙井茶：你一定懂得我的话。"① 这篇书评之作，与其说是评论孙福熙，更多的是夫子自道的散文理论，全篇写得舒徐自在，语言有味，给人理性与感性兼具的艺术美感。有论者即针对朱自清"既讲究逻辑分析，又擅长美的表达"的评论特色做了以下的分析：

> 西方文评大都是思辨的，以严密的逻辑分析见长，中国古代文评往往是感悟的，以诗情画意取胜。朱自清取二者之长，熔于一炉，成为一种具有他自己独特风格的批评文体。这种文体乍一看来，情文并茂，有诗的韵致，有散文的丰姿，具有独立的审美价值，细加品味，逻辑严谨，脉络分明，概念判断推理证明反驳，在在有板有眼，毫不含糊。②

再以朱自清评鲁迅的杂文为例，面对杂文（或杂感）这种批判性、现实感强烈的文体，朱自清仍能独辟蹊径，在重视分析其与时代的密切关系之外，不忘强调其诗意审美的追求。他指出鲁迅的杂感之所以吸引人，"一方面固然也是幽默，一方面却还有别的，就是那传统的称为'理趣'，现在我们可以说是'理智的结晶'的，而这也就是诗"。这种诗的结晶在《野草》里"达到了那高峰"。所以《野草》"被称为散文诗，是很恰当的。"他也举冯雪峰在《鲁迅论》中所提杂感"是诗人和战士的一致的产物"的看法来强化这一点，而结论道："鲁迅先生的'杂感'也是诗。"③ 作为诗人和批评家，朱自清的洞察是敏感而独到的，而这也显现了他对文学审美精神的讲究与一贯的坚持，这和他

---

① 朱自清：《山野掇拾》，《朱自清全集》第 1 卷，第 213—220。
② 曹毓生：《朱自清的散文理论批评》，《湖北师范学院学报》1995 年第 4 期。
③ 朱自清：《鲁迅先生的杂感》，《朱自清全集》第 3 卷，第 314—319 页。

在 1928 年写的《背影.序》中所流露的审美意识是一致的，他说，"我以为真正的文学发展，还当从纯文学下手"，即使他从来也没有忘了时代的现实性，但对审美意识的重视却也从来不因时代或政治而牺牲、消减。

朱自清是"五四"一代的作家，有人认为当五四的狂飙精神猛烈冲击着传统文化、礼教及旧的审美观念之际，许多作家都以自己的创作实践显示出一种新的美学追求和时代色彩，相形之下，朱自清的创新性较为不足。① 这样的说法有一定的道理，但也有其局限。朱自清的美学个性在阴柔而不在刚烈，这一方面有传统文化美学的秉承，一方面是自己的性情。他所继承的是中国传统文化"中和之美"的审美尺度，散文中清幽沉静的古典美，和他温文尔雅的性情相一致。柔美温婉、清丽凝重的美文在"五四"狂飙突进的时代氛围中恰恰显现出它的价值，在摒弃传统成为一种时髦的潮流中，朱自清讲究章法、情感流露节制而有分寸、精美含蓄的叙述方式，成为与传统文化品格相适应的审美载体，这种美学风范反而显得难能可贵。至于冯雪峰在《悼朱自清先生》一文中说："作为一个新文学的开垦者、推广者，……他确实好像用了母性的爱在保护新文学和指导青年的。但是他缺少思想上的革命的开路和火炬似的照明的气魄。……作为一个文学批评家，朱先生是守着时代的前进和文艺的进步性的原则，……他只是从一般的所谓时代思潮的顺流的趋势，或文艺思想的表面的发展顺序，去解释文艺发展的趋势，但不是从社会关系的发展和变化，以及在这里特别重要的阶级思想斗争，理出文艺发展的根本的线索。"② 这样的批评不免流于偏颇，朱自清缺乏阶级斗争的观点，固然有其局限，但也正因此而避免了当年一些阶级论者"左"的庸俗社会学的流弊。朱自清文学评论的可贵正在于守着时代进步性的同时仍能坚持艺术审美的标准。

朱自清不论是人格的养成还是文学的训练，都深受传统文化的影响。他有传统的人伦观念，重视家庭价值，洁身自好，向往静穆与和谐之美；在文学上，他以缜密优雅的白话语言，体现了传统的审美观，使他的散文成为继承中

---

① 如河南师范大学学者侯迎华就认为："他利用了白话的新瓶装进了民族的传统文化美，尽管这酒醇香清纯，但毕竟还是旧酒。我们传统美学中多自然美而少社会美，多人格美而少理想美，多优美而少壮美、悲剧美，更缺少变形美和魔幻美。……鲁迅、郭沫若、郁达夫、徐志摩等人，以自己的创作实践显示了一种新的美学追求，体现了一种崭新的朝气蓬勃的革新精神和时代色彩。相形之下，在创新方面，与上述作家相比，朱自清是较为逊色的。"见侯迎华：《传统辉照下的朱自清散文》，《河南师范大学学报》2003 第 1 期。

② 冯雪峰：《悼朱自清先生》，原写于 1948 年 10 月，收入《冯雪峰论文集》中卷，北京：人民文学出版社，1981 年，第 175—176 页。

国传统文化的杰出代表。20 世纪 20 年代，他的散文洋溢着青春的生命和时代的气息，有玲珑剔透的精巧之美；30 年代以后，去掉了年轻的锐气与火气，也少了刻意为文的痕迹，趋向平和质朴，雍容洒脱，从容老练，有着炉火纯青的成熟之美，但文采渐呈枯涩，艺术魅力反不及早期。当他 40 年代写着呼应时局的杂文时，诗意的美感就难以再现，他成了大多数人中的一个，也就失去了他创作主体可贵的个性。当然，这是他的选择，无所谓对与错，就如他在《背影·序》中所言："我是大时代中一名小卒，是个平凡不过的人。"时代风雨使他面临着"哪里走"的困惑，他最终在时代的漩涡里走了自己的道路。他的抒情审美意识在 20 世纪 20 年代的诸多美文中充分流露，也是这些美文使他在现代散文史上留下了一个巨大的"背影"，一如他的老友杨振声所说的："他的散文，确实给我们开出一条平坦大道，这条道将永久领导我们自迩以至远，自卑以升高。"①

四、以"爱的哲学"为核心的"冰心体"

假如说朱自清是以刻画父爱的形象而深入人心的话，那么冰心则是以歌颂母爱的形象长留在读者心中。作为五四新文学第一代的女作家，又以 99 岁高龄辞世而有中国"文坛祖母"（胡乔木语）之称，冰心的一生，不论人品或文品，都以爱与美为中心，从而在思想上形成其独特的"爱的哲学"，在文学上形成其影响至今的"冰心体"。她和朱自清一起以其清新、瑰丽、凝练、优雅的白话语言，为中国现代初期书面语的规范化提供了生动的示范。在文学研究会的散文作家中，冰心和朱自清的"文字之美"是并称的②，而身为女性特有的温柔婉约，使她的抒情审美意识比朱自清更鲜明而持久，表现在诗和散文的审美纯粹性上更深刻而细腻。郁达夫在主编《中国新文学大系. 散文二集》的《导言》中就不吝惜地以"才女"赞美她的才情："我以为读了冰心女士的作品，就能够了解中国一切历史上的才女的心情。"从美的角度来说，"冰心女士散文的清丽，文字的典雅，思想的纯洁，在中国好算是独一无二的作家了；记

---

① 杨振声：《朱自清先生与现代散文》，原载《文讯》第 9 卷第 3 期，1948 年 9 月。转引自朱金顺编：《朱自清研究资料》，第 10 页。

② 郁达夫说："朱自清虽则是一个诗人，可是他的散文，仍能够满贮着那一种诗意。文学研究会的散文作家中，除冰心女士外，文字之美，要算他了。"见其主编之《中国新文学大系. 散文二集·导言》，第 18 页。

得雪莱的咏云雀的诗里，仿佛曾说过云雀是初生的欢喜的化身，是光天化日之下的星辰，是同月光一样来把歌声散溢于宇宙之中的使者，是虹霓的彩滴要自愧不如的妙音的雨师，是……，这一首千古的杰作，我现在记也记不清了，总而言之，把这一首诗全部拿来，以诗人赞美云雀的清词妙句，一字不易地用在冰心女士的散文批评之上，我想是最适当也没有的事情。"从爱的角度来看，"对父母之爱，对小弟兄小朋友之爱，以及对异国的弱小儿女，同病者之爱，使她的笔底有了像温泉水似的柔情"①。这两个角度的观察，基本上已掌握了冰心一生创作的艺术风格特色。

"有了爱就有了一切"，这是冰心留给后人最深刻的启示。她高举"爱的哲学"的大旗，追求着人生的真善美，因此在她的文学创作中，有着情感的真挚、题材内容的真实，也有温柔亲切的风格，歌咏向善向上的主题，这些和她文学语言、结构、意境的美相结合，就构成了别具一格又十分动人的"冰心体"。冰心最初是以《两个家庭》《私人独憔悴》《超人》等问题小说以及小诗集《繁星》《春水》驰名文坛，但整体来看，她的散文成就要高些。冰心自己就承认："我知道我的笔力，宜散文而不宜诗。"② 阿英在《现代十六家小品.谢冰心小品序》中也说："特别是《往事》（二篇）、《山中杂记》（《寄小读者》），以及《寄小读者》全书，在青年的读者之中，是曾经有过极大的魔力。一直到现在，从许多青年的作品中，我们还可以看到这种'冰心体'的文章。"③ 对于"冰心体"的抒情散文风格，学者郑明娴以"文艺腔"来概括其特点，指出其"影响于中国文坛"之外，也"成为日后台湾散文界的主要导向，冰心体是散文市场主流"④。冰心的抒情小品堪称现代文学史上出色的美文代表，李素伯就曾经对她风靡广大读者的早期散文评论道："文字是那样的清新隽丽，笔调是那样的轻倩灵活，充满着画意和诗情，真如镶嵌在夜空里的一颗晶莹的星珠。又如一池春水，风过处，漾起锦似的涟漪。以这样的情致和

---

① 以上对冰心的赞美，见郁达夫：《中国新文学大系·散文二集·导言》，第16页。
② 冰心：《我的文学生活》，最初发表于《青年界》第2卷第3号，1932年10月20日。见卓如编：《冰心全集》第3卷，福州：海峡文艺出版社，1994年，第13页。
③ 阿英编：《现代十六家小品》，上海：光明书店，1935年。引自范伯群编：《冰心研究资料》，北京：知识产权出版社，2009年，第358页。
④ 郑明娴：《台湾现代散文现象观测》，《现代散文现象论》，台北：大安出版社，1992年，第45页。

技巧，在散文上发展，是最易成功的。"① 可以说，冰心的散文从 20 年代起就一直是读者喜爱的美文典范之一，许多作家都曾在她隽永清新的文笔和细腻澄澈的情感中得到珍贵的养分和启发。

冰心的散文之所以能成为一"体"，最核心的艺术魅力来自于她的爱与美的情怀。这种情怀是亲切的、真诚的、温柔的，由内心自然散发而出，甚至于是一种信仰的、哲学的、诗意的。她曾说过："我知道我的弱点，也知我的长处。我不是一个有学问的人，也没有喷溢的情感，然而我有坚定的信仰和深厚的同情。在平凡的小小的事物上，我仍宝贵着自己的一方园地。我要栽下平凡的小小的花，给平凡的小小的人看。"② 和周作人一样，她在"自己的园地"里耕耘着自己的理想与信仰，透过一篇篇的小诗和美文，她告诉世人：爱是她的理想，美是她的信仰。在"五四"救亡激情澎湃、启蒙思想剧烈变动的大潮里，乃至于 30 年代革命呼声喧嚣如雷之际，冰心温柔的语调、舒缓的情绪、美的信仰，显得有些"不合时宜""闺秀作家""天真""落伍"的批评陆续加在她的身上，然而她却是最受欢迎的女作家之一，她的文章抚慰了无数受创的、寂寞的心灵，对此，巴金的话应该是具有代表性的："从她的作品里我们得到了不少的温暖和安慰，我们知道了爱星，爱海，而且我们从那些亲切而美丽的语言里重温了我们永远失去了的母爱。"③ 冰心美丽的散文篇章，倾倒一代读者，那是因为她为读者描绘了人生中最天真、最美好、最温暖的情思，这种情思与文采，至今仍有一定的艺术魅力。

冰心爱与美化身的形象，透过相似题材的集中与语言风格的锻炼，鲜明地呈现出来，并轻易掳获读者的心，其才华与功力确为"五四"女作家中的佼佼者。在题材上，她笔下多为对亲情母爱、童真、大自然、生命的礼赞，对日月星辰、山风海雨、梦与诗的歌咏；在语言上，想象灵妙，浅白清丽，柔情似水，如画又如诗。《繁星》与《春水》这两部小诗集，就是她爱与美的情思最直接的表露和生动的见证。受到泰戈尔《漂鸟集》（或译《飞鸟集》）的影响，小诗创作在 20 年代初期一时风行，1923 年冰心的两部小诗集相继出版，使小诗的创作风潮达于鼎盛，23 岁的冰心顿时成为文坛的一颗闪亮新星。这些小

① 李素伯：《冰心的〈寄小读者〉》，《小品文研究》，石家庄：新中国书局，1932 年。引自范伯群编：《冰心研究资料》，第 354 页。

② 冰心：《我的文学生活》，《冰心全集》第 3 卷，第 12 页。

③ 巴金：《冰心著作集·后记》，转引自俞元桂、姚春树、汪文顶：《中国现代散文十六家综论》，上海：华东师大出版社，1989 年，第 89 页。

诗何以能一时风行又历久不衰呢？说穿了就是诗中爱与美的情思深深打动读者的缘故。且看："母亲呵！撇开你的忧愁，容我沉酣在你的怀里，只有你是我灵魂的安顿。"（《繁星》33）；"母亲呵！天上的风雨来了，鸟儿躲到它的巢里；心中的风雨来了，我只躲到你的怀里。"（《繁星》159）；"故乡的海波呵！你那飞溅的浪花，从前怎样一滴一滴的敲我的盘石，现在也怎样一滴一滴的敲我的心弦。"（《繁星》28）；"大海呵，哪一颗星没有光？哪一朵花没有香？哪一次我的思潮里，没有你波涛的清响？"（《繁星》131）；"造物者——倘若在永久的生命中，只容有一次极乐的应许。我要至诚地求着：'我在母亲的怀里，母亲在小舟里，小舟在月明的大海里。'"（《春水》105）；"童年呵！是梦中的真，是真中的梦，是回忆时含泪的微笑。"（《繁星》2）；"万千的天使，要起来歌颂小孩子；小孩子！他细小的身躯里，含着伟大的灵魂。"（《繁星》35）；"婴儿，是伟大的诗人，在不完全的言语中，吐出最完全的诗句。"（《繁星》74）。[1] 冰心所表达的是对母亲永恒的依恋，对大海深挚的情感，以及对童年小孩由衷的赞叹，这些题材的反复出现，说明了冰心抒情审美意识的特质以及因之形成的个人风格。

再看以下这些诗吧，其中何曾有政治的目的、革命的口号、启蒙的教条？"繁星闪烁着——深蓝的太空，何曾听得见它们对语？沉默中，微光里，它们深深的互相颂赞了。"（《繁星》1）；"我们都是自然的婴儿，卧在宇宙的摇篮里。"（《繁星》14）；"墙角的花！你孤芳自赏时，天地便小了。"（《春水》33）；"只是一颗孤星罢了！在无边的黑暗里，已写尽了宇宙的寂寞。"（《春水》65）。短短几行，大自然的一些现象就被画龙点睛地赋予了人生的哲理。对于文学的热爱、诗的思考，冰心也有独到的体会："诗人呵！缄默罢；写不出来的，是绝对的美。"（《繁星》68）；"何用写呢？诗人自己便是诗了！"（《春水》50）；"诗人从他的心中，滴出快乐和忧愁的血。在不知不觉里，已成了世界上同情的花。"（《春水》106）；"微阴的阶上，只坐着自己——绿叶呵！玫瑰落尽，诗人和你，一同感出寂寥了。"（《春水》178）。至于"我不会弹琴，我只静默的听着；我不会绘画，我只沉寂的看着；我不会表现万全的爱，我只虔诚的祷告着。"（《春水》98）；"上帝呵！即或是天阴阴地，人寂寂地，只要有一个灵魂，守着你严静的清夜，寂寞的悲哀，便从宇宙中消灭了。"（《春水》149）等诗，可以看出有着虔诚宗教信仰的冰心，对人类、宇宙的大爱也有开阔的想象，坚定的信念。还有一些生活的小感触，冰心都能以其慧心加以捕捉，如"紫藤萝落在地上了，花架下，长昼无人，只有微风吹着叶儿响。"（《春水》118）；"残花缀在繁枝上；鸟儿飞去了，撒得落红满地——生命也是这般的一瞥么？"（《繁星》8）；"风呵！不要吹灭我手中的蜡烛，我的家还在这黑暗长途的尽处。"（《繁星》61）等，如停格的画面给人强烈的视觉感受和生命的启示。这些精致优美的小诗，就如繁星点点，映亮了20年代的诗坛，也如一江春水，滋润了无数青年的心。

谈冰心的诗，其实也等于谈她的散文。因为他的散文艺术魅力有一大部分来自于诗文结合的化境。她不仅喜欢在散文中引用、活用古典诗词，而且自觉地在语言上追求清丽精工、诗情画意的意境之美。对于文体，她更有自己的主张："文体方面我主张'白话文言化'，'中文西文化'，这'化'字大有奥妙，不能道出的，只看作者如何运用罢了！我想如现在的作家能无形中融会古文和西文，拿来应用于新文学，必能为今日中国的文学界，放一异彩。"① 因此，在她的作品中随处可以见到文白融化、散中带骈、适当欧化等句法的灵活运用，对偶、层递、顶真、排比、倒装、回环往复等各种修辞手法，她都大胆地进行着富有新意的实验，这就使得冰心的文章虽受古典文学的影响甚深，却又能消除陈腐气息，具有现代的美感。如《寄小读者·通讯26》中描写美国绮色佳的风光：

> 绮色佳真美！美处在深幽。喻人如隐士，喻季候如秋，喻花如菊。与泉相近，是生平第一次，新颖得很！林中行来，处处傍深涧。睡梦里也听着泉声！六十日的寄居，无时不有"百感都随流水去，一身还被浮名束"这两句，萦回于我的脑海。②

深幽、隐士、秋、菊等比喻，典雅而凝练，加上诗句的引用，产生一种空灵、浑成的效果。再看《往事》（一）之15："徐徐的披衣整发，还是四无人

---

① 冰心：《遗书》，最初发表于1922年6月《小说月报》第13卷第6号，后收入小说、散文集《超人》。此引自《冰心全集》第1卷，第431页。

② 《冰心全集》第2卷，第264页。

声，只闻啼鸟。开门出去，立在栏外，润湿的晓风吹来，觉得春寒还重。地下都潮润了，花草更是清新，在蒙蒙的晓烟里笼盖着，秋千的索子，也被朝露压得沉沉下垂。忽然理会得枝头渐绿，墙内外的桃花，一番雨过，都零落了——忆起断句'落尽桃花澹天地'，临风独立，不觉悠然！"① 或是《往事》（二）之8："船身微微的左右敧斜，这两点星光，也徐徐的在两旁隐约起伏。光线穿过雾层，莹然，灿然，直射到我的心上来，如招呼，如接引，我无言，久——久，悲哀的心弦，开始策策而动！"② 既有文言文的含蓄典丽，又有一些欧化的句式，文气流动活脱，文字"陌生化"的技巧把读者带进想象的美妙境界。有论者就指出："在开展白话文运动刚刚几年时间，冰心能将文言文、白话文与西文调和得如此完美，难怪能引起普遍的欢迎。冰心对建立与发展现代文学语言是卓有贡献的。"③ 清新温柔，含蓄有情，带点浅浅的哲思、淡淡的哀愁，这就是"冰心体"的文字特色，借用冰心自己在《诗的女神》一诗中的句子："看呵，是这般的：满蕴着温柔，微带着忧愁，欲语又停留。"④ 大抵已生动地概括了"冰心体"的艺术风格。

和诗一样，她的散文内容也多有对母爱、童真、大自然、宇宙的思索与讴歌，以自己的生活经历为基础，她把"爱的哲学"辐射到生活的每一个细节，生命的每一个角落，童年往事、山水、人物等，在她笔下无一不带有温柔的情愫，诗意的光彩。例如《往事》（一）之7中借景物的描写来抒发内心对母亲的热爱，使人读来心醉：

> 对屋里母亲唤着，我连忙走过去，坐在母亲旁边——回头忽然看见红莲旁边的一个大荷叶，慢慢地倾侧了来，正覆盖在红莲上面……我不宁的心绪散尽了！
>
> 雨势并不减退，红莲却不摇动了。雨点不住地打着，只能在那勇敢慈

---

① 《冰心全集》第 1 卷，第 466 页。

② 《冰心全集》第 2 卷，第 180 页。

③ 见钱理群、温儒敏、吴福辉：《中国现代文学三十年》（修订本），第 153 页。此外如孔庆东《1921：谁主沉浮》（第 181—182 页）一书中也对冰心的语言文字推崇道："1921 年前后，正是现代汉语的再造期。文学从来是民族语言发展的火车头，一个民族的成员不可能都写出鲁迅和周作人那般举重若轻和举轻若重的天人之文，但今天的青年学生普遍能写出比较标准规范的作文，全社会拥有一个大致稳定的文章优劣法度和有效的感情信息交流文体，这在很大程度上是要归功于以'冰心体'为代表的早期现代散文的。"

④ 《冰心全集》第 1 卷，第 313 页。

怜的荷叶上面，聚了些流转无力的水珠。

我心中深深的受了感动——

母亲呵！你是荷叶，我是红莲。心中的雨点来了，除了你，谁是我在无遮拦天空下的荫蔽？①

冰心透过院子里两缸莲花在大雨之下，白莲萎谢，红莲则因有荷叶的荫蔽而"亭亭地在绿叶中间立着"，以此对比而触发出爱母恋母的情思，感情真诚而浓烈。与永恒的恋母情结相对的是永葆赤子之心的渴望，冰心散文中的童心是处处可见的，她写于1932年的《我的文学生活》就曾说过："我认识孩子烂漫的天真，过于大人复杂的心理。将来的创作，仍要多在描写孩子上努力。……我一生只要孩子们追随着我，我要生活在孩子的群中！"② 冰心最具代表性的散文集《寄小读者》就是以和孩子谈心为主要表现意蕴的杰作。她懂得童心，表现了童心，因此能打动读者的童心，而她也因此牢牢奠定了"姊姊""祖母"这样亲切和蔼的温柔形象。她在《寄小读者. 通讯25》中自剖道："我爱小孩子。我写儿童通讯的时节，我似乎看得见那天真纯洁的对象。"有一段时日未提笔，她就会自责："童心再也不能唤醒，几番提笔，都觉出了隐微的悲哀。"③ 由于对象是小读者，她的文笔力求浅白流畅、自然亲切，例如《通讯7》写她赴美留学，船行过太平洋时的感触：

船上生活，是如何的清新而活泼。除了三餐外，只是随意游戏散步。海上的头三日，我竟完全回到小孩子的境地中去了，套圈子，抛沙袋，乐此不疲，过后又绝然不玩了。后来自己回想很奇怪，无他，海唤起了我童年的回忆，海波声中，童心和游伴都跳跃到我脑中来。我十分的恨这次舟中没有几个小孩子，使我童心来复的三天中，有无猜畅好的游戏！……舟中寂然，今夜没有海潮音，静极心绪忽起："倘若此时母亲也在这里……"我极清晰的忆起北京来。小朋友，恕我，不能往下再写了。④

将自己的心情，以不造作、坦诚相待的口吻，娓娓道来，只有真情的流露，没

---

① 《冰心全集》第1卷，第459页。
② 《冰心全集》第3卷，第13页。
③ 《冰心全集》第2卷，第253页。
④ 同上，第76页。

有半点说教味道，这正是冰心散文的魅力所在。其实，冰心爱与美的整体风格，早在她 20 岁时所写的美文《笑》中就已略具雏形，不论意境、语言、修辞、画面之美，都堪称"冰心体"散文的正宗之作。冰心在文章中充分发挥了巧妙构思，以景托人，人在画中，构成了物我交融的诗的意境。文章不长，写出了三个印象中美的笑容：先是此刻"墙上画中的安琪儿。——这白衣的安琪儿，抱着花儿，扬着翅儿，向着我微微地笑。"接着是五年前"道旁有一个孩子，抱着一堆灿白的东西。驴儿过去了，无意中回头一看。——他抱着花儿，赤着脚儿，向着我微微地笑。"最后是十年前的一个雨晴之夜，离家的游子"猛然记得有件东西忘下了，站住了，回过头来。这茅屋里的老妇人——她倚着门儿，抱着花儿，向着我微微地笑。"而这三个笑容"飘飘漾漾的合了拢来，绾在一起"，"一时融化在爱的调和里看不分明了"。天使、孩子、老妇人，代表着她所挚爱的宗教信仰、童心与母爱，冰心以诗一般优美的语言，移情入境，以强烈的情感为我们涂抹了一幅色彩斑斓的图画，以情美、人美、景美三者交织组构出动人的生活画面。冰心一生憧憬着美和爱的理想，在《笑》这篇短文里就已充分展现了这种鲜明的风格。

冰心的散文其实就是诗，她的诗也是一篇篇的美文，不论诗或文，冰心的个性、人格、信念、理想与情感都是清清楚楚，真诚而不作假。和朱自清一样，冰心的创作也是信仰着"表现自己"，她在《文艺丛谈》中就表白过对于"真"的信念，指出"能表现自己的文学，就是'真'的文学"，而"能表现自己"的文学，"是创造的，个性的，自然的，是未经人道的，是充满了特别的感情和趣味的，是心灵的笑语和泪珠"。她强调，只有"真"的文学，才可以称为文学，只有这样的作者，才可以称为文学家，所以"文学家！你要创造'真'的文学吗？请努力发挥个性，表现自己"①。冰心的小诗和散文，以鲜明的个性化色彩，体现了"五四"文学革命对作家所提出的这种全新的审美要求，而她也以作品为新文学的个性化、审美性做出了榜样。冰心散文中的"我"是非常自由灵活的，既是抒情的主体，也是抒情的对象，既是叙述者，也是目击者，这使得读者可以通过"我"的眼光去观看世界、体验世界。茅盾对这一点有精要的分析："在所有'五四'时期的作家中，只有冰心女士最最属于她自己。她的作品中，不反映社会，却反映了她自己。她把自己反映得再

---

① 《冰心全集》第 1 卷，第 193 页。

清楚也没有。"① 虽然有些论者认为，1931 年的小说《分》，冰心有了贫富阶级的觉悟，小说写同一产房的两个初生儿，父亲分别是教授和屠户，将来不管在精神上或物质上，这两个小孩已注定将有截然不同的待遇，未来的命运也是不同的，这样的题材是过去冰心作品中不曾出现的，因此有人就认为这是对"自己以往所宣扬的'爱的哲学'的直接否定"②。但其实"爱的哲学"并不曾远去，"冰心体"多了一些反映抗战现实的题材，但还是"冰心体"。1932 年写的《我的文学生活》，她没有抗日的呐喊、阶级的仇恨或政治的表态，有的仍是要为小读者写文章的心愿；1943 年开始发表的《再寄小读者》，内容仍多为交友、母爱、生命、宇宙等；1943 年写《写作经验》时她有一段话值得深思："抗战以后，看见许多因战争而发生的事实，悲欢离合，许多可泣可歌可写的材料，我很想写一点抗战时代的小说，但这不是说描写前线的文学，因为我不曾到过前线，我从来不肯写自己没有看见的东西，如果勉强写的话，写出来也是不切实的。"③ 这句话是诚恳的，也是真心的，完全合乎她一贯"真"的文学的主张。当然，冰心的"爱"与"美"绝非不食人间烟火，对抗战的颠沛流离，也不可能置若罔闻，她是一个坚定的爱国者，因此她在许多写景、叙事、记人的散文中真实地写出她在战火下的见闻与感受，温柔的冰心在控诉敌人的侵略与残暴时，火气与侠气都是强烈的。一旦抗战胜利，她又疾呼和平、自由与爱的重要，如 1946 年发表于《朝日新闻》的《给日本的女性》，她仍以"人类以及一切生物的爱的起点，是母亲的爱"为切入点，呼吁"世界是和平的，人类是自由的，民族与民族，国家与国家之间，只有爱，只有互助，才能达到永久的安乐与和平"。盼望"领导着我们天真纯洁的儿女们，在亚东满目荒凉的瓦砾场上，重建起一座殷实富丽的乡村和城市，隔着洋海，同情和爱的情感，像海风一样，永远和煦地交流！"④ 这正是冰心及其文学的可贵，也是"爱的哲学"真正的价值所在。

---

① 茅盾：《冰心论》，最初发表于《文学》第 3 卷第 2 号，1934 年 8 月 1 日，见《茅盾全集》第 20 卷，北京：人民文学出版社，1990 年，第 165 页。

② 见卢启元：《中国新文学大师名作赏析 6：冰心》中对《分》的赏析，第 216 页。此外如孔庆东的《1921：谁主沉浮》也持类似意见，认为"聪明的冰心在现实的教育下悟出了自己的不切实际，她在 1931 年写了一篇《分》。……从不分好歹地爱做一团，到明智果断地分道扬镳，冰心自己早已给'爱的哲学'判定了分数。"见第 64 页。

③ 《冰心全集》第 3 卷，第 316 页。

④ 同上，第 391 页。

五、最后的精神家园：爱、美与真

诚如刘再复所言，冰心是反叛 20 世纪政治与社会丑恶的人性的一片净土，他说："20 世纪中国，充满动荡、混乱和战火烽烟，文化界各种激进的思潮此起彼伏，政治和市场的浊水污染世道人心，'全面专政'又席卷了人性底层最美好的东西，在这种环境中，冰心却战胜各种诱惑压力，硬是保住这片净土，这是何等可敬。正因为这样，唯有冰心的名字可以代表爱和光明。"① 冰心也好，朱自清也好，他们的抒情审美意识只有和时代的复杂和丑恶相对比，方能显出它可贵的芬芳。在左翼思潮压倒一切的时代，冰心仍执意追寻着人性的美的天国，而朱自清若不是有自己的理想坚持，就无须在革命与审美、集体与自我间彷徨无地，陷入"哪里走"的痛苦；冰心仍能远离暴力与斗争的漩涡，守住她纯美的净土。对这样的坚持，冰心显然是有自己的文学理念在支持着，早在 1922 年《遗书》一文中她就提到："至于创作一方面，我以为应当是个人方面绝对的自由挥写。无论什么主义，什么派别的成见，都不可存在胸中的。也更不必预想到读者对于这作品的批评和论调。写完了，事情就完了，这样才能有些'真'的意味。"② 对照冰心一世纪的文学生涯，我们可以这样说，爱、美与真，是她美学的信仰，是她思想的宗教，也是她最后的精神家园。

朱自清、冰心是新文学史上的两座丰碑，这已是不争的事实。朱自清死于 1949 年以前，是不幸，也是幸；冰心活过 1949 年，是幸，也是不幸。政治的风暴、主义的桎梏、思潮的牵制、革命的暴力，都曾或轻或重地冲击着这两位作家的心灵，他们也都因此付出或多或少的代价，朱自清一度的迷惘，冰心微弱的声音，都说明了他们所面临的时代考验的严酷。然而，他们并不因此而退却，也不因此而望风转向，两人的散文都为现代汉语的成熟提供了审美的典范，在诗意的追求中，他们将文学的"美"留了下来。真实地面对自己，表现自己，并以高洁的人格美，散发着永恒的辉光，这也是两人留给后人最可宝贵的财富。刘再复有一段谈冰心的话是启人深思的，他说：

可惜，30 年代之后，特别是本世纪的下半叶，激进的政治风浪和极其平庸的文学批评与文学史写作，又像混浊的泥石流，几乎淹没和覆盖了冰

---

① 刘再复：《世纪泥石流中的一片净土》，《明报月刊》1999 年 4 月号，第 51 页。
② 《冰心全集》第 1 卷，第 431 页。

心的成就和她的立足之所，使她在最后 50 年的创作生涯中只能发出微弱的声音。然而，泥石流毕竟是暂时的，而冰心的名字和这一名字所代表的内涵却是永恒的。什么力量也无法抹掉屹立于 20 世纪滚滚泥石流中的一座伟大的、爱的丰碑。①

革命风暴会过去，政治权威只是一时，文学的工具性、宣传性、战斗性虽然"声嘶"，却终有"力竭"的时候，劫难过后，美会留下，爱会留下，真会留下。随着时代的发展与社会的前进，也许我们将愈来愈能体会到朱自清与冰心所留下的风范的可贵。

---

① 刘再复：《世纪泥石流中的一片净土》，《明报月刊》1999 年 4 月号，第 51 页。

第五章　湖畔的辉光，放情的歌唱

——汪静之—应修人—潘漠华—冯雪峰

一、歌笑在湖畔，歌哭在湖畔

　　湖畔诗社是中国现代文学史上继"中国新诗社"后成立的第二个新诗社团①，由四个志趣相近、性情相契的年轻人组成，他们才20岁左右，分别是同时就读于浙江第一师范学校的汪静之（1902—1996）、潘漠华（1902—1934）、冯雪峰（1903—1976），以及上海棉业银行的职员应修人（1900—1933），在五四新文学运动的思潮激荡下，于1922年4月5日在杭州西子湖畔成

---

　　①　虽然汪静之不断强调湖畔诗社是中国第一个新诗社团，但根据史料，1922年初在上海成立的"中国新诗社"才是第一个。该社由俞平伯、朱自清、刘延陵、叶绍钧等发起组织，以该社名义编辑出版以新诗创作为主的《诗》月刊，是新文学史上的第一个诗刊。自第1卷第4期起，《诗》同时作为"文学研究会"定期出版的刊物之一，直到1923年5月停刊。中国新诗社也随之结束活动。汪静之在写于1993年的《没有被忘却的欣慰》中说湖畔诗社是"中国第一个新诗社"；写于1981年的《对青年作者的谈话》中也说："是中国最早的新诗社"，见飞白、方素平编：《汪静之文集·没有被忘却的欣慰》，杭州：西泠印社出版社，2006年，第57、39页。《汪静之文集》的编者在介绍汪静之时递写道："中国第一个新诗社团湖畔诗社的主要代表。"这个说法显然有误。

立①，曾先后出版过《湖畔》《蕙的风》《春的歌集》等诗集，在当时产生过很大的影响，受到青年读者的热烈欢迎、喜爱，一度引起文坛的瞩目。尤其是汪静之的个人诗集《蕙的风》，在很短时间内印行 6 次，销售 2 万余册，这在新文学发展的初期阶段是不多见的。毕竟这四人都只是涉世未深、初出茅庐的青年，他们不像出版《尝试集》的胡适，或是写下《女神》的郭沫若、《草儿》的康白情与《冬夜》的俞平伯②，已经在文坛站稳一席之地，他们是如此稚嫩，对文学也没有太多的涉猎，却能以其天真的热情与爆发的才情，写下许多赞颂爱情、歌咏自然的白话诗作，从而使这个以友情结合的小小诗社成为 20 世纪 20 年代初期诗坛的一个大惊奇。他们当年所谱下的一曲曲青春恋歌，至今似乎不曾衰老，"湖畔诗社"成了一则浪漫的童话，标志着一个看似遥远，却永远不会消失的西湖少年青春梦。

　　这四个青年的梦中总是交织出现着爱情、亲情与大自然的浪漫追求与纯洁

---

　　① 关于湖畔诗社成立时间的说法不一，有的说是 3 月，有的说是 3 月底，大部分则说是 4 月，汪静之本人则明确地说是 4 月 4 日，见其写于 1993 年的《汪静之小传》，《汪静之文集·没有被忘却的欣慰》，第 6 页。研究者贺圣谟则根据上海鲁迅博物馆藏的《应修人日记·1922》的记载，认为应该是 4 月 5 日，因为当天四个人没有去游西湖，应修人编好《湖畔》诗集准备要出版，于是倡议成立湖畔诗社，大家一致同意。见贺氏：《论湖畔诗社》，杭州：杭州大学出版社，1998 年，第 2 页。在由汪静之的女儿汪晴所整理的《汪静之年表》中对此有较为详细的说明："3 月 31 日至 4 月 6 日修人从上海到杭州，与静之、漠华、雪峰四人同游西湖，成立湖畔诗社并编成《湖畔》诗集。成立湖畔诗社的时间和地点，据静之说是 4 月 4 日在孤山的西泠印社四照阁；据修人日记则是 4 月 5 日因天雨未出游，在湖滨的清华旅馆成立的。估计是 4 日先有成立湖畔诗社之议，5 日正式开始讨论和编辑诗集。"见《汪静之文集·没有被忘却的欣慰》，第 304 页。笔者采取 4 月 5 日之说，因为 6 日应修人就要返回上海，在返回之前将此事正式定下来的推论，应该是合乎常理的，而且因为讨论《湖畔》诗集的编辑事宜是在 5 日，将诗社命名为"湖畔诗社"，并将《湖畔》作为《湖畔诗集》的第一集，比较可能是这一天讨论的结果。应修人是主要发起人，也是整个社团的灵魂人物，正如汪静之《"湖畔诗社"的今昔》所说："'湖畔诗社'是修人首先建议的，如没有修人，绝不会有'湖畔诗社'。"应修人对诗社的工作做得最多，也最投入，因此他的说法比较值得采信，而且日记的记载应该比多年后的回忆要来得可靠。详细的论证可参阅笔者：《湖畔诗社研究若干问题考辨》，《文艺争鸣》2010 年 3 月号，第 79—81 页。

　　② 胡适的《尝试集》1920 年 3 月出版，是现代文学史上新诗的开山之作；第 2 本是郭沫若的《女神》，1921 年 8 月出版；第 3、4 本是康白情《草儿》、俞平伯《冬夜》，同为 1922 年 3 月出版。《蕙的风》是第 5 本个人新诗集。如果加上新诗合集的话，在《蕙的风》之前还有 1922 年 4 月的《湖畔》以及 1922 年 6 月的《雪朝》。但正如汪静之说的："《女神》是奔腾澎湃，波浪滔天的大江，湖畔诗社四诗友的诗不过是山涧小溪的涓涓细流。"见其《回忆湖畔诗社》，《汪静之文集·没有被忘却的欣慰》，第 36 页。

向往，也总是感情充沛地歌唱、欢笑，或是悲泣、愁苦，在美丽的西子湖畔，他们求学，恋爱，交游，同时热烈写着浪漫纯美的诗篇，就如四人诗歌合集《湖畔》初版时扉页里印的两行字："我们歌笑在湖畔，我们歌哭在湖畔"，这两句话可以说是他们诗歌内容与生命情调的精确概括，不管哭或笑，不管是恋歌、情歌，还是悲歌、挽歌，他们都能保持一种歌唱的姿态，纯美的心灵，自由的精神，迎向现实生活与时代氛围。就像汪静之说的："我要作诗，正如水要流，火要烧，光要亮，风要吹；水不愿住了它的流，火不愿息了它的烧，光不愿暗了它的亮，风不愿停了它的吹，我也不愿止了我的唱。"① 正是这种不免天真稚气的理直气壮，让他们无所顾忌、全心致志地拿起笔来写出他们止不住的呼声。

这样的呼声是属于爱与美，而非血与泪的。20 世纪 20 年代的中国，军阀混战所带来的政局黑暗，千年来统治人心的封建势力依然顽强，但新文化运动也同时如火燎原般冲击着腐朽的社会，"五四"的浪潮激起了无数人的新生与觉醒，这就让 20 世纪 20 年代处在新旧交替、黑暗与光明的十字路口。血与泪的控诉，战斗呐喊的书写，成了时代的主旋律，就如朱自清在为《蕙的风》写的序中所指出的："我们现在需要最切的，自然是血与泪底文学，不是爱与美底文学；是呼吁与诅咒底文学，不是赞颂与咏歌底文学。"然而，朱自清也强调，即使"血与泪"是"先务之急"，却不能"只此一家"，应该要让爱与美"有自由发展的余地"，更何况，"静之是个孩子，美与爱是他生活的核心；赞颂与咏叹在他正是极自然而适当的事"②。朱自清这种不以救亡窒息纯美生机的观念，在他这几个学生的诗作中得到了生动的实践。

作为一个文学社团，湖畔诗社的规模极小，发起成立的仅四人。历史有时真的是偶然，当时应修人来杭州，汪静之约了同班同学潘漠华和低一年级的冯雪峰一起去见应修人，之所以是四个人的原因竟然是游湖的小舟只有四个座位，"人多了坐不下，人少了坐不稳——湖畔诗人的人数就这样由小游船的座位数决定了"③。更大的偶然则是，他们发自内心的自由歌唱，对美的向往，对爱的激情，竟然与时代同流合拍，获得超乎意料的回响，为自己写进了文学史册。1924 年底，魏金枝（1900—1972）、谢旦如（晚年改名澹如，1904 -1962）为出版诗集，要求入社，于是诗社的队伍稍微扩大。1925 年 2 月，应

① 汪静之：《寂寞的国·自序》，《汪静之文集·蕙的风》，第 183 页。
② 朱自清：《蕙的风·序》，《汪静之文集·蕙的风》，第 29、30 页。
③ 贺圣谟：《论湖畔诗社》，第 2 页。

修人还在上海创办文艺刊物《支那二月》，以"湖畔诗社"名义每月出版一期，内容有诗和散文，湖畔诗社的影响力也随之增加，但只出了四期就停刊。1925 年"五卅"运动的爆发是诗社中断的关键，社友们从此各自走上革命道路，活动三年之久的诗社也就无形中解散了。

湖畔诗社的作品数量也不多，以诗社名义出版的《湖畔诗集》有第一集的《湖畔》（1922 年 4 月），第二集的《春的歌集》（1923 年 12 月），第三集原本是魏金枝的《过客》，因缺乏印刷费，没有出版；第四集是谢旦如的《苜蓿花》（1925 年 3 月），此外还有汪静之的个人诗集《蕙的风》（1922 年 8 月）、《寂寞的国》（1927 年 9 月）等。《寂寞的国》虽然是在"五卅"之后才出版，但作品的写成是在 1922 至 1925 年间，仍可视为是湖畔时期作品。这些青春的恋歌，或含蓄凝练，或坦率直接，或沈郁悲苦，或清新悠然，它们不是理论指导下的成熟之作，而是喜爱文艺的年轻人在缺乏新诗典范的学习下，凭着一股天真的冲动，以形式自由的诗歌抒发内心澎湃难言的情感，特别是对爱情的渴望与追求，从而在爱情诗的领域里独辟出一个异彩纷呈、繁花盛开的美丽园地。

二、让爱自由，让美做主

1922 年 5 月，《湖畔》诗集出版不久，潘漠华给应修人的信中曾说："我们且自由作我们的诗，我们相携手做个纯粹的诗人。"[1] 汪静之说："这'我们'二字指的是'湖畔诗社'四个诗友，这一句话等于'湖畔诗社'的宣言。"[2] 在没有成为革命战士之前，他们就只是一群爱与美的歌者，流连在湖畔，做着纯粹诗人的美梦，吟唱着笑中带泪、泪中也带笑的个人声音。正如古希腊的那句谚语："谁一接触爱情，谁就成为诗人。"这四位年轻诗人各自有着不同程度与形式的爱情经历，受到"五四"婚姻自主、恋爱自由的思潮洗礼，他们勇敢地踏出个人觉醒的一小步，以诗歌写出个人酸甜苦涩的心曲，没有想到的是，这一小步，却产生了如朱自清所说的"向旧社会道德投下了一颗猛烈无比的炸弹"的震撼效果，理由很简单，因为这些诗"几乎首首都是青年人感

---

① 应修人：《修人书简》第 15 封，《新文学史料》1981 年第 2 期，第 228 页。
② 汪静之：《最早歌颂党的一首诗——〈天亮之前〉的写作经过》，《汪静之文集·没有被忘却的欣慰》，第 29 页。

于性的苦闷，要想发抒而不敢发抒的呼声"①。换言之，写作的动机很单纯，是爱的渴念，美的向往，是灵魂的骚动不安，但在那特殊的年代，却被赋予了"反封建""反礼教"的意义，甚至于，这个意义几乎成了湖畔诗社的主要价值，在许多的介绍或讨论里，反抗传统礼教成了被突出的焦点，例如王瑶《中国新文学史稿》对湖畔诗社的评论："以健康的爱情为诗的题材，在当时就含有反封建的意义；这些青年为'五四'的浪潮所唤醒了，正过着甜美的生活和做着浪漫蒂克的梦，用热情的彩笔把这些生活和梦涂下来的，就是他们的诗集。"② 谢冕在《中国现代爱情诗选》一书的"序"《不会衰老的恋歌》一文中对湖畔诗社有一段评论，他也强调"爱情诗不曾脱离它的时代，它自然地加入了并成为那一时代争取进步活动的有力的一个侧翼"，他认为"歌唱自由恋爱与婚姻的诗篇是与对于黑暗社会的抗争，对于被压迫者的同情的代表了民主主义倾向的诗篇一道出现的。它们同属于进步的思想解放的营垒"③。

不能否认，这样的诠释不完全是"误读"，但实在不是诗人创作的初衷。汪静之很诚实地坦承："我写诗时根本没有想到反封建问题，我只是情动于中而形于言，完全是盲目的，不自觉的。"④ 甚至于，他起初还大力反对写诗带有"反封建"等目的的功能性："当时多数新诗好像政治论文，用诗宣传反帝反封建的道理，喊革命口号，有的用诗谈哲理，有的用诗做格言，有的是单纯写无情之景。这类诗没有诗味，读一遍就厌了。"⑤ 所以他才会表示："以诗论诗，《蕙的风》不过一颗小石子，决当不起'炸弹'的夸奖。"⑥ 事实上，《湖畔》与《蕙的风》出版时，不论是周作人、朱自清对《湖畔》的评论，还是胡适、朱自清、刘延陵为《蕙的风》写的序，着眼的都在诗的新鲜风味、天真气象，以及在爱情与自然描写上的艺术特色与审美个性，以诗论诗，并未触及"反封建"的议题。

"反封建"的特色被夸大和凸显，是在胡梦华对《蕙的风》提出"不道

---

① 这几句话是朱自清对《蕙的风》的评论，他说："汪静之氏一味天真稚气。他的新诗集《蕙的风》中，发表了几乎首首都是青年人感于性的苦闷，要想发抒而不敢发抒的呼声，向旧社会道德投下了一颗猛烈无比的炸弹。"引自《汪静之文集·总序》，第3页。

② 王瑶：《中国新文学史稿》上册，第74页。

③ 谢冕：《不会衰老的恋歌》，王家新等人选编：《中国现代爱情诗选·序》，武汉：长江文艺出版社，1981年。

④ 汪静之：《回忆湖畔诗社》，《汪静之文集·没有被忘却的欣慰》，第38页。

⑤ 同上，第36页。

⑥ 汪静之：《蕙的风·自序》（1957年版），见王训昭编：《湖畔诗社评论资料选》，上海：华东师范大学出版社，1986年，第283页。

德"的批判之后。胡梦华当时是东南大学学生，他对《蕙的风》中的诗句如"梅花姊妹们呵，/怎还不开放自由花，/懦怯怕谁呢?"（《西湖小诗·7》）;"娇艳的春色映进灵隐寺，/和尚们压死了的爱情/于今压不住而沸着了:/悔煞不该出家呵!"（《西湖小诗·11》）;"一步一回头地瞟我意中人"（《过伊家门外》）等深不以为然，认为这些句子"做的有多么轻薄，多么堕落! 是有意的挑拨人们的肉欲呀? 还是自己兽性的冲动之表现呀?"对于《蕙的风》的言情之作，他指责说:"不可以一定说他是替淫业的广告，但却有故意公布自己兽性冲动和挑拨人们不道德行为之嫌疑。……这些诗虽不是明显的淫业广告，堕落二字，许是的评。"既然这些诗"不止现丑"，而且"使读者也丑化了"，所以"这是应当严格取缔的呵"![1] 这篇文章在《时事新报》的《学灯》副刊上发表后，引来了正反两极的争议，赞成胡梦华对《蕙的风》非难与攻击观点的守旧派固然有之，但反对胡梦华伪善嘴脸与保守心态者更多，鲁迅、周作人等均撰文为汪静之辩诬，这场"文学与道德"的论争，参与的文章有十多篇，大多发表在《时事新报·学灯》《民国日报·觉悟》《晨报副刊》等具影响力的媒体，一时间成为文化界关注的焦点，沈从文在1930年回顾这场1922年下半年的论争时也表示肯定地说:"《蕙的风》所引出的骚扰，由年轻人看来，是较之陈独秀对政治上的论文还大的。"[2]

　　胡文讨论的重点分成文学与道德两方面，平心而论，从文学审美的角度，他的批评不无道理，例如"我以为《蕙的风》之失败，在未有良好的训练与模仿;在未能真欣赏，真领略到美丽的自然;在求量多而未计及质精"[3]。确实值得年轻的作者思索。汪静之本身也清楚:"这本诗当时在青年中读者很多，因为是一个青年的呼声，青年人容易引起共鸣，写得太糟这一点，也就被原谅了。"[4] 然而，在道德方面的抨击，却显出自己顽固与守旧的封建心态，于是尽管他在后来又写了《读了〈蕙的风〉以后》之辩护（一）（二）（三），但在新旧两种道德观念碰撞的时代，思想解放显然是占了上风，这些略显幼稚的爱情诗，成了新道德的象征，"不道德的嫌疑"恰好道出湖畔诗人纯真的爱情诗表现出了五四时期争取个性解放、婚恋自主的时代精神。

---

　　① 以上对胡梦华文句的引用均出自其《读了〈蕙的风〉以后》一文，原载1922年10月24日《时事新报·学灯》，收入《湖畔诗社评论资料选》，第107、108、110页。

　　② 沈从文:《论汪静之的〈蕙的风〉》，原载南京《文艺月报》第1卷第4号，1930年12月。引自《湖畔诗社评论资料选》，第163页。

　　③ 胡梦华:《读了〈蕙的风〉以后》，《湖畔诗社评论数据选》，第112页。

　　④ 汪静之:《蕙的风·自序》（1957年），《湖畔诗社评论资料选》，第283页。

在湖畔诗人的作品中，有一些对封建传统桎梏人心的反抗呼声，以及在不自由的环境下对美好爱情毫不保留地渴望与追求，这些作品构成了湖畔诗社的"反封建"形象，除了胡梦华所指摘汪静之的《过伊家门外》《西湖小诗》外，在汪静之《蕙的风》中还有几首也是直指封建礼教的罪恶，例如《窗外一瞥》：

> 沉寂的闺房里，
> 小姐无聊地弄着七巧图。
> 伊偶然随意向窗外瞥了瞥，
> 一个失意的青年正踽踽走过，——
> 正是幼时和伊相识过的他——
> 伊底魂跳出窗外偕他去了。
> 伊渐渐低头寻思，
> 想到不自由的自己底身子：
> 惨白的面上挂着凄切的泪了。

这首诗描写女子不自由的处境与心情，"伊底魂"的跳出窗外，是多么大胆而坦率的告白，但身体的桎梏与礼教的压抑，使这名爱慕青梅竹马的女子最终只能在短暂一瞥的震动后暗自垂泪，面对漫长的沉寂。又如《游宁波途中杂诗·2》："许多石牌坊——/贞女坊，节妇坊，烈德坊——/愁恨样站着；/含怨样诉苦着；/像通告人们，/伊们是被礼教欺骗了。"以贞节牌坊为象征，对中国传统女性为礼教所束缚的悲惨命运提出了沉痛的质疑与不平。面对爱情与礼教的对立，汪静之《在相思里·5》写着："那怕礼教的圈怎样套得紧，/不羁的爱情总不会规规矩矩呀。"潘漠华《若迦夜歌·三月六晚》也有类似的呐喊："妹妹，我们当知道，/在他们底面前，/是不许我们年少的结合；/我们当知道，/他们是可破坏的，他们是可破坏的！"表现出企图冲破封建礼教和传统束缚的决心与勇气。

不过，这类"反封建"色彩比较鲜明直接的作品，在湖畔诗人整体诗作中其实并不多，或者说，湖畔诗人当时写作的动机与用意并不在此，他们真正倾心歌咏抒发的是爱情与自然，这类有真情、爱意、美感的作品才是这些少经世事的年轻诗人所用心追求的，这一点，只要翻看《湖畔》和《春的歌集》即可明白。当然，作为诠释者，可以说这些爱与美的作品是在不自由、丑恶环境下的反抗姿态，但不管如何解读，我们应该同意，让爱自由，让美做主，才是汪静之等湖畔诗人内心所欲钩描的美好愿景，也是他们大部分诗篇所要传达的真正呼吁和追求。

朱自清就是从爱情的角度而不从反封建的角度来看待湖畔四诗人的作品，他在《中国新文学大系·诗集·导言》中评论道："中国缺少情诗，有的只是'忆内'、'寄内'，或曲喻隐指之作；坦率的告白恋爱者绝少，为爱情而歌咏爱情的更是没有。""真正专心致志做情诗的，是'湖畔'的四个年轻人。"①言下之意，他们是中国现代爱情诗的开创者，是"五四"新诗初期情诗领域的拓荒者，他们以稚朴的文字、浪漫的想象、诗意的氛围与细腻的感受力，营造出一个充满美学力量和清新魅力的诗歌世界。

在《春的歌集》的扉页上印有两行字："树林里有晓阳/村野里有姑娘"，真是大胆的剖白，晓阳是自然之美，姑娘是青春之爱，可以看出，爱与美正是湖畔诗人锐意追寻的诗境。汪静之曾说："爱情诗、女性赞美诗最能使人得到美的享受，美的享受是诗的最主要的功效。"他甚至认为："爱情诗是经国之大业"②。他们相信爱情的力量，只要让爱自由，再恶劣的环境也会开出美的花朵，《谁料这里开了鲜艳的花呢》就表达了这种坚定的信仰：

> 使人不经意的嫩芽，
> 生在荒废的瓦砾里。
> 人们无所顾惜地
> 抛弃垃圾唾涕在他上面，
> 几乎毁灭了他底生之力。
>
> 他被压得疲困极了，
> 身上遍涂了污秽的痕迹。
> 但他只是拼命地，
> 从乱堆里努力伸出。
>
> 后来雨赐洗礼给他，
> 洗得他洁净了。

---

① 朱自清：《中国新文学大系·诗集·导言》，台北：业强出版社，1990 年重印版，第 4 页。

② 汪静之：《六美缘·自序》，《汪静之文集·六美缘》，第 8、12 页。

太阳赐他生命之光，

他就笑嘻嘻地

开着香美的花了。

"谁料这里开了鲜艳的花呢？"

人们欣然注意着说。

　　应修人的《粉墙》也有类似的表达："飓风一夜吹，/粉墙变了砖堆。/却见邻家竹篱笆——/垂垂绿叶里，/开满了牵牛花。"不被摧折的花，意味着爱与美的顽强生命力。潘漠华则是以呐喊的方式呼唤爱的自由："我火般的狂了，/不愿把我俩底生命，/埋没在草莱下的荒冢；/愿把我俩底生命，/就毁灭也毁灭在我俩底爱恋里。"（《寻新生命去》）因为爱，所以觉得美；因为美，所以值得爱。这些诗作让人着迷的叙述就在于弥漫在字里行间的希望、天真、美好、自由的气息。

　　湖畔诗人作品中的美好气息除了表现在爱情题材外，咏赞大自然的奇景美致，或是记录生活中一点感动与启发，往往在诗人的独具慧眼下，也能散发出审美的品味与情感的滋润。汪静之的小诗《晨光》就是一首精致唯美的抒情小品："我浸在晨光里，/周围都充满着爱美了。/我吐尽所有的苦恼郁恨，/我尽量地饮着爱呵！/尽量地餐着美呵！"看似天真的呓语，却蕴含了对生命的热情与深邃意味。《蕙的风》第三辑多为咏西湖之作，对西湖的千姿百态有发自内心的赞赏与依恋："西湖，伊流着眼儿，/扬着眉儿，/涡着靥儿，/屏着唇儿，/乐融融地微笑了。/我和伊温柔的微笑抱合，/我于是酥软了，飘飘欲仙了。"（《微笑的西湖》）对湖中荷叶田田的景致，诗人有深情的联想："绿浓浓的叶衬着红淡淡的花，/高兴地在湖中蹈舞——/彩花映在柔碧的水里，/微风吹起绿波，/荷花弯一弯纤腰，/映得绿里翻红，红里翻绿：/我底心海之花呵，也舞起来了！"（《西湖杂诗·22》）还有被诗人废名说是"实在觉得很好"①的小诗："风吹皱了的水，/没来由地波呀，波呀。"有一种视觉与触觉之美。这些诗意审美的感受，以一种朴拙的方式呈现，反而给人丰富的想象，新鲜的印象。

　　冯雪峰在20世纪40年代初期是以革命战士的姿态、雄奇壮美的诗风闻名，但在20年代的"湖畔"时期，他的诗风朴质清新，开朗天真，富有纯真

---

　　① 　冯文炳（废名）：《湖畔》，《湖畔诗社评论资料选》，第17页。

少年的童心，洋溢着单纯的美感，如《湖畔》的《杨柳》："杨柳弯着身儿侧着耳，/听湖里鱼们底细语；/风来了，/他摇摇头儿叫风不要响。"写得天真活泼，充满童趣；《花影》："憔悴的花影倒入湖里，/水是忧闷不过了；/鱼们稍一跳动，/伊底心便破碎了。"将桃花凋谢的意象与人的情感合而为一，具生动的想象力；又如《春的歌集》的《山里的小诗》："鸟儿出山去的时候，/我以一片花瓣放在牠嘴里，/告诉那住在谷口的女郎，/说山里的花已开了。"写心里的爱情如花绽放，语句凝练含蓄，诗意盎然，编织出一种淡淡的美的感受与意境。

应修人的诗美也是细腻而隽永的，他在 1922 年致周作人的信中道出了他对美的向往与执着："我总以为暴露人生底丑恶，不过浓厚了人们暴躁的气氛，于诱令丑恶的人底悔悟，其效果是微乎其微的，或许本未丑恶的反而也给化了。我们要看丑恶何处找不到，要巴巴地到文学上寻觅，似乎太为两只脚省力了。"[1] "美"是他创作的信念，也是他作品浓郁的特质，例如《山里人家》："缫些蚕丝来，/自家织件自家的衣裳；/汲些山泉来，/自家煎一杯嫩茶自家尝。//溪外面是李树拥梅树，/溪里面是桑树领茶树。溪水琤琤地流过伊家底门前，/伊家是住在那边的竹园边。"颇有陶然世外的脱俗之美，暗示性的结尾，情味缭绕；《温静的绿情》："也是染着温静的绿情的，/那绿树浓荫里流出来的鸟歌声。//鸟儿树里曼吟；/鸭儿水塘边徘徊；/狗儿在门口摸眼睛；/小猫儿窗门口打瞌睡。//人呢？——还是去锄旱田了，/还是在炊早饭呢？//蒲花架上绿叶里一闪一闪的，/原来是来偷露水吃的/红红的小蜻蜓！"几个生趣盎然的画面组合成一幅农家的宁谧之美，细致的白描，清新可喜。其他如《晨课》《北郊里独游》《晚上》《天未晓曲》《含苞》等诗也都是抒情审美意识下的艺术结晶，充满农村山水的自然野趣，以及由此生发的美好想象。潘漠华的诗也有浓厚的乡土气息，带着纯朴的诗意，如《稻香》："稻香弥漫的田野，/伊飘飘地走来，/摘了一朵美丽的草花赠我。/我当时模糊地受了。/现在呢，却很悔呵！/为什么那时不说句话谢谢伊呢？/使得眼前人已不见了，/想谢也无从谢起！"短短几句，抓住一瞬间的感受，道出一次美丽的相遇以及未能把握的怅惘，单纯的美更能让人回味再三。其他如《回望》《黄昏后》《若迦夜歌》等，或沈郁，或凄凉，或感伤，或追忆，总有挥之不去的氤氲之美在文字间回荡。

爱与美，是湖畔诗人的精神家园，也是湖畔诗歌的灵魂归宿。

---

[1] 应修人致周作人信，写于 1922 年 8 月 1 日，见《湖畔诗社评论资料选》，第308 页。

三、放情的唱，把自我融化在诗里

细细品味这些新诗草创期的年轻诗作，有着爱与美的动人情愫，是四颗年轻的心灵在湖光山色里对人世真实的素描，对内在情感心理的深刻挖掘，在腐朽封建的窒息氛围里，他们的诗之所以受到欢迎和喜爱的原因，除了源自于纯爱、纯美意识下的题材选择与主题呈现外，他们具有个性化的写作，契合了五四时期个性解放、追求自我的时代潮流，而他们不失童心、带着天真稚气的口吻与诗风，从某个意义上说，又是新生、年轻、希望的表征。这个性化与青春化的特质，正是湖畔诗社出现在现代文学史上因缘际会的深层背景。

湖畔四诗人虽然在诗的理念追求上接近，但源于彼此身世、性格、遭际的不同，还有恋爱的形态、心理与情感体验也不同，导致诗的风貌有个人化的差异。朱自清对四人的诗风有过两次评价，第一次是 1922 年写的《读〈湖畔〉诗集》，文中认为潘漠华"稳练缜密"，汪静之"平正"，冯雪峰"自然流利"，应修人"轻倩真朴"①；第二次是 1936 年出版的《中国新文学大系·诗集·导言》中提到："潘漠华氏最是凄苦，不胜掩抑之致；冯雪峰氏明快多了，笑中可也有泪；汪静之氏一味天真的稚气；应修人氏却嫌味儿淡些。"② 这样的观察与概括，说的是诗风，也是个性。应修人则有一首诗《心爱的》，构思精巧，可以看出四人友谊的深笃，且在感性的文字中也巧妙道出了彼此不同的风格特点：

逛心爱的湖山，定要带着心爱的诗集的。

柳绿娇舞时我想读静之底诗了；
晴风乱刮时我想读雪峰底诗了；
花片纷飞时我想读漠华底诗了。

漠华的使我苦笑；

---

① 朱自清：《读〈湖畔〉诗集》，《湖畔诗社评论资料选》，第 5 页。
② 朱自清：《中国新文学大系·诗集·导言》，第 4 页。

> 雪峰的使我心笑；
>
> 静之的使我微笑。
>
> 我不忍不读静之底诗；
>
> 我不能不读雪峰底诗；
>
> 我不敢不读漠华底诗。
>
> 有心爱的诗集，终要读在心爱的湖山的。

然而，也正是这四个各有千秋的"自我"，在心爱的湖山边，以心爱的诗集共同构建出一个独具特色的团体。

《蕙的风》一书的卷首有汪静之女友菉漪（符竹因）的题词："放情地唱呵"，很可以说明这四人创作上自然天成、无所顾忌的心态。在放情歌唱的同时，他们唱出了最真实、最动人的自我。汪静之《蕙的风·自序》说："我极真诚地把'自我'融化在我的诗里；我所要发泄的都从心底涌出，从笔尖跳下来之后，我就也慰安了畅快了。我是为的'不得不'而作诗，我若不写出来，我就闷得发慌!"① 因为自我抒情的必要，才有了这些自我个性色彩鲜明的作品。不管是泪眼看人间的潘漠华，还是笑脸对人世的汪静之，我们看到的都是极真实的"小我""自我"。

汪静之的任性与自我意识是四个人中最强烈彻底的。他生于茶商之家，又是独子，从小娇生惯养，养成天真、冲动、任性的性格，《蕙的风》中的《自由》就是最好的证明：

> 我要使性地飞遍天宇，
>
> 游尽大自然的花园，
>
> 谁能干涉我呢？
>
> 我任情地饱尝光华的花，
>
> 谁能禁止我呢？

---

① 汪静之：《蕙的风·自序》，《汪静之文集·蕙的风》，第 41 页。

我要高歌人生进行曲，

谁能压制我呢？

我要推翻一切打破世界，

谁能不许我呢？

我只是我底我，

我要怎样就怎样，

谁能范围我呢？

　　这首诗写于 1921 年，让人不禁想起写在前一年的郭沫若的《天狗》①：
"我便是我呀！/我的我要爆了"② 有着冲决一切、一往无前的疯狂、澎湃气
势，汪静之虽然语气稍纾缓，但热烈追求自我的目标是一致的。他的诗就是他
自我的化身，特别是爱情诗，情感的波折历历完全是作者的夫子自道。当他沉
浸在爱情的甜蜜时，他说："伊底眼是温暖的太阳；/不然，何以伊一望着
我，/我受了冻的心就热了呢？"（《伊底眼》）当他被相思纠缠时，他不避讳地
写道："我昨夜梦着和你亲嘴，/甜蜜不过的嘴呵！/醒来却没有你底嘴了；/望
你把你梦中的那花苞似的嘴寄来罢。"（《别情》）当他因爱而痛苦时，便失落
地呢喃着："尽徘徊在池畔，/终寻不着呵——/曾印在池面的双双的我两底影。
只有孤孤的今天的我了！"（《拆散》）但写得最多的，是他对真爱无止境的追
寻："伊开了一朵定情花，/由伊底眼光赠给我；/我将我底心当作花园，/郑重
把伊供养着。//用我底爱泪洒伊，/用我底情热暖伊，/用我底歌声护伊；/于
是伊更美丽了。……神呵，赐我些罢——/爱泪情热和歌声呵！/不然，伊若是
萎了，/我们将从此消灭呀！"（《定情花》）全诗充分表现了恋爱中的男女眉目
传情的喜悦以及护守这份真爱的决心。汪静之在《诗歌原理》中强调过："科
学所表现的是理知真理，诗歌所表现的是诗人自己的生命，诗人自己的个
性。"③ 他的诗歌实践为此提供了有力的印证。

---

　　① 《天狗》一诗首次发表在 1920 年 7 月的《时事新报·学灯》，后收入郭沫若第一本
新诗集《女神》。

　　② 郭沫若：《天狗》，《郭沫若作品经典》，北京：中国华侨出版社，1997 年，第 1 卷，
第 43 页。

　　③ 汪静之：《何谓诗歌》，《汪静之文集·诗歌原理》，第 31 页。

　　和汪静之的天真、率直不同，潘漠华从小家境贫寒，家人横遭祸事，命运多舛，这就使得潘漠华诗中的"我"和其他三人有很大的区别，朱自清说潘漠华"凄苦"，冯雪峰说他是"饱尝人情世态的辛苦人"①，这样的环境与性格，使潘漠华的诗作总是笼罩在一股浓烈悲苦的情绪中，显现出一个忧郁早熟的诗人形象。他在情感上最大的不幸，除了家庭因素外，当是爱上了为世俗礼教所不容的堂姐潘翠菊，使他陷入痛苦的深渊，频频在诗中以"妹妹"为她的代称，婉转表露出他对这段绝望的爱的苦恋心境，《若迦夜歌》中的23首情诗，可谓句句血泪，例如："妹妹呀，我们底家，/是只建筑在黑夜里的呀！/因为白日里，你是你，我是我，/逢着也两旁走过去了，见了也无语的低头了。//妹妹，这问题烧得我好苦：/怎样把我俩底家，/一样的建筑在白日里，/在无论何时何刻呢?"（《三月六晚》）焦灼的心情跃然纸上；对于这段不可能被祝福的爱恋，他沉痛地写道："山是如此的静定，/天是如此的低迷，/我俩相偎抱在夜野中，/鬼神来祝福夜底一对儿女。//相依的站起，又相依的坐，/现代爱恋者的我俩底泪语呀，/有终朝细雨般的凄咽，/又如空与虚之相对语。"（《三月二十夜杭州》）以鬼神的祝福来映衬人间的诅咒，悲愤之心化为虚无的独白；爱不能婚，婚又非所爱，伤心人别有怀抱，此意无人知晓，他只能压抑地自语："藏在深衷的秘密，/不可怜我世人不知道，/只亲爱与相依为命的母兄，/都不能知道呀！/只窘困在我自己底心头。//……泪只在我心头流，/妹妹，愿你能接受我底泪；/生命在歧路旋转，/愿走上生命底歧路：/但我将永远的踟蹰。"（《爱者底哭泣》）这些充满悲与泪的诗歌，是诗人内心最赤裸的告白，是一个苦苦挣扎的"自我"，所刻镂下一阙最真实的心影哀歌。

　　冯雪峰和应修人的诗作有相似之处，比较乐观开朗而带有乡土气息与民歌风味。《雨后的蚯蚓》可以看出冯雪峰积极的人生态度与对自身生命价值的思考，诗中写道："雨止了，/操场上只剩有细沙。/蚯蚓们穿着沙衣不息地动着。/不能进退前后，/也不能转移左右。/但总不息地动呵！//雨后的蚯蚓的生命呀！"这里有在绝望处境下仍得抗争、寻找出路的自我期许；同样的诗题，

---

　　① 冯雪峰在《春的歌集》卷末写有一文《秋夜怀若迦》，对潘漠华的身世有较详尽的介绍，提到他的哥哥只因和情妇说了几句话，便被恶徒们捆绑到戏台上去示众，受到莫大的侮辱，后来出外求学，又在途中被盗匪所劫，不久死去；他的姊姊则因被无情的男子欺负，遭到夫家拒斥，回到娘家，仍受尽种种侮辱和轻视；他的父亲因子女的遭遇和债主的威逼，不久也死了；至于母亲则伤心度日。冯雪峰说："可见你孤僻的性情，和虚无的色彩，是养之有素，来之有源的吧。"（第4页）他也提到潘漠华"被盲目的运命所摆弄，爱了一个礼教和世俗都不许他爱的女郎"（第2页），因此说他是"饱尝人情世态的辛苦人"（第2页）。

在潘漠华笔下则成了："雨后蚯蚓般的蠕动，是我生底调子。/我底寂默！寂默是无边，悲哀是无边。"冯雪峰有一首《小诗》，很能表现出他独特的个人特质："我爱小孩子，小狗，小鸟，小树，小车，/所以我也爱作小诗。/但我吃饭偏要大碗，/吃肉偏要大块呵！"从这豪迈的口气中，可以看出他放任自我、追求自由的自信。成长于浙东山村农家，他的诗有许多以农村景致与男女青年单纯恋爱为题材，带着纯朴民歌的艺术倾向，如《有水下山来》："有水下山来，/道经你家田里；/它必留下浮来的红叶，/然后它流去。//有人下山来，/道经你们家里，/他必赠送你一把山花，/然后他归去。"简单的语言，带有节奏感的形式，用兴的手法歌咏，具有优美的民歌情调。类似的诗作还有《十首春的歌》《卖花少女》等。应修人也有这种乐观清朗的精神，他曾高歌："可爱的人生——人生底可爱呀！没有一朵花不是柔美而皎清，/没有一个人底心不像一朵春的花！"（《欢愉引》）也曾陶醉地轻唱："妹妹你是水——/你是清溪里的水。/无愁地镇日流，/率真地长是笑，/自然地引我忘了归路了。……妹妹你是水——/你是荷塘里的水。/借荷叶做船儿，/借荷梗做篙儿，/妹妹我要到荷花深处来！"（《妹妹你是水》）写出了年轻人深切而纯洁的情意，回环往复的旋律，像民歌般自然有味，真给人忘忧的喜悦。他的爱情诗常以女性的视角出之，有独特的观察和表现，如《邻家座上》："嘴里微微歌，/脸上微微酡。/要说不说，怕人多。/嘴里微微歌，/脸上微微酡。"或者是"悔煞许他出去；/悔不跟他出去。/等这许多时还不来；/问过许多处都不在。"这些诗的格律已经有所讲究，音乐性的美感加上纯真细腻的情感，格外惹人喜爱。

长期的封建统治，特别是程朱理学"存天理，灭人欲"的礼教束缚，使中国千年来将"个人"的存在置于宗族礼法的"集体"之下，被漠视，被压抑，被扭曲，直到"五四"时期才迎来了人的解放，人的觉醒，人的独立。鲁迅说："文学革命者的要求是人性的解放。"① 郁达夫也说："五四运动的最大的成功，第一个要算'个人'的发现。"② 这"个人"的发现，在 20 世纪 20 年代的诗坛，湖畔诗社的作品可以说是最具代表性与说服力的诠释之一。这些融入诗歌中的"自我"，可以说是当时无数青年的缩影，他们所放情歌唱的也是当时无数青年共同的心声。个人抒情的声音，回荡在时代的舞台上，看似微弱，实则具有穿透人心的力量。

---

① 鲁迅：《〈草鞋脚〉小引》，《鲁迅全集》第 6 卷，第 20 页。
② 郁达夫：《中国新文学大系·散文二集导言》，第 5 页。

四、天真诗国与少年中国

湖畔诗人的作品，不管歌哭或歌笑，除了"个人化"此一鲜明特点外，不时散发的浓厚童稚情调与天真气息，也是其诗作吸引人的突出特色。这种"孩子气"与"青春感"的价值，周作人就指出："他们的是青年人的诗；许多事物映在他们的眼里，往往结成新鲜的印象……过了 30 岁的人所承受不到的新的感受，在诗里流露出来。"[①] 躁动的生命，青春的情怀，敏锐的感受，使他们的作品自然拥有天真的纯情，没有掩饰、近乎童稚的心灵，构成了他们诗国特有的迷人魅力。

朱自清在为汪静之的诗集《蕙的风》所写的序言中提到，汪曾自称"是一个小孩子"，朱自清认为"这一句自白很可以帮助我们了解他的人格和作品"。事实上，"少年视角""青春心境"可以说是理解这四位湖畔诗人的共同线索，朱自清对"小孩子"有一番精准的分析：

> 小孩子天真烂漫，少经人间世的波折，自然只有"无关心"的热情弥满在他的胸怀里。所以他的诗多是赞颂自然，咏歌恋爱。所赞颂的又只是清新美丽的自然，而非神秘伟大的自然；所咏歌的又只是质直单纯的恋爱，而非缠绵委曲的恋爱，这才是孩子们洁白的心声，坦率的少年的气度！而表现法的简单明了，少宏深幽渺之致，也正显出作者的本色。他不用捶炼的工夫，所以无那精细的艺术。但若有了那精细的艺术，他还能保留孩子的心情么？[②]

长于单纯自然，拙于宏深幽渺；多青春本色，少精细艺术，说的不只是汪静之的诗歌表现，而是整个湖畔诗社的艺术倾向与审美特色。因为这种少年视角与青春心境，使他们的诗洋溢着天真主题与个人旋律，充满新鲜风味与清新格调。

只有天真的少年才会理直气壮地发出这样的豪语："假如我是个诗的人，/一个'诗'做成的人，/那末我愿意踏遍世界，/经我踏遍的都变成诗的了。"

---

① 周作人：《介绍小诗集〈湖畔〉》，原载 1922 年 5 月 18 日《晨报副刊》，引自《湖畔诗社评论资料选》，第 1 页。

② 朱自清：《蕙的风·序》，《汪静之文集·蕙的风》，第 29 页。

（汪静之《诗的人》）；朱自清对《湖畔》大加赞扬的理由之一，就是着眼于"少年的气氛充满在这些作品里"，他明白指出："就诗而论，便只见委婉缠绵的叹息而无激昂慷慨的歌声了。但这正是他们之所以为他们，《湖畔》之所以为《湖畔》。有了'成人之心'的朋友们或许不能完全了解他们的生活，但在人生底旅路上走乏了的，却可以从他们的作品里得着很有力的安慰；仿佛幽忧的人们看到活泼泼的小孩而得着无上的喜悦一般。"① 连胡适都不得不承认，湖畔诗社这"一班少年诗人出来"，"他们受的旧诗词的影响更薄弱了，故他们的解放也更彻底。"他甚至带着羡慕的口吻说："我现在看着这些彻底解放的少年的诗人，就像一个缠过脚后来放脚的妇人望着那些真正天足的女孩子们跳来跳去，妒在眼里，喜在心头。"他特别欣赏汪静之，认为"他的诗有时未免有些稚气，然而稚气究竟远胜于暮气；他的诗有时未免太露，然而太露究竟远胜于晦涩。况且稚气总是充满着一种新鲜风味，往往有我们自命'老气'的人万想不到的新鲜风味"②。废名也是如此评价这群诗人："在大家要求不要束缚的时候，这几个少年人便应声而自由的歌唱起来了。他们的新诗可以说是最不成熟，可是当时谁也没有他们的新鲜，他们写诗的文字在他们以前是没有人写过的，他们写来是活泼自由的白话文字。"是"一个没有沾染旧文章习气老老实实的少年白话新诗"③。从这个意义来看，湖畔诗人开风气之先的作品在整个诗歌发展过程中堪称白话诗的探路人，也是新文学运动初期的生力军。

　　这类从少年视角出发、不失童心稚语的诗歌，在他们的诗集中俯拾皆有，但以应修人和汪静之写得较多，潘漠华的悲苦心境使他较少这类作品。应修人的《柳》写道："几天不见，/柳妹妹又换了新装了！/——换得更清丽了！/可惜妹妹不像妈妈疼我，/妹妹总不肯把换下的衣裳给我。"有种娇嗔的儿女之态，顽皮的孩童之思；《亲眷家里》则是充满了孩童的欢乐笑语："妹妹儿年纪十二三，/拗得来许多花朵儿，/要我编花环。//掠掠我短头发，/'戴不来花儿要甚用！'/——笑笑轻轻说。//软坐我右膝上；/拣一朵扎些铜丝儿，/绕在我纽扣上。"诗人抓住瞬间的对话与动作，生动表现了孩子们可掬的亲昵之态；还有长诗《小学时的姊姊》，写小时候和"姊姊"一起度过的欢乐点滴，直到姊姊出嫁，从此疏远，徒留思念，全诗以小女孩的口吻叙述，语言也是鲜活的童语，例如诗的开头："让星光霎眼在天上，/让菜花伸腰到路旁，/让村

① 朱自清：《读〈湖畔〉诗集》，《湖畔诗社评论资料选》，第2页。
② 胡适：《蕙的风·序》，《汪静之文集·蕙的风》，第33页。
③ 废名：《湖畔》，《湖畔诗社评论资料选》，第10、21页。

狗几声，村路冷，/让前面是田野还是村庄……/我都不管这些那些，/我只想我故乡里，/小学时认识了的小姊姊"。这类小孩的心理和语言，在《那一夜》《送橘子》《小小儿的请求》《我要》《信来了》等诗中，应修人都掌握得很好。汪静之的许多诗也都浸润着纯情少年才有的想象与意象，如《瞎了么?》："饥饿的鱼儿们呵! /我奉送几片饼干在水里，/请你们充充饥罢。/哼! 瞎了么? /为甚偏不吃香甜的饼干呢?"或者是"芭蕉姑娘呀，夏夜在此纳凉的那人儿呢?"(《芭蕉姑娘》);"我远望洋洋的海，/我洋洋的心更觉洋洋了。"(《洋洋》)，以及《西湖小诗》《西湖杂诗》《小鸟》《蝴蝶》《我们想》等，都是童心所化成的诗篇。冯雪峰的《小朋友》写在杭州街上偶遇一个不相识的小朋友，两人笑着说了几句话，分手之后，"后来，我常常去寻他，/却再也寻不到了。/但他总逃不掉是我底/不相识的小朋友呵!"描写的就是一个孩子单纯的心思。《城外纪游》写一次乡间之游，对孩子表现出极大的友善与向往:"我们竟跑得有些倦了;/便在一间草舍的旁边坐下来。/'乡间真有趣呵!'/漠华这样地哼了一声，/惊醒了一个睡在/一堆干草的上边/黄狗的脚边的小孩子。/他起来向我们看了好久;/他那含着指头微笑着的脸的可爱呵!/我们真仰羡极了。/漠华说，'为了小孩子也要住乡间。'/我说，'为了小孩子也不好不结婚'"。这样的天真口吻，是因为冯雪峰自己也是个保有赤子之心的孩子呀。

当然，他们毕竟年轻，即使放情高歌的姿态令人瞩目，纯真的自我也充分融入诗作中，但这并不保证作品在艺术审美上的水平与质量，应修人就曾经写信给潘漠华说:"大家诗都不是十分完美，《湖畔》能有三四首好诗已很够了。"[1] 汪静之也自我反省道:"缺点是幼稚，但也有与幼稚有连带关系的天真。"[2] 这"天真的幼稚"如果是在20世纪30年代或以后，恐怕是不会引起多少波澜的，这些艺术上不够成熟的作品之所以让文坛震动，正是因为暗合了五四这个青春的时代，以及民国新成的气象，也就是说，少年中国与天真诗国水到渠成般地汇聚在一起，掀起了一股浪潮。他们的"孩子气"恰好击中了"世故态"的颟顸与虚伪，一如"五四"带给人们新鲜的国族想象与新生的契机，他们完全是新时代的产儿。有论者就指出:"'湖畔'诗人的童稚气实质上便是在崭新的爱情追求上所表现出来的时代朝气或时代青春感。它虽然体现

① 应修人致潘漠华信，见《湖畔诗社评论资料选》，第295页。
② 汪静之:《回忆湖畔诗社》，《汪静之文集·没有被忘却的欣慰》，第37页。

在四位诗人的诗作中，却不仅是他们个人的，而且是那时代全体青年的。"①换言之，这是一种"集体表征"，湖畔诗人不过是时势造英雄下的"代言者"。正是这种孩子气与青春感，冲撞了暮气深沉、枷锁深重的社会，宗白华因此而肯定地说："我个人是以为这种纯洁天真，活泼乐生的少年气象是中国前途的光明。那些世故深刻，悲哀无力的老气沉沉，就是旧中国的坟墓。"②

然而，当"革命意识"逐渐取代"审美意识"，当曾经的天真少年被帝国主义侵略罪行震醒，开始发出控诉的呐喊，迎向黑暗社会现实，甚至加入共产党，直接投身革命洪流里时，"少年"就已经长大了，湖畔美好岁月也将过去，一如应修人写于1925年1月的《雪夜》所自陈的：

> 尘煤的城市雾上我牧歌情怀，
> 此刻就有驴子呀，也不想去款款寻梅；
> 嗳，童年期的"无愁"去已远了，远了！
> 年来我胸里像胸外，定也在霰雪横飞。

在寒气袭来、风雪飞舞的街头，诗人毅然抛开无忧的童年，大声疾呼："我要把你这银发的冬树猛推，/啊！——人世的衣冠呀，万朵齐坠！"最后激情地怒吼出："啊，你们冻饿的群众！狂喊狂冲，/万岁呀万岁呀，一幕悲壮的'世界暴动'！"这一声怒吼，使他们汇入了时代的大合唱中，淹没了自我微弱、唯美的声音。这一声怒吼，也宣告了湖畔天真诗国的瓦解，尖锐斗争时刻的到来。

五、从"五四"、"五卅"到"五七"

从"五四"到"五卅"③，1925年以后，湖畔的爱情诗就让位给了革命诗。"五卅"这一年的秋天，应修人拿了《共产党宣言》等书给汪静之，他看后"好像瞎子睁开了眼一样"，没有太多挣扎，就决定："不再写爱情诗，不再歌唱个人的悲欢，准备学写革命诗。"④要"以诗为武器，为革命尽一分

---

① 见张德厚、张福贵、章亚昕：《中国现代诗歌史论》，长春：吉林教育出版社，1995年，第205页。

② 宗白华：《〈蕙的风〉之赞扬者》，《湖畔诗社评论资料选》，第152页。

③ "五卅"指反帝爱国的五卅运动。

④ 汪静之：《〈蕙的风〉·自序》，《湖畔诗社评论资料选》，第283页。

力。"① 湖畔诗人的立场和当时许多受到革命洗礼的青年一样，有了重大的转变，他们体认到，五四时期需要用恋爱诗来反对封建礼教，但到"五卅"时期最需要的是革命诗。从此，"歌笑在湖畔"成了"革命在街头"，甚至"冲锋在战场"。

于是，我们看到应修人在"五卅"之后加入共产党，1933 年 5 月 14 日，他去上海昆山路昆山花园丁玲住处联系党的工作，遭遇埋伏的国民党特务，搏斗中，应修人，坠楼牺牲，年仅 33 岁。潘漠华于 1927 年初加入共产党，投身农民工作，1933 年在天津担任市委宣传部长时被捕，受尽酷刑，于 1934 年底绝食牺牲于狱中，年仅 32 岁。冯雪峰也是在 1927 年加入共产党，曾为"左联"的负责人之一，参加过"长征"，也被关过国民党的集中营，写了许多革命战斗的诗篇，但在 1957 年后被划为右派分子，于 1976 年因病黯然长逝。至于未加入共产党的汪静之，则于 1921 年底写了最早歌颂中国共产党的一首新诗《天亮之前》②，整个 30 年代专注于编写《爱国诗选》与《爱国文选》，抗战期间在黄埔军校担任国文教官，讲授爱国文学，宣扬抗日。"文革"结束后，他成为湖畔诗社唯一的幸存者，从 1980 年起，他将晚年的精力全部用于恢复湖畔诗社和筹建湖畔诗社纪念馆，新的湖畔诗社于 1981 年恢复，成立的宗旨改为"为人民服务，为社会主义服务，推进社会主义诗教，用诗来美化人的心灵"③。和 20 年代"放情地唱呵"的单纯美好诉求，已经有了极大的转变。

从天真诗人到革命战士，甚至成为烈士，这是时代催化下的个人选择，本是无可厚非的，任何一个"热血青年"都不可能抛弃现实人生，躲进无病呻吟的梦呓中。只是湖畔的辉光就此黯淡了下来，放情的歌声成了遥远的绝响，个

① 汪静之：《回忆湖畔诗社》，《汪静之文集·没有被忘却的欣慰》，第 38 页。

② 《天亮之前》部分内容如下："自从黑夜赶走了太阳，/霸占了一切，/于是都伏于黑夜了——至今沉沉如死地梦着。……旧的太阳挽不回了，/又何必挽回呢？/我们只要欢迎着，/欢迎新的太阳早些光降；/这有莫大的希望呵！……你撒给我们和爱的光，/我们底生命才得复活呵。/但还有许多兄弟呢，/他们底不幸就是我们底不幸呀！……"汪静之曾发表文章《最早歌颂党的一首诗——〈天亮之前〉的写作经过》于 1982 年 9 月 23 日《文学报》，指出"诗中的'黑夜'指'军阀'；'旧的太阳'指孙中山的国民党；'新的太阳'指中国共产党；……'还有许多兄弟'指全世界各国的无产阶级；'他们的不幸就是我们的不幸'，就是说要讲国际主义，不单是中国要革命，还要帮助全世界无产阶级一起进行世界革命。"全文充满了兴奋的激情，文章结尾写道："以诗的艺术论，不过是诗坛上一件废品。诗的废品毁灭了不足惜，但废品里却含着对新诞生的党的满腔热望，一片深情！"《汪静之文集·没有被忘却的欣慰》，第 29、31 页。

③ 汪静之：《恢复湖畔诗社的经过》，《汪静之文集·没有被忘却的欣慰》，第 52 页。

人的低吟成了集体的战歌，怎么说都是一件遗憾的事。

1949 年以后汪静之从写革命诗变成以自我批判为考虑的政治诗，对过去湖畔时期的诗作加以改写、删节，他自觉地、无奈地推翻过去的自己。他的《蕙的风》在冯雪峰的努力下有了重新出版的机会，不料冯雪峰很快被打成右派，……有人将汪静之与周作人同置于"反动文人"之列，《汪静之文集》的编纂者飞白对此有清楚的说明：

> 在此形势下，他对将要重版的《蕙的风》大刀阔斧，删去了全书三分之二的内容，剩下的三分之一也作了全面修改，并在自序中反复做自我批判，称之为"坏诗"，"不成其为诗"，只是些"断砖碎瓦，破骨残齿"。极具讽刺意味的是：在这个本子里，当初遭到过保守派激烈抨击的句子删除殆尽，锋芒棱角都被去掉了；就连很一般的诗句，也被改得更为"乐观"、更为"积极"，以求政治上"正确"。①

飞白特别举了《海滨》一诗的结尾为例，说明汪静之是如何以改变来适应那特殊的环境要求，原诗写的是海浪对沙滩的爱情：

> 海浪呀，
> 你歇歇吧！
> 你已经留给伊了——
> 你底爱的痕迹统统留给伊了。
> 你如此永续地忙着，
> 也不觉得倦么？

胡适曾称赞这首诗"确有稚气，然而可爱呵，稚气的新鲜风味！"② 但为了政治正确，汪静之却将这六行诗改成了两行：

> 海浪不觉得倦，
> 永远是向前滚向前跑。

---

① 飞白：《爱的回旋曲》，《汪静之文集·诗歌卷》，"前言"，第 15 页。
② 胡适：《蕙的风·序》，《汪静之文集·蕙的风》，第 34 页。

正如飞白所说："这样就既简明又正确了，然而爱情主题不见了，标语口号化的迹象掩盖了天然的纯真。"① "五七"② 之后，不懂政治的汪静之，却天真地专心致志写起宏大的政治诗，这一次，时代站在他这一边，他写了许多"合乎时宜"的作品，但远离审美艺术的结果，却是完全失败的，最终他只能悲壮地将投入20多年心血的大批诗稿付之一炬。

"五卅"的时代风雨，革命情绪的高涨，社会迫切的需求，曾经使湖畔诗人放下爱与美，不再歌咏爱情与自然，转而投入血与泪的火热革命，以实际行动写下战斗的诗篇；"五七"的政治斗争，则改变了一个诗人，也葬送了一个诗人。历史再一次赤裸裸地告诉我们：能自由地歌咏爱情是多么难得，放情的歌唱是何等幸福，而个人纯美的追求，有时只能是一种奢望。只有理解了这一点，我们才能正确并宽容地看待当年这四个天真少年，在西子湖畔所走过的凌乱足印，以及远去的稚语笑声，青春身影。

---

① 飞白：《爱的回旋曲》，《汪静之文集·诗歌卷》，"前言"，第16页。
② "五七"指1957年的整风运动。

第六章　爱、自由与美的单纯信仰

——徐志摩—林徽因—闻一多

一、孕育自康桥纯美精神的浪漫诗人

1925 年 8 月，徐志摩出版了第一本诗集《志摩的诗》，诗集中最后一首是《康桥，再会罢！》，在诗中，诗人以无比的深情回眸顾盼了许多难忘的景致后写道："——但我如何能尽数，总之此地/人天妙合，虽微如寸芥残垣，/亦不乏纯美精神：流贯其间，/而此精神，正如宛次宛士（引者按：今多译为华兹华斯）所谓/'通我血液，浃我心脏'，有'镇驯/矫饬之功'"① 显然，康桥的纯美精神对诗人身心性灵的浸润启发是深刻而重大的，所以在这首诗中他如此自剖。而在另一篇散文《吸烟与文化》中，他也同样直接地表示："就我个人说，我的眼是康桥教我睁的，我的求知欲是康桥给我拨动的，我的自我的意识是康桥给我胚胎的。"② 此后，"康桥"在他的心中就不再只是一群学院的代名词，而是美的载体，爱的所在，一个浪漫自由的象征，也是他终生追求的理想生活境界。虽然他曾经以诗文向康桥"道别"，但他至死也没有离开过让他"吹着了一阵奇异的风"，"照着了什么奇异的月色"，从此开始倾向于"分行的抒写"的康桥，就如他自己所言："康桥！汝永为我精神依恋之乡！"（《康桥，再会罢！》），康桥一直是诗人情感上永远的故乡，创作时的灵感之源。

在没有成为诗人之前，徐志摩的志向是想进金融界，做一个"中国的

---

① 《志摩的诗》原由中华书局自费出版，此引自《徐志摩全集》第 1 卷《诗集》，上海：上海书店，1995 年，第 198 页。

② 《吸烟与文化》，《徐志摩全集》卷 4《散文丁集》，第 132 页。

Hamilton"，他说："在 24 岁以前我对于诗的兴味远不如对于相对论或民约论的兴味"，"在 24 岁以前，诗，不论新旧，于我是完全没有相干。"① 即使是成为诗人，徐志摩在追求浪漫主义、自由主义的风格同时，也不曾失去一个人道主义者对时代的强烈感受。在杭州府一中读书时，14 岁的徐志摩就写下《滚绣球》这首气吞山河的词："小丑亡，大汉昌，天生老子来主张。双手扭转南北极，两脚踏破东西洋。白铁有灵剑比光，杀尽胡儿复祖邦。一杯酒，洒大荒。"② 时值辛亥革命风起云涌之际，这首词流露出他忧国忧民的气概。在告别林徽因③、结识陆小曼的 1924 年，在爱情风波里打转的诗人也没忘记写下《毒药》《白旗》《婴儿》等近似控诉的散文诗，其中对人性的批判、光明的向往，让我们看到了向黑暗势力宣战的诗人本色。这一类具有极端强烈时代感的诗作还有很多，如《夜》《盖上几张油纸》《留别日本》《梅雪争春（纪念三一八）》《大帅》《残春》《秋虫》等，几乎贯穿了他一生的创作生涯，杨牧在编校《徐志摩诗选》时对此有感而发："可惜他这许多哲学思考和社会体验的作品，有时竟被环绕在他诗人形象外的传闻和谣言所淡化，使我们无法真正理解他，……数十年来，他这份关怀为论者所忽略，所以这是我们必须强调，以还诗人徐志摩真实面目的重点。"④

诚然，诗人的面目是复杂多样的。处在 20 世纪 20 年代的社会，控诉残暴军阀，抗议政府无能，悲悯人生苦难，为劳动者、贫穷者、被迫害者代言，是时代的主流课题，徐志摩难以避免会有这类的体会和描写。反抗与介入，是诗人与时代共同呼吸的自然姿态。这样的姿态可能不是我们熟悉的，但却是真实的；可能只是局部的，但也是深刻的。我们熟悉且较为全面的是对文学、理想、人性有着"单纯信仰"的新月才子，是浓得化不开、以生命歌唱至死方休的浪漫诗人，也是在如雪花飞扬的爱情世界里痛苦、快乐的多情灵魂。对徐志摩来说，爱是他的宗教，美是他的信仰，真是他的灵魂，自由是他的人格，而

---

① 这几句话出自徐志摩《〈猛虎集〉序》，《徐志摩全集》第 4 卷《散文集（丙·丁）》，第 139 页。Hamilton，通译为汉米尔顿（1757—1804），美国建国初期最重要的政治家之一，在华盛顿总统任期内先后主持财政和军备工作。

② 此词见徐志摩 1911 年的《府中日记》，收于虞坤林编：《徐志摩未刊日记》，北京：北京图书馆出版社，2003 年，第 49 页。

③ 林徽因，本名林徽音，典出《诗经·大雅·思齐》："思齐大任，父王之母。思媚周姜，京室之妇。大姒嗣徽音，则百斯男。"后因当时文坛有一男性作家林徽音，作品风格通俗，唯恐不知者混为一谈，遂于 1935 年起改名为林徽因。本书于行文时统一以林徽因称之，但少数如梁从诫为台湾天下文化公司编选出版的《林徽音文集》，则依其书名。

④ 杨牧编校：《徐志摩诗选·导论》，台北：洪范书店，1987 年，第 8、11 页。

爱情与大自然则是他永恒的追求与皈依。这也难怪他的挚友胡适会如此形容他："他的人生观真是一种'单纯信仰'，这里面只有三个大字：一个是爱，一个是自由，一个是美。他梦想这三个理想的条件能够会合在一个人生里，这是他的'单纯信仰'。他的一生的历史，只是他追求这个单纯信仰的实现的历史。"①

这个以自由、爱与美为核心的单纯信仰，是他融会了自由主义、浪漫主义、唯美主义、个人主义、人道主义等多重思想内涵后的精神产物，其中有着许多作家的身影与面貌：华兹华斯（William Wordsworth，1770—1850）、曼殊斐儿（Katherine Mansfield，1888—1923）、拜伦（G. G. Lord Byron，1788—1824）、雪莱（P. B. Shelley，1792—1822）、济慈（John Keats，1795—1821）、哈代（Thomas Hardy，1840—1928）、邓南遮（丹农雪乌，D'Annunzio，1863—1938）、罗曼·罗兰（Romain Rolland，1866—1944）、波特莱尔（Charles Baudelaire，1821—1867）、泰戈尔（Rabindranath Tagore，1861—1941）等人的精神启发与艺术感染，造就了徐志摩不凡的诗艺与激越的才华，以及他追求生命理想、艺术至上的抒情审美意识。就如他在《读雪莱诗后》里强调的，伟大的诗人对美有极纯挚的爱，"不但是爱，更是以美为一种宗教的信仰"，"美是宇宙之大灵，美是宇宙的精神"，"只有受精神感动的诗人才能默悟到此，领会到此"②。在中国现代诗人中，对爱与美有真正"默悟""领会"的并不多，徐志摩肯定是这少数人中出色的一位。即使他对社会、政治现实并不乏控诉的声音，对人间的不平不公也有着人道主义的关怀，但说到底，那是因为这些丑恶、卑劣、虚伪的现象，与他一贯坚持的爱/美理念有所抵牾的缘故。

尽管徐志摩的思想和艺术看来有些"复杂"，但实际上他是个极"单纯"的人。他在爱情、婚姻上的"复杂"，说穿了也是因为他的"单纯"所致，1922年在给梁启超的信中就已坦言："我将于茫茫人海中访我唯一灵魂之伴侣；得之，我幸；不得，我命。如此而已。"③为了这个单纯的信念，他在情路上坎坷奔波，付出了极大的代价。从文学的角度看，这"灵魂的伴侣"就是

① 胡适：《追悼志摩》，原载《新月》月刊第 4 卷第 1 期"志摩纪念号"，1932 年 8 月。引自秦贤次编：《云游——徐志摩怀念集》，台北：兰亭书店，1986 年，第 4 页。

② 转引自程国君：《艺术至上　生命最美——徐志摩的唯美艺术观和爱情诗创作》，《甘肃教育学院学报（社会科学版）》2000 年第 1 期。

③ 徐志摩：《致梁启超》，《徐志摩全集》第 9 卷《补编·日记书信集》，第 7 页。

艺术（特别是诗歌）的美、真、自由与爱所混融而成的理想境界。他这一生诗艺的追求，就是单纯的以此为鹄的。他生命的重心是感觉与情感，同为新月社成员的陶孟和就曾指出："志摩不是一个哲学家的寻求理智，他是一个艺术家的寻求情感的满足。……他所爱的是人生的美丽。……他自己所寻求的都是阳光，暖和，甜蜜，美丽，一切人生的美。"① 徐志摩人格与作品的理想在此，单纯在此，高贵在此，可爱也在此。

徐志摩曾经以一幅充满象征意味的画来传达他对爱、美、自由的单纯信仰，在《海滩上种花》一文中写道："这里还有一幅画，这是自然的崇拜，你们看这孩子在月光下跪着拜一朵低头的百合花，这时候他的心与月光一般的清洁与花一般的美丽，与夜一般的安静。"他认为这幅画的象征"不仅美，并且有力量；因为它告诉我们单纯的信心是创作的泉源。"② 在美的道路上，徐志摩就像是这月光下跪拜百合花的孩子一般，清洁，美丽，安静。在他的诸多描写爱情、大自然的作品中，我们可以轻易地感受到他发自性灵深处的抒情审美意识，以一种安静，清洁，美丽的姿态，将花栽在艺术的园圃上。

二、唯美的体现，神秘的绝唱

尽管徐志摩诗作中有对人生理想的追求，对祖国与自由的热切关怀，也有对劳苦大众的同情，对社会黑暗现实的愤懑，但他仍有一些纯美的诗，只为了表达对美好爱情的渴望与歌颂，痛苦与感伤，或是对雪月风花、夜莺春梅的赞美与向往，在落叶小唱中，在乡村的音籁下，他写出了只属于个人心灵深处的浪漫情怀，单纯而美好。可以说，通过爱情与自然，他的生命、灵魂、艺术有了唯美的体现，相渗相融为一神秘的绝唱。

在诗人的生活与创作中，爱情始终是核心的信仰与追求。胡适在《追悼志摩》中就说："他的一生真是爱的象征。爱是他的宗教，他的上帝。"③ 在《爱眉小札》中，他更是近乎宣示般地说："恋爱是生命的中心与精华；恋爱的成功是生命的成功，恋爱的失败，是生命的失败，这是不容疑义的。"④ 从爱出

① 陶孟和：《我们所爱的朋友》，《云游——徐志摩怀念集》，第14—15页。
② 徐志摩：《海滩上种花》，《徐志摩全集》第3卷《散文集（甲·乙）》，第138页。
③ 胡适：《追悼志摩》，《云游——徐志摩怀念集》，第3页。
④ 徐志摩：《爱眉小札8月14日》，《徐志摩全集》第9卷《补编·日记·书信集》，第41页。

发，他写了许多爱情诗名作，传诵一时。《我有一个恋爱》就道出了他对完美、理想的"爱"的追求：

> 我有一个恋爱——
> 我爱天上的明星；
> 我爱他们的晶莹：
> 人间没有这异样的神明。
>
> 在冷峭的暮冬的黄昏，
> 在寂寞的灰色的清晨。
> 在海上，在风雨后的山顶——
> 永远有一颗，万颗的明星！
> ………
> 我袒露我的坦白的胸襟，
> 献爱与一天的明星
> 任凭人生是幻是真
> 地球存在或是消泯——
> 大空中永远有不昧的明星！

这"天上的明星"是诗人心中永远的"一个恋爱"，它是晶莹、纯洁、闪烁的，超脱人间世俗，神秘如神明，可望而不可即，是纯粹的爱与美的象征。这明星在不同阶段是不同女性的化身，从曼殊斐儿、林徽因到陆小曼，代表了理想美人的幻象。当1923年闻悉曼殊斐儿的死讯，他立即激动地写了诗和散文表达沉重的哀伤，在诗中，他先以"我昨夜梦登高峰，／见一颗光明泪自天坠落"。象征心中爱的明星陨落，继而回忆两人曾有的短暂会面："我与你虽仅一度相见——／但那二十分不死的时间！／谁能信你那仙姿灵态，竟已朝露似的永别人间？"这二十分钟的短暂会面对诗人的意义是极其重大的："我当年初临生命的消息，／梦也似的骤感恋爱之庄严；／生命的觉悟是爱之成年，／我今又因死而感生与恋之涯沿！"他因此而体悟："爱是实现生命之唯一途径。"在散文《曼殊斐儿》中，他更是投注了深情，细细描绘曼殊斐儿的外貌、眼神、声音之美，那感情的真挚律动，完全是发自肺腑的恋人之语：

> 至于她眉目口鼻之秀之明净，我其实不能传神于万一，仿佛你对着自

然界的杰作，不论是秋月洗净的湖山，霞彩纷披的夕照，南洋里莹澈的星空，或是艺术界的杰作……你只觉得他们整体的美，纯粹的美，完全的美，不能分析的美，可感不可说的美。

………

曼殊斐儿音声之美，又是一个 Miracle 一个个音符从她脆弱的声带里颤动出来，都在我习于尘俗的耳中，启示一种神奇的意境。仿佛蔚蓝的天空中一颗一颗的明星先后涌现。像听音乐似的，虽则明明你一生从不曾听过，但你总觉得好像曾经闻到过的也许在梦里，也许在前生。

至于曼殊斐儿的文学，徐志摩认为就像是"夏夜榆林中的鹃鸟，呕出缕缕的心血来制成无双的情曲"，是"纯粹的文学"。从人到作品，曼殊斐儿就像是他的一个"不死的"恋爱典型，如天上明星般的完美形象。

在爱情的世界里，快乐或痛苦，心碎或回味，呻吟或欢唱，潇洒或惆怅，都是极端个人、主观、自由的，也是真挚、沉重的，徐志摩以《偶然》道出了心灵交会的闪光，令人回味不已的瞬间，从爱情到人生，真的"不必讶异，/更无须欢喜"，"你记得也好，/最好你忘掉"，因为这不过是生命中的一个偶然："我是天空里的一片云，/偶尔投影在你的波心——"，只要记得"在这交会时互放的光亮"即可。在《阔的海》中他也表达了相近的想法："阔的海空的天我不需要，/我也不想放一只巨大的纸鹞/上天去捉弄四面八方的风；/我只要一分钟/我只要一点光/我只要一条缝——"诗人在此运用了反差的艺术构成，强化情感张力，以"我只要"的重复呼唤，"一分钟"、"一点光"、"一条缝"的渺小，突出了诗人对自由、生命、存在的渴望，一种永不放弃的探索与决心。对于爱情，徐志摩似乎一直就是在跋涉、摸索、追求的路上，不曾（也不愿）放弃。

《沙扬娜拉十八首》，是徐志摩于 1924 年随印度诗人泰戈尔访日期间所写的组诗，原收入初版本《志摩的诗》，但再版时却删去了前 17 首，仅存最后一首，但这一首却堪称是这组诗中的"绝唱"：

最是那一低头的温柔，
像一朵水莲花不胜凉风的娇羞，
道一声珍重，道一声珍重
那一声珍重里有蜜甜的忧愁——
沙扬娜拉！

从日本女郎妩媚的笑靥与柔情中，诗人感受到了女性特有的含情脉脉、欲言又止的娇羞情态，也领略了浓郁的异国离情别绪，让人产生许多遐想，这首抒情短诗，既刻画了美丽女性的娴静与纯美，又可视为诗人一生追求爱、自由与美的生动体现。一样的水莲花，一样的纯美爱恋，在《她是睡着了》中浮现的仍是他渴盼的女性艺术形象：

> 她是睡着了——
> 星光下一朵斜欹的白莲
> 她入梦境了——
> 香炉里袅起一缕碧螺烟。
>
> 她是眠熟了——
> 涧泉幽抑了喧响的琴弦；
> 她在梦乡了——
> 粉蝶儿，翠蝶儿，翻飞的欢恋。
> ....
> 可爱的梨涡，
> 解释了处女的梦境的欢喜，
> 象（像）一颗露珠，
> 颤动的，在荷盘中闪耀着晨曦！

这首诗在音韵上错落有致，透过浓丽的描绘，将女性睡着的姿容、诗人绮丽的幻想，自然舒缓地婉转呈现，在抑扬顿挫中涌出回旋往复的蕴藉柔情，其艺术形象和作者的审美感情可以说巧妙地相互融合了。这就是徐志摩的爱情诗动人之处，当他写情时微妙逼真，当他写爱时纯真深挚，当他写起爱情的自由时理直气壮！且看《起造一座墙》的末尾："任凭秋风吹尽满园的黄叶，/任凭白蚁蛀烂千年的画壁；/就使有一天霹雳震翻了宇宙，/也震不翻你我'爱墙'内的自由！"这是对爱情多么坚贞的表白！虽然这可能只是一场虚妄的幻梦，但由此可充分看出徐志摩追求自由、倾心真爱的诗人本色。

《起造一座墙》写于1925年8月下旬，他和陆小曼的苦恋起于1924年，直到1926年10月正式结婚，其间风风雨雨，饱尝爱情的艰苦历程，这首诗显然流露了诗人的执着与决绝的精神，不向封建世俗低头，为求其所爱，付出代价也在所不惜。当爱情遇到传统的束缚与反对时，他坚定地向爱人呼喊："我拉着你的手，/爱，你跟着我走；/听凭荆棘把我们的脚心刺透，/听凭冰雹劈破我们的头，/你跟着我走，/我拉着你的手，/逃出了牢笼，恢复我们的自由！"（《这是一个懦怯的世界》）当沉浸于爱情的甜蜜时，他以快乐的情绪投射于雪花的意象上，发出对爱情激昂的赞叹："假如我是一朵雪花，/翩翩的在半空里潇洒，/我一定认清我的方向——飞扬，飞扬，飞扬，——/这地面上有我的方向。……那时我凭借我的身轻，/盈盈的，沾住了她的衣襟，/贴近她柔波似的心胸——/消溶，消溶，消溶——/溶入了她柔波似的心胸！"（《雪花的快乐》）如雪花的自由，追求绝对的爱，以悸动欢喜的心，写出灵魂因爱而觉醒的冲动，展现了纯美真爱的生命力。当爱情与理想黯淡迷茫之际，诗人以莲蓬暗喻痛苦与沮丧："我来扬子江边买一把莲蓬；/手剥一层层莲衣，/看江鸥在眼前飞，/忍含着一眼悲泪——/我想着你，我想着你，啊小龙！//……我尝一尝莲心，我的心比莲心苦；/我长夜里怔忡，/挣不开的恶梦，/谁知我的苦痛？/你害了我，爱，这日子叫我如何过？"（《我来扬子江边买一把莲蓬》）当所有的爱念只剩悲怆苦涩的心情，且步步沉重，逐渐坠入无尽的悲哀中时，诗人写下《我不知道风是在哪一个方向吹》，忧伤悲泣地诉说："……我不知道风/是在哪一个方向吹——/我是在梦中，/她的负心，我的伤悲。//我不知道风/是在哪一个方向吹/我是在梦中，/在梦的悲哀里心碎！/我不知道风/是在哪一个方向吹——/我是在梦中，/黯淡是梦里的光辉。"和陆小曼之间缠绵纠葛的曲折情爱，就在这一首首如梦似幻、苦甜参半的诗篇中，化为生命吟唱的咏叹调，交互激荡成波澜起伏的情感浪潮。

诗人朱湘对徐志摩的爱情诗赞誉有加，在对《志摩的诗》的评价中有一段中肯且不失生动的描述："情诗正是徐君的本色当行。走过了哲理诗的枯寂的此巷不通行的荒径，走过了散文诗的逼仄的一条路程很短的小巷，走过了土白诗的陌生的由大街岔进去的胡同，到了最后，走上了情诗的大街，街上有挂满了美丽幻妙的小灯笼的灯笼铺，有雕金门面浅蓝招牌的茶叶店，有喷出晚香玉的芬芳的花厂，并且从堆满了红边的黑漆桶的酸梅汤店里飘出一片清脆的敲铜片的声音。"① 这是诗人对诗人的见道之语，描述得有如画般的声色并茂。除了上述代表性的情诗外，徐志摩脍炙人口的情诗还有不少，如《落叶小唱》《翡冷翠的一夜》《我等候你》《你去》《客中》《别拧我，疼》等，正是这些纯粹、美好、浪漫的作品，徐志摩才会在文坛上烙印下鲜明而永恒的"情圣"

---

① 朱湘：《评徐君志摩的诗》，《中书集》，上海：生活书店，1937年，第320页。

形象。

　　徐志摩的抒情审美意识除了表现在爱情诗外，抛却现实、寄情山水、咏物写景的诗作，也透露着诗人对自然生命的感悟，他浪漫的性灵，在如流云般自如的文字酝酿下，总能找到一条清晰的感情线索，也总能扣动着人们的心弦。他善于透过对自然物象的感知，把客观世界里的形象与自己浓烈的情感统一起来，渲染出一幅幅生动的画面，来宣露内在微妙的心情。不论是出自逃避现实的动机，还是本性对自然景物的亲近迷恋，他写下了许多纯美氛围的诗作，让人陶醉。在《爱的灵感——奉适之》一诗中，他直陈："自然/是我的享受；我爱秋林，/我爱晚风的吹动，我爱/枯苇在晚凉中的颤动，/半残的红叶飘摇到地，/鸦影侵入斜日的光圈；/更可爱是远寺的钟声/交挽村舍的炊烟共做/静穆的黄昏！"眷恋自然，凝视大自然的优美和谐，成为诗人至高的幸福。且看《山中》静谧的意境：

> 庭院是一片静，
> 听市谣围抱；
> 织成一地松影——
> 看当头月好！
>
> 不知今夜山中
> 是何等光景；
> 想也有月，有松，
> 有更深的静。
>
> 我想攀附月色，
> 化一阵清风，
> 吹醒群松春醉，
> 去山中浮动；
>
> 吹下一针新碧，
> 掉在你窗前；
> 轻柔如同叹息——
> 不惊你安眠！

诗人把他对美的瞬间感悟转化为动人的诗篇，有美好的生命律动，也有真实个性的体现，在对月夜的静观默想中，诗人捕捉了一种难以言说的惆怅和渴念，我们不难发现，诗人是深爱幽美安静的意境的，有月，有松，有一份静，因此而有了一份浪漫的遐想。还有《乡村里的音籁》，简直是一幅幅乡村图景的画片，巧妙地排列在一起，构成艺术的审美境界：

> 小舟在垂柳荫间缓泛——
> 一阵阵初秋的凉风，
> 吹生了水面的漪绒，
> 吹来两岸乡村里的音籁。
>
> 我独自凭着船窗闲憩，
> 静看着一河的波幻
> 静听着远近的音籁——
> 又一度与童年的情景默契；
>
> 这是清脆的稚儿的呼唤，
> 田场上工作纷纭，
> 竹篱边犬吠鸡鸣：
> 但这无端的悲感与凄婉！
>
> 白云在蓝天里飞行：
> 我欲把恼人的年岁，
> 我欲把恼人的情爱，
> 托付与无涯的空灵——消泯；
>
> 回复我纯朴的，美丽的童心：
> 像山谷里的冷泉一勺，
> 像晓风里的白头乳鹊，
> 像池畔的草花，自然的鲜明。

这首诗写出了作者如何从大自然中体悟到如童年、如音籁的美，可以说，大自然就是他爱、自由与美的理想显现，正如他在《翡冷翠山居闲话》所说的：

"只有你单身奔赴大自然的怀抱时，像一个裸体的小孩扑入他母亲的怀抱时，你才知道灵魂的愉快是怎样的，单是活着的快乐是怎样的，单就呼吸单就走道单就张眼看耸耳听的幸福是怎样的。"① 对大自然的崇拜与赞美，正是他对诗化生活的向往与追求。即使是渺小的一草一木，也能得到诗人有情的注视与纯美的体味，《渺小》《朝雾里的小草花》就是这一类移情入景、低回咏唱，并使人感到深沉意蕴的小诗。"我仰望群山的苍老，/他们不说一句话。阳光描出我的渺小，/小草在我的脚下。//我一人停步在路隅，/倾听空谷的松籁；/青天里有白云盘踞——转眼间忽又不在。"这首《渺小》像极了古典诗的绝句，精致而有意境，情景交融中有种对生命的彻悟。《朝雾里的小草花》则是对路边的野花发出心灵的感喟："这岂是偶然，小玲珑的野花！/你轻含着鲜露颗颗，怦动的，/象（像）是慕光明的花蛾，/在黑暗里想念着焰彩，晴霞，//我此时在这蔓草丛中过路，/无端的内感，惆怅与惊讶，/在这迷雾里，在这岩壁下，/思忖着，泪怦怦的，人生与鲜露？"诗人在此以满含着激情的心灵火光把自然界的景物照亮，细腻地将主体性灵与客观世界遇合，从而呈现出带有审美艺术的意境，或许，这就如现代著名美学家朱光潜所说："美不完全在外物，也不完全在人心，它是心物婚媾后所产生的婴儿。"② 在主体与客体的追逐逼近中，美成为一种境界，闪现出它刹那的光华。

诗人的灵魂是好动的，《自剖》是最好的说明："我是个好动的人；每回我身体行动的时候，我的思想也仿佛就跟着跳荡。我做的诗，不论它们是怎样的'无聊'，有不少是在行旅期中想起的。我爱动，爱看动的事物，爱活泼的人，爱水，爱空中的飞鸟，爱车窗外掣过的田野山水。……是动，不论是什么性质，就是我的兴趣，我的灵感。"③ 因为爱动，所以"想飞"，想"云游"，许多在行旅中写下的诗篇，可以看出他爱自由、爱美的天性，通过视觉审美发生的过程，诗人的纯美意识也悄悄渗入，从而塑造出独特的意境，产生一种神奇的魅力。如名作《再别康桥》，就是一幅流动的画面，由近而远，先写河畔的风光，散发出金色光辉的柳树，倒映"在康河的柔波里"，让诗人甘心做河中的"一条水草"。接着，把视线引向更远的康河上游，看"榆荫下的一潭"，

① 徐志摩：《翡冷翠山居闲话》，原刊 1925 年 7 月 4 日《现代评论》第 2 卷第 30 期，后收入散文集《巴黎的鳞爪》。引自《徐志摩全集》第 4 卷《散文集（丙·丁）》，第 127 页。

② 朱光潜：《情人眼底出西施——美与自然》，《谈美》，收入《朱光潜全集》第 2 卷，合肥：安徽教育出版社，1987 年，第 44 页。

③ 徐志摩：《自剖》，《徐志摩全集》第 3 卷《散文集（甲·乙）》，第 256 页。

和天上的彩虹交融辉映，构成梦一般的图景，令人遐想。当夜悄悄来临，诗人终于在"星辉斑斓"里向康桥告别。全诗色彩明丽，节奏轻柔，有诗人依依不舍的情感，也有康桥层次繁多的美景，两者彼此交织，波澜起伏，营造出梦幻般怅惘的氛围。从康桥、翡冷翠、威尼斯到地中海、西伯利亚，从泰山到常州天宁寺，从破庙到扬子江边，从火车、飞机到轮船，诗人奔波游历，如一片流浪的云，陆续写下了《康桥西野暮色》《威尼市》《地中海》《泰山日出》《月下雷峰影片》《沪杭车中》《留别日本》《西伯利亚道中忆西湖秋雪庵芦色作歌》等风景诗作，铺陈出一片自由而纯美的情感领域，让诗中的盎然诗意与人生感受供人咀嚼回味，清新隽永，如梦般悠远，如画般绚丽。

三、诗化的散文，云游的旅人

作为出色的诗人，徐志摩散文家的形象同样突出而鲜明。他曾自言："除了天赋的限度是事实无可勉强，我敢说我确是有愿心想把文章当文章写的一个人。"[1] 他的天赋和才气毕竟是出众的，或者说，他天生的性格与才华在散文方面一样发挥得淋漓尽致，和新诗相比，甚至有人更喜欢他的散文，如好友梁实秋就指出："我一向爱志摩的散文。我和叶公超一样，以为志摩的散文在他的诗以上。志摩的可爱处，在他的散文里表现最清楚最活动。……我觉得在他所努力过的各种文学体裁里，他最高的成就是在他的散文方面。"[2] 他的散文，同样在爱情与自然的吟咏中，如诗般洋溢着自我的个性与才气。仿佛是四方云游的旅人，许多充满美与自由的山水景物，在他抒情审美意识的触发下，在他从性灵深处的窥视下，成了一篇篇优美多情的作品，包括《印度洋上的秋思》《北戴河海滨的幻想》《泰山日出》《翡冷翠山居闲话》《巴黎的鳞爪》《我所知道的康桥》《天目山中笔记》等，既无社会启蒙的宣示，也无政治救亡的教条，只有大自然呼吸的纯粹感受，只有与生命灵性相接的美的感悟，只有活泼灵动的歌声欢语，让人沉醉，让人激动，就如梁实秋所言："无论谁，只要一读志摩的文章，就不知不觉的非站在他的朋友的地位上不可……他写起文章来真是痛快淋漓，使得读者开不得口，只有点头只有微笑只有倾服的份！……读

---

[1] 徐志摩：《〈轮盘〉序》，原刊《轮盘》，中华书局，1930年。引自《徐志摩全集》第4卷《散文集（丙·丁）》，第151页。

[2] 梁实秋：《读志摩的散文》，载《新月》月刊第4卷第1期特大号"志摩纪念"专辑。

志摩的文章的人，非成为他的朋友不可。他的散文有这样的魔力！"①

徐志摩的散文是一种诗化散文类型，他不仅喜欢在散文中穿插引用诗句，更重要的是他热衷于以强烈的情感、活泼流丽的文字去渲染浓郁的诗的氛围，给人抒情的美的享受。代表作《我所知道的康桥》，透过对康河自然美景的描绘，仿佛一曲心灵的绝唱，引领读者进入超凡脱俗的意境里去，里头有水声、钟声、倦牛刍草声，有朝阳、星光、树影、炊烟、小舟和划船的女郎，从早春到深秋，从河上到两岸，他细细勾勒出康河的性灵与奥秘，以诗人独特的感受，自由驰骋，因而显得摇曳多姿，异彩纷呈。有诗的灵性，有散文的自由，交织而成的是一幅幅令人迷醉的画景，如对炊烟的描写："朝雾渐渐的升起，揭开了这灰苍苍的天幕，（最好是微霭后的光景）远近的炊烟，成丝的，成缕的，成卷的，轻快的，迟重的，浓灰的，淡青的，惨白的，在静定的朝气里渐渐的上腾，渐渐的不见，仿佛是朝来人们的祈祷，参差的羼入了天听。"写得有形有色，具有动态的音乐的节奏感，将炊烟袅袅上升又渐渐淡化的形态描摹得栩栩如生。至于结尾对夕阳的描写甚至带有神秘色彩："那是临着一大片望不到头的草原，满开着艳红的罂粟，在青草里亭亭的像是万盏的金灯，阳光从褐色云里斜着过来，幻成一种异样的紫色，透明似的不可逼视……"大自然的奇景被诗化、神化，造成近乎膜拜的空灵氛围，一如作者灵魂的战栗，康桥的灵性已然升华到哲学的高度了。

《天目山中笔记》是徐志摩文采飘逸、神思飞扬的又一佳构，其中描写空山中的钟声，也是极致纯美的意象："多奇异的力量！多奥妙的启示！包容一切冲突性的现象，扩大刹那间的视域，这单纯的音响，于我是一种智灵的洗净。花开，花落，天外的流星与田畦间的飞萤，上绾云天的青松，下临绝海的巉岩，男女的爱，珠宝的光，火山的溶液：一婴儿在它的摇篮中安眠。"在静寂虚空中传来的钟声，使诗人沉睡的心灵被惊醒，也使他想象的生命之河开始激扬，潇洒的诗意与生动的叙述融为一体，给人灵性的启迪与灵魂的飞升。徐志摩一生崇尚的自由、个性，透过豪放不羁、曲尽幽思的写景述怀，一如置身于"纯粹""清唳""透彻"的仙境天籁，将这篇自成一格的散文推向新奇独特的美学境界。这种向往自由、追求纯美的信仰，在《想飞》中是这样说的："人类最大的使命，是制造翅膀；最大的成功是飞！理想的极度，想象的止境，从人到神！诗是翅膀上出世的；哲理是在空中盘旋的。飞：超脱一切，笼盖一

---

① 梁实秋：《读志摩的散文》，载《新月》月刊第 4 卷第 1 期特大号"志摩纪念"专辑。

切，扫荡一切，吞吐一切。"对"飞"形象崇拜的本身其实就寓藏着诗意的选择，没有诗美的根因，没有对生活与理想的自由信念，就不会有这一番开阔纯粹的境界。

他的散文就是诗，也是他率直、天真情性的表露，受到浪漫主义思想的洗礼，他一向视情感为创作的方针，总是在文中奔涌着充沛的情感。也因为大自然能让人体验纯粹美感的神奇，因此他的诗和散文才会有许多歌咏自然之作，就像《翡冷翠山居闲话》中所强调的："自然是最伟大的一本书"，"在他每一页的字句里我们读得最深奥的消息。"当一个人漫游的时候，"体魄与性灵，与自然同在一个脉搏里跳动，同在一个音波里起伏，同在一个神奇的宇宙里自得。"于是，美的感受，美的氛围将会勾魂摄魄般迎面而来：

> 你的胸襟自然会跟着漫长的山径开拓，你的心地会看着澄蓝的天空静定，你的思想和着山壑间的水声，山罅里的泉响，有时一澄到底的清澈，有时激起成章的波动，流，流，流入凉爽的橄榄林中，流入妩媚的阿诺河去……①

寥寥数笔，无穷的春意破纸而出，大自然悠悠不尽的美的情趣，也就随着水声泉响流入读者的心中了。

徐志摩对审美的追求是带有强烈的个性主义色彩的，尽管他有时会把美和救国淑世联系在一起，把爱作为拯救人类的福音来加以讴歌，但更多时候，他是把爱与美视为艺术审美的极境，必须呕心沥血去构筑，用生命用灵魂去寻找的，就如他在1931年出版的《猛虎集》序言中所说："我只要你们记得有一种天教歌唱的鸟不到呕血不住口，它的歌里有它独自知道的别一个世界的愉快，也有它独自知道的悲哀与伤痛的鲜明；诗人也是一种痴鸟，他把他的柔软的心窝紧底着蔷薇的花刺，口里不住的（地）唱着星月的光辉与人类的希望非到他的心血滴出来把白花染成大红他不住口。他的痛苦与快乐是浑成的一片。"这段艺术至上的慷慨陈词，和八年前的一个夜晚，他对心中的女神曼殊斐儿的赞美如出一辙："她像夏夜榆林中的鹃鸟，呕出缕缕的心血来制成无双的情曲，便唱到血枯音嘶，也还不忘她的责任，是牺牲自己有限的精力，替自然界多增几分的美，给苦闷的人间，几分艺术化精神的安慰。"对美与爱的真诚膜拜，

---

① 徐志摩：《翡冷翠山居闲话》，《徐志摩全集》卷4《散文集（丙·丁）》，第128—129页。

使他即使面对生命的虚幻与冲突，也不会流于唯美、感官的享乐。①

　　作为"天生就是一个感情性的人"②，徐志摩的浪漫气质接近于英国诗人雪莱，他曾自称"我最爱中国的李太白，外国的Shelley"③，有许多研究者都指出徐志摩与雪莱作品间的亲缘关系，甚至认为徐志摩的开始写诗，是受到雪莱的影响④，徐志摩发表于《新月》月刊第2卷第12号上的一首诗《黄鹂》，就被认为是雪莱《致云雀》的中文简缩版⑤：

> 　　一掠颜色飞上了树。
>
> 　　"看，一只黄鹂！"有人说。
>
> 　　翘着尾尖，它不作声，

---

　　①　尽管有些论者对徐志摩少数恋爱诗的肉欲倾向有所批评，如胡炳光便认为收在《翡冷翠的一夜》中的《两地相思》一诗，其中有"给你这一团火，她的香唇，/还有她更热的腰身！"，"他来时要抱，我就让他抱"等句子，过于香艳，破坏诗的深度。参见胡炳光：《徐志摩——一个资产阶级自由主义诗人》，《天津师大学报》1985年第1期；又如金尚浩也认为收在《云游》中的《别拧我，疼》，根本是"把肉麻当有趣""显得庸俗无聊"。参见金尚浩：《中国早期三大新诗人研究》，台北：文史哲出版社，2000年，第226、227页。但这些带有肉欲倾向的诗毕竟不多，何况是否庸俗、肉麻也见仁见智。

　　②　徐志摩：《落叶》，《徐志摩全集》第3卷《散文集（甲·乙）》，第100页。

　　③　徐志摩：《诗人与诗》，原载1923年6月《新民意报》副刊《朝霞》第6期，引自《徐志摩全集》第8卷《补编·散文集》，第461页。

　　④　许多论者都说徐志摩就是中国的雪莱，他们两人间联系的密切，可参看朱徽：《"五四"时期中国新诗接受的英美影响》，《中西比较诗艺》，成都：四川大学出版社，1996年，第358页；江弱水：《一种天教唱歌的鸟：徐志摩片论》，《中西同步与位移——现代诗人丛论》，合肥：安徽教育出版社，2003年，第21—27页。江弱水指出，徐志摩在《猛虎集·序》中所言："整十年前我吹着了一阵奇异的风，也许照着了什么奇异的月色，从此起我的思想就倾向于分行的抒写。"他认为这"一阵奇异的风"，"正是从雪莱那里吹过来的"；徐志摩的学生、诗人卞之琳也指出，徐志摩的诗思与诗艺，几乎没有越出19世纪英国浪漫派雷池一步，而其中最能引起他共鸣的就是雪莱，卞之琳还生动地回忆1931年在北京大学的英诗课上："他给我们在课堂上讲英国浪漫派诗，眼睛朝着窗外，或者对着天花板，实际是自己在作诗，天马行空，天花乱坠，大概雪莱就是化在这一片空气里了。"见卞之琳：《徐志摩诗重读志感》，《人与诗：忆旧说新》，上海：三联书店，1984年，第20页。

　　⑤　依照江弱水的分析，他认为："细细对照两个文本，只见《黄鹂》处处打上了《致云雀》的印记：一'掠'而起（spring），'展翅'高飞（wing），'化一朵彩云'，'像是……火焰'（like a cloud of fire），'飞了，不见了，没了'（thou art unseen），等等。"见江弱水：《中西同步与位移——现代诗人丛论》，第23页。另外，在散文《想飞》里，徐志摩也引过《致云雀》里的这句诗："Thou art unseen, but yet I hear the shrill delight."大意是"你无影无踪，但我仍听见你的尖声欢叫"。

艳异照亮了浓密——
像是春光，火焰，像是热情。

等候它唱，我们静着望，怕惊了它；但它一展翅，
冲破浓密，化一朵彩云；
它飞了，不见了，没了——
像是春光，火焰，像是热情。

和早夭的天才雪莱一样，"想飞"的徐志摩最终以戏剧化的方式在空中"化一朵彩云"，像春天的火焰一般"不见了"。徐志摩曾经被称为"中国的拜伦"，他对拜伦很崇拜，当拜伦 36 岁死于希腊的战场时，徐志摩怀着哀恸的心写下《拜伦》一文，激动地说："太阳也有他淹没的时候，但是谁能忘记他临照时的光焰？"这"临照时的光焰"，看来也适合徐志摩自己。就如梁实秋的悼念文章中所言："志摩的死也可以说是拜伦式的。"梁实秋还说："济慈死得更年轻，他给自己撰写的墓铭是：'这里睡着一个人，他的名字是写在水上了。'志摩的名字可以说是写在一团火焰里了。"① 对于济慈的死，徐志摩也在《济慈的夜莺歌》中多所着墨："他愿意解脱了不完全暂时的生为要化入这完全的永久的生。他如何去法，凭酒的力量可以去，凭诗的无形的翅膀亦可以飞出尘寰，或是听着夜莺不断的唱声也可以完全忘却这现世界的种种烦恼。他去了，他化入了温柔的黑夜，化入了神灵的歌声——他就是夜莺；夜莺就是他。"如预言的挽歌，徐志摩在结尾写道："音乐完了，梦醒了，血呕尽了，夜莺死了！但他的余韵却袅袅的永远在宇宙间回响着……"这岂是"偶然"？意外的空难，轰天的巨响，结束了年仅 35 岁的诗人生命。徐志摩最终以最彻底的方式完成终生追求的浪漫理想，也像他生前所热烈崇拜的浪漫派诗人雪莱、拜伦、济慈等一样，"用对生命的隆重告别写下最后一首让后人回味无穷的诗篇"。②

从此，他抒情的诗篇，潇洒的身影，浪漫的形象，深烙在许多挚友、无数读者的脑海里，就如在星辉斑斓里放歌的夜莺，以及散放着爱与美的光芒的一弯新月般，他以纯美、自由、浪漫、多情的个性与文采，将自己写成"五四"一代最出色的新诗坛祭酒。

---

① 梁实秋：《徐志摩与"新月"——诗人徐志摩逝世 40 周年》，《云游——徐志摩怀念集》，第 188 页。

② 见宋炳辉：《夜莺与新月——徐志摩传》，台北：业强出版社，1993 年，第 3 页。

四、一个纯美主义者的激情：林徽因[①]

毫无疑问地，在徐志摩生前，林徽因是他内心深处始终思念牵挂的人，而在徐志摩死后，林徽因则是对徐志摩始终思念牵挂的人。作家陈之藩甚至说："徐志摩根本只爱林徽因，根本因失恋而补上陆小曼，陆小曼发现此情后，自然也不会爱他，悲剧铸成矣。"[②] 即使抛开情爱的纠葛，单以文学而论，林徽因的创作才华也可以说是在徐志摩的鼓励下迸发的，梁从诫就说过："母亲写作新诗，开始时在一定程度上受到过徐志摩的影响和启蒙。"[③] 她是在 1931 年春天开始发表诗作，当时她从沈阳回到北平养病，住进香山的双清别墅，徐志摩经常去探望她，并且向她为自己创办的《诗刊》邀稿，于是她在 1931 年 4 月《诗刊》第 2 期发表了三首爱情诗《谁爱这不息的变幻》《那一晚》《仍然》，接着在第 3 期又发表《笑》《情愿》《深夜里听到乐声》《一首桃花》等诗，从此一步步成为邵燕祥所说的："三十年代的极富个性的、艺术上渐臻于炉火纯青的女诗人。"[④]

很长一段时间，林徽因的诗人形象是模糊的，除了诗作未结集出版外，太多非诗的干扰遮蔽了她的诗人形象，例如她的身世与外貌，她与徐志摩、梁思成、金岳霖的情感关系，还有她的建筑成就等等。但她确实是一个极具个人特点的现代女性诗人，拥有内敛的灵性，深沉的文化底蕴，以及浪漫艺术气息浓厚的美感悟性，在美术、建筑、文学、戏剧等多重艺术修养的交融化育下，她成为现代文学史上一个审美风格丰富且独特的个性存在。

1931 年和 1936 年是她诗歌创作的两个高峰期，也是她纯美诗风较集中展现的两个时期。1931 年有《那一晚》《笑》《情愿》《仍然》《山中一个夏夜》，1932 年有《别丢掉》等。1936 年则有《山中》《八月的忧愁》《一串疯

---

① 这个标题出自张淑萍于 2005 年 6 月由 21 世纪出版社出版的《一个纯美主义者的激情——林徽因画传》，作者以纯美主义者来形容林徽因，应该说正掌握了林徽因的性格倾向与文学作品的主要特色。

② 引自蔡登山：《人间四月天——名人的爱情故事》台北：翰音文化公司，2000 年，第 17 页。

③ 梁从诫：《倏忽人间四月天——回忆我的母亲林徽因》，《林徽音文集》，台北：天下文化公司，2000 年，第 10 页。

④ 邵燕祥：《林徽因的诗》，《中国现代作家选集·林徽因》，陈钟英、陈宇编，香港：三联书店，1990 年，第 300 页。

话》等。抗战爆发成为她诗风转变的分界点，此后她的作品即少有前期这类青春多感的抒情气息，而有较多的时代氛围与对民族命运前途思索的反映。即使如此，她也从不追求"宏大叙事""宏伟话语"，在《哭三弟恒》中她说："我没有适合时代的语言"；在 1936 年 1 月 29 日写给美国友人费慰梅（Wilma Fairbank，1909 – 2002）的信中，她说："我想到普罗文学是毫无道理的。优秀的文学就是优秀的文学，无论作者的意识形态如何。"① 在《文艺丛刊小说选题记》中她更直言反对一味迎合时代主流去写"农人与劳力者"，认为这是"盲从趋时的现象"，显示出"缺乏创造力量"，"为良心的动机而写作，那作品的艺术成分便会发生疑问"。于是，为《大公报·文艺副刊》编辑小说选集时，她坚持"创造力""艺术性""个性""不拘泥于任何一个角度"②，这些看法充分显现出她不随时代潮流起舞的个性，以及对自我抒情、审美情趣的高度追求。对此，她的儿子梁从诫说得很透彻："也许正因为她不是出自对某种政治伦理的概念化的追求，反而使她所表达的爱和憎显得格外真诚而自然。"③当然，作为一个具有良知、坚守自由主义信仰的知识分子，她对民族国家的关怀，对战局的忧虑，对社会现实的了解，使她不免也会写些诸如《年关》《"九·一八"闲走》④《除夕看花》《病中杂诗九首》《哭三弟恒》等对尖锐现实有深沉写照的诗作，但她毕竟不是丁玲，并没有随革命大潮起伏，而是用自己的感情与思考，以作品为时代留下清晰而真实的侧影罢了。

　　和散文、小说、剧本中较浓厚的社会现实色彩相比，林徽因的诗作就如梁从诫所指出的："更多地却是以个人情绪的起伏和波澜为主题的，探索着生活和爱的哲理；是一种恬静生活中内向的精神发掘，……题材也显得比较狭窄。"但她的诗却能受到许多读者赞赏，"主要是因为诗中所流露的情感的真挚、细密和纯净，以及在表现形式上和手法上的清新和完美"⑤。她有女性写作的细腻婉约，也有唯美倾向的个人化文风，这使她自然地成为纯美诗风的建构者。她的个人化、贵族化的性格倾向，使她偏好抒发个人的情绪，而与救亡图存的时代氛围保持距离，游离于革命潮流之外。学者黄艳琴指出："林徽因既有秀

---

① 见林徽因致费正清、费慰梅信，收于梁从诫编选：《林徽音文集》，第 287 页。
② 以上这些说法，见其为《大公报·文艺副刊》编选小说选集的序言《文艺丛刊小说选题记》，曾发表于 1936 年 3 月 1 日《大公报·文艺》第 102 期星期特刊。引自梁从诫编选：《林徽音文集》，第 41 页。
③ 梁从诫编选：《林徽音文集》，第 363 页。
④ "九·一八"，应为"九一八"。
⑤ 梁从诫编选：《林徽音文集》，第 364 页。

雅、温藉的古典气质，也有清峻孤高的贵族气质；既有热情奔放的浪漫派气息，又有忧郁神秘的现代帕特质；既有女性的细腻敏锐，又有学者式的睿智通达。"① 这种独特的人格魅力形成了她典雅、秀丽、浪漫、纯美的诗风。

写于 1931 年香山时期的作品《笑》，就是典型的纯美风格：

> 笑的是她的眼睛，口唇，
> 和唇边浑圆的漩涡。
> 艳丽如同露珠，
> 朵朵的笑向
> 贝齿的闪光里躲。
> 那是笑——神的笑，美的笑；
> 水的映影，风的轻歌。
>
> 笑的是她惺忪的鬓发，
> 散乱的挨着她耳朵。
> 轻软如同花影，
> 痒痒的甜蜜
> 涌进了你的心窝。
> 那是笑——诗的笑，画的笑：
> 云的留痕，浪的柔波。

全诗以细腻的情绪描绘女子纯净迷人的笑容，大量运用了漩涡、贝、水影、风歌、花影、云痕、浪波等具象，配以自然的韵律，生动入微地写出了一个甜美灿烂、如诗如画的笑，在严谨对称中有着令人无限向往的美的遐想。同样弥散着浪漫派诗歌气息的还有《那一晚》，这首被论者认为是叙述 1921 年 10 月与徐志摩在康桥分手的情诗，虽然是分手，却仍有对往日恋情的召唤与忆念，看似轻柔，实则蕴含着真挚的热情："那一晚我的船推出了河心，/澄蓝的天上托着密密的星。/那一晚你的手牵着我的手，/迷惘的星夜封锁起重愁。"在浪漫的星空下，两人黯然离别："那一晚你和我分定了方向，/两人各认取个生活的模样。"从此，再也没能忘却那一晚、那一人："到如今我还记着那一晚的

---

① 黄艳琴：《林徽因散文艺术魅力探寻》，《邵阳学院学报（社会科学）》2002 年第 4 期。

天，/星光、眼泪、白茫茫的江边！"诗的结尾，林徽因满含深情地写道：

> 那一天我希望要走到了顶层，
> 蜜一般酿出那记忆的滋润。
> 那一天我要跨上带羽翼的箭，
> 望着你花园里射一个满弦。
> 那一天你要听到鸟般的歌唱，
> 那便是我静候着你的赞赏。
> 那一天你要看到凌乱的花影，
> 那便是我私闯入当年的边境！

从那一晚的无奈分手，到那一天的缠绵思念，林徽因倾泻而出的是强烈的浓情爱意，即使用的是克制的语句，含蓄的修辞，一如徐志摩的"再别康桥"，但康桥从来也没有离开过，林徽因向"那一晚"的告别与追念，其实是对"私闯入当年的边境"的渴望与表白。

《情愿》是林徽因这段时期另一首动人的情诗，写的仍是对过往感情的悼念，以落叶、落花、流云的漂荡凋零，暗喻一段感情的消逝与无奈，虽然没有直接证据说明此诗中的"你"是指徐志摩，但很难不让人有此联想。诗中先以伤感的语调自诉："我情愿化成一片落叶，/让风吹雨打到处飘零；/或流云一朵，在澄蓝天，/和大地再没有些牵连。"再以怅惘的语气向心爱的人道别："忘掉曾有这世界；有你；/哀悼谁又曾有过爱恋；/落花似的落尽，忘了去/这些个泪点里的情绪。"欲语还休中吐露的是几分隐晦，几分幽怨。如果她能预知徐志摩半年后的不幸，是否还会希望"你也要忘掉了我/曾经在这世界里活过"？

也许是香山的美景触发，也许是徐志摩诗情的激荡，林徽因对纯美的膜拜与向往在这段时期特别鲜明，她写了《激昂》一诗忘情地自剖，"我要借这一时的豪放/和从容，灵魂清醒的/在喝一泉甘甜的鲜露，/来挥动思想的利剑"，这剑将要斩去时间与人事的纠葛，以便"剖取一个无瑕的透明，/看一次你，纯美，/你的裸露的庄严。"然后，"书写我的惊讶与欢欣，/献出我最热的一滴眼泪，/我的信仰，至诚，和爱的力量，/永远膜拜，/膜拜在你美的面前！"这是诗人对爱、自由与美的庄严宣示，大胆而直接，是其纯美意识的信仰写真。于是，我们看到了她当时与日后的诗歌中无处不在的情与美，或浪漫热烈，或宁静古典，深深地扣动人们的心弦。例如《一首桃花》（1931）中对桃花美姿的感触:"看,/那一颤动在微风里/她又留下,淡淡的,/在三月的薄唇边,/一瞥,/一瞥多情的痕迹!"或是《你是人间的四月天》(1934)中对爱的赞颂:"你是一树一树的花开,是燕/在梁间呢喃,——你是爱,是暖,/是希望,你是人间的四月天!"又如《深笑》(1936)中那美好灿烂的笑靥:"是谁笑得那样甜,那样深,/那样圆转?一串一串明珠/大小闪着光亮,迸出天真!/清泉底浮动,泛流到水面上,/灿烂,/分散!"即使是记忆,她想到的也还是美的片段:"断续的曲子,最美或最温柔的/夜,带着一天的星。/记忆的梗上,谁不有/两三朵娉婷,披着情绪的花/无名的展开/野荷的香馥,/每一瓣静处的月明。"(《记忆》,1936)至于发表于1948年的《一串疯话》,则是林徽因少见的浓烈情诗,写得缠绵悱恻、如痴如狂:"好比这树丁香,几枝山红杏,/相信我的心里留着有一串话,/绕着许多叶子,青青的沉静,/风露日夜,只盼五月来开开花!//如果你是五月,八百里为我吹开/蓝空上霞彩,那样子来了春天,/忘掉腼腆,我定要转过脸来,/把一串疯话全说在你的面前!"这首充满浪漫主义精神的作品,邵燕祥曾大加推崇,认为其"不可抑制的感情的回环跌宕,通过语言、意象的错落有致的颠倒安排,绝好地表现出那样地纯真,那样地炽热","在艺术上与徐志摩、闻一多、冯至、卞之琳写得最好的格律诗相比并,也是没有愧色的"[①]。看来,从20世纪30年代到40年代,不论是战争风云的变幻,肢体病痛的折磨,还是生活条件的艰辛,她都不曾失去对美与爱的一点坚持与信念。

浪漫主义的主题之一是歌颂自然,所有的浪漫主义作家都有崇尚自然、恋慕自然的倾向。徐志摩如此,林徽因也如此。她的作品不乏描绘旖旎风光,抒发对自然景物的向往与礼赞,就是源自于她的诗学思考,她的诗作也因此而有较多的纯美色彩。例如《雨后天》(1932):"我爱这雨后天,/这平原的青草一片!/我的心没底止的跟着风吹,/风吹:/吹远了草香,落叶,/吹远了一缕烟,象(像)烟——象(像)烟。"林徽因写出心灵瞬间的闪念,虽是短小的诗篇,但借着辽阔的草原、吹拂的风烟,描述了雨后心境的无限远宕、释放,显露的是浓郁的诗情氛围,展示的是一幅静美、清新的自然图景。又如《山中一个夏夜》(1931),也是出色的景致素描:"山中有一个夏夜,深得/

① 邵燕祥:《林徽因的诗》,《中国现代作家选集·林徽因》,陈钟英、陈宇编,第298、299页。文中邵燕祥进一步指出,这首诗从风格上看,应该是写于30年代,他说:"在《经世日报》上与此诗列为一组的、格调相近的《你来了》写于1936年,似也可以作为旁证。"

（象）像没有底一样，／黑影，松林密密的；／周围没有点光亮。／对山闪着只一盏灯——两盏／象（像）夜的眼，夜的眼在看！"这夜的眼、诗人的眼，看到的是有声有响、动静交错的视觉审美世界："满山的风全蹑着脚／象（像）是走路一样，／躲过了各处的枝叶／各处的草，不响。／单是流水，不断的在山谷上／石头的心，石头的口在唱。"从诗的情绪色彩来看，偏近于温柔静美，从视听世界写到心灵世界，以灵性的笔调烘托出恬美幽静的诗境。写于 1936 年夏天的《藤花前——独过静心斋》，在漫天烽火降临的抗战前夕，格外显得"不合时宜"，但也突出地表现出林徽因审美悟性方面的一贯格调，全诗写得意境高远，仿佛让人进入了没有冲突、没有战争的宁谧世界里：

> 紫藤花开了
> 轻轻的放着香，
> 没有人知道……
>
> 紫藤花开了
> 轻轻的放着香，
> 没有人知道。
> 楼不管，曲廊不做声，
> 蓝天里白云行去，
> 池子一脉静；
> 水面散着浮萍，
> 水底下挂着倒影。
>
> 紫藤花开了
> 没有人知道！
> 蓝天里白云行去，
> 小院，
> 无意中我走到花前。
> 轻香，风吹过
> 花心，
> 风吹过我，——
> 望着无语，紫色点。

起伏有致的节奏，"没有人""不做声""无意""无语"构成了一种安静的状态，即使最后有"我"的出现，也还是只能无语凝望，一如斋名"静心"，从外境到心境，都如不染尘埃似的脱俗于世外，给人在孤独静默中对生命心领神会的玄思意境。这种美感的生成主要不在文学技巧，而在于技巧与情感的融会，当我们阅读此诗时，仿佛有股诗意与香气迎面扑来，轻轻地掠上心头。紫藤花开的意象，既体现了高雅、芬芳、灿烂的外在特征，也同时表现了美好、纯净、自然的内在蕴含，透过此一意象角度的切入，诗人细腻地抒发了思维瞬间的感受与心灵的独白。

林徽因的创作是全方位的，除了诗，她还发表过为数不多的散文、小说和三幕剧本，且都语言明快、手法清新，流露出细密真挚的情感，具有个人独特的风格。事实上，如果不是徐志摩的早逝、肺结核病的打击，以及在建筑专业上全力地投入，她在文学上的才华会有更出色的表现。即使仅将写作当作寻觅知音的业余兴趣，她也为京华文苑留下了可贵的艺术探索，难怪其美国友人费慰梅会这样形象地称许道："她的神经犹如一架大钢琴的复杂的琴弦。对于琴键的每一触，不论是高音还是低音，重击还是轻弹，它都会做出反应。"在林徽因的身上，"有着艺术家的全部气质。她能够以其精致的洞察力为任何一门艺术留下自己印痕。"不论是科学严谨的建筑，还是感性审美的文学，她都有傲人的成就。不论是战前相对安逸的生活，还是战争时期半流亡的处境，她浓郁的艺术家气质从来没有消失过，当真无愧为"一代才女"。

在 1955 年的追悼会上，由她的两位挚友——哲学教授金岳霖和邓以蛰联名写的挽联："一身诗意千寻瀑，万古人间四月天。"生动贴切地抓住了林徽因的特质与风采。然而，这位一身诗意的才女身后却长时间被人遗忘，正如林徽因传记的撰写者陈新华所言："从 1955 年逝世到世纪末，林徽因被遗忘、被冷落了近半个世纪。四十多年的时间里，她留下一片与生前盛名不相称的寂寞。"[1] 直到 1985 年——距其离世整整 30 年——她的作品终于结集出版[2]，在历史烟尘中，林徽因的名字才开始发出她应有的辉光，而以徐志摩爱情故事为题材的电视连续剧《人间四月天》于 2000 年初播映后，引起观众热烈回响，

---

① 陈新华：《百年家族——林长民·林徽因》，台北：立绪出版公司，2002 年，第342 页。

② 林徽因作品原本于 1937 年一度被列入出版计划，由冯至、卞之琳等主编的《新诗》杂志甚至刊出过林徽因将出版诗集的书目预告，但最终不了了之。其第一部公开出版的作品选集，是 1985 年人民文学出版社出版的陈钟英、陈宇编选之《林徽因诗集》。

从而使林徽因的声名再度为人津津乐道，也带动了其作品与传记的陆续问世。林徽因，这个美丽的名字，重新成为人们注目的焦点——不论是其感情生活还是文学世界。这不禁让人想起了她自己在《莲灯》一诗中所写的："这飘忽的途程也就是个——/也就是个美丽美丽的梦。"

对于林徽因作品的再度浮出历史地表，学者蓝棣之的观察是敏锐而正确的："30 年代左翼文学、五六十年代共和国文学所说的'人'是人民、阶级、集体，是大写的'人'，而 80 年代以来所关注的'人'，是鸡毛蒜皮、七情六欲的小写的'人'。正是在这个背景上，林徽因的文学得到认同，得以彰显。"① 林徽因的文学不能简单地说成"鸡毛蒜皮、七情六欲"，但她确实是站在时代的边缘，有意地与主流意识保持距离，追求她心目中纯粹而美好的审美艺术。时代的声音总是高亢、振奋、激昂的，但它经不住折腾，一旦失落，就迅速退潮、消失于历史舞台，只有个人的声音，才能真正恒久存在。因为真正优秀的作品，总是能超越世俗的法则和功利的目的，为人们展示一个纯洁、美好、和谐的理想境地。林徽因自由、纯美的文学世界，将会如人间的四月天一般，成为现代文学史上一句无法抹去的"爱的赞颂"。这不是出自什么深奥的推理，而是出自审美的直觉。

五、燃烧的红烛，壮美的诗魂

同为新月中人，林徽因的诗风接近于徐志摩，但两人的性情还是有着明显的差异，对此，研究者程国君有细腻的比较分析："林徽因的灵动、纤巧、本真生命思索、诗与美的个性、韵味，有太多的东西跟徐志摩是契合的。他们都把艺术看作是生命的实现，美的发现，不过徐志摩诗更多的是青春艺术的内涵，强调生命力，表现新个性那'欢喜的心和灵魂的觉醒'，……对林徽因而言，她更多关注生命灵魂的沉静状态和生的终极思索……她的对个体生命的感悟，包含着比徐志摩更多的理性与智慧。"② 徐志摩是一个至情至性的人，在给陆小曼的信中，他曾自言，"感情是我的指南，冲动是我的风"，在散文《落叶》中他也自承"天生是感情性"，这种纵情任性、张扬个性的气质显然

---

① 蓝棣之：《作为修辞的抒情——林徽因的文学成就与文学史地位》，《清华大学学报（哲学社会科学版）》2005 年第 2 期。

② 程国君：《艺术至上　生命最美——徐志摩的唯美艺术观和爱情诗创作》，《甘肃教育学院学报（社会科学版）》2000 年 01 期。

和林徽因有异，倒是和闻一多颇为接近，徐、闻二人对爱情、文学艺术同样都表现出勇于探索、不懈追求的强烈主观精神。也许可以作这样的比喻，假如林徽因是一条低回歌唱的溪河，一面清澈碧蓝的镜湖，那么徐志摩是一朵欢跳的浪花，"跳着溅着不舍昼夜的一道生命水"①，至于闻一多则是一泓澎湃的瀑流，一片汪洋恣肆的大海，甚至有时候是一团燃烧的火焰，一座激烈爆发的火山。

不论人格或诗风，闻一多都是"冲动型"的文人。清华十年，他和梁实秋等组织"清华文学社"，一头栽入新诗创作，"几近乎狂热的地步"；留美期间，他在芝加哥接到梁实秋的信，信中附了梁氏就读所在科罗拉多温泉（简称珂泉）的风景照片，不料闻一多接到信后，"也不复信，也不和任何人商量，一声不响的提着一个小皮箱子，悄悄的乘火车到珂泉来了！他就是这样冲动的一个人"②。

闻一多的冲动性格使他无法安然于书房、校园中平静度日，从热烈参加文艺活动到不畏死亡威胁出席政治活动，强烈的爱国情绪几乎贯串了他的一生。1926 年"三一八"惨案发生后，他在《晨报》副刊《诗镌》中曾撰文讨论文艺与爱国的关系，他强调爱国运动和新文学运动"这两种运动合起来便能互收效益，分开来定要两败俱伤。"他甚至满含激情地写道："我希望爱自由，爱正义，爱理想的热血要流在天安门，流在铁狮子胡同，但是也要流在笔尖，流在纸上。……也许有时仅仅一点文字上的表现还不够，那便非现身说法不可了。"③ 于是，他掷笔长叹，拍案而起，在暗杀的枪响中，用鲜血和生命为自己谱下最后也最壮烈的诗篇。朱自清说他是"爱国诗人"④，不论从生命形态或创作倾向来看，闻一多确实是属于战士、斗士的典型。

即使在前期受西方浪漫主义影响时，他曾喊出"以美为艺术的核心"、"为艺术而艺术"的呼声，有着较为鲜明的纯美意识，但他从来就不是一个彻底的唯美主义者。1923 年 3 月 23 日写给梁实秋的信中，他道出自己的文学观："'文学'二字在我的观念里是一个信仰，是个 vision，是个理想——非仅仅发

---

① 朱自清：《中国新文学大系·诗集·导言》，第 7 页。

② 以上对闻一多个性冲动的描述见梁实秋：《谈闻一多》，台北：传记文学出版社，1967 年，第 28 页。

③ 闻一多：《文艺与爱国——纪念三月十八》，《闻一多全集》第 2 卷，武汉：湖北人民出版社，1993 年，第 133—134 页。此文原载 1926 年 4 月 1 日《晨报》副刊《诗镌》第 1 号。

④ 周锡山：《王国维文学美学论著集》，"前言"，第 5 页。

泄我的情绪的一个工具。……我的基督教的信仰已失，那基督教的精神还在我的心里烧着。我要替人们 consciously 尽点力。我的诗若能有所补益于人类，那是我的无心的动作（因为我主张的是纯艺术的艺术）。但是相信了纯艺术主义不是叫我们作个 egoist。（这是纯艺术主义引人误会而生厌避之根由。）"①

换言之，虽然他追求纯艺术的理想，但不是抛弃现实人生不谈，更不愿意成为自我主义者、利己主义者，这个决心，充分表现在他大量热爱祖国、关怀民生疾苦、抨击现实黑暗的诗作中。1937 年抗战开始后，他更是抛弃了"为艺术而艺术"的主张，转而确立"为人民而艺术"的文艺观，他在《战后文艺的道路》一文中就直接呼吁："中国过去的文学史却抹杀了人民的立场，只讲统治阶级的文学，不讲被统治阶级的文学。……如果我们仅只是追求我们更多的个人自由，让我们藏得更深，那就离人民愈远。今天我们不这样逃，更要防止别人逃，谁不肯回头来，就消灭他！"② 在时代的召唤下，他自觉地成为人民的诗人，时代的鼓手。这不是思想的转变，而是一以贯之的理念发展，那铁骨铮铮、嘶吼呐喊的身影，和十余年前在美留学期间的热血沸腾并无二致，让人看到的仍是曾经在异邦积极奔走发起清华留美学生组织"大江会"、以"国家主义"（Nationalism）相号召时的爱国青年。③

然而，他毕竟是个诗人，而且是充满热情与理想的诗人，是对诗歌形式和艺术技巧、格律实践有着不懈追求的诗人，朱自清在提到闻一多是"爱国诗人"的同时，也没忘记补上一句说："他的诗不失为情诗"，对于《红烛》的"繁丽"，朱自清还说："真叫人有艺术至上之感"④。学者朱寿桐更明白指出："闻一多是新月派中唯美主义色彩最浓丽的诗人"，这不仅是因为"他的诗歌创作固然渗透着唯美主义的绮丽靡绯"，而且"关于文学本质论的表述也常呈

---

① 致梁实秋信，收于《闻一多全集》第 12 卷，第 159—160 页。

② 《战后文艺的道路》，《闻一多全集》第 2 卷，第 236、241 页。此文原载《文汇丛刊》第 4 辑《人民至上主义的文艺》，1947 年 9 月。

③ "大江会"是清华学校毕业留美学生的团体，也称"大江学会"。1923 年于芝加哥成立，以"国家主义"相号召。成立大会上，全体会员一致通过了如下"三大原则"：第一、鉴于当时国家的危急的处境，不愿侈谈世界大同或国际主义的崇高理想，而宜积极提倡国家主义。第二、鉴于国内军阀之专横恣肆，应厉行自由民主之体制，拥护人权。第三、鉴于国内经济落后，人民贫困，主张由国家倡导从农业社会进而为工业社会。由罗隆基、何浩若起草的《大江会章程》中明确指出其宗旨为："本大江的国家主义，对内实行改造运动，对外反对列强侵略。""大江会"还创办了《大江》季刊，主编是梁实秋。详见江涌、卞永清：《秋实满园——梁实秋》，台北：文史哲出版社，2002 年，第 78—80 页。

④ 朱自清：《中国新文系大系·诗集》，"导言"，第 6—7 页。

露出唯美主义式的斩钉截铁"①。这样的观察都是令人玩味的。闻一多虽然不是彻底的、偏执的唯美主义者，但他与唯美主义曾经发生过深刻的联系，却是不争的事实。早在 1921 年《清华周刊》上发表的《评本学年〈周刊〉里的新诗》一文中，他就主张"美的灵魂若不附丽于美的形体，便失去他的美了。"他对《周刊》中诗作的评论标准是"首重幻象，情感，次及声与色底原素"②。可见他对诗歌形式的完美十分看重。留美期间，他受到康德美学思想的启发，又系统接受王尔德（Oscar Wilde，1854—1900）、爱伦·坡（Edgar Allan Poe，1809—1849）、瓦雷里（Paul Valery，1871—1945）、戈蒂耶（Gautier Thophile，1811—1872）、波特莱尔（Charles Pierre Baudelaire，1821—1867）、瓦尔特·佩特（Walter Horatio Pater，生卒年不详）等人的唯美主张，追求艺术的独立性、美的超功利性，以及形式的完美性和纯艺术性，形成他"为艺术而艺术"的唯美主义美学观。

　　在写于 1926 年的《戏剧的歧途》一文中，他就提出了一个重要的艺术主张："艺术最高的目的，是要达到'纯形'pure form 的境地。"他反对当时中国现代戏剧只重思想、问题而缺乏艺术性的倾向，他说："你尽管为你的思想写戏，你写出来的，恐怕总只有思想，没有戏。"③ 对纯粹艺术形式的强调，显露了他此一时期浓厚的纯美意识。他的纯形理论和唯美艺术主张，和法国象征主义诗人瓦雷里的"纯诗"（Poesie Pure）说可谓一脉相承。至于法国唯美主义理论家戈蒂耶对诗歌节奏、韵律的强调，"认为节奏美、韵律美、造型美和音乐美是构成诗歌的灵魂"④，也让人联想到闻一多同样写于 1926 年的《诗

---

① 朱寿桐：《新月派的绅士风情》，南京：江苏文艺出版社，1995 年，第 146 页页。

② 闻一多：《评本学年〈周刊〉里的新诗》，《闻一多全集》第 2 卷，第 40、42 页。此文原载 1921 年 6 月《清华周刊》第 7 次增刊。

③ 闻一多：《戏剧的歧途》，《闻一多全集》第 2 卷，第 148—149 页。

④ 研究闻一多唯美思想的学者指出："闻一多的《为艺术而艺术》着眼的是艺术形式的作用。因而，在吸收王尔德、康德的唯美理论的同时，他还广泛吸取了戈蒂耶、波德莱尔以及爱伦·坡的美学主张。闻一多与戈蒂耶一样，十分讲究艺术的技巧，认为诗歌创作与造型艺术有密切联系。戈蒂耶主张《为艺术而艺术》，追求艺术自身的美，认为真正的艺术对象就是艺术本身，艺术的全部价值就在于完美的艺术形式。所以戈蒂耶特别注重语言的雕琢，特别强调诗歌的节奏和韵律，认为节奏美、韵律美、造型美和音乐美是构成诗歌的灵魂。"见李佳意、张能泉：《闻一多与唯美主义》，《湘潭师范学院学报（社会科学版）》2006 年第 4 期。

的格律》中对诗歌"三美"——音乐美、绘画美、建筑美的提倡。①

闻一多对诗歌纯粹艺术形式美感的追求,获得新月派其他诗人如徐志摩、朱湘、陈梦家等的认同与响应,他们的诗歌实践与创新使"三美"的审美理论成为可能,从而成为此一新格律诗派诗歌创作的理论基础。尽管闻一多并没有忘掉现实人生,也没有躲进唯美主义的象牙塔,更在后来钻出了"艺术至上"的牛角尖,但其冲动而浪漫的诗人本质不变,对"纯形"与"唯美"的信仰也未曾彻底消失,这使他的诗作在现实的泥泞中仍有红烛般的美彩摇曳,在黑暗腐朽的死水中不失一线爱与美的生机,在爱国的宏大叙事与激情呼喊中,也有过深情低回、为美赞叹的浅吟小唱。不论倾向浪漫主义的前期,还是呼唤现实主义的后期,我们都可以看到诗人幽微的抒情审美意识在字里行间不绝地回荡,如花绽放,如水荡漾。

六、戴着脚镣跳舞,开启一代诗风

闻一多的诗歌结集出版有两本,1923 年 9 月由泰东书局印行的《红烛》,以及 1928 年 1 月由新月书店印行的《死水》。1931 年,他在徐志摩主编的《诗刊》创刊号上发表了一首长诗《奇迹》,写完之后,闻一多的诗人时期正式结束,转而成为研究文学与神话的学者。一般论者对他的诗歌创作历程多以《红烛》《死水》为界,略分为唯美色彩较浓的《红烛》时期和现实色彩较浓的《死水》时期,这样的看法大抵不差,但他留美期间及返国初期所写的十余首诗如《园内》《醒啊!》《爱国的心》《长城下之哀歌》《渔阳曲》等,写作时间为 1923 年至 1925 年间,多发表于《大江》《现代评论》等刊物上。这些《大江》时期的诗作应该视为闻一多由《红烛》时期到《死水》时期的过渡阶段,标志着他由个人抒情、歌颂祖国逐渐向同情下层人民、描写复杂社会现实的诗风移转,以及他在纯文学审美艺术追求上的自觉淡化。随着战争与政治局势的压迫,他从书房走向街头,从校园讲台步上政治舞台,在"这是一沟绝望的死水,这里断不是美的所在"(《死水》)的动荡时代里,他终于还是没能拥有一张平稳的书桌。

不过,诗人气质浓厚的闻一多,在时代风雨的夹缝中,在现实矛盾的挣扎

---

① 在《诗的格律》中,闻一多写道:"我们才觉悟了诗的实力不独包括音乐的美(音节),绘画的美(词藻),并且还有建筑的美(节的匀称和句的均齐)。"此文原载 1926 年 5 月 13 日《晨报》副刊《诗镌》第 7 号。见《闻一多全集》第 2 卷,第 141 页。

里，他仍然写下了许多具有个人抒情色彩、与时代无涉的唯美之作，这些作品让我们看到了诗人内在情感世界真实、波动的一面。例如《红烛》中的《诗人》：

> 人们说我有些象一颗星儿，
> 无论怎样光明，只好作月儿底伴，
> 总不若灯烛那样有用——
> 还要照着世界作工，不徒是好。
>
> 人们说春风把我吹燃，是火样的薇花，
> 再吹一口，便变成了一堆死灰；
> 剩下的叶儿像铁甲，刺儿像蜂针，
> 谁敢抱进他的赤裸的胸怀？
>
> 又有些人比我作一座遥山：
> 他们但愿远远望见我的颜色，
> 却不相信那白云深处里，
> 还别有一个世界——一个天国。
>
> 其余的人或说这样，或说那样，
> 只是说得对的没有一个。
> "谢谢朋友们！"我说，"不要管我了，
> 你们那样忙，哪有心思来管我？
>
> 你们在忙中觉得热闷时，
> 风儿吹来，你们无心地喝下了，
> 也不必问是谁送来的，
> 自然会觉得他来的正好！"①

这首诗写于就读清华时期，表达了他对诗人角色的认知，以及艺术的超越功利的审美作用。诗人（或诗）在现实生活中只能如星儿陪衬月亮，且不如灯烛有

---

① 此诗见《闻一多全集》第 1 卷，第 42—43 页。

用，即使是朋友，也对诗人这一行当有所误解，但诗人不以为意，因为他相信"白云深处里"，有"一个天国"，当人们觉得"热闷"时，诗（或艺术）将如风一般适时送来清凉。闻一多在此流露了对艺术审美精神的向往，"无心""不必问"意味着抛开目的性、功利性，就像星儿自身的亮光，诗人应该安于艺术自身美感的殿堂。

《快乐》一诗呈现的是一种单纯美好的高昂情绪："快乐好比生机：/生机底消息传到绮甸（引者按：指伊甸园），/群花便立刻/披起五光十色的绣裳。//快乐跟我的/灵魂接了吻，我的世界/忽变成天堂，/住满了柔艳的安琪儿！"诗人内在的情感律动，透过群花的盛开，传达出青春生命的讯息，开朗热烈的色彩，迸发出神奇的魅力，体现出生机盎然的美，牵动着读者的心弦。正是这种青春美好生命的本质，让诗人尽情讴歌，洋溢着纯美的气息，如《青春》中说："青春像只唱着歌的鸟儿，/已从残冬窟里闯出来，/驶入宝蓝的穹窿里去了。//神秘的生命，/在绿嫩的树皮里膨胀着，/快要送出带着鞘子的/翡翠的芽儿来了。//诗人呵，揩干你的冰泪，/快预备着你的歌儿，/也赞美你的苏生吧！"又如《花儿开过了》的末节，闻一多以平易且明确的语言呼喊着："爱呀！上帝不曾因青春底暂退，/就要将这个世界一齐捣毁，/我也不曾因你的花儿暂谢，/就敢失望，想另种一朵来代他！"这种青春如花的诗意形象，以及对自由、美好艺术理想的追求，在徐志摩、林徽因的诗作中同样鲜明动人。

闻一多有些小诗写得精致玲珑，意象灵动，表现出诗人刹那的审美联想，如只有三句的《春寒》："春啊！/正似美人一般，/无妨瘦一点儿！"或是四句的《梦者》："假如那绿晶晶的鬼火/是墓中人底/梦里迸出的星光，/那我也不怕死了！"至于由42首小诗组成的《红豆》，更是一反中国诗歌中含蓄抒情的传统，赤裸裸地道出爱妻、念妻的热切情思，写得缠绵动人，丝丝入扣，里头固然有对封建礼教的讽刺，但更多的是出自肺腑的相思话语，且看《红豆·2》："相思着了火，/有泪雨洒着，/还烧得好一点；/最难禁的/是突如其来/赶不及哭的干相思。"体验深刻，字字饱含真情；《红豆·6》："相思是不作声的蚊子，/偷偷地咬了一口，/陡然痛了一下，/以后便是一阵底奇痒。"比喻奇特，具有丰富的联想力；《红豆·10》："我俩是一体了！/我们的结合，/至少也和地球一般圆满。/但你是东半球，/我是西半球，/我们又自己放着眼泪，/作成了这苍莽的太平洋，/隔断了我们自己。"对爱人的相思之情，亲热之思，毫不保留地倾泻而出；在《红豆·41》中诗人直接道出对爱情的复杂感受："有酸的，有甜的，有苦的，有辣的。/豆子都是红色的，/味道却不同了。"在

"红豆"的爱情象征下，诗人用 42 首小诗，散发着对爱妻温柔、凄美的情思，到最后一首时他总结道："我唱过了各样的歌儿，/单单忘记了你。/但我的歌儿该当越唱越新，越美。/这些最后唱的最美的歌儿，/一字一颗明珠，/一字一颗热泪，/我的皇后啊！/这些算了我赎罪底菲仪，/这些我跪着捧献给你。"情深意重，句句流溢着爱慕之情，表现了诗人渴望自由、追求快乐、真爱的浪漫情怀。这些玲珑剔透、晶莹可爱、富于想象和暗示的诗篇，是闻一多带有较多抒情审美意识的艺术创作。

《大江》时期十余首的作品，多为情绪昂扬、激荡民气的爱国赞歌，"五卅"惨案的冲击，使他悲愤地喊出"我是中国人"，"我为我的祖国烧得发颤"（《我是中国人》），同时又以满腔热血自陈："这心腹里海棠叶形，/是中华版图底缩本，谁能偷去伊的版图？/谁能偷得去我的心？"（《爱国的心》）然而，这段期间他也曾以英文写下《相遇已成过去》的情诗，感伤地抒发内心的悲苦：

> 欢悦的双睛，激动的心；
> 相遇已成过去，到了分手的时候，
> 温婉的微笑将变成苦笑，
> 不如在爱刚抽芽时就掐死苗头。
> ……
> 分手吧，我们的相逢已成过去，
> 任心灵忍受多大的饥渴和懊悔。
> 你友情的微笑对我已属梦想的非分
> 更不敢企求叫你深情的微哂。
>
> 将来有一天也许我们重逢，
> 你的风姿更丰盈，而我则依然憔悴。
> 我的毫无愧色的爽快陈说，
> "我们的缘很短，但也有过一回。"

这首写于 1925 年春的作品，梁实秋说"本事已不可考"，但推测是"男女私情方面"。① 诗人的心是热烈的，对无缘的爱情看似云淡风轻，实际上则念念不忘。在他许多以"喊叫"的发声方式近乎宣言的诗作中，这首诗仅仅发出了微弱的低语，但其情味还是值得咀嚼的。

《死水》时期的作品大抵已经成为闻一多整体诗风的标志、特色，应和着他在现实斗争中愈来愈巨大的身影，这段时期所写的《春光》《发现》《祈祷》《一句话》《天安门》《洗衣歌》《飞毛腿》《闻一多先生的书桌》等，批判黑暗社会的无情压迫，同情下层人民痛苦的挣扎，使他"爱国诗人"的形象益加鲜明，诚如诗人卞之琳所言："《死水》表现的爱国情怀是突出的，社会正义感是一贯的，虽然还没有深入的认识，仅仅表现为对于街头小人物之类的人道主义同情；而从西方来的爱与死题旨的表现，更颇为一般。至于悲观思想当然也是有的，但是总比当时对于统治阶层的歌功颂德，对于当时社会的粉饰太平，要可取得多。"② 这里也提到了一点，即在爱国思想的笼罩下，闻一多仍有一些"悲观""爱与死"情绪方面的创作，这些诗作远离了时代，却贴近了诗人的内心，他面向自己、勇于探索艺术的尝试，不应该被淹没在时代的喧嚣与现实的浪潮下。

这些抒发自我情绪的作品中有许多是"言情"之作，如自述被女人"打败"的《狼狈》："假如秋夜也这般的寂寥……/嘿！这是谁在我耳边讲话？/这分明不是你的声音，女人；/假如她偏偏要我降她。"或是《你莫怨我》中对萍水相逢感情的倾诉与悔恨："你莫怨我！/这原来不算什么，/人生是萍水相逢，/让他萍水样错过。/你莫怨我！//……你莫管我！从今加上一把锁；/再不要敲错了门，/今回算我闯的祸，/你莫管我！"对于爱情，诗人总是一往情深的，理性的克制愈深，情感的力度就愈强。除了"爱"，《死水》中对"死"的几首诗，其实不像卞之琳的评价"颇为一般"，而是有着真情至性的艺术佳作，不仅实践了他对格律的追求，且能以殊异的想象、饱满渲染的情

---

① 根据梁实秋《谈闻一多》的记载，闻一多当时在纽约，由中国学生用英文公演的一出古装戏"杨贵妃"，因为闻一多习画，所以有关舞台或服装的图画工作由他负责。"想来是在演戏中有了什么邂逅"，而有此诗之作。闻一多在给梁实秋的信中附上这首诗，并说："前数星期作了一首英文诗，我可以抄给你看看。人非木石，孰能无情！"梁实秋后来回忆说："一多的这首英文诗，本事已不可考，想来是在演戏中有了什么邂逅，他为人热情如火，但在男女私情方面总是战战兢兢的，在萌芽时就毅然掐死它，所以这首诗里有那么多的凄怆。"见梁实秋：《谈闻一多》，第53—56页。

② 卞之琳：《完成与开端：纪念诗人闻一多八十生辰》，《卞之琳文集》中卷，合肥：安徽教育出版社，2002年，第154页。

感，给人震动的力量。例如发表于 1925 年 3 月 27 日《清华周刊》文艺增刊第
9 期上的《也许——葬歌》，就是一首出色的抒情挽歌："也许你真是哭得太
累，/也许，也许你要睡一睡，/那么叫夜鹰不要咳嗽，/蛙不要号，蝙蝠不要
飞，//不许阳光拨你的眼帘，/不许清风刷上你的眉，/无论谁都不能惊醒
你，/撑一伞松荫庇护你睡，//也许你听这蚯蚓翻泥，/听这小草的根须吸
水，/也许你听这般的音乐，/比那咒骂的人声更美；//那么你先把眼皮闭
紧，/我就让你睡，我让你睡，/我把黄土轻轻盖着你，/我叫纸钱儿缓缓的
飞。"全诗弥漫着凄凉哀伤的氛围，藉夜鹰、蛙、蝙蝠的"动"来衬托死者的
"静"，又以"咒骂的人声"，和蚯蚓翻泥、小草吸水的美好乐声作一对比，暗
示死者生前的痛苦与死后的解脱。诗的节奏是缓慢的，一如哀悼者无止境的悲
恸。此诗原先发表时题为《薤露词（为一个苦命的夭折少女而作）》，收入
《死水》时才改为《也许》。此诗发表后的第二年冬天，闻一多的长女未满五
岁而夭折，悲痛之余，闻一多写了悼念之作《忘掉她》：

忘掉她，像一朵忘掉的花，——
那朝霞在花瓣上，
那花心的一缕香——
忘掉她，像一朵忘掉的花！

忘掉她，像一朵忘掉的花！
像春风里一出梦，
像梦里的一声钟
忘掉她，像一朵忘掉的花！

忘掉她，像一朵忘掉的花！
听蟋蟀唱得多好，
看墓草长得多高；
忘掉她，像一朵忘掉的花！

忘掉她，像一朵忘掉的花！
她已经忘记了你，
她什么都记不起，
忘掉她，像一朵忘掉的花！

忘掉她，像一朵忘掉的花！
年华那朋友真好，
他明天就教你老；
忘掉她，像一朵忘掉的花！

忘掉她，像一朵忘掉的花！
如果是有人要问，
就说没有那个人；
忘掉她，像一朵忘掉的花！

忘掉她，像一朵忘掉的花！
像春风里一出梦，
像梦里的一声钟，
忘掉她，像一朵忘掉的花！

这是发自肺腑的感伤，说"忘掉"其实是悲痛至极的反语，一唱三叹、回环往复的节奏形式，就如一记记重拳敲在读者的心坎。如花般美好的孩子就此凋零，不禁让人同感"像春风里一出梦"，但愿梦醒这不是事实。这首诗的形式严整，格律均齐，有建筑美、音乐美和绘画美，符合其"三美"的审美要求。这首诗和《也许——葬歌》在题材、语言、情境和气氛上都极为类似，但二诗隔了一年，只能说是无常命运的巧合。①

其他写于这时期的诗作还有许多不贴近现实、不控诉黑暗，而是随意铺染，侧重情感，呈现对审美艺术的探求，如《泪雨》一诗藉少年、中年、老年

① 从诗的内容、情境来看，《也许——葬歌》和《忘掉她》似乎是同为爱女立瑛夭亡而作，由鲁非、凡尼编选的《中国新文学大师名作赏析·闻一多》（台北：海风出版社，1989 年）在赏析《也许》一诗中即说："这是诗人怀念早夭的爱女立瑛之作。同一题材的诗，诗人共写了三首：《忘掉她》《我要回来》以及这首《也许》，情绪哀婉而凄切，是他的抒情名篇。"并介绍了立瑛死于 1926 年冬的背景。见该书第 181 页。然而在梁实秋《谈闻一多》书中记载此事时仅提到了《忘掉她》一诗，由季镇淮撰写的《闻一多先生年谱》中也未提此事，倒是由蓝隶之编的《闻一多诗全编》（杭州：浙江文艺出版社，1995 年）对此诗的发表时间、刊物等有明确的说明。本文采取蓝隶之的说法，认为此诗发表于 1925 年，而闻一多爱女之死则于 1926 年。只是这样的巧合不合情理，因此有待进一步考证。

的泪，道出生命历程的艰难，蕴含着人生的哲理："他少年的泪是连绵的阴雨，/暗中浇熟了酸苦的黄梅；"中年的泪则"似秋雨淅沥，/梧桐叶上敲着永夜的悲歌。"至于老年的泪，诗人以参透世事的冷静口吻说道："谁说生命的残冬没有眼泪？/老年的泪是悲哀的总和；/他还有一掬结晶的老泪，/要开作漫天愁人的花朵。"透过"泪"的具体意象，与生命轨迹结合，意在宣露自我心境，巧于比喻的文字设想，拧撼出独特的抒情意境。还有《黄昏》中奇特的遐想："黄昏是一头迟笨的黑牛，/一步一步的走下了西山；/不许把城门关锁得太早，/总要等黑牛走进了城圈。//黄昏是一头神秘的黑牛，/不知他是哪一界的神仙——/天天月亮要送他到城里，/一早太阳又牵上了西山。"用语似很平易，想象力却很丰富，黄昏神秘、缓步的形象，其实是诗人审美认识和内心感受的反映，诗意中带有沉思的哲理。

从《红烛》到《死水》，闻一多都很注重对具体意象的塑造，以写景抒情、借物言情的手法，开拓深远的诗的意境，创造出自己的艺术世界，镕铸出具有个性特征的新风格。他总是精心锤炼自己的诗行，务求达到完美的境界，对于格律，他反复推敲，字斟句酌；对于形式，他精雕细刻，勇于探索，在"戴着脚镣跳舞"①的规律中出奇制胜，开启一代诗风。透过批判写实的爱国诗篇，闻一多能响应时代的召唤，表现出自己对祖国、人民深沉的爱，深广的忧愤使他的作品带着血泪与痛苦，但是在深层的意识中，他又不曾忘却年轻时苦苦追寻的美的信仰，在1922年11月26日致梁实秋的信中他说："我想我们主张以美为艺术之核心者定不能不崇拜东方之义山，西方之济慈了。"②和徐志摩、林徽因一样，他们都曾着迷于纯粹的艺术、自由的吟唱、唯美的诗风，许多诗作都具有浓厚的浪漫主义色彩，敢于向内挖掘自己的性灵，出之以浓郁的诗意，给人"言有尽而意无穷"的美感韵味。在时代的大合唱中，他们有着属于个人心灵的独吟；在阳刚激情的现实之外，他们保持了身为诗人真挚纯净、委婉柔美的本质，自觉地在艺术形式、内容上讲求突破与创新，他们感性且辉煌的努力实践，使"新月"成为现代诗史上一个不容忽视的迷人的存在。

对于新月诗人来说，雪莱、济慈、拜伦等英国浪漫诗人纯美的人格与诗风，是他们所崇拜追慕的。徐志摩自承最爱李白和雪莱，也被称为"中国的拜伦"；受徐志摩的启迪，林徽因沉醉在英诗美好的世界，梁从诚就曾指出，林

---

① 语出闻一多：《诗的格律》，《闻一多全集》第2卷，第137页。原载1926年5月13日北平《晨报》副刊。

② 见《闻一多全集》第12卷，第128页。

徽因对徐志摩的回忆，"总是和雪莱、济慈、拜伦、曼斯斐尔德（引者按：曼殊斐儿）、沃尔夫夫人（引者按：吴尔芙）等这样一些文学家的名字联系在一起"①。至于闻一多，他的长诗如《西岸》等深受济慈的影响，对于拜伦的战死疆场，他更是崇拜地说："拜伦最完美，最伟大的一首诗也便是这一死。"②对照闻一多后来因政治献出生命，那死也是如诗般壮烈。可以说，在文学艺术的审美追求上，他们和雪莱、济慈、拜伦等人一样，都渴望自由，呼唤纯美，发出个人独特的声音。但是，他们并没有拒绝时代的大合唱，也不曾放弃现实人生的责任与使命。纯美的诗国，不是他们生命存在的全部。只是他们没有忘却审美抒情的姿态与魅力，对美的追求与向往，使他们有了直面人生更深沉的勇气与力量。

如果说，文学的最终目的是要表达生命的强悍和灿烂，那么，徐志摩、林徽因、闻一多都做到了这一点。

---

① 梁从诫：《空谷回音》，《林徽音文集》，第378页。此文原署名"可止"。
② 闻一多：《文艺与爱国——纪念三月十八》，《闻一多全集》第2卷，第134页。

第二编
民国文学中抒情审美意识的发展与转折

20 世纪三四十年代的一些作家，例如沈从文、何其芳、张爱玲、施济美、无名氏、鹿桥等人，他们面对着特殊的历史时空与文学主潮，自觉地走着一条和时代主旋律不尽同调的道路。当作家有意地保持清醒的抒情审美意识，并以之从事文学的创作、活动或是立场的宣示，他们不是不明白，这经常仅仅只能是一种心态，挣扎的心态，或是一种姿态，挑战的姿态。这心态与姿态，除了争取到一些文学的自由，它在现实功利方面其实难有所获。

　　当然，作家心态是复杂多元、敏锐多感的，有的曾经某个阶段戮力于斯，有的后来不再坚持，有的竟至转向，有的则愈发清晰地继续发声。随着时代动荡的日趋紧张，文坛风向的瞬息多变，民族危机的空前严重，政治环境的险恶浊劣，面对作家心态的种种变化，我们觉得，同情理解的态度是必需的，毕竟，时代的选择如此沉重，又如此艰难。

　　唯一聊以自慰的是，当轰轰烈烈的、政治的、革命的文学时代逐渐远去，滔滔雄辩的、启蒙的文学任务不再凌驾一切，将文学视为工具的、宣传的、武器的战斗救亡意识也可以抛开之际，至少，翻开民国文学史，我们还拥有这一批饱含审美现代性、流露个人主观抒情意识、散发诗意光彩的文学佳作，供我们不断咀嚼，再三回味，也还有这一些艺术天分洋溢、眼光深邃独到、心灵自由宁静的文学身影，让我们追随，让我们仰望。

第七章　边缘的抒情，田园的牧歌

——沈从文—废名

一、人世无常，天才易毁①

正如以研究沈从文驰名学界的美国学者金介甫（Jeffrey C. Kinkley, 1948—）在其写于 20 世纪 80 年代的文章《沈从文论》中所说，"中国没有第二个沈从文"②，即使他的一生传奇，不免有些人世无常、天才易毁的遗憾，但沈从文在现代文学史上的出现与存在，本身确实是个动人的奇迹。只上过小学，连标点符号也不会用，却成为大学教授、古代文物研究专家，且以四十多部作品（各种选集不计）被许多评论者推崇为仅次于鲁迅的第一流作家，甚至被提名为诺贝尔文学奖的候选人；自称为"乡下人"，却以抒情审美的文笔，走向城市，走向世界；自喻为"孤独者"，却以一篇篇优美如诗的作品，赢得无数读者与历久不衰的魅力。当其他同时代的许多作家，因为政治环境改变而使作品的重要性逐渐消减之际，沈从文的小说及散文却因表现永恒人性的艺术审美价值，穿过重重政治迷雾，经受住时间的考验，让人们愈来愈发现其可贵、可读与可敬。

然而，奇迹的背后是孤独、苍凉，以及挥之不去的恐惧。他超前于时代，独立于文坛，孤立于学界。对于人生的磨难，他似乎早有预感，在写于 1934

---

① 这个标题是尹萍评介《沈从文家书》一文所下，此处借用。尹萍之文见《联合报》《读书人周报》第 304 号，1998 年 3 月 16 日，47 版。

② ［美］金介甫：《沈从文论》，原载《钟山》1980 年第 4 期，引自刘洪涛、杨瑞仁编：《沈从文研究资料》上册，天津人民出版社，2006 年，第 409 页。

年的《湘行书简》中就曾说过："我总像看得太深太远，对于我自己，便成为受难者了。"① 1948 年，这位被称为"中国托尔斯泰"的传奇作家，正面临着一场改天换地的政治风暴，即使他充满勇气与自信地对儿子虎雏说："要好好的来写些，写个一二十本。"② 但敏感脆弱的个人，终究难敌铺天盖地的政治集体批斗，从人格到作品价值，遭到全面攻击与否定，他因此精神崩溃，以激烈的割腕、割喉、喝煤油等方式，企图自杀而未遂，获救后，他以惊恐的口吻写道："我觉得吓怕，因为一切十分沉默，这不是平常情形。难道我应当休息了？难道我……我在搜寻丧失了的我。"即使是一贯擅长、依恃的写作，他也终于在神经极度紊乱下完全失去了以往的自信与热情：

> 很奇怪，为什么夜中那么静。我想喊一声，想哭一哭，想不出我是谁，原来那个我在什么地方去了呢？就是我手中的笔，为什么一下子会光彩全失，每个字都若冻结到纸上，完全失去相互间关系，失去意义？③

失去自我与自信的同时，迎接他的是一连串的羞辱：1950 年被北大中文系解职；1953 年，开明书店通知，旧版《沈从文著作集》内容过时，书稿及纸型均已销毁。从此，他自绝于文艺界，彻底成了被新中国遗忘的孤独者，被抛出时代中心的边缘人。和他被分配工作的历史博物馆中的古文物一般，他也被扫进了铺满历史烟尘的黯淡角落里。虽然，学者沈从文因此诞生，但作家沈从文却从此消失，直到 86 岁高龄去世，这位文学天才再也没能写出一篇传世之作。这对心灵极端敏感的作家而言，未尝不是一件好事——从文学创作转向文物研究，他依然缴出了傲人的成绩。许多人都为他文学生命的结束感到悲哀，并将原因归于政治的压迫与内心的恐惧。这当然是重要的原因，但不是全部的原因。

实际上，他对文物考证的兴趣早在湘西青年阶段即已萌生，1922 年的下半年，他在保靖的湘西巡防军统领官陈渠珍身边做书记时，因代陈氏保管大量古书和文物而开始涉猎，这对他是一次重要的启蒙，他获得了许多历史和文化的知识。可以说，他对文学和文物的天分与爱好是不相上下的。老友施蛰存曾回

---

① 沈从文：《湘行书简》，沈从文、张兆和：《沈从文家书——从文兆和书信选》，台北：台湾商务印书馆，1998 年，第 61 页。

② 沈从文、张兆和：《沈从文家书——从文兆和书信选》，第 134 页。

③ 同上，第 154 页。

忆与他在昆明西南联大教书时，经常去逛夜市古董、文物摊子的情景，并提到沈从文对搜购漆器、瓷器的内行眼光，他说："从文对文物的兴趣，早就有了。"抗战期间如此，胜利后返回北京更是如此："琉璃厂、安东市场、隆福寺，肯定是他常到的地方，收集和鉴赏文物，遂成为他的癖好。"因此，他认为："从文被分配在历史博物馆工作，许多人以为是委屈了他，楚材晋用了。我以为这个工作分配得很适当，说不定还可能是从文自己要求的。"① 张兆和的妹妹张充和也有同样的观察，她说："沈二哥最初由于广泛地看文物字画，以后渐渐转向专门路子。在云南专收耿马漆盒，在苏州北平专收瓷器，他收集青花，远在外国人注意之前。"对于沈从文放下小说创作的笔，她直言："有人说不写小说，太可惜！我认为他如不写文物考古方面，那才可惜！"②

正是这样的文物涵养与考证功力，他才能在 1964 年接受周恩来研究中国古代服饰的任务后，仅花一年时间即写出样稿，只可惜"文革"爆发后，被视为"黑书"遭到批判，他也被打成"反动学术权威"，被批斗，被抄家八次，被下放五七干校劳改。1966 年，他被指派在紫禁城扫女厕所。面对这样难堪的任务，他似乎已经能够淡然以对，有一幅图片很耐人寻味，沈从文在紫禁城高墙下，低着头意味深长地看着墙边盛开的秋葵花，静谧恬淡的氛围和城墙外面"文革"造反的呼声震天，形成了一个极端的对比。秋葵种一个月即可收成，但它美丽的花一天就谢了。他是在秋葵花清丽的姿态中预见自己即将枯萎的影子，还是在人世纷扰中流露出对另一个美好世界的向往？

一个年近半百、历尽沧桑的作家，和一朵干净、自然、安静、瞬息消逝的小花，偶然间相望凝视，写尽了一种孤独的心境与寂寞的思绪，这不禁让人想起作家晚年时说的一段话：

　　我是个喜欢朋友的热情人，可是在深心里，却是一个孤独者。所有作品始终和并世同行成就少共同处，原因或许正在这里。③

---

① 施蛰存：《滇云浦雨话从文》，写于 1988 年 8 月，发表于《新文学史料》，引自《新文学史料》编辑部编：《旧时月色中的文人们》，北京：人民文学出版社，2009 年，第 195 页。

② 张充和：《三姐夫沈二哥》，写于 1980 年 12 月，发表于《新文学史料》，引自王珞编：《沈从文评说 80 年》，北京：中国华侨出版社，2004 年，第 71 页。

③ 沈从文：《湘西散记·序》，写于 1981 年 9 月，原载 1982 年 2 月《读书》第 2 期，引自《沈从文研究资料》上册，第 149 页。

二、从边城走向京城的素朴乡下人

沈从文的文学风格与成就的确和同行少有共同处，这是他的孤独处，也是他的特殊处。

他的孤独与特殊，一方面来自他湘西苗区荒僻小县的出身，一方面则是他文学天分自然生发的对艺术审美的追求与坚持。湘西的山水风情不仅决定了他的人格气质，也塑造了他的艺术风貌；强调"我不轻视'左'倾，却也不鄙视右翼，我只信仰真实"① 的写作态度，则决定了他在文坛江湖只身闯荡的孤寂身影，也塑造了他和同时代作家相较下卓尔不群的独特成就。

1987 年 1 月，《联合文学》由郑树森总策划，首度制作推出"沈从文专号"，内容涵盖生平、小说、散文、传记、评论、书目等，被视为国府迁台以来对沈从文文学研究成果的最完整呈现。专号的下一期"读者来函"栏目中，特别刊出许多作家的来信与回响，其中林怀民表示："在我心目中，沈从文是中国第一小说家"，理由是"清淡的文字之后，有中国人温柔敦厚的至情，沈从文对生命的欣赏，对人的爱与包容，有如中国的大地山川。"② 沈从文的文字如果给人山川大地的联想，那也是因为他来自山川大地，特别是湘西富有传奇色彩、乡土风致的河流、重山与人事，给他生命的滋润、性情的陶冶，以及传统文化（特别是楚文化）的厚实底蕴。他从湘西出走，最终还是回到湘西。在繁华上海、古老北京中打滚多年，虽然绅士气已在不知不觉中潜移默化，但他还是一身挥之不去的乡下人气息——至少他始终坚持一个"乡下人"的立场。

1932 年秋天，30 岁的沈从文费时三周，满怀深情地写下了脍炙人口的《从文自传》，款款诉说他作为"乡下人"的出身，与湘西乡土间血肉相连的情分，特别是与他生命的河流——沅水（即辰河）密不可分的关系。必须承认，沈从文是现代文学史上最擅长写水的作家之一，不论是《从文自传》《边城》，还是《湘行散记》，都不乏出色的河流描写与水的意象，他在《自传》中这样说过："我幼小时较美丽的生活，大部分都与水不能分离。我的学校可

---

① 沈从文：《记丁玲续集》，《沈从文别集·记丁玲》，长沙：岳麓书社，1992 年，第268 页。

② 林怀民：《温柔敦厚的至情》，《联合文学》1987 年 2 月号，第 236 页。

以说是在水边的。我认识美，学会思索，水对我有极大的关系。"① 抗战胜利后返回北京不久，他写了《一个传奇的本事》一文，再次强调了山川大地上的"川"给他的影响和启示："水和我的生命不可分，教育不可分，作品倾向不可分。……三十年来水永远是我的良师，是我的净友，给我用笔以各种不同的启发。……我一切作品的背景，都少不了水。"② 水的柔弱与强韧，水的兼容并包，水的无坚不摧，这些隐藏的德性，无形中化为他的人生观与创作观，他清楚地指出："水教给我粘合卑微人生的平凡哀乐，并作横海扬帆的美梦，刺激我对于工作永远的渴望，以及超越普通个人功利得失，追求理想的热情洋溢。"③ 这位湘西之子，在他一生坎坷的历练中，身上始终有着土地的坚毅，河流的婉约，二者共构出他传奇的本事。

沈从文 20 岁以前的经历其实已经决定了他的一生及文学事业，在《自传》的《船上》一章中写到押运军服帆船上的曾姓朋友，就是《湘行散记》中那个戴水獭皮帽子大老板；《一个大王》中写到跟部队要到四川，从湖南边境的茶峒到贵州边境的松桃，再到四川边境的秀山，一共走了六天，那次路上的经验如渡筏，"十年后还在我的记忆里，极其鲜明占据了一个位置"④。而《边城》即由此写成。这两本书是他最具代表性的散文集与小说集，取材都离不开他的湘西经验。

然而，湘西再美，终究拴不住一颗年轻不安分的心灵。他决定离开湘西，在《女难》中道尽了当时寂寞的心理："我欢喜辰州那个河滩，不管水落水涨，每天总有个时节在那河滩上散步。……一切皆那么和谐，那么愁人。美丽总是愁人的。我或者很快乐，却用的是发愁字样。但事实上每每见到这种光景我总默默的注视许久。我要人同我说一句话，……可是能在一堆玩，一处过日子，一阵子说话的，已无一个人。我感觉我是寂寞的。"他向靠近学校的城墙走去，看学生们在玩球嬉闹，"可是不到一会，那学校响了上课铃，大家一窝蜂散了，只剩下一个圆圆的皮球在草坪角隅，墙边不知名的繁花正在谢落，天空静静的，我望到日头下自己的扁扁影子，有说不出的无聊。我得离开这个地方，得沿了城墙走去"⑤。这段有点少年愁滋味的自剖，将一切生活的改变归

① 沈从文：《从文自传·我读一本小书同时又读一本大书》，《沈从文别集·自传集》，第 13 页。
② 沈从文：《一个传奇的本事》，《沈从文别集·凤凰集》，第 216—217 页。
③ 同上，第 216—217 页。
④ 沈从文：《从文自传·女难》，《沈从文别集·自传集》，第 145 页。
⑤ 同上，第 106、108 页。

于寂寞的情绪，他果然沿着辰州的城墙走到了北京城墙，但一旦如其所愿，离开了湘西故土，走进大都市后，他的寂寞感反而与日俱增。

沈从文一生在城市的时间要远远超过乡下，但是身居闹市，他还是以"乡下人"自居。对于城市物质文明带来的种种扭曲人性的恶德，特别是绅士阶级的道德沦丧，他感到厌恶，不时在笔下严厉鞭挞。写于1936年的《从文小说习作选·代序》简直就是一篇乡下人的宣言："我实在是个乡下人。说乡下人我毫无骄傲，也不在自贬，乡下人照例有根深蒂固永远是乡巴佬的性情，爱憎和哀乐自有它独特的样式，与城市中人截然不同！"他感慨地说："我感觉异常孤独，乡下人实在太少了。倘若多有两个乡下人，我们这个'文坛'会热闹一点吧。"①

在他眼中看到的城市，无非是繁华背后的荒凉，热情背后的虚伪，物质背后的空幻，与五光十色底下的人际疏离、人性残酷与人心寂寞，这只要看看他笔下以城市背景、文明社会为题材的作品中，语气多半带着批判和讽刺、谴责和愤慨，即可知晓。探究其对城市始终抱着冷眼以对的态度，以及对文学与政治的关系极其敏感，很大的原因是来自于他青年从军期间目睹"清乡""剿匪"的滥杀无辜，在《自传》的《怀化镇》中，他回忆随部队移防到怀化这个小乡镇，"我在那地方约一年零四个月，大致眼看杀过七百人。一些人在什么情形下被拷打，在什么状态下头被砍下，我可以说全部懂透了。又看到许多所谓人类做出的蠢事，简直无从说起。这一分经验在我心上有了一个分量，使我活下来永远不能同城市中人爱憎感觉一致了。从那里以及其他一些地方，我看了些平常人不看过的蠢事，听了些平常人不听过的喊声，且嗅了些平常人不嗅过的气味，使我对于城市中人在狭窄庸懦的生活里产生的做人善恶观念，不能引起多少兴味，一到城市中来生活，弄得忧郁孤僻不像一个'人'的感情了"②。他当然明白，湘西世界并非十全十美的世外桃源，所谓"乡下"也不免藏污纳垢，但和城市世界的冷漠无情、堕落腐朽相比，自然成了相对美好的心灵参照。

沈从文标榜"乡下人"，其实真正要张扬的还在于"人"，而乡下原始、自然、素朴、善良的风俗与人情，则是他认为保存人性本质最自由也最真实的净土。从边城走向京城，沈从文的地位、生活有了很大的转变，但他一直自觉地试图保存属于乡下人特有的素朴本色。在我看来，"素朴"不仅是他生命境

---

① 沈从文：《从文小说习作选·代序》，《沈从文别集·边城集》，第30、34页。
② 沈从文：《从文自传·怀化镇》，《沈从文别集·自传集》，第88—89页。

界的理想追求，也是他文学创作的美学倾向。在《我怎么就写起小说来》中，他几次用了"素朴"一词，特别是对于写作，他强调的就是"素朴"的精神与态度，他说："只是极素朴的用个乡下人态度，准备三十年五十年把可用生命使用到这个工作上来，尽可能使作品在量的积累中得到不断的改进和提高。……工作最得力处，或许是一种'锲而不舍久于其道'的素朴学习精神，以及从事这个工作，不计成败，甘心当'前哨卒'和'垫脚石'的素朴工作态度。"① 1961 年，在写给张兆和的家书中，他提到写作的构想时，强调的还是"素朴"，他说："我想到的总还是用六七万字写中篇，至多有八万字，范围不妨小些，格局不妨小些，人事不妨简单些，用比较素朴方法来处理。"②

可以说，从开始写作起，他就很少偏离过"素朴"的艺术构思与表现手法，小说如此，散文亦如此；文字如此，风格亦如此。有论者就分析道："且不说《从文自传》的自然亲切，即如《湘行散记》，无论对景物还是人事的描述，都如同作家泛舟沅水或踏歌江畔，无意得之，来得那么自然，去得又那么渺无声息。沈从文作品的自然还表现为形容的朴素平淡。写人写景，以平淡的笔墨反而更能显示山水的天生丽质和人性的素朴本色。"③

源自湘西山川大地天真未凿的自然风情与素朴本色，使沈从文的作品格外有一种人性的爱，人情的美，这是他从湘西边城所领受到的最宝贵启发，也是他日后带给文坛最动人、特殊的美好资产。

三、人性之爱与人情之美

沈从文一开始是想做个诗人，"用诗来表现个人思想情感"，但是"五四"的浪潮席卷了他，也改变了他，"由于五四新书刊中提出些问题，涉及新的社会理想和新的作（做）人态度，给了我极大刺激和鼓舞。我起始进一步明确认识到个人和社会的密切关系，以及文学革命对于社会变革的显著影响。动摇旧社会、建立新制度，做个'抒情诗人'似不如做个写实小说作家工作扎实而具体。"④ 虽然如此，我认为他的一生其实从来没有失去过"抒情诗人"的角色。

---

① 沈从文：《我怎么就写起小说来》，《沈从文研究资料》上册，第 125 页。
② 沈从文：《跛者通信》，《沈从文家书——从文兆和书信选》，第 291 页。
③ 吴立昌：《沈从文的生平和创作》，《中国新文学大师名作赏析：沈从文》，台北：海风出版社，1992 年，第 19 页。
④ 沈从文：《我怎么就写起小说来》，《沈从文研究资料》上册，第 114、120 页。

他当然也写过一些讽刺性明显的写实小说，但说教意味过于明显，反而不如充满诗意的抒情小说来得成功。

对于"抒情小说"的特质，学者冯欣分析道："抒情小说一般都不能刺激读者向现实生活中更深更复杂的领域去，它的深层审美价值在于以'美'将'真'与'善'统一起来，通过文学艺术之'美'带给人心灵自由与解放，精神上的净化与提升。……作家们在这种文体中更直接地把自己的内心世界向读者开放，他们用情感、用形象、用诗意的语言引领我们穿过一个心灵之门，进入到一个超越现实生活的新天地，在其中领悟生命的真谛，感受善的力量，烛照自我的内心。"① 沈从文的作品以及他对世界的看法，透显出的正是这样素朴的抒情，以爱与美为基调，从而形成其个人独特的艺术魅力，成为现代文学史上一朵独放异彩的奇葩。

面对丑陋、异化的社会现实，面对生命的有限与不完美，自称为"最后一个浪漫派"② 的沈从文如同欧洲浪漫派诗人一般，企盼用"爱"与"美"作为改变现实与超越有限的良方。他说："我们实需要一种美与爱的新的宗教，来煽起更年轻一辈做人的热诚，激发其生命的抽象搜寻，对人类明日未来向上合理的一切设计，都能产生一种崇高庄严感情。"③ 他希望用"爱"为手段来构筑一个"美"的世界。他用"美"来看世界，也衡量世界，他的"美"是一种纯粹的、艺术的美，而不是有目的的、合乎伦理道德的美，他说："我永远不厌倦的是'看'一切。宇宙万汇在动作中，在静止中，在我印象里，我都能抓定它的最美丽与最调和的风度，但我的爱好显然却不能同一般目的相合，我不明白一切同人类生活相联结时的美恶，换句话说，就是我不大能领会伦理的美。接近人生时，我永远是个艺术家的感情，却绝不是所谓道德君子的感情。"④ 他就是始终以艺术家独特的审美心灵审视着这个世界，美是他创作的核心，生命的信仰。他的学生汪曾祺就说过："他是一个不可救药的'美'的爱好者，对于由于人的劳动而创造出来的一切美的东西具有一种宗教徒式的狂

---

① 冯欣：《20世纪中国抒情小说与"乌托邦"境界》，《社科纵横》2006年第5期。
② 沈从文在《水云·第6节》中云："用一支笔，来好好的保留最后一个浪漫派在20世纪生命挥霍的形式，也结束了这个时代这种情感发炎的症候。"见《沈从文研究资料》上册，第98页。
③ 沈从文：《美与爱》，《沈从文全集》第17卷，太原：北岳文艺出版社，2002年，第362页。
④ 沈从文：《从文自传·女难》，《沈从文别集·自传集》，第112页。

热。对于美，他永远不缺少一个年轻的情人那样的惊喜与崇拜。"①

在此不妨引用研究者吴立昌一段同样充满美感的文字来说明沈从文作品在题材写作上的特色与风格的婉约秀美：

> 我们只要展示他的小说散文代表作所切割的湘西山水风情，不仅可以见到高山急流，险滩行船，舟人覆没的惊心动魄的场面，而且更常见到的是：软风微醺的春日，月华如水的夏夜，清明气爽的秋色，静谧柔和的雪晴；松柏幽篁，翠色逼人，暮霭四合，江上烟波；潭深见底，游鱼可数，一片林梢，一抹轻雾；错落有致的平田屋舍；炊烟缕缕的水畔小镇，小船水手的欸乃橹歌，情意绵绵的吊角楼灯光……一切的一切，只有湘西所特有的自然风光和人事哀乐，给我们的感觉不是雄浑、豪放、壮美，而是空灵、秀美、清丽，显示了沈从文绘摹湘西山水风情的一贯特色。②

1934 年发表的中篇小说《边城》为沈从文奠定文学地位的代表作，也是他抒情审美意识最生动发挥与最成功的演绎。《边城》的唯美色彩与浪漫魅力，几乎已是现代文学史的常识。他早期湘西题材的小说作为乡土风俗纪录的成分居多，但 1928 年到上海之后，乡村或者湘西逐渐成为一种乌托邦力量来平衡和释放他在都市物质文明中所感受到的强烈文化冲击和焦虑。《边城》描绘的是一个未受现代文明污染的纯朴世界，里面的人情事理没有斗争、陷害或堕落、阴暗，有的只是天真未凿的自然，古老原始的人性，小说的所有人物如老船夫、翠翠、天保、傩送、船总顺顺等，都是正直、善良、乐观、热情的，也就是"美"的。《边城》实在可以视为充满象征、宁静美好的一则寓言。有人认为其缺点是过于单纯，缺乏小说必要的广大与复杂，但如前所述，沈从文的本质更接近于一个抒情诗人，而非一个小说家。小说情节是简单的，但情感却是深刻的。他以隽永有味的笔调和炉火纯青的艺术表现，示范了乡土文学的不同风貌，继承并召唤了古典的抒情美学传统。

沈从文的抒情审美意识在《边城》中处处可见。不论叙事写人，抒情状物，总能给人美的触机与感发。他曾说过："不管是故事还是人生，一切都应当美一些！"③ 作为"美的守护者"，他在多年后为文回忆当年写《边城》的

---

① 汪曾祺：《晚翠文谈新编》，北京：三联书店，2002 年，第 160 页。
② 吴立昌：《沈从文的生平和创作》，《中国新文学大师名作赏析：沈从文》，第 20 页。
③ 沈从文：《水云·第 3 节》，《沈从文研究资料》上册，第 81 页。

情景，叙述文字仍给人唯美的联想："十年前写《边城》时，从槐树和枣树枝叶间滤过的阳光，如何照在白纸上，恍惚如在目前。灯光照及油瓶，茶杯，书籍，桌面遗留的一小滴清油时，曲度相当处都微微返着一点青光。我心上也依稀返着一点光影，映照过去，又像是为过去所照澈。"① 他的儿子虎雏曾有一个精准的观察："他深爱一切美好东西，又往往想到美好生命无可奈何的毁灭。"② 这或许可以说明，他笔下的边城故事虽然美，却最终仍以悲剧收场。小说中写到翠翠心事的一段，即是这种心情的典型呈现：

> 黄昏来时翠翠坐在家中屋后白塔下，看天空为夕阳烘成桃花色的薄云。十四中寨逢场，城中生意人过中寨收买山货的很多，过渡人也特别多，祖父在渡船上忙个不息。天快夜了，别的雀子似乎都在休息了，只杜鹃叫个不息。石头泥土为白日晒了一整天，草木为白日晒了一整天，到这时节皆放散一种热气。空气中有泥土气味，有草木气味，且有甲虫类气味。翠翠看着天上的红云，听着渡口飘乡生意人的杂乱声音，心中有些儿薄薄的凄凉。
>
> 黄昏照样的温柔，美丽，平静。但一个人若体念到这个当前一切时，也就照样的在这黄昏中会有点儿薄薄的凄凉。于是，这日子成为痛苦的东西了。③

温柔美丽的景致背面，弥漫的是凄凉怅惘的情思。整篇小说中不乏这样的描写，如老祖父在雷雨夜死去时，也正是美丽的白塔坍塌之际，当白塔重新修筑矗立在河畔时，翠翠所爱的二老却可能永远不再回来。沈从文所营造的美，似乎总有一股悲剧性隐隐待发。或许用沈从文自己的话来说会更贴切，在《从文自传》的《女难》中他说："美丽总是愁人的"，在《水云》中他又说："美丽总使人忧愁"。边城绝不是乌托邦式的世外桃源（小说中二老后来坐船去了桃源，但那似乎是个不祥之地），这里上演的爱与美的故事是凡夫俗子式的世俗生活，永远带点感伤的缺憾。不过，湘西的风土还是给了他智慧的启示：虽然爱与美的事物会消失，但爱与美的情感与记忆却可以长存。在无可奈何中，沈从文并不因此而怀疑爱与美的意义与价值，恰恰相反，正因为爱与美的瞬间

---

① 沈从文：《水云·第6节》，《沈从文研究资料》上册，第100页。
② 沈虎雏：《团聚》，《沈从文别集·自传集》，第268页。
③ 沈从文：《边城》，《沈从文别集·边城集》，第177页。

消逝，所以身为写作者，更应该努力抓住那美的刹那，爱的光辉。悲剧故事只是表面，美与爱才是《边城》打动人心的神秘力量。在1934年4月为《边城》写的题记中，他说自己将把民族与历史的命运、小人物在变动中的忧患，作"朴素的叙述"，希望这部作品能给人们一点"怀古的幽情"，一种勇气和信心。为了使笔下的人物"更有人性，更近人情"，他以"乡下人"的气质与立场，采取"老老实实的写下去"①的态度，写了这篇动人的作品。

对于《边城》的写作，沈从文曾自道："我要表现的本是一种'人生的形式'，一种'优美，健康，自然而又不悖乎人性的人生形式'。我主意不在领导读者去桃源旅行，却想借重桃源上行七百里路酉水流域一个小城小市中几个愚夫俗子，被一件普通人事牵连在一处时，各人应有的一分哀乐，为人类'爱'字作一度恰如其分的说明。"②是的，沈从文的作品之所以让人感到美，是因为其中充满了爱。他对人性美、生命爱的肯定，使边城的缺憾得到了圆满的修补，使悲剧有了永恒动人的力量。用他自己的话来说，"边城"是他有意构造的"希腊小庙"："这世界上或有想在沙基或水面上建造崇楼杰阁的人，那可不是我。我只想造希腊小庙。选山地作基础，用坚硬石头堆砌它。精致，结实，匀称，形体虽小而不纤巧，是我理想的建筑。这神庙供奉的是'人性'。"他对爱的信仰，对人性美的肯定，正是受到西方希腊文化中提倡审美人生、肯定世俗生活、表现入世冒险、崇尚健康力量的精神启迪③，不受压抑束缚，自然舒展天性，原始，青春，充满力量，他的湘西小说正表现出这样的文化生命精神倾向。

除了《边城》，我们还可以看看1933年底、1934年初，沈从文返回湘西探亲旅途中写给新婚妻子张兆和的《湘行书简》，字里行间让人感受到的是发

---

① 沈从文：《边城·题记》，《沈从文别集·边城集》，第93、96页。

② 沈从文：《从文小说习作选·代序》，《沈从文别集·边城集》，第33页。

③ 在章倩的论文《建筑人性神庙，珍视个体生命——谈沈从文〈边城〉中的人性美与生命意识》中，对西方化的人本主义思想的两大文化资源：希腊文化和希伯来文化，有精要的概括："希腊文化对待生命既肯定理性的需要，又热爱肉欲的享受，提倡审美的人生——在利用知识、发展科技的基础上，尽情取用造物主留给人类的东西。他们积极肯定世俗生活，鄙视苦行僧似的禁欲主义，歌颂'醇酒美人'，爱好冒险与战争，表现为入世、冒险、创造属于青春期的文化生命精神倾向；而希伯来文明则显现出中年的理智和成熟，专注于信仰和灵魂的拯救。"她进一步申论："'希腊神庙'是一个具有象征意蕴的'能指'，其'所指'是生命自然舒展不受压抑束缚的古代希腊。"因此，"在《边城》中，作者想要传达的就是一种世俗生活中的人性本然之美，这种美不是存在于乌托邦之中，是希腊式的对世俗生活的积极肯定。"见《现代语文》2007年第8期。

自内心的爱意与对美好的赞颂，不仅是对被他称为"三三"的妻子，对湘西的风土人情、历史文化都有同样的思索与陈述，例如写于 1934 年 1 月 18 日的《历史是一条河》：

> 站在船后舱看了许久水，我心中忽然好像彻悟了一些，同时又好像从这条河中得到了许多智能。三三，的的确确，得到了许多智能，不是知识。我轻轻的叹息了好些次。山头夕阳极感动我，水底各色圆石也极感动我，我心中似乎毫无什么渣滓，透明烛照，对河水，对夕阳，对拉船人同船，皆那么爱着，十分温暖的爱着！我们平时不是读历史吗？一本历史书除了告我们些另一时代最笨的人相斫相杀以外有些什么？但真的历史却是一条河，从那日夜长流千古不变的水里石头和沙子，腐了的草木，破烂的船板，使我触着平时我们所疏忽了若干年代若干人类的哀乐！我看到小小渔船，载了它的黑色鸬鹚向下流缓缓划去，看到石滩上拉船人的姿势，我皆异常感动且异常爱他们。我先前一时不还提到过这些人可怜的生，无所为的生吗？不，三三，我错了。这些人不需我们来可怜，我们应当来尊敬来爱。①

沈从文确实爱着这条河，还有河边人的生活，这条河就是边城，也是人生的隐喻与文化符码，是他爱与美思想的投射与映照。湘西自然景物的美、风俗的美、人性的美，加上素朴、原始、纯洁的爱，共构出一幅清新自然明丽的边城美景，一首边缘抒情的田园牧歌。这幅美景的主场景，这首牧歌的主旋律都是"爱"与"美"。因为懂得爱，懂得美，他成了"人性的治疗者"。

沈从文对西方自古希腊时代开始的"牧歌"（pastoral）文学传统是有自觉的，他在写《边城》时即有意采用和营造这种牧歌体式的情调、氛围与气息，他说："我准备创造一点纯粹的诗，与生活不相粘附的诗。……爱情生活并不能调整我的生命，还要用一种温柔的笔调来写各式各样爱情，写那种和我目前生活完全相反，然而与我过去情感又十分接近的牧歌，方可望使生命得到平衡。"② 这让人又想起了他一心想要建造的"希腊小庙"。学者刘洪涛即特别从牧歌的角度研究沈从文的《边城》，他指出："在西方，牧歌是一个有悠久传统的文学品种。远在古希腊时代，诗人们用它表现牧羊人在村野和自然中的纯

---

① 沈从文：《湘行书简》，《沈从文别集·湘行集》，第 104 页。
② 沈从文：《水云·第 4 节》，《沈从文研究资料》上册，第 84 页。

朴生活，歌咏爱情和死亡。"但自 18 世纪以后，"牧羊人角色已少见，牧歌被用来泛指一切美化乡村生活的作品，包括小说。由于牧歌处理死亡、命运、理想的乡村生活的式微一类主题，它的情调常常是感伤和忧郁的。" 等到 19 世纪现实主义文学兴起后，"牧歌没有因为自己缺乏纪实性而走向消亡，而是在崇尚经验和写实的环境中生存下来。理性主义和社会批判也逐渐渗透到牧歌中来，'乡村'被看成传统、乡土、自然和宗法社会的守卫者，'城市'则囊括了一切外来的、堕落的资本主义因素"①。沈从文许多抒情气息浓厚、带点感伤的乡土文学作品，如《湘行散记》《湘西》——特别是《边城》——因此被人赋予田园牧歌文学倾向的联想。我们也可以在李广田、何其芳、汪曾祺等人的作品中寻找到牧歌的线索，但《边城》几乎成了这类作品的代表，"这固然与作品中表现出来的田园风光与风土人情有关，更与其表达的理想人性主题有关，与其表现的理想生命形式有关"②。

人性因爱而美，沈从文对爱与美的坚持，对人性与生命的探掘，使他在现代文学史上以一种鲜明的抒情诗人、自由主义者的形象矗立着。他以一颗美的童心观照世界，将人性美与自然美统合成一个天然和谐的艺术世界，没有粗糙的呐喊，没有血与泪的控诉，没有意识形态的操弄，也没有主流话语的迎合，即使被误解，即使必须承受孤独，他也不曾失去对人性之爱、人情之美的信念。在《萧乾小说集题记》中的一段话正可以为此信念下一脚注：

> 曾经有人询问我，"你为什么要写作？"我告他说："因为我活到这世界里有所爱。美丽，清洁，智慧，以及对全人类幸福的幻影，皆永远觉得是一种德性，也因此永远使我对它崇拜和倾心。这点情绪同宗教情绪完全一样。这点情绪促我来写作，不断的写作，没有厌倦，……人事能够燃起我感情的太多了，我的写作就是颂扬一切与我同在的人类美丽与智慧。"③

---

①　刘洪涛：《〈边城〉：牧歌与中国形象》，南宁：广西教育出版社，2003 年，第 85—86 页。

②　吴投文：《沈从文的生命诗学》，北京：东方出版社，2007 年，第 189 页。

③　沈从文：《萧乾小说集题记》，《沈从文全集》第 16 卷，第 325 页。本文是为萧乾小说集《篱下集》所写，故也被写成《离下集·题记》。发表于天津《大公报·文艺副刊》1934 年 12 月 15 日。

四、个人声音与时代洪流间的挣扎

1938 年 7 月 30 日，沈从文在昆明写给张兆和的第一封信，提到他深夜时正在写《长河》，但外头却是雷鸣电闪，并因此而联想到战争期间的轰炸声响，让他觉得既感动又悲哀，这仿佛是他一生周旋在个人审美与时代洪流中挣扎痛苦的写实缩影。信是这样写的：

> 已夜十一点，我写了《长河》五个页子，写一个乡村秋天的种种。仿佛有各色的树叶落在桌上纸上，有秋天阳光射在纸上。夜已沉静，然而并不沉静。雨很大，打在瓦上和院中竹子上。电闪极白，接着是一个比一个强的炸雷声，在左边右边，各处响着。房子微微震动着。稍微有点疲倦，有点冷，有点原始的恐怖。我想起数千年前人住在洞穴里，睡在洞中一隅听雷声轰响所引起的情绪。同时也想起现代人在另外一种人为的巨雷响声中所引起的情绪。我觉得很感动。唉，人生。这洪大声音，令人对历史感到悲哀，因为它正在重造历史。①

"洪大声音"岂仅是"重造历史"而已，在重造的过程中，"个人"经常也被卷入时代洪流中而难以自拔。沈从文对此似乎有着高度的敏感，无论创作或批评，他都坚守文学的审美本质，强调艺术的独立性，反对创作的公式化、概念化，这种追求纯粹、独立审美艺术的立场，使他鲜明地反对文学政治化、商业化。在党派意识操控严密的 20 世纪 30、40 年代，他强烈的"超党派"思想与艺术审美的主张显得空谷足音，自然也就格格不入于文坛的主流意识形态。

其抒情审美意识的形成，先是湘西自然原始的美的启发，后是京城雍容古雅的文化的养成，作为"京派"主要成员，他以美为最高德性的文学观念，使他的作品与批评都能维持着一种纯正的趣味，一种和谐优美的姿态。这是他刻意为之，以远离时代的流行趣味，保存自己信仰的纯美倾向。对于自己的信念，他是深具信心的，在写于 1941 年的一篇谈论小说创作的文章中，他说："照近二十年来的文坛风气，一个作家一和'艺术'接近，也许因此一来，他就应当叫作'落伍'了，叫作'反动'了，他的作品并且就要被什么'检查'了，'批评'了，他的主张意见就要被'围剿'了，'扬弃'了。"但是他说不

---

① 《沈从文家书——从文兆和书信选》，第 112 页。

必为此事担心，因为"这一切不过是一堆'词'而已，词是照例摇撼不倒作品的。"既然如此，创作者最重要的是要树立起自己的独立风格，而不是落入潮流的窠臼中，"艺术品之真正价值，差不多全在于那个作品的风格和性格的独创上"①。在他看来，个人的声音才是文学艺术之所以存在的意义所在。

除了 1949 年前后精神紊乱的日子，沈从文对自己的作品与写作能力是充满自信的，他相信自己的声音不仅能被听见，而且将会流传下去。在 1934 年给张兆和的信中写道："我想印个选集了，因为我看了一下自己的文章，说句公平话，我实在是比某些时下所谓作家高一筹的。我的工作行将超越一切而上。我的作品会比这些人的作品更传得久，播得远。"他还说："我希望活得长一点，同时把生活完全发展到我自己这份工作上来。我会用我自己的力量，为所谓人生，解释得比任何人皆庄严些与透入些！"② 1962 年时，他甚至带点夸张的语气说："写十个《湘行散记》，不会什么困难，且可望写得更活泼有意思。"③ 或许是这样的自信，他才敢以自己个人的声音来和时代、主流，甚至是历史对抗着。

从 20 世纪 20 年代后期起，沈从文的生命力旺盛勃发，整个 30、40 年代是他在文坛上活跃且成功的阶段，他不断地在多产的作品中传达他的文学理想与创作理念，捍卫个人声音的立场十分坚定。在 1928 年出版的《阿丽思中国游记·后序》中，他提到文章如果"放到一种时代的口号下大喊"，那是一种"失败"④；同样写于 1928 年的《阿黑小史·序》，他以略带点嘲讽的语气说："或者还有人，厌倦了热闹城市，厌倦了眼泪与血，厌倦了体面绅士的古典主义，厌倦了假扮志士的革命文学，这样人，可以读我这本书，能得到一点趣味。我心想这样人大致总还有。"⑤ 在 1931 年出版的《石子船·后记》中，他再次强调了不随流俗、突破因袭窠臼的理念："我还没有写过一篇一般人所谓小说的小说，是因为我愿意在章法外接受失败，不想在章法内得到成功。"⑥ 类似的见解可以在后来的许多作品中看到，如"忠诚于自己信仰"（《凤子·

---

① 沈从文：《短篇小说》，《沈从文别集·抽象的抒情》，第 258、259、266 页。
② 沈从文：《湘行书简》，《沈从文别集·湘行集》，第 95、105 页。
③ 《沈从文家书——从文兆和书信选》，第 322 页。
④ 见《沈从文别集·月下小景》，第 267 页。文中他说："俨然如近来许多人把不拘什么文章放到一种时代的口号下大喊，根本却是老思想一样的。这只能认为我这次工作的失败。"
⑤ 文章写于 1928 年 10 月。见《沈从文研究资料》上册，第 34 页。
⑥ 《沈从文研究资料》上册，第 29 页。

题记》）；"在人弃我取意义下，这本书便付了印。"（《月下小景·题记》）；"本书作者，却早已存心把这个'多数'放弃了。"（《边城·题记》）；"一切作品都需要个性，都必须浸透作者人格和感情，想达到这个目的，写作时要独断，要彻底地独断！"（《从文小说习作选·代序》）；"'得到多数'虽已成为一种社会习惯，在文学发展中，倒也许正要借重'时间'，把那个平庸无用的多数作家淘汰掉，让那个真有作为诚敬从事的少数，在极困难挫折中受试验，慢慢的有所表现，反而可望见出一点成绩。"（《短篇小说》）等等，仿佛乡下人的固执般，他不厌其烦地阐释着同样的看法，与时代社会群体的审美心理存在着明显的落差。

怀着这一份自信又自觉的执拗理想，仗着一身绝好的本领，以大量叫好叫座的作品，在上海声名鹊起的沈从文，1933 年返回北京，出任《大公报·文艺副刊》主编。北京与上海在 20 世纪 30 年代是两大文化中心，可谓"半分天下"，而沈从文已然是北方文坛的领袖。10 月 18 日，他发表评论《文学者的态度》，抨击有些作家"以放荡不羁为洒脱""以终日闲谈为高雅""单靠宣传从事渔利"，这批作家"在上海寄生于书店、报馆、官办的杂志，在北京则寄生于大学、中学，以及种种教育机关中"①。其实沈从文谈的是一种不健全的心态、现象，但却引起了文坛海派京派的激烈论争。北京相对淡化的政治空气为一批自由主义知识分子提供了避风港，产生相近的文学趣味、审美风格，温和、舒缓、雅致的生活态度和文学风格，和上海那尖锐、紧张、变幻的风格明显不同。沈从文提出文学的永久性与普遍性，抨击海派文学的消费性与商业性，认为文学不是取巧邀功的工具，而是一种宗教，应该保持纯文艺倾向，追求认真、庄严的文艺趣味，他说："伟大作品的产生，不在作家如何聪明，如何骄傲，如何自以为伟大，与如何善于标榜成名；只有一个方法，就是作家'诚实'的去做。"②他主张对现实采旁观态度，不卷入政治漩涡中。以他为中心，逐渐在北京形成了一个"京派"的文学现象。

1946 年，他发表文章反对文学成为政治的附产物和点缀品，把国共双方都比做"玩火"和"用武力推销主义"，批评各党各派的政治人物"说是为人民，事实上在朝在野却都毫无对人民的爱和同情"，主张"用爱与合作来重新

---

① 沈从文：《文学者的态度》，《沈从文全集》第 17 卷，第 52 页。
② 同上，第 51 页。

解释'政治'二字的含义"。① 1947 年，他接连写了几篇文章呼吁和平，反对内战，主张以"爱与合作精神"，"重建这个破碎国家"②，认为"一个真正有做人良心的作者，他绝不会说这战争是必要的。稍有爱和不忍之心，更不会赞成这种大规模集团残杀是国家人民之福!"③ 只有"用爱与合作来代替仇恨"，这个陷于屠杀悲剧中的国家"才会有个转机"④。如此一来，他开始面临国共左右夹击的政治批判，尤其是左翼文坛的猛烈批判。郭沫若 1948 年 3 月的《斥反动文艺》最具杀伤力，文中第一个就点名他，指责他作品"存心不良，意在蛊惑读者，软化人们的斗争情绪"，是"桃红色作家"，"一直是有意识的作为反动派而活动着"，对沈从文的"与抗战无关""反对作家从政"等言论，认为有进行和革命"游离"的企图⑤；冯乃超对他的散文《芷江县的熊公馆》也毫不留情地批判是"清客文丐的传统"，是"今天中国典型地主阶级的文艺，也是最反动的文艺"⑥；1949 年元月，北大校园出现打倒沈从文的标语、大字报；1949 年 7 月召开的第一次文代会，他被排除在外……这些不曾预料的冲击令他心生恐惧，四顾彷徨，感到大祸即将临头。

于是，我们看到一直与时代政治洪流对抗的沈从文，在集体批判、否定的声浪中败下阵来。他对群体压迫的惊恐、个人出路的迷茫，甚至生命存在的困惑，透过私密的家书，向他唯一的读者——张兆和娓娓诉说。恐怕没有什么文字比家书更真实了，他是如此喜爱写信的人，在和张兆和的大量书简中，我们终于勉强可以认识这个"人"，他的思想和情感，忧伤与痛苦，自信与快乐。半世纪后，重新阅读他的家书，呓语狂言的背后，依然能感受到那风声鹤唳、草木皆兵的极端混乱、恐惧、痛苦的心理，例如 1949 年 1 月 30 日的片段："我写的全是要不得的，这是人家说的。我写了些什么我也就不知道。""给我不太痛苦的休息，不用醒，就好了，我说的全无人明白。""完全在孤立中，孤

---

① 沈从文：《从现实学习》，原载天津《大公报》，1946 年 11 月 3 日、10 日。引自凌宇编：《沈从文散文全编》，杭州：浙江文艺出版社，1994 年，第 408、413 页。

② 沈从文：《致周定一先生》，《沈从文全集》第 17 卷，第 473 页。本文发表于 1947 年 9 月 28 日北平《平明日报·星期艺文》第 23 期。原题为《窄而霉斋废邮（新 19）》。

③ 沈从文：《政治与文学》，《沈从文全集》第 14 卷，第 257 页。本文写于 1947 年 2 月前后。

④ 沈从文：《五四》，《沈从文全集》第 14 卷，第 270 页。本文发表于 1947 年 5 月 4 日天津《益世报·文学周刊》第 39 期。

⑤ 见《沈从文评说 80 年》，第 265—266 页。

⑥ 冯乃超：《略评沈从文的"熊公馆"》，原载《大众文艺丛刊》第 1 辑，1948 年 3 月 1 日，引自《沈从文研究资料》上册，第 295、297 页。

立而绝望，我本不具生存的幻望。我应当那么休息了！"；"我能挣扎到什么时候，神经不崩毁，只有天知道！我能和命运挣扎?"① 他陷入了孤立无援的绝望煎熬中，苦苦挣扎，"个人"在此刻显得多么单薄、无助与渺小。

　　当生命与意识坠入黑暗深渊时，他选择结束生命，就在自杀的前两天，他拿起张兆和20年前在上海求学时所摄的一张照片，于背面写下"十八年兆和在吴淞学校球队（执球）从文三十八年北平"及"三十八年三月二十六在北平重阅仿佛有杜鹃在耳边鸣唤。从文"。如果我们联系起他于1938年4月13日抗战期间在沅陵，写给张兆和信中提到杜鹃："杜鹃各处叫得很急促，很悲，清而悲。这鸟也古怪，必半夜黄昏方呼朋唤侣。就其声音之大，可知同伴相距之远，与数量之稀。北方也有，不过叫声不同罢了。形体颜色都不怎么好看，麻麻的，飞时急而乱，如逃亡，姿势顶不雅观。就只声音清远悲酸。"② 这照片题记可能就是他当时心境的真实写照，急，乱，悲，酸，远，而且是"逃亡的姿势"。照片中未满二十岁的张兆和，脸庞青春秀丽，眼神专注前方，对于未来仿佛有着无限美好的想望，他不知道自己的生命将与中国伟大的小说家紧紧相系。沈从文小说中美丽女子翠翠、三三、萧萧的原型就是张兆和，自杀前夕重阅此照，是否意味着属于自己美好的记忆、追求、理想，已经一去不返？我们无从得知，但获救之后，他被送进了精神病院。

　　这真是令人伤感的一出悲剧，作家微弱的哀号终究淹没在滚滚洪流中。然而，更深沉的悲剧可能还在以后。他开始试图放下笔，放下个人的姿态，以戒慎恐惧、如履薄冰的心情将自我的声音汇入到大我的合唱中。曾经他证明了自己在群体中的特殊与杰出，如今他要证明自己只是属于群体中的一分子，而且是需要重新学习、改造的一个微不足道的个体。家书中记录了他思索挣扎的轨迹，如1949年9月写道："我乐意学一学群，明白群在如何变，如何改造自己，也如何改造社会，再来就个人理解到的叙述出来。我在学做人，从在生长中的社会人群学习，要跑出午门灰扑扑的仓库，向人多处走了。"1951年10月，他准备从北京到四川去学习时也安慰妻子说："到群里，会健康起来的，你放心。……这次之行，是我一生重要一回转变，希望能好好的在领导下完成任务。并希望从这个历史大变中学习靠拢人民，从工作上，得到一种新的勇气，来谨谨慎慎老老实实为国家做几年事情，再学习，再用笔，写一两本新的时代新的人民作品，补一补二十年来关在房中胡写之失。你放心，我一定要凡

---

　　① 《沈从文家书——从文兆和书信选》，第144—149页。
　　② 同上，第110页。

事好好做去。"① 从存心放弃"多数"到"向人多处走"，从自认文章比时下作家"高一筹"到"胡写"，他迎合了时代，否定了自己。他融入了群体，失去了自己。

在1951年写给一青年记者的信中，他谈时代、生活、学习与写作等问题，信中有这样一段："你欢喜音乐没有？写短篇懂乐曲有好处，有些相通地方，即组织。音乐和小说同样是从过程产生效果的。政治中讲斗争，乐曲中重和声。斗争为从矛盾中求同，和声则知从不同中求谐和发展。"② 他"睿智"地看出了艺术（包括音乐与文学）与政治的共性，那就是个人的声音当汇进时代的乐章中，才是真正的政治、艺术。信中多处表达"学习为人民服务"的政治正确性，可以想见他对个人与群体关系的思考已经迥异于过往。1957年7月，他借着《沈从文小说选集》的《题记》作了最直接清楚的表态：

> 在这么一个伟大光辉历史时代进展中，我目前还只能把二三十年前一些过了时的习作，拿来和新的读者见面，心中实在充满深深的歉意。希望过些日子，还能重新拿起手中的笔，和大家一道来讴歌人民在觉醒中，在胜利中，为建设祖国、保卫世界和平所贡献的劳力，和表现的坚固信心及充沛热情。我的生命和我手中这枝笔，也必然会因此重新回复活泼而年青！③

然而，他是否因此真的"重新回复活泼而年青"呢？显然没有。他在时代召唤（也可以说压迫）下的写作计划是否实现了呢？也没有。6年后，沈从文在长沙写给妻子的一封家书也许可以解释这个现象，信中写道："人的'共性'容易理解，也易于运用，人的'特性'却并不易用公式去衡量。人是一个十分复杂的机器，简化地纳入范围容易，就其所长充分加以利用，却不容易。利用还得从理解做起！"④ 正是"理解"的不易，让他的"特性"改变、萎缩、消失，小心翼翼地活在"共性"中。生前的得不到理解，使他至死都还是寂寞的。《人性的治疗者——沈从文传》的作者吴立昌颇能理解地对1988年沈从文

---

① 《沈从文家书——从文兆和书信选》，第157、161页。

② 沈从文：《凡事从理解和爱出发》，《沈从文别集·边城集》，第9页。

③ 收入1957年10月由人民文学出版社印行的《沈从文小说选集》。引自《沈从文研究资料》上册，第107页。

④ 写于1963年11月12日。见《沈从文家书——从文兆和书信选》，第332页。

悄然逝世的现象有一段精准的剖析：

> 其实，只要人们冷静回顾一下沈从文一生对人性的执着追求，特别是自 20 年代末以来与"政治"，与左翼文学的恩恩怨怨，就不会惊异，也懒得感慨了。沈从文真有自知之明，所以悄然无声地走了。沈从文以其一生最后一次经验——身后的寂寞，再次证实，在中国，政治对文学的"关照"是何等的密切！①

几年之后，即使是沈从文一生最亲近的妻子，在为他编辑全集时也不能不长叹："从文同我相处，这一生，究竟是幸福还是不幸？得不到回答。我不理解他，不完全理解他。后来逐渐有了些理解，但是，真正懂得他的为人，懂得他一生承受的重压，是在整理编选他遗稿的现在。……太晚了！为什么在他有生之年，不能发掘他，理解他，从各方面去帮助他，反而有那么多的矛盾得不到解决！悔之晚矣。"② 每读及此，心情都是沉重的。如果连她都不能理解，那些曾经批判过他的人真正能理解他吗？我想起他在 1946 年所写的散文《水云》，一场残酷的民族战争刚刚过去，撕裂人心的内战紧接而来，他用深情的笔致向待了九年的"云"（云南）道别，其中有一段回忆美得让人动容，也让人伤感：

> 我住在一个乡下，因为某种工作，得常常离开了一切人，单独从个宽约八里的广大田坪通过。若跟随引水道曲折走去，可见到长年活鲜鲜的潺湲流水中，有无数小鱼小虾，随流追逐，悠然自得，各尽其性命之理。水流处多生长一簇簇野生慈菇，三箭形叶片虽比田中培育的较小，开的小白花却很有生气。花朵如水仙，白瓣黄蕊连缀成一小串，抽苔③从中心挺起。路旁尚有一丛丛刺蓟属野草，开放出脆蓝色小花，比毋忘我草颜色形体尚清雅脱俗，使人眼目明爽，如对无云碧空，花谢后还结成无数小小刺球果子，便于借重野兽和家犬携带繁殖到另一处。若从其他几条较小路上走去，蚕豆麦田沟坎中，照例到处生长浅紫色樱草，花朵细碎而妩媚，还涂

---

① 吴立昌：《人性的治疗者——沈从文传》，台北：业强出版社，1992 年，第 351 页。

② 张兆和：《沈从文家书——从文兆和书信选》，"后记"，第 367 页。写于 1995 年 8 月。

③ 原文如此，应为"抽薹"。

上许多白粉。采摘来时不过半小时即已枯萎，正因为生命如此美丽而脆弱，更令人感觉生物中求生存与繁殖的神性。在那两面铺满彩色绚丽花朵细小的田塍上，且随时可看到成对成双躯体异常清洁的鹡鸰，羽毛黑白分明，见人时微带惊诧，一面飞起下面摇颤着小小长尾，在豆麦田中一起一伏，充满了生命自得的快乐。①

这段"使人眼目明爽"的纯美描写，道尽了他在大自然中纯美自在的心思，可以想见，"离开了一切人"的沈从文是如何在山川大地上"悠然自得"，小鱼流水，野草白花，起伏飞翔的鹡鸰，他凝视"生命如此美丽而脆弱"，却能从中领悟"神性"，"充满了生命自得的快乐"。这一刻的沈从文，皈依自然，生命和谐，情感单纯，近乎宗教的微妙意境，我们相信，这才是最真实的作家自己，或者说，是他一生所要建造的"希腊小庙"。如水的云，映照下的每一个细节、光影，都美得如诗如画，难怪夏志清要称许"他是中国现代文学中最伟大的印象主义者。他能不着痕迹，轻轻地几笔就把一个景色的精髓，或者是人类微妙的感情脉络勾画出来。他在这一方面的功夫，直追中国的大诗人和大画家，现代文学作家中，没有一个人及得上他"②。

当这位一生追求爱与美的"乡下人"，在"人生"这所学校永远毕业以后，他的骨灰一半归葬故里，一半撒入他最爱的沅水。告别寂寞与荣耀，他从京城回到边城，长埋于魂萦梦牵的湘西故土，属于他的"一个传奇本事"正式结束落幕。然而，对沈从文其人其作的真正认识与深刻理解，或许才正要开始。

五、张兆和：捕捉生命本色与美的忧伤

令沈从文深深着迷、喻为"奇迹中的奇迹"③的张兆和，出生于安徽合肥，1932年毕业于上海中国公学文史系，翌年与猛烈追求她的老师沈从文结婚。一位名门望族的大家闺秀与一位没有文凭的乡下人，因缘巧合结为连理，

① 沈从文：《水云·第5节》，《沈从文研究资料》上册，第93页。
② 夏志清：《中国现代小说史》，上海：复旦大学出版社，2005年，第147页。
③ 《沈从文家书——从文兆和书信选》，第130页。沈从文在写作1948年夏天的信中说："小妈妈，生命本身就是一种奇迹，而你却是奇迹中的奇迹。我满意生命中拥有那么多温柔动人的画像！"

本身即是一桩佳话，婚后两人共同历经战火分离、精神崩溃、政治斗争的打击，犹能不离不弃，相知相惜，则几乎是一则动人的神话了。

张兆和的美，沈从文的爱，交织成现代文学史上一页浪漫的篇章。沈从文曾这样描绘过他一生的挚爱：

> "一个女子在诗人的诗中，永远不会老去，但诗人，他自己却老去了。"我想到这些，我十分忧郁了。生命都是太脆薄的一种东西，并不比一株花更经得住年月风雨，用对自然倾心的眼，反观人生，使我不能不觉得热情的可珍，而看重人与人凑巧的藤葛。在同一人事上，第二次的凑巧是不会有的。我生平只看过一回满月。我也安慰自己过，我说："我行过许多地方的桥，看过许多次数的云，喝过许多种类的酒，却只爱过一个正当最好年龄的人。我应当为自己庆幸。"①

对沈从文而言，张兆和的出现，是"生命中最高的欢悦"，每当想起这位美丽的妻子，在心中升起的"是一种混同在印象记忆里品格上的粹美"②。于是，在他小说代表作《边城》、散文代表作《湘行散记》中都以这位"粹美"女子为原型，从而使她永远以温柔美丽的形象深印在读者的脑海里。

张兆和没有沈从文的文学天分与创作才华，抗战期间曾于昆明几所中学教英语和国文，1954年起担任北京《人民文学》杂志编辑，直到1969年被送往湖北乡下"干校"劳动学习。80年代起，因着沈从文的重返文坛而再度回到公众视野，晚年编辑《沈从文全集》，并写些回忆沈从文的文章，2005年逝世于北京。世人知晓她的名字，总是伴随着沈从文，和许多女性作家被从事写作的丈夫或伴侣所遮蔽一样，鲜少有人知道她曾经出版过短篇小说集《湖畔》。《湖畔》在40年代被收入巴金担任文化生活出版社总编辑时主编的《文学丛刊》中③，书很单薄，仅录4篇小说：《费家的二小》《小还的悲哀》《湖畔》《招弟和她的马》。这本惊鸿一瞥的小书在被遗忘了许久之后重新印行问世④，让世人有机会认识这位与沈从文走过半世纪人生风雨的女性作家的风采。

---

① 这封情书写于1931年6月，见《沈从文家书——从文兆和书信选》，第36页。

② 《沈从文家书——从文兆和书信选》，第130页。

③ 《湖畔》被收入《文学丛刊》第7集，署名叔文，于1941年6月出版。参见李济生编著：《巴金与文化生活出版社》，上海文艺出版社，2003年，第60页。

④ 《湖畔》于1999年由上海古籍出版社重新印行，孙晶编选，收入《虹影丛书：民国女作家小说经典》。除4篇小说外，还附录张兆和致沈从文的一些书信。

张兆和受到家庭开明思想的影响，很早即喜欢阅读新文学作品，但她开始创作应该是受到沈从文的催促，并在老友巴金的邀稿协助下步入文坛。长期以来，张兆和的文学重心多放在编辑工作上，创作对他而言只是兴起业余之作，因此数量极少，小说发表的仅 6 篇而已①，且集中于 1933 年至 1936 年间。

张兆和的创作风格，在题材上多从少年（少女）视角出发，描写少年（少女）的寂寞心理与天真情态，这应该与他创作时才 20 多岁、生活圈子狭隘有关，女性清纯的心思，对孩童成长过程的寂寞与欢乐有种细腻的体贴，她的 6 篇小说都围绕着天真少年（少女）面对成人世界的困惑、憧憬与碰撞，道出他们被忽视却十分真挚感人的心事与心境。在写作技巧与文字表现上，则明显有类似沈从文委婉抒情、诗意审美的艺术倾向，情节淡化，少有激烈的矛盾冲突，透过散文化的叙事，追求一种心理氛围或感性情调的纯美呈现，这应该与沈从文的影响有关。孙晶在编选《湖畔》新版时写的导论文章就提到："或许是由于沈从文及其朋友圈的影响，张兆和小说的风格颇类京派，在自然的纯粹与童心的真趣中徜徉，捕捉那生命的本色与美的忧伤。他的四篇小说背景、取材各异，却共同传递出年少之时一种朦胧的悲与喜，青春之际一种莫名的哀与愁。那一份对年少情愁的特殊体验，那一份对青春爱恨的适意感知，独具旖旎温婉的风致与意蕴，犹如荷香一缕，清幽无限。"②

张兆和笔下的少年（少女），在天真柔顺的性格中往往带有一股倔强与固

---

① 根据德国学者冯铁的研究，张兆和的小说作品有 5 篇，除了《湖畔》的 4 篇，还有 1 篇《男人》，与沈从文的《女人》一起发表在 1933 年 7 月的《现代》杂志，并第一次使用笔名"叔文"。"叔文"在形式上和"从文"类似，这"叔"是指"排行第三"或"位列第三"，相对她的名字"三妹"，是一个尊贵化的转换。至于"从文"并非指"跟随文学"或"从事文学"，而不过是指"排行第二"或"列位第二"。参见［德］冯铁：《"寻找女性"：管理沈从文文学遗产的女作家张兆和之评价与欣赏》，杨书、王文欢译，《现代中国文化与文学》第 4 辑，2007 年 7 月，第 14—15 页。另，根据学者凌宇在《沈从文传》中指出："有一个不为人知的事实：沈从文小说中的《玲玲》，就出自张兆和的手笔。后来谈到这件事时，张兆和笑着说：'他有点无赖，不知怎么就把我的小说收到他的集子里。'"见凌宇：《沈从文传——生命之火长明》，北京：十月文艺出版社，1988 年，第 301 页。《玲玲》最初发表于 1932 年 6 月 30 日《文艺月刊》第 3 卷第 5、6 号合刊上，当时张兆和署名是"黑君"。1934 年沈从文将这篇经他修改过的短篇改题为《白日》，收在他自己的《如蕤集》，文末并特别注明"改三三稿"，见《沈从文全集》第 7 卷，第 417 页。学者赵慧芳为此特别求证于沈从文之子沈虎雏，确认了此事。见赵慧芳：《论张兆和的小说创作》，《淮北煤炭师范学院学报》2006 年第 4 期。因此，张兆和的小说目前所知应为 6 篇，而非一般论者所言为 5 篇。

② 孙晶：《荷香一缕，清幽无限》，收入张兆和：《湖畔》，第 4 页。

执，不随成人世界的潮流而丧失自我，如《费家的二小》中，二小的爹与哥哥出于微妙的私心，希望她永远待在家里，提亲的媒人络绎不绝，都被一口回绝，但他们却忽略了十五六岁的二小，心中对朦胧爱情的渴望以及青春的寂寞，终于在一个大雨之夜，二小离家出走；《湖畔》中的海南，不畏其他小孩说他和"老情人"在一起，坚持和那位老外国人学习游泳；《招弟和她的马》中的招弟，为了留住那匹小马，"她软言软语恳求，她用眼泪哀告"，甚至"不惜闹脾气放赖"，当哥哥从军出发时，她说"别忘记帮我抢马"，一种决绝的稚气跃然纸上。至于《小还的悲哀》中李小还无法劝说有病的母亲戒除抽鸦片的瘾，挣扎于学校教育"打倒鸦片鬼"的两难之间，最终"大颗的眼泪从眼角里流了下来"，这泪不是软弱或屈服，相反的恰恰是一种源于固执的悲哀。《玲玲》的结尾，玲玲鼓起勇气对姊姊说："我不怕你是母老虎，我愿意嫁给你"，童言稚语的背后，也是一股莫名的勇气。天真却又带点野性的固执，这是张兆和小说中几位孩童共有的形象与性格。

张兆和所塑造的青春人物形象：二小、小还、招弟、海南、玲玲，很难不让人想起沈从文小说中的翠翠、三三、萧萧。《从文自传》中写尽的寂寞心理，在张兆和作品中仿佛可见。《边城》里翠翠的天然、纯真与委屈，同样出现在张兆和笔下的人物世界里。尤其是这些人物的朴素人性，不正是沈从文试图要建造的"希腊小庙"中所供奉的"人性"吗？没有控诉，没有仇恨，有的只是发自天性的爱与美的原始情怀。二小的不告而别，或许会给人"娜拉"式出走的联想，但张兆和并不企图从启蒙、反封建的角度切入，而是着重于二小对青春成长的渴望与忧伤；招弟希望当兵的哥哥在前线为他抢回一匹马，战争的残酷在小说中只是模糊的背景，甚至招弟把自己的梦想和希冀与远方的战事连接在一起，对战争摧残农村的批判仅仅点到为止；"打倒鸦片鬼""亡国奴"、"强国强种"的宏大议题，张兆和只是轻描淡写，而把书写重心置于小孩天真童稚心理的无助上，左右为难的还是最基本的人性。海南与洋老头的感情可以被处理成老少恋、异国恋的耸动题材，但整个故事不以戏剧性为标榜，而是"她心上觉得有一样什么东西在生长，但却说不分明那是什么。"给人梦幻迷离之感，当老人离开之后，海南刚刚建立的自信与温暖的爱的世界随之消逝，终于在七天后死去。作为女作家，张兆和对少年（少女）心理的掌握显得驾轻就熟，深刻地贴近了孩童纯真的心灵，特别是挖掘孩童渴望爱的寂寞情绪，和之后以《呼兰河传》同样描写成长寂寞的萧红有神似之处。

"五四"以来，以儿童、少年（少女）为题材或写作对象的作品不少，"儿童崇拜""礼赞童心"蔚为风气，正如学者赵慧芳所指出的："周作人、茅盾、郭沫若等人的理论探讨，冰心、叶圣陶、丰子恺诸位作家的出色创作，的确形成了'儿童崇拜'的热潮。但是，毋庸讳言的是，儿童世界在被礼赞被讴歌的同时，更被迫负载了一代知识分子的道德理想、人格理想甚至社会理想，成为新文学作家们反封建专制的突破口、反污浊人世的避风港。"他们的作品很可能偏离了儿童真正的需求，有意无意间也可能成为与成人复杂世界对照、拯救成人堕落世界的工具，而张兆和的这些小说"并不从这种对立中作一种取舍判断。她的描写，基本与所谓'价值'、'伦理'甚至鲁迅思想启蒙意义上的'救救孩子'无干。但也恰恰是在这一点上，张兆和把握住了真正的'儿童本位'，在孩子的立场、视角、心态上，对儿童世界作了细腻真切的描摹①"②。也正是从这个角度，她的作品有了自成一格的文学特色。

张兆和的小说除了较集中地刻画孩童世界外，她和沈从文风格类似的文字表现也使其作品别具韵味，温婉清朗而耐人咀嚼。以《费家的二小》为例，其中洋溢的乡村田园牧歌情调，接近于《边城》的清新朴质，对二小性格心思的描绘、情节的安排都让人自然想起翠翠，如母亲早逝，使她很早"养成一种温柔持重的母亲品格"，喜欢低声唱着歌，雷雨夜的出走（一如老祖父在雷雨夜溘然而逝）等，当卖杂货的货郎杨五促使二小情欲模糊萌生，引起哥哥的不满，二小满腹委屈无人倾诉的心理，和翠翠几乎是一样的，张兆和用淡笔写出了极深的悲哀：

> 过一会，二小拎了瓦茶壶走出屋子，五月的暖风吹在她身上脸上，舒服得使人难受，在远处"得咙咙咙龙咙"的鼓声还隐约可以听到，不知为什么，心上软软的，二小只想坐下来哭一会。但她并没有哭，把茶壶送到田埂上，什么话不说就走回家了。③

一种难言的凄凉与寂寞，使人对二小的遭遇寄予无限的同情。再如招弟，"她的家庭，有意无意间总像在拒绝她到大门以外，可是天地却接受了她，自然用光明，温暖，芬芳娇养着她，像一颗自生自长的小栗树。她少不了风和雨露，阳光同泥土。"这也和沈从文描写翠翠的形貌："翠翠在风日里长养着，把皮肤

---

① 原文如此，应为"描摹"。
② 赵慧芳：《论张兆和的小说创作》，《淮北煤炭师范学院学报》2006 年第 4 期，第 120—121 页。
③ 孙晶编选：《湖畔》，第 13 页。

变得黑黑的，触目为青山绿水，一对眸子清明如水晶。自然既长养她且教育她，为人天真活泼，处处俨然如一只小兽物。"① 如出一辙。纯真的怅惘，对爱与梦的憧憬，使这些小说具有浓郁的清新气息。除了《玲玲》在情节与写法上略显稚嫩（即使经过沈从文修改，在我看来仍是失败之作）外，收在《湖畔》中的作品都成熟耐读，达到了相当的艺术水平。可惜的是，这些作品的篇幅都不长，只能抓住几个形象的画面加以展示，无法对人物的精神状态、情感波澜和心理冲突作更完整而深入的描绘。即使如此，张兆和的作品可以毫无愧色地被视为京派文学的一部分，抛开沈从文的身影，她的作品已经风格自成，对孩童生命本色的生动捕捉与抒情美的不俗表现，我们得说，她的成就不应该继续被遮蔽，她所发出的属于个人边缘抒情的声音，至今依然值得用心聆听。

六、废名：自成一体的诗化小说美学

沈从文以人性之爱和人情之美所构筑的"边城""希腊小庙"，明显不同于鲁迅的"未庄""S城"，老舍的"茶馆""龙须沟"，或是丁玲的"桑干河"，巴金的"家"，赵树理的"李家庄"，也不同于钱钟书的"围城"，它没有太沉重的现实苦难与政治寓意，没有尖酸苛刻的讽刺嘲弄，也没有控诉呐喊的悲痛与指责，更没有意识形态的概念宣传，它有的是人性的爱与美，在素朴轻缓的抒情中，娓娓说着许多带点哀伤与唯美的故事，在我看来，比较接近于废名笔下《桥》的"史家庄"。

和沈从文一样被称为"文体家"的废名，在京派作家群中也以诗美意境的追求和田园牧歌风味构成自身特殊的文学风貌。对这位京派小说的鼻祖，沈从文以同样的抒情写意小说从某种角度表现出由衷的激赏与传承之意，然而和沈从文相比，废名显然寂寞更甚，孤独更深，晦涩难懂的另类色彩，使他的作品和"名"被文坛主流"废"了很长时间，能理解他的人终究是少数。批评家李健吾甚至形容他"和海岛一样孤绝"②。如果不是20世纪80年代起的沈从文热，废名的"名"恐将持续被掩埋冷落下去。在废名的作品中，没有时代现实的宣传功用，缺乏通俗市场的商业价值，有的只是属于个人抒情审美意识的

---

① 沈从文：《边城》，《沈从文别集·边城集》，第100页。

② 李健吾（笔名刘西渭）：《〈画梦录〉——何其芳先生作》，《咀华集·咀华二集》，上海：复旦大学出版社，2005年，第83页。此文收于《咀华集》，初版由文化生活出版社于1936年出版。

抒发，这注定了他将走在喧嚣文坛的边上，被淡忘，被忽视。但从审美艺术的永恒性来说，废名的作品却是经得起时间的考验、岁月的掏洗，沈从文在《论冯文炳》中把废名文章的趣味和周作人相提并论，并强调："因为文体的美丽，最纯粹的散文，时代虽在向前，将仍然不会容易使世人忘却，而成为历史的一种原型，那是无疑的。"① 事实上，周作人、废名、沈从文，都是因为对文学审美的追求与探索，而创造了属于自身独特的文体特色与艺术风格，在中国文学的现代转型中，他们独特的抒情审美意识，决定了他们在文学史册上无可替代的意义与价值。

　　和周作人、沈从文相比，废名的创作个性可能更为鲜明，他对文学审美的实验也更为纯粹而自我，正如李健吾所评介的："在现存的中国文艺作家里面"，"很少一位像他更是他自己的。他真正在创造"，因为他"具有强烈的个性，不和时代为伍"，从而有了属于自己"永生的角落"，"成为少数人流连忘返的桃源"。② 这个"桃源"是由《竹林的故事》《桃园》《菱荡》《枣》《桥》等一系列诗化田园小说所组成的。这些小说的开创性、特殊性，特别是长篇小说《桥》，朱光潜甚至说它是"破天荒"的作品，"它的体裁和风格都不愧为废名先生的特创"，因为"它表面似有旧文章的气息，而中国以前实未曾有过这种文章；它丢开一切浮面的事态与粗浅的逻辑而直没入心灵深处"，"像普鲁斯特与吴尔夫夫人诸人的作品一样，《桥》撇开浮面动作的平铺直叙而着重内心生活的揭露"③。这使得废名的作品给人接近西方现代派小说的联想，对于朱光潜点到为止地提到废名与现代主义的关系，研究者田广则有进一步深入的分析：

　　　　我发现废名小说与西方现代主义小说有着很多的相似与相通之处，它们的共同点我在这里可以列举出一长串的"化"：写作的个人化与内倾化，文体的诗化与散文化，故事情节的淡化与虚化，人物的符号化与抽象化，美学上的陌生化与晦涩化，结构上的空间化与断片化，叙事视角的内化，表现方式的意识流化……两者之间具有如此多的共同点，但是，没有任何证据表明废名曾经受到西方现代主义小说的影响，事实上这些作品被介绍

① 沈从文：《论冯文炳》，《沈从文全集》第16卷，第145页。
② 李健吾：《〈画梦录〉——何其芳先生作》，《咀华集·咀华二集》，第84页。
③ 朱光潜：《〈桥〉》，原载1937年7月《文学杂志》第1卷第3期，引自《朱光潜全集》第8卷，合肥：安徽教育出版社，1993年，第552页。

到中国的时间要比废名写作的时间晚得多。所以说，这种契合是一种平行状态下的不谋而合，而不是一种交叉状态下的模仿借鉴。①

这个看法是正确的，废名与西方现代派的契合，只能说是其小说创作观念、审美追求与艺术手法的"不谋而合"，而非精神取向的"认同模仿"。

与现代主义风格的"不谋而合"，使他对于带点唯美、颓废色彩的文学显然较为欣赏，在《中国文章》中他直言："我喜读莎士比亚的戏剧，喜读哈代的小说，喜读俄国梭罗古勃的小说，他们的文章里都有中国文章所没有的美丽，简单一句，中国文章里没有外国人的厌世观。"对于"中国文章里简直没有厌世派的文章"，他认为"这是很可惜的事"。至于原因，他分析道："中国人生在世，确乎是重实际，少理想，更不喜欢思索那'死'，因此不但生活上，就在文艺里也多是凝滞的空气。"不重现实而追求玄妙的理想，在他看来是一种"美丽"，只要拥有这种超脱现实的审美创造，即使是应酬文章也能写得"如此美丽，如此见性情"②。在《桥》的《树》这一章中，小林对细竹说："厌世者做的文章总美丽"，《桥》的基调不是厌世的，但全篇笼罩着一股悲观的氛围，仿佛镜花水月，美丽的形式之外，他希望读者能从作品中读出"哀愁"来。美丽与哀愁的悖反共生，不免给人强烈的现代感。

废名作品的"现代性"是不自觉的存在，但其"传统性"却是自觉的存在，二者的微妙结合，使其作品格外有种耐人咀嚼、美学思索的艺术特质。正如许多论者所注意到的，他明显受到传统隐逸文化（特别是道家与禅宗思想）的影响，对传统诗词文学也有意继承与借鉴（如以写绝句的方式写小说），在修辞上喜用白描、留白等手法，这些都是废名小说皈依传统的突出表现。他自己承认："我最后躲起来写小说乃很像古代陶潜、李商隐写诗"，"就表现的手法说，我分明地受了中国诗词的影响，我写小说同唐人写绝句一样，绝句二十个字，或二十八个字，成功一首诗，我的一篇小说，篇幅当然长得多，实是用写绝句的方法写的，不肯浪费语言"③。正是古典诗词的启发，构成了废名小说语言的凝练、简洁、跳跃，以及在抒情唯美意境上的刻意营造。周作人曾

---

① 田广：《废名小说研究》，北京：中国社会科学出版社，2009 年，第 6 页。

② 废名：《新诗十二讲——废名的老北大讲义》，沈阳：辽宁教育出版社，2006 年，第 245—246 页。

③ 废名：《废名小说选·序》，《废名集》第 6 卷，王风编，第 3268 页。《废名小说选》，北京：人民文学出版社，1957 年。

说:"废名君是诗人,虽然是做着小说。"① 并称许其作品"在现代中国小说界有他独特的价值者,其第一的原因是其文章之美。"② 沈从文也有类似的见解:"作者的作品,是充满了一切农村寂静的美。"这种美,是一种"平凡的人性的美"③。这只要从他小说中所写湖北黄梅家乡一带的乡村生活、风俗与儿女情事,就可以看出他这种内在的纯美意识,以及以美为核心的个人主观趣味。

以《桃园》中的《菱荡》为例:

菱叶差池了水面,约半荡,余则是白水。太阳当顶时,林茂无鸟声,过路人不见水的过去。如果是熟客,绕到进口的地方进去玩,一眼要上下闪,天与水。停了脚,水里唧唧响,——水仿佛是这一个一个声音填的!偏头,或者看见一人钓鱼,钓鱼的只看他的一根线。一声不响的你又走出来了。好比是进城去,到了街上你还是菱荡的过客。④

一个普通的生活场景,废名写来意境空灵,如同几个片断画面的拼贴,把菱荡既安静又热闹的美几笔勾勒就直逼眼前,充满诗情画意,即使进城去,还是忘不了菱荡的美。这是一首散文诗,也是一幅清丽的写意山水画。读废名的小说,不能读情节,而是必须换个读法,读它的情调、意境,读其中各种出色细节的描写,体会其简洁文字背后的言外之意,含蓄之美。

最能代表废名诗化田园小说风格的当属《桥》。《桥》中的史家庄,景美不俗:"三面都是坝,坝脚下竹林这里一簇,那里一簇。树则沿坝有,屋背后又格外的可以算得是茂林。草更不用说,除了踏出来的路只见地在那里绿。站在史家庄的坝上,史家庄被水包住了……河岸尽是垂杨。迤西,河渐宽,草地连着沙滩,一架木桥,到王家湾,到老儿铺,史家庄的女人洗衣都在此。"(《沙滩》)其悠然世外的乡村情调,很难不让人和沈从文的湘西边城联想在一起。小林与两个女孩细竹、琴子间似有若无、一清似水的情意,如诗如画的场景描写,给人一种乌托邦的出世之感,就像朱光潜所形容的:"《桥》里充满的是诗境,是画境,是禅趣。"⑤ 例如其中《桥》这段的描写:

① 周作人:《〈桃园〉跋》,《周作人自编文集·苦雨斋序跋文》,第 103 页。
② 周作人:《枣和桥的序》,《周作人自编文集·苦雨斋序跋文》,第 107 页。
③ 沈从文:《论冯文炳》,《沈从文全集》第 16 卷,第 146 页。
④ 废名:《菱荡》,《废名集》第 1 卷,第 208 页。
⑤ 朱光潜:《〈桥〉》,《朱光潜全集》第 8 卷,第 553 页。

　　"你们两人先走，我站在这里看你们过桥。"

　　推让起来反而不好，琴子笑着首先走上去了。走到中间，细竹掉转头来，看他还站在那里，嚷道：

　　"你这个人真奇怪，还站在那里看什么呢？"

　　说着她站住了。

　　实在他自己也不知道站在那里看什么。过去的灵魂愈望愈茫，当前的两幅后影也随着带远了。很像一个梦境。颜色还是桥上的颜色。细竹一回头，非常之惊异于这一面了，"桥下水流呜咽"，仿佛立刻听见水响，望她而一笑。从此这个桥就以中间为彼岸，细竹在那里站住了，永瞻风采，一空倚傍。

　　这一下的印象真是深。

我想读者看了这一段也会"印象真是深"，因为人物的感情纯净，没有芥蒂，没有邪念，这样清纯的爱，化于超脱尘俗的山水间，恬静悠远的意味，简直是一支回荡在空山灵雨中的乡间小调，让人神往的牧歌。立在桥上的细竹，"一空倚傍"，仿佛出水莲花，如梦似幻，小林所看到的是一种近于神圣的美，只存在于彼岸世界。这一段文意自足，充满禅意，玲珑可喜。

　　《桥》的结尾，小林对细竹说了一个梦，这梦让小林"感得悲哀得很"：

　　"……我梦见我同你同琴子坐了船到那里去玩，简直一片汪洋，奇怪得很，只看见我们三个人，我们又没有荡桨，而船怎么的还是往前走。"

　　"做梦不是那样吗？——你这是因为那一天我们两人谈话，我说打起伞来到湖里坐船好玩，所以晚上你就做这个梦。"

　　"恐怕是的，——后来不知怎样一来，只看见你一个人在船上，我把你看得分明极了，白天没有那样的明白，宛在水中央。"

　　连忙又说一句，却不是说梦——

　　"嗳呀，我这一下真觉得'宛在水中央'这句诗美。"

　　细竹喜欢着道：

　　"做梦真有趣，自己是一个梦自己也还是一旁观人，——既然只有我一个人在水中央，你站在那里看得见呢？"（《桃林》）

　　三人世界最终只剩了一个人在船上，而船航行在无止境的汪洋，说是"宛在水中央"，实是烙印在心坎，如同大梦初醒，忽觉人生世事皆为虚幻，做梦者与观梦者合而为一,梦与现实没了界线。最后细竹说:"我们回去罢,时候不早。"但小林仍有所留恋:"索性走到那头去看一看。"细竹则回答:"那头不是一样吗?"这句话如醍醐灌顶,一语警醒梦中人,于是"小林也就怅望于那头的树行,很喜欢她的这一句话。"小说至此戛然而止,留有不尽的余味,明心见性,如参禅,如悟道,这三人感情的发展,这个故事的结局,完全不重要了,彼岸与此岸,这头与那头,都是一样。禅意十足的设计,可见废名的用心,但又没有刻意的痕迹,淡淡写来,如话家常。这就是废名小说的魅力处。研究者查长莲对《桥》的意境美有一段精辟的分析:

> 确切地说,《桥》只是由 43 篇独立成文的山水小品连缀而成。几乎每一篇都营造了某种"美化的境界",表达了某些"诗意和内蕴":或是山林美景的钟灵毓秀,或是风俗人情的醇郁朴讷,或抒写对人生命运的感念与超脱,或表达对世间万物的兴会与参悟。它们连贯一气,又共同营造了一种镜花水月般令人神往、令人忧伤的如烟似梦的境界。这种将诗词意境的营造运用到小说整体构架之中的艺术现象,实属罕见。①

镜花水月,如烟似梦,废名的厌世观与唯美风,使他和周作人的另一得意弟子俞平伯一样喜欢"逢人说梦",他的小说中总不乏各种梦境。废名是"诗人说梦",但说得多了,又像是"痴人说梦"。他有一文《说梦》完全可以视为其文学观、审美观的自白,其中两段文字最具代表性:

> 创作的时候应该是"反刍"。这样才能成为一个梦。是梦,所以与当初的实生活隔了模糊的界。艺术的成功也就在这里。……莎士比亚的戏剧多包含可怖的事实,然而我们读着只觉得他是诗。这正因为他是一个梦。
> 著作者当他动笔的时候,是不能料想到他将成功一个什么。字与字,句与句,互相生长,有如梦之不可捉摸。然而一个人只能做他自己的梦,所以虽是无心,却是有因。
> 结果,我们面着他,不免是梦梦。但依然是真实。②

---

① 查长莲:《废名小说〈桥〉的意境美》,《安庆师范学院学报》2001 年第 4 期。
② 废名:《说梦》,原载 1927 年 5 月《语丝》第 133 期。引自《废名集》第 3 卷,第 1154—1155 页。

所谓"梦梦",是指写作的素材来自虚幻如梦的人世诸相,而写作者所运用的想象、虚构与回忆等艺术手法,其实也是一种梦,而且是神秘不可解、难以捉摸的梦。但虽是梦,也是一种艺术的真实。废名强调艺术的成功秘诀是"梦",梦是诗的,是与现实生活有距离的,废名的文学观因此被概括为"文学是梦",是一种"梦想的诗学"。研究者田广就认为:"我们看到,经过'反刍'处理的废名小说,几乎没有多少人间烟火之气,其中的人事景物仿佛都处于画境当中,而这些人事景物,实际上都是废名审美理想(梦)符号化的体现。因此,把握好'模糊的界',可以说是废名小说创作的一条重要的美学原则,自然也是我们认识废名小说艺术的关键所在。"①

在梦与现实之间,废名既是梦者,也是旁观者。《桥》中细竹不就说过:"自己是一个梦自己也还是一旁观人"(《桃林》),小林更是语带玄机地说:"我的灵魂还永远是站在这一个地方,——看你们过桥。"(《桥》)也许,废名就是那位站在远方旁观世间人们过桥的"灵魂",在这些充满牧歌情调的作品中,他扮演着穿梭于现实与梦境之间"模糊的界"的心灵使者。梦中的史家庄,梦中的木桥,都是美的化身,美的象征。

七、能做梦,就代表有自由

然而,这位梦美的诗人,在政治漩涡的冲击下,也不得不结束这近于虚幻的"春梦"。写于1957年的《废名小说选·序》,让人惊讶于判若两人的残酷现实,他以忏悔的态度写下自我批判的文字:"从1932年《莫须有先生传》出版以后,我压根儿没有再读一遍我自己的小说,我把它都抛弃了。我那时也说不出所以然来,只感到我写的东西没有用。……我所写的东西主要是个人的主观,确乎微不足道。不但不足道,而且可羞……我确实恨我过去五十年躲避了伟大的时代。"政治的教育让他"懂得人民的力量","使得我'顽夫廉,懦夫有立志'"②。伟大的时代,人民的力量,让一位在文学艺术道路上特立独行的作家彻底低头,"个人"成了罪状,成了失败。爱与美,让位给"有用"与"伟大",对废名而言,无异于扼杀他的艺术生命。

我们赞成"诗人说梦",也不反对"痴人说梦",因为能做梦,就代表有自由。一旦社会不允许人有做梦的自由,那就是人性毁灭的悲剧的开端。梦是

---

① 田广:《废名小说研究》,第22页。
② 废名:《废名小说选·序》,《废名集》第6卷,第3267—3270页。

个人的，一旦被迫做起时代大梦，甚至众人一梦时，所谓文学艺术的纯美追求，将只能是镜花水月，"南柯一梦"了。

在时代的集体悲剧没有来临以前，废名的小说虽然知音寥寥，却自有其不容抹杀的价值。例如《桥》《桃园》《毛儿的爸爸》等小说中大量运用儿童视角，后来的张兆和笔下，也有相似的孩童世界；他的《竹林的故事》《菱荡》《初恋》《我的邻舍》等小说题材深受生长的自然乡土影响，后来的沈从文也营造了类似的桃源世界。还有何其芳、汪曾祺等，也都曾经走在和废名相近的道路上。以孩童纯真的眼光看待乡村平凡的人事物，出之以诗化唯美的文字，建构具有人性美、自然美、意境美的艺术世界，废名对诗化田园小说的实验与开拓，对现代文学史的影响，如同一条清幽的河水，静静流淌，自成风景。他不是写小说，而是写诗；不是写故事，而是写意境。他是以诗的心灵，散文的语言，写小说的故事，其小说是诗与散文的结合，是抒情与哲思的交会，文体形式的种种限制在他的作品中都被他"废"了。这样个人化的创作之路，正如周作人所说："这虽然寂寞一点，却是最确实的走法，我希望他这样可以走到比此刻的更是独殊地他自己的艺术之大道上去。"①

论者冯欣指出："抒情小说集中体现了创作主体自由、独立的创作意识，可以说，没有创作主体的自由意识，就没有作品的自由境界。"在20世纪的30年代，当革命蔚为热潮、左翼文学成为文坛主流的时候，"自由主义文学作家沈从文、废名等并没有追随大流写现实、写革命，而是把目光从泥泞的现实人生上抽离，去建造一个乌托邦的精神世界，是作家们对文学独立性的坚决维护"②。虽则竹林的故事、史家庄的传说，不免是远离时代的边缘抒情，虽则田园牧歌情调在烽火连天的中国显得不合时宜，但"废名"不"废"，他和沈从文、张兆和一样，对抒情审美艺术苦心孤诣的追求，对个人声音与文学独立性的寂寞坚持，将会"不废江河万古流"，永远流存在读者的脑海里。

① 　周作人：《竹林的故事·序》，《周作人自编文集·苦雨斋序跋文》，第102页。
② 　冯欣：《20世纪中国抒情小说与"乌托邦"境界》，《社科纵横》2006年第5期。

第八章　寂寞的独语，画梦的歌者

——何其芳—卞之琳—李广田

一、"何其芳现象"与"何其芳们现象"

从废名、沈从文到何其芳（1912—1977）、卞之琳（1910—2000）、李广田（1906—1968），他们都曾经摸索过一条艺术纯美的小路，留下凌乱的足迹、意味深长的语句，以及一个寂寞清冷却又让人想象、激动的抒情背影。黄裳就说过："我觉得废名在新文学史的努力与表现是应该受到注意的。他开了一条寂寞的头，接下去就被人忘记了。但我想他并不是孤独的。如何其芳，也曾在《画梦录》摸索过同样的道路，何其芳在写他的美丽的散文时也是非常顽强、艰苦的，也深知语言不是轻易的劳动的甘苦。我相信，在何其芳身上就有着废名的影响。"① 这些人之所以寂寞、艰苦，一方面是因为想以个人的梦想对抗整个时代宏大的理想，是在政治大合唱的轰鸣中，不肯放弃对自性、人性不懈的认知与追求；另一方面是在文学审美艺术的经营上有着自身独特的思考与取舍，从而疏离于主流文坛，甚至被放逐、孤立、否定，但这些带有浓厚诗人气质的独语歌者，他们创作了许多脍炙人口的作品诗篇，使他们在抖落政治风尘、走出时代风云中心之后，依然被真正的读者传颂着、喜爱着。以何其芳为例，评论者贺仲明有一个说法是值得沉思的，他说："何其芳的生活时代离我们已越来越远，在越来越远的将来，我们也将逐步淡忘他的现实生活，只记

---

① 黄裳：《废名（下）》，原载《大公报》（香港）1982 年 7 月 1 日，引自陈振国编：《冯文炳研究资料》，北京：知识产权出版社，2010 年，第 209 页。

住一个《画梦录》时期的何其芳，一个纯美的何其芳。"① 这段话可以说言简意赅地总结了 20 世纪许多文人在文学道路上的曲折 命运。特别是何其芳，其转变与落差之大，甚至被概括为"何其芳现象"。

所谓"何其芳现象"，一般是指何其芳到延安前，思想虽然较为落后，但作品在艺术上是成功的，到延安后，他的作品却给人"思想进步，艺术退步"的印象。对此，何其芳显然是有自觉的，他在《何其芳散文选集》的序言中自省道："当我的生活或我的思想发生了大的变化，而且是一种向前迈进的变化的时候，我写的所谓散文或杂文却好像在艺术上并没有什么进步，而且有时甚至还有些退步的样子。"造成这种现象的原因，他认为首先是"当他的生活或他的思想发生了大的变化的时候，他所写的东西的内容和形式往往不是他很熟悉的，就自然会反而显得幼稚和粗糙。"其次，"由于否定了过去的风格而新的风格又还没有形成"，加上"由于没有从容写作的时间，常常写得太快，太容易，这也是一些原因"②。这是诗人的"夫子自道"，呈现出一个曾经醉心于抒情审美的文学灵魂在时代变动下的选择与转变。

唯一没变的是，何其芳的后期现象和他初期投入文学创作一样，仍是极其真诚而热情的。从"我爱那云，那飘忽的云"（《云》）到"我把我当作一个兵士，我准备打一辈子的仗"（《我把我当作一个兵士》），何其芳以抗战为界线的风格剧变，是一代知识分子在特定语境下的艰难选择与审美追求，在告别旧我、汇入新潮的过程中，何其芳的转变绝不是个人的孤立现象，而是群体"共名"意识下的大势所趋。换言之，"何其芳现象"应该是"何其芳们现象"。有论者即指出：

> 实现了这种转变的何其芳，无论是对延安的歌唱，还是对新中国的礼赞，都是内心真情的抒发，而绝非虚假之情的表现。革命文化面对的是工农兵，这种赤热感情的倾泻，所需要的当然是与其早期诗文不同的话语与形式。何其芳后期诗文虽然没有了前期那种引人注目的精致和别具一格的独创，而是扬波于主流文学之内，加入到时代合唱之中，但这种特定时代

---

① 贺仲明：《喑哑的夜莺——何其芳评传》，南京：南京师范大学出版社，2004 年，第 6 页。

② 何其芳：《〈何其芳散文选集〉序》，《何其芳全集》第 7 卷，石家庄：河北人民出版社，2000 年，第 29、30 页。

的个体现象实际上也是一代群体现象，毕竟不是一个可以被简单否定的现象。①

很少作家像何其芳，"旧我"的作品让人惊艳、赞叹，"新我"的作品却让人摇头、感叹。1937 年抗战之前，他的作品意象丰盈，语言凝练，诗意盎然，作家的主体意识充分发挥；1938—1942 年毛泽东开始延安文艺整风期间，他的作品艺术水平下降，创作主体意识逐渐弱化；1942 年以后，他已经成为理论家而非诗人，作品沦为政治宣传，创作主体意识完全被压抑。诗人何其芳，成为党员何其芳；纯美的何其芳，成为革命的何其芳。"何其芳现象"的背后，是"何其芳悲剧"。

"何其芳现象"的说法，有着复杂的概念构成，既有对何其芳放弃早期审美个性的惋惜，也对那一代作家自愿遵循政治任务与过分适应时代文风的不满，同时也对造成此一现象的文学潮流与时代环境有着委婉的批评。和何其芳类似，在抗战期间放弃自身熟悉的表现形式而投入宣传写作，导致艺术个性丧失的现代作家至少就有老舍、戴望舒、田间、冯至、卞之琳、李广田等人，置身于政治一体化的特殊时代语境，这种悲剧性的结局其实有着相当程度的普遍性。作为一种文学创作现象，它已经不是一个人的问题，而是一个时期的文学现象。只不过，早期追求唯美主义的何其芳曾经以高度精美的诗文集《预言》《画梦录》，标举"纯粹的柔和，纯粹的美丽"②的艺术意境，后期却成为毛泽东文艺思想热情的阐释者与宣传者，其中内心的矛盾挣扎，新我旧我的斗争、否定，其变化转折的明显与巨大，在现代文学史上遂成为一种文人的典型。

二、青春的预言，寂寞的欢欣

何其芳的文学创作有明显的阶段性。第一阶段为 1931 年至 1937 年的纯美期，源于对爱与美的向往，作品洋溢着主观抒情、唯美浪漫的色彩，思想与感情都带着强烈的诗人气质，以诗集《预言》散文集《画梦录》《刻意集》为代表；第二阶段为 1938—1942 年的过渡期，从成都到延安，从梦境到现实，从唯美主义到现实主义，以诗集《夜歌》、散文集《还乡杂记》为代表；1942 年

---

① 程俊力、尤雪莲：《对"何其芳现象"的思考》，《河北科技大学学报（社会科学版）》2005 年第 2 期。

② 何其芳：《我和散文》（代序），《还乡杂记》，《何其芳全集》第 1 卷，第 241 页。

经过文艺整风的洗礼以后，何其芳进入理论期，放下诗歌创作，理论批评与宣传的文章多了起来，创作方面则以散文集《星火集》和《星火集续集》为代表。

　　纯美浪漫时期的何其芳，诗歌是他创作的中心，即使是散文，他也是以写诗的态度来写作，具有浓厚的现代艺术气息，也是他抒情审美意识最集中的展现。他曾以批判反省的心情写下《一个平常的故事》，对早年的自己加以冷峻的剖析，然而字里行间仍可窥探其深情、孤独的一面。四川万县偏僻乡下的封建家庭，使他的少年生活十分刻板和苦闷，他说：“那真是一条太长，太寂寞的道路。”对于“寂寞”，他“太熟悉它所代表的那种意味，那种境界和那些东西了”①。寂寞，使他养成爱冥想的习惯，也使他沉溺于自己幻想的梦境，常常在别人不太察觉的地方得到流连的欢欣，也就是他常说的“寂寞的欢欣”。苦闷的青春心灵，使他对于美、爱与死亡、痛苦有种浪漫的渴望与倾慕。直到22岁，也就是进入北大哲学系就读二年级时，他终于在诗歌创作中找到了属于自己的一条“梦中道路”，这条道路上没有现实人间的丑恶与呐喊，只有一个寂寞心灵的感伤低吟与微笑独语。何其芳说：

　　　　在我参加革命以前，有很长一个时期我的生活里存在着两个世界。一个是出现在文学书籍里和我的幻想里的世界。那个世界是闪耀着光亮的，是充满纯真的欢乐、高尚的行为和善良可爱的心灵的。另外一个是环绕在我周围的现实的世界。这个世界却是灰色的，却是缺乏同情、理想，而且到处伸张着堕落的道路的。我总是依恋和流连于前一个世界而忽视和逃避后一个世界。我几乎没有想到文学的世界正是从现实的世界来的，而且好像愚昧到以为环绕在我周围的那个异常狭小的世界就等于整个现实的世界。②

　　他开始“用一些柔和的诗和散文”，“用带着颓废的色彩”，“用幻想，用青春”，“给我自己制造了一个美丽的，安静的，充满着寂寞的欢欣的小天地”③。他完全是个纯粹的艺术家，蛊惑于晚唐五代时期的冶艳诗词，服膺着

---

① 何其芳：《一个平常的故事》，《星火集》，《何其芳全集》第 2 卷，第 73 页。
② 何其芳：《写诗的经过》，《关于写诗和读诗》，《何其芳全集》第 4 卷，第 325 页。
③ 何其芳：《一个平常的故事》，《星火集》，《何其芳全集》第 2 卷，第 75 页。

象征主义等现代派诗风，高喊"对于人生我动心的不过是它的表现"①，强调"形象就是一切"，光影，色彩，意境远远重要于目的与意义，可以说，他醉心于纯艺术、超现实的艺术观，使他这一时期的诗文多为个人内心真实世界的抒发与投射。他是寂寞的独语者，也是倔强的独语者，如其自述："温柔的独语，悲哀的独语，或者狂暴的独语。黑色的门紧闭着：一个永远期待的灵魂死在门内，一个永远找寻的灵魂死在门外。每一个灵魂是一个世界，没有窗户。而可爱的灵魂都是倔强的独语者。"② 倔强的独语者，终日流连于爱与美的光景中，"喜欢在荒凉的地方徘徊"。苍白且忧郁的大学生，现实斗争、时代风云仿佛被放逐在自己象牙塔的幻梦之外，他"很珍惜着我的梦"，"并且想把它们细细地描画出来"③，于是有了让人惊艳的《预言》，以及《画梦录》。

《预言》是他的第一部诗集，他后来曾说："那个集子其实应该另外取个名字，叫作《云》。因为那些诗差不多都是飘在空中的东西，也因为《云》是那里面的最后一篇。在那篇诗里面，曾经自以为是波德莱尔散文诗中那个说着'我爱云，我爱那飘忽的云'的远方人。"④ 在抒情审美意识的驱动下，他有了自己的创作观："我写我那些《云》的时候，我的见解是文艺什么也不为，只为了抒写自己，抒写自己的幻想、感觉、情感。"发出个人的声音，抒一己孤独的意绪，是何其芳步上诗坛的原因，也是这些书写个人私密情感的篇章，使何其芳成为爱与美的理想主义者。这段充满幻想的时期是他一生中最沉醉于诗艺实验的阶段。即使他后来"由于现实的教训"，因而"否定了那种为个人而艺术的错误见解"⑤，但他毕竟为自己、为文学留下了这些青春、唯美、可贵的生命印记，就如他在《预言》一诗中的自剖："让我烧起每一个秋天拾来的落叶，/听我低低地唱起我自己的歌。/那歌声将火光一样沈郁又高扬，/火光一样将我的一生诉说。"（《预言》）

《预言》分为3卷，最有特色的是以青春、爱情为题材的卷1，写于1931年至1933年在北大求学期间，如《爱情》：

……

---

① 何其芳：《扇上的烟云》（代序），《画梦录》，《何其芳全集》第1卷，第72页。
② 何其芳：《独语》，《画梦录》，《何其芳全集》第1卷，第91页。
③ 何其芳：《扇上的烟云》（代序），《何其芳全集》第1卷，第73页。
④ 何其芳：《〈夜歌〉（初版）后记》，《夜歌》，《何其芳全集》第1卷，第516页。
⑤ 何其芳：《夜歌》，《何其芳全集》第1卷，第517页。

> 爱情是很老很老了，但不厌倦，
> 而且会作婴孩脸涡里的微笑。
> 它是传说里的王子的金冠。
> 它是田野间的少女的蓝布衫。
> 你啊，你有了爱情
> 而你又为它的寒冷哭泣！
> 烧起落叶与断枝的火来，
> 让我们坐在火光里，爆炸声里，
> 让树林惊醒了而且微颤地
> 来窃听我们静静地谈说爱情。

诗人正面讴歌了爱情的神圣、高贵与美好，色调明朗，把爱情或微笑或哭泣的微妙心理氛围以一种看似平常的画面予以描绘，具有流动美感的"惊醒""微颤""窃听"等动态文字，很能表现出诗人细腻的感受与思考，即使是"很老很老"的爱情题材，何其芳写来却仍能富有新的气息与情绪；又如获得好评的《花环——放在一个小坟上》：

> 开落在幽谷里的花最香。
> 无人记忆的朝露最有光。
> 我说你是幸福的，小玲玲，
> 没有照过影子的小溪最清亮。
>
> 你梦过绿藤缘进你窗里，
> 金色的小花坠落到你发上。
> 你为檐雨说出的故事感动，
> 你爱寂寞，寂寞的星光。
>
> 你有珍珠似的少女的泪，
> 常流着没有名字的悲伤。
> 你有美丽得使你忧愁的日子，
> 你有更美丽的夭亡。

作者带着忧伤与美丽的心情，以诗的花环，献给一位不幸夭亡的小姑娘，一如

未为尘世所玷污的幽谷、朝露、小溪，小玲玲因为自开自落、遗世独立而被诗
人说成是"幸福"的，诗中流露出他这段时期沉湎于孤芳自赏、纯美意境的隐
逸幻想。相对于丑恶的现实，作者宁可赞美"美丽的夭亡"，其中深埋的是诗
人一颗悲恸的心，是只属于自己而无人可诉说的深沉寂寞与苦闷。失去爱情的
《慨叹》，诗人以真挚的柔情写道："我饮着不幸的爱情给我的苦泪，/日夜等
待熟悉的梦来覆着我睡，/不管外面的呼唤草一样青青蔓延，/手指一样敲到我
紧闭的门前。"对爱情的忠贞，使得诗人即使饮着爱情的"苦泪"，也坚持着
空幻的期待。然而，爱情终究离他而去，使他不得不感叹："如今我悼惜我丧
失了的年华，/悼惜它，如死在青条上的未开的花。/爱情虽在痛苦里结了红色
的果实，/我知道最易落掉，最难拣拾。"浓热的情意与失落的惆怅，让人陷入
深深的哀伤中。

　　卷 1 的爱情诗写得缠绵悱恻，美丽且妩媚，诗人对文字与意象的出色捕
捉，显现出其不俗的才情与过人的天分。《雨天》里的相思华赡浓丽："红色
的花瓣上颤抖着过成熟的香气，/这是我日与夜的相思，/而且飘散在这多雨水
的夏季里，/过分地缠绵，更加一点润湿。"当爱情来临时，他以《夏夜》为
题，喁喁道出心中缱绻的柔情："你柔柔的手臂如繁实的葡萄藤，/围上我的
颈，和着红熟的甜的私语。/你说你听见了我胸间的颤跳，/如树根在热的夏夜
里震动泥土？"诗人因爱而激动的心情，用浪漫的异想、亢奋的情绪形象化地
显示出来，尤其是接下来的两句："是的，一株新的奇树生长在我心里了，/且
快在我的唇上开出红色的花。"隐喻青春生命的成熟，恋情如夏日红花的美好。
全诗感情恳切，文字华丽，是何其芳纯美时期诗作的特点。其他如《赠人》中
的"我害着更温柔的怀念病，/自从你遗下明珠似的声音，/触惊到我忧郁的思
想。"《秋天》里的"秋天梦寐在牧羊女的眼里"等等，都是极其个人私密的
独语，虽然缺少现实人生的反映，但其发自心灵深处的真纯音籁，浮动的诗的
情绪，还是具有一定的感染力，正如研究者金钦俊所言："应该承认，这些东
西是写得相当美的，感情也是纯真的，是发自一个幻美追求者心灵的歌和哭。"
虽然，"它们不能如烛光去照出社会黝黑的面影，揭出人间的不平，在思想的
天平上分量是比较轻的"[1]。

　　卷 2 的诗写于 1933 年至 1935 年，是大学阶段的后半期，苦闷悲凉的气氛
比卷 1 更为浓稠，在《一个平常的故事》中他对此时心境有一段形象化的描

---

[1] 金钦俊：《中国新文学大师名作赏析：何其芳》，台北：海风出版社，1990 年，第
10 页。

述："我丧失了我的充满着寂寞的欢欣的小天地。我的翅膀断折。我从空中坠落到地上。我晚上的梦也变了颜色：从前，一片发着柔和的光辉的白色的花，一道从青草间流着的溪水，或者一个穿着燕子的羽毛一样颜色的衣衫的少女；而现在，一座空洞的屋子，一个愁人的雨天，或者一条长长的灰色的路，我走得非常疲乏而又仍得走着的路。"① 这些诗中的内心独白与幻梦色彩更为明显，从《梦后》《病中》《失眠夜》《古城》等诗题即可看出其远离现实的倾向，如《柏林》诗中写道："我昔自以为有一片乐土，/藏之记忆里最幽暗的角隅。/从此始感到成人的寂寞，/更喜欢梦中道路的迷离。"即是心境的真实写照；《墙》中以蜗牛自喻，透露着一股无言的悲戚："朦胧间觉我是只蜗牛/爬行在砖隙，迷失了路，/一叶绿荫和着露凉/使我睡去，做长长的朝梦。//醒来轻身一坠，/喳，依然身在墙外。"还有《夜景（一）》中的"带着柔和的叹息远去，/夜风在摇城头上的衰草。"也是充满了自我伤悼的沉郁感受，就如他两年后回忆起写作此诗时的心情："我听着啄木鸟的声音，听着更柝，而当我徘徊在那重门锁闭的废宫外，我更仿佛听见了低咽的哭泣，我不知发自那些被禁锢的幽灵还是发自我的心里。"②

卷1、卷2的"顾影自怜"式的唯美诗风在卷3时有了些微的转变，虽然仅仅五首诗，但这些写于1936年至1937年间的作品，开始从"梦中道路"走向现实坦途，开始愿意面对和接受社会人生的黑暗与冷酷，对诗人而言，这些在创作思想和艺术追求上有新的转折的作品，无疑宣告了诗人告别纯美、迎向战斗时刻的到来。例如《送葬》中高喊："我再不歌唱爱情/像夏天的蝉歌唱太阳。"甚至于充满信心地要葬送旧我，迎接新生："在长长的送葬的行列间/我埋葬我自己，/像播种着神话里的巨蟒的牙齿，/等它们生长出一群甲士/来互相攻杀，/一直最后剩下最强的。"这种决战似的高亢强音，是何其芳前期诗作中不曾有过的。又如《醉吧》以反讽的语气宣示着："如其我是苍蝇，/我期待着铁丝的手掌/击到我头上的声音。"以及带有总结浪漫过往、反抗现实意味的《云》，诗人从原本"'我爱那云，那飘忽的云……'/我自以为是波德莱尔散文诗中/那个忧郁地偏起颈子/望着天空的远方人。"变成了"从此我要叽叽喳喳发议论：/我情愿有一个茅草的屋顶，/不爱云，不爱月，/也不爱星星。"诗人在此发出清醒的呼声，不再沉迷于纯美的艺术之宫，而是要以饱满的情绪去反抗罪恶的现实，要向黑暗社会下战帖，就如他自己所说："现实的

---

① 何其芳：《一个平常的故事》，《星火集》，《何其芳全集》第2卷，第77页。
② 何其芳：《梦中道路》，《刻意集》，《何其芳全集》第1卷，第190页。

鞭子终于会打来的，而一个人最要紧的是诚实，就是当无情的鞭子打到背上的时候应当从梦里惊醒起来，看清它从哪里来的，并愤怒地勇敢地开始反抗。"①

无论如何，《预言》的诗作确实已经实践了他在《〈燕泥集〉后话》所标举的艺术主张："真正的艺术家的条件在于能够自觉地创造"，虽然只是"一些温柔的白色小花朵"②，但已是诗人如燕子般苦心经营的泥巢，有着瑰丽的光与宁静的香气。这部诗集和他同时期的散文《画梦录》一样，为20世纪30年代的文学开辟了一个崭新的领域，只可惜他后来却放弃了这块新辟的园地。评论者蓝隶之对此不无遗憾地指出："这三卷诗，从内容说一卷比一卷开阔，愈到后来，愈走出了自己的天地，但从艺术上看，一卷比一卷粗糙起来了，后面不如前面。"蓝隶之认为，让何其芳"在当时诗坛上有自己的特色和位置"的，还是像卷一中那些能体现象征主义诗风的作品，因为那些作品感情真实，语言精致，"较好地表现了一个耽爱艺术与唯美的青年的内心世界"。③ 这确实是一个让人困扰不已的悖论，何其芳的有意选择，却无意间留给了后世一个值得沉思的难题。

三、画迷离的梦，刻艺术的意

何其芳纯美诗歌走过的道路同样表现在散文创作上。《画梦录》是他的第一部散文集，作品多写于1933年至1935年间在北大读书时期，这是他抒情才思在散文领域的一次集中迸发，不论是感受方式、表现手法、语言艺术的独特性，都和《预言》一样，表现出作家唯美的艺术追求与抒情个性。并不令人讶异的，这部散文集和曹禺的《日出》、芦焚的《谷》同时获得了1936年天津《大公报》的文艺奖金。萧乾代表评选委员会对《画梦录》作了这样的评价："在过去，混杂于幽默小品中间，散文一向给我们的印象是顺手拈来的即景文章而已。在市场上虽曾走过红运，在文学部门中，却常为人轻视。《画梦录》是一种独立的艺术制作，有它超达深渊的情趣。"④ 这段评价说明了这部散文集非市场性，也不同于当时流行的幽默小品，而是具有个人独立的、艺术的、

① 何其芳：《〈刻意集〉序》，《何其芳全集》第1卷，第148页。
② 何其芳：《〈燕泥集〉后话》，《刻意集》，《何其芳全集》第1卷，第183—184页。
③ 蓝隶之：《前言》，《何其芳诗全编》，杭州：浙江文艺出版社，1995年，第4页。
④ 萧乾：《大公报文艺奖金》，原刊《读书》1979年第2期"史料重刊"，引自四川万县师范专科学校何其芳研究小组编：《何其芳研究资料》第5期，1984年4月30日，第35页。

情趣的特色，萧乾特别强调其"纯文学"的抒情风格，完全吻合这个时期自认为是"拘谨的颓废者""书斋里的悲观论者"的年轻何其芳的心境。何其芳对文学纯美意境的苦心经营，其实源自于他有些孤僻的气质，他这样形容自己当时的处境："我的生活一直像一个远离陆地的孤岛，与人隔绝。"① 在这样的生活里，他"做着一些美丽的温柔的梦"，并且"安静的用心的描画它们"②，于是孤独的何其芳，有了这部个人色彩鲜明的《画梦录》。

诗人投入散文的写作，在艺术自觉的探索上显现出不小的野心，他对当时散文的现况感到不满："觉得在中国新文学的部门中，散文的生长不能说很荒芜，很屡弱，但除去那些说理的，讽刺的，或者说偏重智慧的之外，抒情的多半流入身边杂事的叙述和感伤的个人遭遇的告白。"因此，"我愿意以微薄的努力来证明每篇散文应该是一种纯粹的独立的创作，不是一段未完篇的小说，也不是一首短诗的放大。"他试图突破既有散文窠臼，在抒情审美上有自身的实验："我企图以很少的文字制造出一种情调：有时叙述着一个可以引起许多想象的小故事，有时是一阵伴着深思的情感的波动。正如以前我写诗时一样入迷，我追求着纯粹的柔和，纯粹的美丽。"总之，他努力地想"为抒情的散文找出一个新的方向"③。可以说，这是何其芳一生中抒情个性最清晰也最具魅力的时刻，他以真挚书写自己的幻想、感觉、情感而在"汉园三诗人"中显得独树一帜，并以文学美的纯度、亮度，打动读者的心，而被时人称为"何其芳体"。

"何其芳体"是"五四"以降美文传统的一次新的发展，其内涵、特质与风格都值得进一步探究。它既有鲁迅《野草》中的内心独语，如《独语》《梦后》《雨前》《黄昏》《楼》等；也有周作人的娓娓闲话，如《炉边夜话》《哀歌》；以及废名的缥缈幻谲，如《弦》《伐水》；还有一些是对话体的形式，如《静静的日午》《扇上的烟云》《墓》等。看起来形式多变，其实仍是作者一个人孤独声部的独语，诉说着如梦境、烟云般无人感知、无人分享的寂寞感。正如论者所指出的："是寂寞促成了独语，独语又进一步强化了寂寞。"④ 何其芳独语体的散文充分显露出个人的"内敛性"，"向内转到自己的心灵世界里，

---

① 何其芳：《我和散文》（代序），《还乡杂记》，《何其芳全集》第 1 卷，第 238、242 页。

② 同上，第 240 页。

③ 何其芳：《我和散文》（代序），《还乡杂记》，《何其芳全集》第 1 卷，第 238、241 页。

④ 许仲友：《论〈画梦录〉的寂寞》，《太原大学教育学院学报》2009 年第 3 期。

自我体验孤独、寂寥和荒凉，不脱幻美色彩"，呈现在读者面前的是"一个有别于现实世界的异化空间"。① 这些另辟新径的独语体的散文看来就像是一篇篇凄美的散文诗，也像是一幅幅黑白的记忆图片，散发着寂寞悲哀的情绪。

迷恋于意义之外的何其芳，重视的是色彩、图案、情调的酿造，追求的是艺术形式的独到与完美，以《黄昏》为例，一开始就为我们画出了一幅落寞寂寥的荒城暝色图，带着阴暗的色调，忧郁的诗意：

> 马蹄声，孤独又忧郁的自远而近，洒落在沉默的街上如白色的小花朵。我立住。一乘古旧的黑色马车，空无乘人，纡徐地从我身侧走过。疑惑是载着黄昏，沿途散下它阴暗的影子，遂又自近至远的消失了。街上愈荒凉。暮色下垂而合闭，柔和的，如从银灰的归翅间坠落一些慵倦于我心上。我傲然，耸耸肩，脚下发出凄异的长叹。

没有情节，只有情绪，而且是徐缓、忧郁孤独的情绪，描摹出荒城的黄昏，一切都笼罩在古旧、黯淡的奇幻想像中，充满疑惑，使周遭的暮色染上了一层神秘的色彩。"我"是一个路过的人，眼中所见其实是心中苦闷的冥想，特别是失去爱情欢乐后，遗留的是无尽的悲哀与没有答案的怅惘：

> 我曾有一些带伤感之黄色的欢乐，如同三月的夜晚的微风飘进我梦里，又飘去了。我醒来，看见第一颗亮着纯洁的爱情的朝露无声地坠地。我又曾有一些寂寞的光阴，在幽暗的窗子下，在长夜的炉火边，我紧闭着门而它们仍然遁逸了。我能忘掉忧郁如忘掉欢乐一样容易吗？

这篇文章实在是一首不分行的诗，设想神奇，无处不是暗示与象征，有论者这样分析道："描写的古城残堞、荒街空车，叙述的寂寞光阴、惆怅心境，确实造成了一个寥廓、落寞的意境。这意境似关故都暮色，又更似作者心境的幻画，在迷离的光影之中，闪烁着神奇的色彩，吸引人们深入其中，一起踯躅于沉默的长街，体验一回心灵的波颤。"②

《黄昏》如此，整部《画梦录》都是如此。《雨前》写出心中的渴念："在这多尘土的国度里，我仅只希望听见一点树叶上的雨声。一点雨声的幽凉滴到

---

① 许仲友：《论〈画梦录〉的寂寞》，《太原大学教育学院学报》2009 年第 3 期。
② 金钦俊：《中国新文学大师名作赏析：何其芳》，第 159 页。

我憔悴的梦，也许会长成一树圆圆的绿荫来覆荫我自己。"但这样的期待最终却落空："然而雨还是没有来"；《秋海棠》里"寂寞的思妇凭倚在阶前的石栏杆畔"，面对冰凉的初秋夜空，她"举起头"，"更偏起头仰望"，但最终，"她的头又无力地垂下了"。安静的庭院，水雾般的夜，早秋的蟋蟀，黄色的菊花，悄然下坠的梧桐叶，以及思妇"大颗的眼泪从眼里滑到美丽的睫毛尖"，全文弥漫的是无尽等待的荒凉情调；还有那让人动容的农家早夭少女短暂寂寞与欢欣的《墓》，也是一阕命运的哀歌，作者满怀深情地铺陈出凄美的氛围："初秋的薄暮。……黄昏如晚汐一样淹没了草虫的鸣声，野蜂的翅。"然而，柔和的夕阳却"落在溪边一个小墓碑上，摩着那白色的碑石，仿佛读出上面镌着的朱字：柳氏小女铃铃之墓。"于是，16 岁少女"美丽的夭亡"、梦幻迷离的爱情故事悄然上演，又黯然落幕，最后，爱着女孩的"他"，"独语着，微笑着。他憔悴了。"

至于《哀歌》中"我"的三个姑姑不幸的遭遇，更是旧时代女性"红颜多薄命"的悲剧，就如第三个姑姑，记忆中的她总是"忧郁的微笑伴着独语"，而结局则是冷冷的："嫁了，又死了。死了，又被忘记了。"何其芳用一种感性且带点悲愁的口吻说："一切都会消逝的"，当他心中浮现她的剪影时，想到的是："我们看见了一个花园，一座乡村的树林，和那些蒙着灰尘的小树，和那挂在被冬天的烈风吹斜了的木柱上的灯。"给人梦境般复远飘忽的联想；年轻的诗人，有时强说愁地想起命运与人生，他说："当我忧郁的思索着人的命运时，我想起了弦。"在《弦》中，他以历尽沧桑的语气说着："有一天，我们在开始衰老了，偶尔想起了那些辽远的温暖的记忆，我们更加忧郁了，却还是说并不追悔，把一切都交给命运吧。但什么是命运呢：在老人或者盲人的手指间颤动着的弦。"翻开《画梦录》，忧郁，寂寞，美丽，几乎成了何其芳喃喃的呓语。这些呓语，作者都用极其生动、形象的语言赋予飘忽的诗意美感，这就难怪当时的评论者刘西渭会称赞他"生来具有一双艺术家的眼睛。会把无色看成有色，无形看成有形，抽象看成具体"[①]。

和《画梦录》差不多同一时期的《刻意集》，由于是未编入诗集《汉园集》、散文集《画梦录》之外的残留作品，在艺术水平上显得杂乱参差，小说《王子猷》和剧本《夏夜》看来都是失败之作，倒是其中收录的未完成小说的四个片段：《蚁》《棕榈树》《迟暮的花》《欧阳露》，可以视为上乘的散文。

---

① 刘西渭：《读〈画梦录〉》，原载 1936 年《文季月刊》第 1 卷第 4 期，引自李健吾：《咀华集》，上海：复旦大学出版社，2005 年，第 90 页。刘西渭是李健吾的笔名。

例如《迟暮的花》，藉两位青春已逝的垂暮者相逢私语，再次闪现出作者在这段时期的某些精神状态，特别是人生的失落，美的可望而不可即，对爱情消失的痛苦，以及对自己过往怯弱和孤独的自责，文中采用对话方式，实际上仍是作者心灵的独语。文末的两行诗是主题的隐喻："在你眼睛里我找到了童年的梦，／如在秋天的园子里找到了迟暮的花……"给人幽然无穷的余味，有力地渲染了寒冷、寂寥、迷离的氛围。正如作者所言："这些杂乱的东西就是我徘徊的足印"，是他"成天梦着一些美丽的温柔的东西"① 下的产物。

在何其芳一生写作生涯中，以这段时期的抒情审美意识最为鲜明，他日夜思索着艺术的精髓，吸取西方现代抒情手法和叙事技巧，刻意在文学意象上精雕细琢，大量采用暗示象征、直觉幻想、意象堆砌的表现，呈现出浓厚的现代抒情气息和唯美主义色彩。这些如雕刻、绘画般的细腻手法，加上镜花水月的爱恋，繁艳美好的自然，寂寞孤独的青春童年，美的追寻与失落等主题，共同构成了他文学作品中的审美特质与精神世界。

四、从梦中道路到延安窑洞

即使在艺术审美上，《预言》与《画梦录》堪称何其芳在文学上最精致出色的代表作，就如研究者周良沛所言："一文一诗，诗文难辨，成了读者心上文学的何其芳形象。在诗人46年的创作生涯中，这六年是不长的一段，然而，持不同论见者，都同样将它作为研究何其芳的热点。"② 但是，诗人自己并不这样认为。抗战的爆发改变了他的生活，他走向延安，投入革命熔炉，发现精神上的"新大陆"；抗战同时也改变了他的文学立场、审美倾向。他对自己走在"梦中道路"的空虚与绝望开始感到不满，甚至将过去写的诗说成是"坏诗"，他的自我批评/否定看来颇为严厉："那些诗，既然是脱离时代、脱离当时中国的革命斗争的产物，它们的内容不可能不是贫乏的。如果说那里面也还有一点点内容的话，也不过是一个政治上落后的青年的一些幼稚的欢欣，幼稚的苦闷，即是说也不过是多少还可以从它们感到一点微弱的生命的脉搏的跳动而已。不久以后我自己也就认识到了。"于是，大学毕业后，他"坚决地抛弃

---

① 何其芳：《刻意集·序》，《何其芳全集》第 1 卷，第 144 页。
② 周良沛：《何其芳：为少男少女歌唱者》，《中国现代诗人评传》，台北：人间出版社，2009 年，第 223 页。

了我那些错误的思想，终于走向进步了。"① 对过去六年沉浸于纯美歌唱的反省，使他得到一个清醒的结论："诗，如同文学中的别的部门，它的根株必须深深的植在人间，植在这充满了不幸的黑压压的大地上。"②

其实，《预言》里写于抗战前夕的几首诗《送葬》《醉吧》《声音》《云》已经预告了诗人开始接受现实的呼唤，并且有了初步的响应。诗集《夜歌》（1945 年）和散文集《还乡杂记》（1939 年）则可以看出何其芳创作倾向转变的决心与宣示。翻开《还乡杂记》，在《街》《呜咽的扬子江》《县城风光》《私塾师》等文章中，我们看到何其芳对故乡四川万县的落后、凋零、顽固、守旧、阴暗发出了惋惜的哀叹，深沉的愤怒，以及由此萌生渴望改变的严肃思考。以《街》为例，写他沿着长江一路西上进入万县，勾起儿时从乡下进城的记忆，在回忆中对照着县城的现况，不禁产生凄凉与愤慨交织的复杂感受。文章一开头写着："我凄凉地回到了我的乡土"，因为他看到的是："十分阴暗，十分湫隘，没有声音颜色的荒凉。"然后他回忆起童年经历的教育与社会的许多丑恶行径，并思索着："与其责备他们，毋宁责备社会。这由人类组成的社会实在是一个阴暗的，污秽的，悲惨的地狱。我几乎要写一本书来证明其他动物都比人类有一种合理的生活。"他陷入何去何从的矛盾中："夜色和黑暗的思想使我感到自己的迷失。我现在到底在哪儿？这是我的乡土？这不是我的乡土？"最后，作者来到一所小学的大门前，想要寻找他曾经认识的人，但是从"轻轻地敲着门环"到"用手重拍""大声叫喊"，回应他的却是"黑夜一样寂静"，于是，"像击碎我所有的沉重的思想似的，我尽量使力的用拳头捶打着门，并且尽量大声地叫喊起来"③。这富象征性的结尾给人鲁迅试图唤醒铁屋子中沈睡人们的联想。这时候的何其芳，对现实不满的激情已经掩盖了过往对梦幻的深情。他早期以美为主导的抒情个性，至此已被对社会人生的责任感与为真理信仰而牺牲自我的革命思考所逐渐取代了。

在这种情绪酝酿下，随着战火的日益炽烈，《夜歌》这样充满战斗激情，以及抨击黑暗、寻找光明的革命色彩的作品出现也就不令人讶异了。除了《成都，让我把你摇醒》作于成都之外，《夜歌》中的作品都是他在 1938 年至1942 年于延安所作。在写于 1944 年的《夜歌·后记》中，何其芳对自己的转

---

① 何其芳：《写诗的经过》，《关于写诗和读诗》，《何其芳全集》第 4 卷，第 324—325 页。

② 何其芳：《刻意集·序》，《何其芳全集》第 1 卷，第 147 页。

③ 何其芳：《街》，《还乡杂记》，《何其芳全集》第 1 卷，第 256—263 页。

变有清楚的交代:"不久抗战爆发了。我写着杂文和报告。我差不多放弃了写诗。"但在1940年,他又开始写起诗来,"我写得很容易,很快,往往是白天忙于一些旁的事情,而在晚上或清晨有所感触,即挥笔写成。这个集子中的大部分诗都是在这种情形下写的。"至于书名,他认为应该是《夜歌和白天的歌》,"这除了表示有些是晚上写的,有些是白天写的而外,还可以说明其中有一个旧我与一个新我在矛盾着,争吵着,排挤着。"显然,革命的"新我"已经胜过了抒情的"旧我",他因此而否定了在艺术审美之路上曾经跋涉过的种种努力:"由于现实的教训,我才知道人不应该也不可能那样盲目地,自私地活着,我就否定了那种为个人而艺术的错误见解。"① 同样写于1944年的另一篇文章《谈写诗》对自我的批判与出路有更直接的表白,他说:"这个时代,这个国家,所发生过的各种事情,人民,和他们的受难,觉醒,斗争,所完成着的各种英雄主义的业绩,保留在我的诗里面为什么这样少呵。这是一个轰轰烈烈的可歌可泣的世界。而我的歌声在这个世界中却显得何等的无力,何等的不和谐!"他做出了坚定的自我抉择:"广阔地生活,深入地生活,到群众中去,到火热的斗争中去","对于学习写作的人,这是最重要不过的事情。"②

从《成都,让我把你摇醒》这首诗即可看出何其芳文学意识的丕变。卢沟桥的炮声震醒了诗人,诗人则想要摇醒成都:"于是卢沟桥边的炮声响了,/风瘫了多年的手膀/也高高地举起战旗反抗,/于是敌人抢去了我们的北平、上海、南京,/无数的城市在他的蹂躏之下呻吟,/于是谁都忘记了个人的哀乐,/全国的人民连接成一条钢的炼索。//在长长的钢的炼索间/我是极其渺小的一环,/然而我像最强顽的那样强顽。像盲人的眼睛终于睁开,/从黑暗的深处我看见光明,/那巨大的光明啊,/向我走来,/向我的国家走来……"这一小节的诗风充满奔放的热情、对民族战争胜利的自信,表现出炽烈的爱国情怀,不再是飘在天上的云的梦幻,而是脚踏土地的现实呼声,他用接近群众的口语,明白晓畅地抒发"人民情感",而不是"个人情感",这里的"我",其实是"我们"。1938年8月,当何其芳踏上前往陕北的道路时,诗人已经(或渴望)成为战士,画梦者也成了吹号者。撰写何其芳传记的廖大国就指出:"如果他的第一个诗集《预言》显示着他的创作从飘在'空中的云'转向地上的'茅草屋顶',那么,《夜歌》这个诗集中的大部分作品,显示着他又从'茅草屋顶'转到了'延安窑洞'以及抗战前线。这是他的人生道路上的一次

---

① 何其芳:《〈夜歌〉(初版)后记》,《何其芳全集》第1卷,第517页。

② 何其芳:《谈写诗》,《关于现实主义》,《何其芳全集》第2卷,第375页。

跨越，也是他的创作上的又一次转变。"① 可以说，他以这首诗向"从前"的
何其芳正式告别。

延安的新生活，随军的实际战火洗礼，在鲁迅艺术学院的任教，以及和毛
泽东、贺龙等人的接触，他像个新生的人，认真改造自己，全心投入到革命工
作的行列里。现实生活的冲击，思想产生变化，何其芳的诗歌因此呈现出新的
美学特点。从《夜歌》的诗篇题目即可看出何其芳和《预言》阶段"判若两
人"的文学形象：《我们的历史在奔跑着》《叫喊》《生活是多么广阔》《我把
我当作一个兵士》《平静的海埋藏着波浪》《多少次呵当我离开了我日常的生
活》。然而，这两人其实仍是一体，是诗人突破"旧我"后的"新我"，只是
此后诗人始终沿着这条路线发展下去，写出了如《革命——向旧世界进军》
《让我们的呼喊更尖锐一些》《新中国的梦想》《我们最伟大的节日》等作品，
因而形成了前后期迥然不同的艺术风格。《夜歌》标志着何其芳从个人走向集
体，从抒发自我到歌颂民族的真正开端。尽管以后何其芳还出版过散文集《星
火集》《星火集续编》，以及许多杂文和评论，但他作为一个文学家的形象已
经停格在《夜歌》，个人的声音逐渐消失在集体洪流的巨响里，就如他所言：
"完全告别了我过去的那种不健康不快乐的思想，而且像一个小齿轮在一个巨
大的机械里和其他无数的齿轮一样快活地规律地旋转，旋转着。我已经消失在
它们里面。"②

《夜歌》中几首以《夜歌》为题的诗，完全是诗人真实剀切的自我剖白，
可以看出一个诗人在走进革命队伍后的独特感受，如《夜歌（二）》的结尾：
"我是如此快活地爱好我自己，/而又如此痛苦地想突破我自己，/提高我自
己！"或是《夜歌（四）》写道："我要起来，点起我的灯，/坐在我的桌子
前，/看同志们的卷子，/回同志们的信，/读书，/或者计划明天的工作，/总
之，做我应该做的事。"《夜歌（六）》也有同样的心声："惟有你们从人民中来
/而又坚持地为人民做事的，/才最值得用诗，用历史/来歌颂，来记下你们的
功劳和名字。"《夜歌（七）》里的片段："堂堂正正地做一个人，/好好地过日
子，/而且拼命地做事情。/我们谁也还不晚！一切为了我们的巨大的工作，/
一切为了我们的大我。/让群众的欲望变为我的欲望，/让群众的力量生长在我
身上。"这些诗的情绪与表现都和作者早期沉湎于虚幻的梦想大不相同了，"同
志""人民""群众""大我"等这些过去不会出现的字眼，在《夜歌》中随

① 廖大国：《一个无题的故事——何其芳》，台北：文史哲出版社，2002年，第97页。
② 何其芳：《一个平常的故事》，《星火集》，《何其芳全集》第2卷，第83页。

处可见，完全表现出他"牺牲小我，完成大我"的"政治领悟"。白天工作的何其芳，和夜晚写诗的何其芳，都是同样的一位革命新战士，字里行间都是对改造自我的急切和热情的自信，这些毫无矫饰的心情透过《夜歌》形象地反映出来，所以研究者贺仲明才会说《夜歌》"为我们留下了一个真实的知识分子自我改造蓝本"。[1]

作于 1941 年的《我把我当作一个兵士》这首诗明白地表露着他当时的心迹：

> 我把我当作一个兵士，
> 我准备打一辈子的仗。
>
> 当我因为碰上了工作中的困难而烦恼，
> 当我因为疲乏而感到生活是平凡而且单调，
> 我就想我是一个兵士，
> 一个简简单单的兵士，
> 我想我是在攻打着一座城堡，
> 我想我是在黑夜里放哨，
> 我想我不应该有片刻的松懈，
> 因为在我的队伍中一个兵士有一个兵士的重要。
>
> 我把我当作一个兵士，
> 我准备打一辈子的仗。

显然，诗人的个性意识已被群体意识取代了，从小我走向大我，他认清自己的位置与角色，那就是在大时代中心甘情愿地做一个小兵，一辈子献身于"工作"。追求的不再是个人的未来，而是人民、民族的未来；怀抱的不再是个人的希望，而是国家的希望。这就是何其芳在延安的"生长"。

五、瘖哑的夜莺：一代知识分子的宿命

从《预言》到《夜歌》，从唯美主义到现实主义，从自恋到自觉，从黑夜

---

[1]　贺仲明：《瘖哑的夜莺——何其芳评传》，第 146 页。

到白天，从校园到战场，从诗人到革命，从重庆到延安，从寂寞独语到尖锐喧嚣，从何其芳到"何其芳们"，我们看到了一个自由、梦幻的诗人在历史语境发生重大变化后的调整。他不再只咏叹个人的感伤，而是从新时代的广阔人生中去捕捉新题材；他不再呢喃于个人梦呓般的独语，而是纵情地歌颂延安、新生活与新中国；他丢弃早期的精致冷艳，也不再执着于格律形式，采用朴素通俗的群众口语，努力追求质朴明朗的风格；甚至于，他开始投入报告文学、杂文、随笔的尝试，只为了更贴近工农兵大众的生活与情感。他放弃了精心"画梦"的小天地，向主流文学虔诚靠拢，迈向"广阔"与"粗犷"，对他而言，那才是真正"芬芳"的生活。

此后，他的诗不但数量少，艺术上也缺少突破，诗味由浓转淡。据他自述，在1942年延安"整风运动以后，我可以说是停止了写诗"，因为觉得"当务之急是从学习理论和参加实际斗争来彻底改造自己的思想情感"，于是"写诗在我的工作日程上就被挤掉了"。[①] 他多次强调自己工作的忙碌是导致创作减少的主因，但与其说他是因为工作紧张忙碌而无法写诗，不如说是因为无法写诗而拼命忙碌工作，似乎只有如此，他才能冲淡内心的郁闷，才能填补他内心的空虚，摆脱精神上的苦闷与矛盾。他早期诗文中多次出现的"红沙碛"——这是在何其芳故乡长江边上的一段水岸，铺满了五彩颜色的石头，诗人童年时期曾在此得到许多次捡拾的欢欣，对他而言，"红沙碛"象征着美好的意境，如诗如画，但历经人事的坎坷、战事的洗礼及政治的运动之后，那美好的记忆与桃花源般的梦想，诗人从此再也回不去了。这是时代的推动和他主观选择的结果，其代表性则反映了现代中国知识分子的某种历史命运，或者说是一种宿命。

耐人寻味的是，即使是1950年代，何其芳也没有完全放弃诗的纯美本质，他说："诗应该是歌中之歌，蜜中之蜜"[②]，诗歌必须是"从生活的泥沙里淘洗出来的灿烂的金子，是从生活的丛林里突然发现的奇异的花，是从百花之精华里酝酿出来的蜜。"他清楚地指出："文学艺术要求的并不仅仅是正确，尤其不是那种一般化、公式化的正确"，只要是杰出的诗人，都应该有"独特的创造"，应该具备"形象的优美和丰满，语言的精炼、和谐和富于音乐性，作为

---

① 何其芳：《〈夜歌和白天的歌〉重印题记》，《何其芳全集》第1卷，第528页。
② 何其芳：《话说新诗》，《西苑集》，《何其芳全集》第3卷，第66页。此文写于1950年。

一个整体的天衣无缝的有机的构成"①。我们从这些文章中仿佛又见到了年轻的何其芳对文学纯粹性、审美性的坚持。走过重重曲折与矛盾，历经运动与改造，我们必须得说，何其芳心灵的角落深处仍然为文学审美保留了一个不是最重要但也不曾失去的位置。

六、卞之琳：寂寞的人，站在桥上看风景

从何其芳，我们自然想起了卞之琳。这样的联想是很自然的，因为他们两人有太多相似之处：同在北大求学；以诗歌进入文坛；和李广田三人合出诗集《汉园集》而被称为"汉园三杰"；一起在成都创办小型半月刊《工作》，又基于相近的理念于 1938 年同赴延安，且都曾在鲁迅艺术学院授课；1966 年"文革"开始，两人都遭遇了批斗劳改，只不过，何其芳在"文革"结束不久后病逝，而卞之琳则活到 2000 年。在文学创作历程上，两人也共同走过了从追求唯美纯诗到歌颂政治的诗风转变，20 世纪 30 年代译介现代主义诗歌的文艺先锋，到 50 年代成了政治先锋，仅 20 多天就以一腔热忱写出抗美援朝诗 23 首而出版了诗集《翻一个浪头》。于是，卞之琳也成了"何其芳们"中的一人。

回顾《汉园集》这部青春时期的少作，相信三位诗人都将会百感交集。有人说《汉园集》是"中国旧社会在沦亡崩溃前夕知识青年的一个典型梦幻"②，其中的寂寞灵魂与哀愁字眼，对于后来忙碌于政治任务与革命斗争的诗人来说，恐怕是极其遥远的记忆了。然而，恰恰是寂寞，让年轻的诗人因此接触到了文学最纯粹的本质，并写出了足以传世的作品。何其芳沉溺于寂寞的况味已如前述，诗风相对较晦涩的卞之琳也有不遑多让的表现，且看他的《西长安街》：

> 长的是斜斜的淡淡的影子，
> 枯树的，树下走着的老人的
> 和老人撑着的手杖的影子，

---

① 何其芳：《写诗的经过》，《关于写诗和读诗》，《何其芳全集》第 4 卷，第 327—328 页。此文写于 1956 年。

② 陈芳明：《美丽的天亡——浅论握可盈手的〈汉园集〉》，《典范的追求》，台北：联合文学出版社，1994 年，第 49 页。

都在墙上，晚照里的红墙上，
红墙也很长，墙外的蓝天，
北方的蓝天也很长，很长。
啊！老人，这道儿你一定
觉得是长的，这冬天的日子
也觉得长吧？是的，我相信。
看，我也走近来了，真不妨
一路谈谈话儿，谈谈话儿呢。
可是我们却一声不响，
只是跟着各人的影子
走着，走着……

形象化的画面，视觉上由远而近而远，凄冷冬天里北京古城的孤寂和老人的迟暮，共构出一种衰老寂寞的氛围，而跟着虚幻的影子无止境地走下去，更给人挥不去的淡淡悲凉之感。卞之琳显然陷入了咀嚼孤独、沉浸哀伤的浪漫抒情意境中，这只要看看他写的诗题即可窥知：《一块破船片》《寂寞》《奈何》《远行》《寒夜》《夜风》《落》《倦》，在低吟浅唱中，呈现出的是个人最真实的失落黯然的愁绪。对于青春时期的心境，他的自我剖析有清楚地说明："当时由于方向不明，小处敏感，大处茫然，面对历史事件、时代风云，我总不知要表达或如何表达自己的悲喜反应。这时期写诗，总像是身在幽谷，虽然心在巅峰。"①

　　他的诗歌创作一开始受到以浪漫抒情为特色的新月派极大的影响，有意地学习闻一多、徐志摩诗歌的技巧与观念，包括对格律的自觉遵守、采取小说戏剧手法以入诗等，尤其是徐志摩对他的"知遇之恩"，深深影响了他早期的诗风。废名在《谈新诗》讲义中曾说："在我的讲新诗里头虽然没有讲徐志摩，并没有损失，卞之琳的文体完全发展了徐志摩的文体，这个文体是真新鲜真有力量了。"② 这当然是废名个人的偏见，但可以看出徐志摩对卞之琳的巨大影

① 卞之琳：《雕虫纪历·自序》，《人与诗：忆旧说新》，见《卞之琳文集》中卷，合肥：安徽教育出版社，2002年，第446页。
② 废名：《〈十年诗草〉》，原载1948年3月21日北平《华北日报·文学》第12期，原为其《新诗讲义》的第13章。《新诗讲义》后来以《谈新诗》之名由艺文社印行。引自《谈新诗》，收于《废名集》第4卷，第1770页。

响。在 1941 年编写《十年诗草》时，卞之琳还特别将它题献给徐志摩，算是对逝世十周年的恩师"交了卷"①。除了新月派唯美诗风的启蒙，在北大就读期间，他学习法文，开始翻译少量波特莱尔（Baudelaire，1821—1867）、玛拉美（Mallarme，1842—1898）等人的象征主义诗歌，深受启发，据其自述："我则在学了一年法文以后，写诗兴趣已转到结合中国传统诗的一个路数，正好借鉴以法国为主的象征派诗了。"② 从新月派转向象征派，再加上叶公超指引邀约他翻译艾略特（T. S. Eliot，1888—1965）的著名论文《传统与个人的才能》，从而接纳了艾略特"玄学派"的诗风，这对他的视野又是一次崭新的开放，他说："这些不仅多少影响了我自己在 30 年代的诗风，而且对三四十年代一部分较能经得起时间考验的新诗篇的产生起过一定的作用。"③ 透过不断的探索发展，取众家之长，卞之琳终于形成自己独树一帜的风格，在 1935 年至 1937 年间达到个人诗歌创作的高峰，并在诗坛大放异彩。

　　卞之琳的诗带有强烈的个人色彩，特别是 20 世纪 30 年代的青年阶段，既没有左翼文学的历史使命感，也没有早期新月诗派那样有程度不同的政治意识。面对丑恶且无力改变的社会现实，他以诗歌寻找精神上的出路。艺术对于他，并不是实现某种政治主张、改变社会的工具，而是属于自己心灵的美好家园。在带有总结意味的《雕虫纪历·自序》中，他说："我写诗，而且一直是写的抒情诗，也总在不能自己的时候，却总倾向于克制，仿佛故意要做'冷血动物'。规格本来不大，我偏又喜爱淘洗，喜爱提炼，期待结晶，期待升华，结果当然只能出产一些小玩艺儿。"④ 恰恰是这些淘洗、提炼过后结晶似的精品，使卞之琳有自己鲜明的创作个性。"卞之琳风格"最典型的表现正是在 20 世纪 30 年代前期，细腻的抒情，隐曲的象征，融合知性与感性的语言，有寄托的审美意境，刘西渭写于 1936 年的评论对此有精要的描述："从正面来看，诗人好像雕绘一个故事的片段；然而从各面来看，光影那样匀称，却唤起你一个完美的想象的世界，在字句以外，在比喻以内，需要细心的体会，经过迷藏一样的捉摸，然后尽你联想的可能，启发你一种永久的诗的情绪。这不仅仅是'言近而旨远'；这更是余音绕梁。言语在这里的功效，初看是陈述，再看是暗

---

① 卞之琳：《初版题记》，《十年诗草》，见《卞之琳文集》上卷，第 9 页。
② 卞之琳：《赤子心与自我戏剧化：追念叶公超》，《人与诗：忆旧说新》，见《卞之琳文集》中卷，第 187 页。
③ 同上，第 188 页。
④ 卞之琳：《雕虫纪历·自序》，《人与诗：忆旧说新》，见《卞之琳文集》中卷，第 444 页。

示，暗示而且象征。"① 至今看来，这段评论文字仍是对"卞之琳风格"最生动的批注。

《断章》就是这样"暗示而且象征"的代表之作，是既现代又古典的中西合璧小品：

> 你站在桥上看风景，
> 看风景人在楼上看你。
>
> 明月装饰了你的窗子，
> 你装饰了别人的梦。

诗中运用了桥、楼、月、窗、梦五个传统意象，写一刹那的意境，呈现出悠长且深邃的古典韵味。现代派诗歌以追求艺术的纯美为旨趣，《断章》的朦胧美、意象美，以及诗中体现的主客体相对转换的关系，沉静从容中带有人生的智慧，让人回味不已。余光中对这首"耐人寻味的哲理妙品"曾分析道："表面上，这首诗前二行在写景，后二行由实入虚，写景兼而抒情。就摆在这层次上来看，这首诗已经够妙、够美，不但简洁而生动地呈现出画面，更有一种匀称的感觉。"除了美感的观照，这首诗还有"一种交相反射、层层更进的情趣"，并且"阐明了世间的关系有主有客，但主客之势变易不居，是相对而非绝对。"② 或许就是诗中"新的时空观念与诗人的情感体验结合得相当完美"③，所以这首诗才会如此耐读。

从 1933 年秋天起，卞之琳爱上并追求张充和（即沈从文妻子张兆和的妹妹），这份恋情（或许应该说是单相思）一直伴随着他 14 年，直到 1947 年夏天，张充和结识并在次年嫁给在中国留学的美国人傅汉思（Hans H. Frankel，1916—2003）为止。这段情感上的漫漫波澜，被诗人婉转地写进许多充满爱与美的诗篇中，如《旧元夜遐思》《鱼化石》《泪》《半岛》《灯虫》《白螺壳》

---

① 刘西渭（李健吾）：《〈鱼目集〉——卞之琳先生作》，写于 1936 年 2 月 2 日，引自《咀华集》，上海：复旦大学出版社，2005 年，第 67 页。

② 余光中：《诗与哲学》，原载台北《中央日报》1987 年 12 月 11 日，引自张曼仪编：《中国现代作家选集·卞之琳》，台北：书林出版公司，1992 年，第 255 页。

③ 杨万翔：《卞之琳的〈断章〉为何耐读？》，原载《现代人报》第 68 期，1987 年 7 月 7 日。引自《中国现代作家选集·卞之琳》，第 252 页。

《无题》等，甚至连《断章》都有人当作情诗解读①。其中最精美的是写于1937年的《无题》5首，悲喜交织的年轻情感在其中波涛起伏，真挚而动人，如《无题一》：

> 三日前山中的一道小水，
> 掠过你一丝笑影而去的，
> 今朝你重见了，揉揉眼睛看
> 屋前屋后好一片春潮
>
> 百转千回都不跟你讲
> 水有愁，水自哀，水愿意载你。
> 你的船呢？船呢？下楼去！
> 南村外一夜里开齐了杏花。

将内心对她的想念九曲十八弯地表达出来，"一片春潮"和"开齐了杏花"都是诗人满腔情意的柔性宣言，从"一道小水"涨成"一片春潮"，可见这次的爱恋对他而言是如何巨大的冲击。《无题五》也是写得意境高远，淡语中寄寓作者的深情：

> 我在散步中感谢
> 襟眼是有用的，
> 因为是空的，
> 因为可以簪一朵小花。
>
> 我在簪花中恍然，
> 世界是空的，
> 因为是有用的，

---

① 如奚密：《卞之琳：创新的继承》一文，在解读这首诗时就认为："《断章》中所有的名词都是具体的事物（桥、风景、楼、明月、窗子），除了全诗的最后一个字：'梦'。与此相呼应的是时间的转换：第一节是白天，第二节是夜晚。至此，诗的主题呼之欲出，它应该是一首情诗，这点也和《无题四》一样。白天，诗人的目光追随着意中人；夜里，他做梦也梦见她。"见《江苏大学学报》（社会科学版）2008年第3期，第43—44页。

因为他容了你的款步。

诗中以空间大小的变化，寄托情感的虚实转换，写得自然而有韵味，甚至带有哲学的意涵，因为"这首诗中有着浓厚的色空观念，这世界，或者说，我的世界本来是空无一物的；因为你的到来，我才感觉到了它的存在和意义，而你，包括你的襟眼、你的款步以及我顺手送给你的、作为你的象征的小花，都是色的表象。在色与空之间，也许仅仅是我对你的爱的执着。我的'无'因为有了你而成了'有'，而有了些微的喜悦，但'即便在喜悦里还包含惆怅、无可奈何的命定感'"①。诗中的空灵与禅悟，是在悲喜交集的爱情波折中深切的体会。诗人对这段感情似乎早有失落的预感，他说："我开始做起了好梦，开始私下深切感受这方面的悲欢。隐隐中我又在希望中预感到无望，预感到这还是不会开花结果。仿佛作为雪泥鸿爪，留个纪念，就写了《无题》等这种诗。"②

　　写《无题》的诗人很快地将这份感情放在心中，因为不久爆发的"七七事变"，使他的生活、写作都产生了急遽的改变，民族的灾难与时代的风暴把所有的诗人都推向了血与火、刀与剑的现实面前，卞之琳也不例外。从北京到延安，他接受了前线战火的洗礼，诗集《慰劳信集》、报告文学《晋东南麦色青青》《第七七二团在太行山一带》，就是他为时代所唱出的歌声。特别是《慰劳信集》，从《给前方的神枪手》《给修筑飞机场的工人》到《给一位集团军总司令》《给一切劳苦者》，18 首充满时代共识精神的诗歌，献给了战火下在不同岗位上抗日的勇者，而诗人个性的光亮也掩盖在这些群体的光芒里，我们听到了他高亢的呐喊："无限的面孔，无限的花样！/破路与修路，拆桥与造桥……/不同的方向里同一个方向！……一切劳苦者。为你们的辛苦/我捧出意义连带着感情。"③ 这部诗集，其实是另一种形式的报告文学，即使他试图跳脱当时现实主义诗潮下偏重政治要求的写作窠臼，按照自己的诗艺技巧和创作个性来发挥，但仍不免于僵硬抒情与单一声调的通病。正如研究者所指出："时代的需要和历史的使命有力地改变着诗歌界的创作观点和审美趣味"，"一旦走出了个人世界，面向大众，便没有退回书斋去的理由了"④。从此，卞之

　　① 姚峰、邢超、徐国源：《低吟浅唱的歌者——卞之琳》，台北：文史哲出版社，2003年，第83页。
　　② 卞之琳：《雕虫纪历·自序》，《人与诗：忆旧说新》，见《卞之琳文集》中卷，第450页。
　　③ 卞之琳：《给一切劳苦者》，《慰劳信集》，《卞之琳文集》上卷，第109页。
　　④ 姚峰、邢超、徐国源：《低吟浅唱的歌者——卞之琳》，第119、140页。

琳的写作成为一种"承担",一种"使命",尤其是 1949 年以后,他的诗歌题材围绕着抗美援朝、农业合作化与社会主义建设等一系列政治社会的主旋律,结集 23 首抗美援朝诗的《翻一个浪头》可为代表,卞之琳对这些诗的评价是:"大多数激越而失之粗鄙,通俗而失之庸俗,易懂而不耐人寻味。时过境迁,它们也算完成了任务,烟消云散。"①

看来,诗人对自己的写作主张与原则还是坚持的,他很清楚知道这些"应时之作"只是一种"任务",一旦完成也就"烟消云散"。他以这些诗"装饰"了时代的梦,让自己成为时代"风景"的"断章"。不管是看与被看,诗人在 30 年代的纯美意识与孤独声音,已经成为一个经典;他独特的抒情气质与个性特征,以及融情绪、思想、形象于一体的诗意空间,已经构成"貌似清水实为深潭的冷凝幽秘的诗风"②,看似寂寞,却是足以让人凝视再三,流连而忘返的风景。

七、李广田:梦是这样迷离

也许还应该谈谈李广田。同为汉园三诗人之一的李广田,诗作不多,只有《汉园集》中的《行云集》和 1958 年出版的《春城集》,在汉园三诗人中不论数量或艺术成就都相对较小。《行云集》中的 17 首诗,以质朴的诗风写生活的现实,和何其芳、卞之琳诗的纯粹性与现代性有明显的不同;《春城集》中的政治意味大过文学,离纯文学的审美就更远了。卞之琳就曾经指出:"当时广田自己编《行云集》,把 1933—1934 年写的几首放在上头作为一辑,想来是他自己比较满意的一辑。事实上,我今天读起来也觉得这一辑在广田的早期诗作里最为圆熟,一般说来,就韵味论,后来未必居上。"③《地之子》是他早期诗中的代表作,写得深沉蕴藉,反映出他的现实主义人生观:"我是生自土中,/来自田间的,/这大地,我的母亲,/我对她有著作为人子的深情。/我爱着这地面上的沙壤,湿软软的,/我的襁褓;/更爱着绿绒绒的田禾,野草,/保姆

---

① 卞之琳:《雕虫纪历·自序》,《人与诗:忆旧说新》,见《卞之琳文集》中卷,第453 页。

② 罗振亚:《中国现代主义诗歌史论》,北京:社会科学文献出版社,2002 年,第331 页。

③ 卞之琳:《〈李广田诗选〉序》,《人与诗:忆旧说新》,见《卞之琳文集》中卷,第 373 页。

的怀抱。/我愿安息在这土地上，/在这人类的田野里生长，/生长又死亡。"①
浑然淳朴的语言，对祖国土地血肉相连的深情，流露出一股厚重的生命力量，
可以看出迥异于何其芳早期如空中之云缥缈的风格。

当然，年轻的诗人也有浪漫抒情的一面，也曾经流连在"自己的小天地"，
而"忘了外面的大天地"，那是北大求学阶段，他说："为了从事创作，在大
学里我入的是外文系，因之颇受了西方的尤其是浪漫派、颓废派、象征派的影
响，又因为自己在思想方面找不到道路，对于现实世界是越来越脱节了，只是
过着一种小圈子主义的生活"，于是他写了一些自认"空虚的哀伤"② 的诗歌
以发抒孤独的心情，例如《寂寞》就写得悒郁忧伤："我常常捧起心儿，/轻
轻地问着自己：/'你究竟为了什么，/奔着这寂寞的长途？'//我静静地期待
回答：/只听到几声叹息。/我紧紧地把心儿抱起，/它在我怀里饮泣。"还有
《旅途》《窗》《归的梦》等诗，也都带着空虚、感伤的色彩。他在《秋的味》
一诗中喃喃自语道："谁曾嗅到了秋的味，/坐在破幔子的窗下，/从远方的池
沼里，/水滨腐了的落叶的——/从深深的森林里，/枯枝上熟了的木莓的——/
被凉风送来了/秋的气息。/这气息/把我的旧梦醺醒了，/梦是这样迷离的，/
像此刻的秋云似——/从窗上望出，/被西风吹来，/又被风吹去。"这样的抒情
腔调在何其芳、卞之琳同时期的诗作中都似曾相识，可以说，汉园三诗人在大
学时期的心境与诗风还是比较接近的，虽然在其中要找到彼此的差异也并非难
事。和何、卞两人相比，李广田的文学审美意识较淡，因此在诗风的转变上没
有太多的挣扎，抗战一来，他就快速且坚定地让自己融进时代大我的洪流中。

李广田在青年时代曾经被军阀逮捕入狱，甚至被判死刑，特殊的经历使他
在抗战开始后投入革命行列，思想态度自然地转向马列主义的文艺理论，表现
在文学创作上，则以刻画人民的疾苦与呐喊为主，正如研究者对他诗歌发展路
线所归纳的五个转变："一、从个人的，到群众的；二、从主观的，到客观的；
三、从温柔的，到强烈的；四、从细致的，到粗犷的；五、从低吟的，到朗诵
的。"③ 李广田也因此成了众多"何其芳们"中的一人了。如《给爱星的人
们》中的自我表白："是的，我们却更要发下誓愿，/把人群间的云雾完全扫

① 见李岫编：《中国现代作家选集·李广田》，香港三联书店、人民文学出版社，1983
年，第 125 页。

② 本段所引文字见李广田：《自己的事情》，李岫编：《李广田研究资料》，北京：知
识产权出版社，2010 年，第 12 页。

③ 潘颂德：《李广田的诗论》，《中国现代诗论四十家》，重庆出版社，1991 年，第
381 页。

开，/使人的星空更亮、更光彩，/更能够连接一起，更相爱。"可以看出他亟欲抛开个人的梦呓，追求集体主义的精神，这种"政治觉悟"在《春城集》中多所表现，如《一棵树》中先说："我忽然感到自己是一棵树，/是一棵枝叶扶疏的大树。"以树喻己，强调"还是要把根扎下去，扎到最深处，/也要把枝叶伸出去，伸向太阳去。"而诗的结尾充满了昂然的斗志："我不知道我什么时候可以休止，/因为我自己并不属于我自己。"没有自己，放弃个人，这几乎是"何其芳们"共同的诉求。

《入浴》一诗的"集体感"与因此而萌生的"新生感"表露得更是直接："几千年的阶级社会，/几千年的阶级斗争，/尽管我们身上伤痕累累，/一个真正的春天确已形成。//我们大家一齐入浴，/我们笑哈哈无所牵挂，/泉水的温暖使我们心里开花，/我们仿佛在一个母胎里重新长大。"最后四句出现四个"我们"，诗人渴望融入新生活、新社会、新角色的心理于此可见。小我微不足道，大我才是生存之道，《春城集》的李广田已经不是当年《行云集》的天真诗人了。对诗人而言，这是义无反顾的抉择（而且也不能苛责）……

八、诗人付出的代价终究还是诗

《汉园集》之名取自三位诗人在北大读书的校园"汉花园"，卞之琳在出版《题记》说："记得自己在南方的时候，在这名字上着实做过一些梦，哪知道日后来此一访，有名无园，独上高楼，不胜惆怅。"① 三位爱做梦的年轻诗人在北大校园中写下了他们最稚嫩、最自我也最纯美的诗作，最能理解这批年轻诗人的批评家刘西渭曾热情地肯定了他们的先锋精神，认为"他们的生命具有火热的情绪，他们的灵魂具有清醒的理智；而想象做成诗的纯粹。他们不求共同，回到各自的内在，谛听人生谐和的旋律"②。在没有成为"何其芳们"前，三位诗人曾经以文学的纯美为创作的信仰，沉醉于文字与艺术的光影中，苦心孤诣地想发出个人内在的声音，用真情画出属于自己的梦，然而这"诗的纯粹"与时代要求之间出现了不可调和的尖锐矛盾，于是，他们的人生轨迹不得不做出相应的改变。卞之琳说："炮火翻动了整个天地，抖动了人群的组合，

① 卞之琳：《〈李广田诗选〉序》，《人与诗：忆旧说新》，见《卞之琳文集》中卷，第372页。
② 刘西渭（李健吾）：《〈鱼目集〉——卞之琳先生作》，《咀华集》，第63页。

也在离散中打破了我私人的一时好梦。"① 战争与斗争，诗人付出的代价终究还是诗。

在不该、不能做梦的年代，翻看着这些诗人"着实做过一些梦"的痕迹，也真会让人有"独上高楼，不胜惆怅"之感。

---

① 卞之琳：《雕虫纪历·自序》，《人与诗：忆旧说新》，见《卞之琳文集》中卷，第446页。

第九章　海上才女，如虹丽影

——施济美—程育真—杨琇珍—邢禾丽—郑家瑷—汤雪华

一、瞬间辉煌：从"东吴女作家群"说起

回顾 20 世纪的中国历史，40 年代可说是最激烈动荡的十年，中国大地无一日不处于硝烟烽火中，也无一日不面临生死存亡的危急关头。战争，成为这一时期人们最习惯也最恐惧的生存状态。肩负反映社会现实使命的文学，遂充满了苦乱流离的血泪控诉和战斗宣传的救亡气息。在那个浓厚战争氛围的特殊时代，宏大叙事、悲壮色彩无疑是文学的主调，历史的主潮。

以战争形势的发展变化来观察，1940 年代的上海文学可以分成三个阶段：一、后孤岛时期（1940—1941. 12）；二、沦陷时期（1941. 12—1945）；三、国共内战时期（1945—1949），这三个时期是互相衔接，彼此影响的。当 1941 年底太平洋战争爆发，上海全部沦陷，"孤岛"时期结束，许多作家被捕，刊物也被查禁，但上海文坛并未因此沉寂萧条。根据统计，沦陷时期的上海，先后共出版了 20 多种以文学为主或专载文学作品的刊物，如《万象》《春秋》《紫罗兰》《幸福》《小说月报》等，他们以作品迂回曲折地流露出对侵略者的不满、追求自由的渴望和期待光明的到来。施济美（1920—1968）、程育真（1921—?）、汤雪华（1915—1992）、俞昭明（1920—1989）、杨琇珍（本名杨依芙，1920—?）、郑家瑷、邢禾丽（1923—?）等一批年轻女作家有不少作品就发表在以上这些刊物，因而在那沦陷、战乱的黑暗时期跃上文坛，崭露头角，并受到读者的欢迎。由于这群女作家都出身于东吴大学或东吴附中，有论

者便视之为一作家群体，而以"东吴系""东吴女作家"称之①。于是，这些原本被散点透视的个体遂逐渐聚拢成一个女作家群体，从文学史观点来看，她们已经超越了纯粹时间意义上的集合（40 年代），也不仅是纯粹空间意义的集合（东吴大学），而是一个具有内在精神倾向与审美关联的整体群像。

这几位女作家都出身书香门第，家境富裕，曾有"小姐作家"的称号。《紫罗兰》《万象》刊出《小姐作家》《女作家书简》等文字，陶岚影在《春秋》1944 年 2 月号里更直接以《闲话小姐作家》为题大谈这批女作家的日常生活，谭正璧在编《当代女作家小说选》（1944 年）时也称她们为"上帝的儿女"和"象牙塔"里的一群②。这些称呼给人一种梦幻、唯美、单纯、理想的诗意联想，对市民读者产生了一种吸引力，加上她们的作品和当时专写感官追逐、世俗欲望的市民通俗文学大相径庭，因而迎合了许多在战争阴影下渴望自由、向往美好的市民心理，一时蔚成风气。

虽然表现民族危机和战争主题是时代赋予作家的责任，应该"义不容辞"，但这批女作家的文学恰恰因为远离"民族救亡"的政治主题而在某种程度上更好地表现出自身的特质。研究者张中良对当时女作家的文学表现就有高度的评价："她们在侵略者的高压统治与装点门面的夹缝中，以女性纤细的艺术敏感咀嚼着人生苦涩，诉说着包括两性之间的不平等在内的人间不公，进行着'纯文学'的吟味，创造出别有风致的文学景观，对现代文学的发展做出了独特的

---

① 对于 1940 年代以施济美为代表的一批出身东吴的女大学生创作群体，其名称尚未完全统一。作家胡山源在《文坛管窥——和我有过往来的文人》（上海古籍出版社，2000 年）一书中曾提到 40 年代上海有"东吴派女作家群"的存在，其中又以施济美最受青年学生欢迎。此外，大陆作家、学者左怀建、张曦、梁永、王琳、陈青生、汤哲声、王羽等人在其文章、书籍中也曾提到此一女作家群，或称"东吴派女作家群"，或称"东吴女作家"，或称"东吴系"及"东吴系女作家"。由柯灵主编的《民国女作家小说经典》（上海古籍出版社，1997 年）收列施济美小说集《凤仪园》，则明确指出施济美是当时人们称为"东吴女作家"中的首要成员。笔者以为称"派"与"系"会让人误以为这一群体的存在是有计划、有组织的行为，其实不然，因此笔者以"东吴女作家群"一词指涉这群女作家。关于东吴女作家群的详细介绍可参看笔者：《寻找施济美——钩沈现代文学史上的"东吴女作家群"》，收入《2005 海峡两岸华文文学学术研讨会论文集》，中国现代文学学会、南亚技术学院出版，2005 年，第 351—378 页。

② 陶岚影此文发表于《春秋》第 1 卷第 8 期；谭正璧所编《当代女作家小说选》（上海：太平书局，1944 年）入选的女作家有"东吴女作家群"中的施济美、程育真、杨琇珍、汤雪华、俞昭明、邢禾丽，以及张爱玲、苏青、曾文强、汪丽玲、严文娟、陈以淡、吴克勤、周炼霞、张憬、燕雪曼等 16 人（另有一说，燕雪曼是男性化名，严文娟与陈以淡是同一人，应为 14 人）。

贡献。"① 王羽从性别话语权转移角度的观察更令人玩味：

> 随着大片领土沦丧，原本作为主流文艺力量的大批男性作家内迁，即
> 使少部分留在上海，也不愿意点缀日伪统治下的文坛，或搁笔明志或构思
> 新作，无不静待时机，客观上倒呼唤着文学新人横空出世，来填补这段特
> 殊时期的文坛空白。于是，女性作家被推至前台。人生历练和文学经验都
> 相对局限的一批女性作者，其创作并不体现民族意识，而更忠实于自己的
> 文学趣味和创作理想，文学主流的中断反给她们提供天马行空、游走文坛
> 的大好机会。因此，正当男性作家几乎集体失语之际，她们得以接过话语
> 权，以集体的姿态光彩亮相。②

东吴女作家群就是以集体姿态光彩在上海亮相的一批作家。她们初登文坛时均
为涉世不深却有文学兴趣和创作冲动的时代新女性，由于她们的写作题材多为
描绘凄婉悱恻的爱情故事，在当时也被视为是上海市民通俗文学队伍中的一支
"闺秀派"作家。周瘦鹃曾在《写在〈紫罗兰〉前头》中得意地说："近来女
作家人才辈出，正不输于男作家，她们的一枝妙笔，真会生一朵朵花朵儿来，
自大可不必再去描龙绣凤了。"③ 可惜的是，时代与政权的更迭翻转，这群女
作家的文学活动只维持到 1949 年为止，1950 年代以后就未见作品发表，仿佛
美丽的虹影乍现于人们的惊呼声中，瞬间的辉煌之后，从此成为绝响。

从东吴女作家群的代表人物施济美于 1938 年 6 月 18 日在《青年周报》第
15 期发表短文《死的滋味》开始，到 1949 年逐渐销声匿迹，她们的文学创作
恰好贯穿了中国现代文学史上的"第三个十年"。置身于抗战与内战共构的
"第三个十年"，这批女作家以个人化、女性化、言情化的抒情审美之作，软化
了战争烽火的粗粝与无情，淡化了战争的残酷与创伤，以不同于主流的视角，
写下了她们对那个时代生活的所见所感。虽然她们的作品很少正面描写战争，
但并非表示女作家完全没有对战争的表现，事实上，在那烽火连天的年代，谁
都无法完全避开战争的影响，只不过，她们往往将战争作为故事背景，而将笔

---

① 张中良：《20 世纪三四十年代中国小说叙事》，台北：秀威资讯科技公司，2004 年，
第 259 页。

② 王羽：《后记》，陈学勇、王羽编：《太太集——20 世纪四十年代上海女作家小说》，
上海远东出版社，2008 年，第 296—297 页。

③ 周瘦鹃：《写在紫罗兰前头》，《紫罗兰》第 3 期，1943 年 6 月 10 日。

力放在揭示战争状态下人们（特别是女性）的切身感受与真实体验。

这群女作家中的郑家瑷，在她的小说《号角声里》有一段写道："你曾否知道：从前，在遥远的天际，雄劲的号角声里，曾藏着一缕青春的情丝?"①这句话用来说明20世纪40年代大部分上海女作家的创作心理与审美追求，应该说是恰如其分的。号角声里的情丝，没有脱离时代现实，但又与时代风云保持了距离，尽管她们因此而被遗忘在文学历史的角落，但也因此，她们微弱的声音成为后人全面审视那个逝去时代面貌时不能忽视的动人材料。

二、园林中的寻梦人：施济美

在这群女作家中，施济美的作品最多，成就与影响也最大，有"沪上才女"、"东吴才女"之称。施济美在上海读培明女中时开始习作，1939年入上海东吴大学经济系就读，课余从事小说创作。当时资深作家胡山源（1897—1988）在东吴任教，经他指导开始发表作品，从此踏上文坛。

在20世纪40年代活跃于上海文坛的女作家中，施济美与张爱玲、苏青齐名，并称三大才女，如今，张、苏二人都已大红大紫，只有施济美至今依然少为人知。事实上，施济美在40年代后期上海文坛拥有广大读者，作品每一发表都能引起读者共鸣和赞赏，刊物也会因刊登其作品而销路大增。1946年初，上海一家刊物向青年学生调查"我最爱的一位作家"，施济美的得票紧随巴金、郑振铎、茅盾之后，名列第四，可见当时上海青年对她的喜爱②。1947年出版第一本小说集《凤仪园》，收12篇作品；第二年再出版《鬼月》，收中短篇小说4篇，同时也在《幸福》连载中篇小说《莫愁巷》。

身为女性作家，施济美擅长以哀婉的笔触描写女性的爱情悲剧，尤其在展示人物经历坎坷爱情的痛苦与反抗的心路历程方面，她笔端总能投注极大的同情。这些平凡而动人的故事，结局往往都充满挥之不去的无奈与怅惘，但并不令人感到绝望，反而更显出主人公的承担、反抗或执着，就如20世纪40年代《幸福》杂志的主编沈寂所说："所描写的人物，只有淡淡的哀愁，没有媚俗和颓废，有对世俗的感叹却不消沉和绝望。……使读者在窒息的黑暗环境里眺

---

① 郑家瑷：《号角声里》，原载《春秋》第1年第2期，1943年9月15日。引自陈子善、王羽编：《小姐集》，北京：人民文学出版社，2007年，第241页。

② 见陈青生：《年轮——四十年代后半期的上海文学》，上海人民出版社，2002年，第103页。

望即将来临的曙光。"① 例如《悲剧与喜剧》《紫色的罂粟花》《鬼月》《三年》《凤仪园》等篇都是施济美这类爱情故事的代表之作②。

《悲剧与喜剧》中的蓝婷为了成全多病的表姐黛华，而和心爱的范尔和分手，不料九年后两人重逢，黛华已逝，蓝婷也嫁给了笃实的周医生，面对旧情人的百般诱惑，蓝婷终能看清其真面目而毅然割舍这段感情，选择不一定浪漫但却真实的婚姻，同时，她并没有因此而失去对感情的信仰和生活的勇气；《紫色的罂粟花》描写22岁的年轻姑娘赵思佳对爱情和友谊的忠贞，她在17岁时爱上有妇之夫的中学英文老师，引起对方太太的不满与羞辱，后来这英文老师因从事抗日工作被日本人杀害，她从此生活在对那段爱情永远的追忆中，拒绝了其他人的追求；又如《三年》中的女主人公蓝蝶，当年为反抗家庭的包办婚姻而离家出走，与心爱的人在一起，但不幸爱人战死沙场，她迫于生活无奈沦为交际花，后来偶遇酷似初恋情人的柳翔，但在得知柳翔的前恋人黎荸病重时，善良的她决定离开柳翔，把爱情还给黎荸，自己重新踏上坎坷的漂泊旅程，徒留下一个美丽而忧伤的回忆，但小说结尾，柳翔在漂泊3年寻找不到她的行踪后又回到旧地，仿佛又有一个未完的可能性在悄悄酝酿着。冲突与矛盾，痛苦与反抗，牺牲与承担，出走与回忆，施济美笔下的女性时而柔弱，时而坚强，周旋在男性与命运的漩涡中，形象鲜明且血肉饱满，令人留下深刻印象，而这些想象丰富、意境幽远、情真意切的爱情悲剧，也深深打动了当年上海广大的读者。

在施济美创作的爱情悲剧中，最具代表性的应该是中篇小说《凤仪园》。孀居了13年的冯太太，气质出众，年轻而美丽，住在充满荒败神秘气息的凤仪园中，原本平静绝望的心，在遇到了应聘做家庭教师的大学生康平之后，重新燃起了对爱情的渴望，而已有未婚妻的康平也爱上了她，在一次坚决求爱之后，两人都成了背叛者：冯太太背叛了死去的丈夫、13年的孤独自守、原来的自我，而康平背叛了她的未婚妻，但冯太太很快就选择了退出与牺牲，因为她明白康平爱上的不是真正的她，而是在神秘的园林气息烘托下风华绝代的外表，而且他能对未婚妻不忠，将来也可能会抛弃她这个几近中年的女人，于是

---

① 沈寂：《身世凄楚的女作家》，《新民晚报》1999年1月24日。

② 这些作品都收入在于润琦主编之《海派作家作品精选》的《凤仪园》一书，共收20篇小说。这一新版由黑龙江人民出版社、北方文艺出版社共同出版，1998年4月。施济美的《凤仪园》还有盛晓峰编选之《施济美小说——凤仪园》，列入《虹影丛书：民国女作家小说经典》（收6篇小说），上海古籍出版社，1997年10月。

在短暂的希望之后，她又选择回到"荒芜的庭院和杂生的青草""凄迷而又哀婉"的凤仪园，从此"留得残荷听雨声"。因道德压抑了情欲，因成全放弃了幸福，冯太太这个放逐爱情的悲剧女性人物典型，在施济美充满诗意的笔触下显得寂寞、痛苦，就如康平眼中初见的冯太太，"有一种难以比拟的孤清，清凉的华贵"。凤仪园的场景写的是苏州，但不妨看作是施济美和她笔下人物精神家园的象征。不是没有欲望，而是不随欲望堕落，宁愿痛苦也守住自己的心灵园林，做一个不向世俗情趣靠拢的寻梦人，或许有人会认为她是男性中心主义下的牺牲者，但实际上她坚持的恰恰是女性独立的主体立场。

《莫愁巷》是施济美另一部代表性的中篇小说，在"沈埋"半世纪后终于在香港意外发现，得以"重见天日"①。这部写于1949年6月的小说，人物近三十，头绪纷繁，围绕着莫愁巷这一特定空间，以豪门王家为背景，李玉凤与张三的恋情为主线，穿插各行各业下层人物，上演一出错综复杂的人性戏码。名为"莫愁"，实则每个人物都陷入了生活或情感的困境中，就如小说尾声所写的："莫愁巷不再是神仙的故乡，从前那一角好土，已经染上了人的气息，红尘的味道，所以故事也就平庸和可怜了。你知道？人的故事多半就是这样平庸，这样可怜的。"② 面对人生的真相，年近三十的施济美，似乎想以这部写实风格鲜明、颇具反抗意识的作品，告别青春时期唯美抒情的创作倾向。少女时代的"强说愁"，青春时代的"莫愁"，她体认到，最终都只是"平庸和可怜"。坦白说，我们看到了作家令人期待的蜕变。然而，这期待终于落空。且不说这部小说的迅速"消失"，现实中的施济美在1949年后，淡出文坛，投身于中学教育，又在1968年受到"文革"迫害而以自缢告别人间。于是，人们印象中的施济美终究还是停格在"小姐作家"的浪漫与纯美。这一点，从和她同时期的作家谢紫的评论即可看出：

　　施济美的作品中，充满了青春的光华和绮丽，她作品最明显的特征就是美，她创作的态度是唯美的。所谓唯美，不是指狭义的唯美派，而是说

① 这部近7万字的小说，因为《幸福》杂志的停刊而在第9章后中断连载。据《幸福》主编沈寂表示，50年代初期，由他介绍在香港印行过完整的单行本，但已不易觅得，因此长久以来一直未见"出土"。直到2010年春，陈子善教授在香港意外发现香港大众出版社印行的18章本《莫愁巷》，虽易名为《后窗》，但作者署名仍是"施济美"。陈子善将这部"流失"半世纪之久的完整版中篇小说，连同其他新发掘的19篇作品合编为《莫愁巷》一书，由上海文汇出版社于2010年7月出版。
② 施济美：《莫愁巷》，陈子善编，上海：文汇出版社，2010年，第129页。

她极力追求美丽，极力避免丑恶。她所追求的美丽，也只是她私心以为美丽的事物，此外一切庄森宏大的美，复杂深沉的美，在她的作品中都不大容易看到。……读她的作品好像听一支美丽的歌，歌声永远萦绕在记忆中，使人觉得这世界依旧是美丽的，至少有一部分美丽。①

施济美的小说语调温柔而缠绵，不刻意讲求形式的奇特，而是以一种非常女性化的叙事方式在进行，抒情细腻而强烈，有时整篇小说洋溢着诗的美感，写得好的能体现出（女性）生命内在的深刻体验，写得不好的则容易流于感伤的滥情。例如《井里的故事》中描写克庄回到父亲当年住过的老家："她明知自己只是初来，但是朦胧的心境却有一番重游的愁绪，徘徊又徘徊，惆怅又惆怅。那万紫千红，那花团锦簇，那莺的清歌，燕的软语，那玉笑珠香的华筵，吟诗弄画的雅集，钗光鬓影的春宴，呼童唤婢的嬉戏，对酒高歌的豪情，那昔日的美景，良辰，盛况，欢心……"② 过度的文字修饰反给人做作之感。此外，人物刻画有时稍嫌平面，题旨也因过于理想化而显得苍白，和张爱玲、苏青小说的高度、深度比起来，确实显得稚涩不足，但她充满浪漫情调的抒情韵味，女性特有的细腻观察与柔美文字，使她的作品具有美和纯真的清幽华丽风格。

三、宗教的爱，纯真的美

除了施济美之外，这群东吴女作家中，较受到瞩目的还有程育真。程育真是民初侦探小说名家程小青（1893—1976）之女。1945 年东吴大学经济系毕业，曾有一段积极写作的时期，1948 年赴美留学，与华侨吴某结婚，从此定居美国，专业写作。她是虔诚的天主教徒，同时又受过良好的音乐熏陶，这使她的作品体现了"宗教的信仰，音乐的爱好"（谭正璧语）此一创作特色。1947 年出版了唯一的一本短篇小说集《天籁》，收有《白衣天使》《隐情》《音乐家的悲歌》《星星之火》等。

她的作品题材多为和乐的家庭生活、愉悦的学校生活和真诚美好的人间情

---

① 谢紫：《施济美的作品》，原载《幸福》第 1 年第 6 期，1947 年 2 月 25 日。引自陈子善编：《莫愁巷》，第 399、401 页。

② 这篇小说原载《生活月刊》1947 年第 2 期。见柯灵主编：《上海四十年代文学作品系列·中篇小说集之一·投机家》，上海书店出版社，2002 年，第 293 页。

爱，肯定人性的善和对纯洁爱情的追求。例如《白衣天使》，描写一位有爱心的护士，不顾众人劝阻，进入鼠疫隔离区救护病人，最后却染疫而牺牲了年轻的生命，在小说中，她宣扬了自己的理念："这世界就是由相互间的爱心与牺牲同情帮助建造起来的"；小说《笑》里也有类似的句子："世界缺少爱，那么你应该把你的爱献给世界……因为黑夜已深白昼将至。"体现出一种自我牺牲的道德情操，强调以"爱"来对抗黑暗。她常以教徒为小说中的主人公，借此歌颂宗教的美好并宣扬博爱的教义，有时也以音乐家为主人公，或以音乐的描写来渲染故事场景的气氛。最典型的作品是发表于 1943 年 4 月《紫罗兰》第 2 期上的《遗憾》，描写一位温蔼富爱心的老教授，因思念死去的女儿而对女主人公幽兰特别疼爱和提携，引导她信教，教她提琴演奏，并为她安排一场音乐会，但就在音乐会成功进行后，她才获知老教授中风去世的噩耗，老教授临终时吩咐转言："亲戚朋友都要离开，唯有耶稣永不远离。"而她凝视远天，也献上祈祷："主啊！老教授长眠了，求你叫我把一颗专一爱老教授的心去爱着大众，也叫我能更爱着您。"全篇引用多处圣经的文字，表现出对宗教信仰的虔诚，但以小说技巧而言却是失败的。

发表于 1943 年 3 月《小说月报》第 30 期的《圣歌》，也是程育真结合音乐、宗教、爱情三元素的代表作品，故事叙述一位 25 岁的青年崇宣，不幸得了风瘫病，在医院治疗，偶然间听了女传道音乐家夏静云的歌曲《耶稣于我》，深深喜爱，因而想要见见这位在他心目中美丽的女音乐家，遂写了一封仰慕的信托人送去，但夏静云其实是年逾 40 的中年妇人，她犹豫后仍决定给他写封鼓励的信，表示愿意为他唱一曲圣歌，并附了一张二十多岁女儿的照片寄去。崇宣终究不敌病魔死去，但"死得很平安"，夏静云也依约为死者唱了最后一曲。故事是浪漫的，有爱与美的情境，结尾写道："神圣的诗歌像是一条浅紫的绸带系住了人们的心送到远远的碧空，温存在和平安详宁静的空气中。他们暂时忘怀了世界的残酷，不平，欺诈和死别的痛苦……"① 这种对宗教、音乐的偏爱与描绘成了程育真小说的特色之一。从某个意义来说，这群女作家浪漫爱与抒情美的作品也正是"系住了人们的心"，使读者"暂时忘怀了世界的残酷"。

作品与程育真有相近思想倾向的是杨琇珍。她是 1943 年东吴大学经济系毕业，不久便离开上海，作品不多，从 1941 年至 1947 年的创作期，目前所见不到 10 篇小说，主要发表在《万象》《生活》与《申报·春秋》。她常藉作品

---

① 程育真：《圣歌》，见《小姐集》，第 301 页。

来宣扬自己的宗教信仰，最典型的是《圣保罗教堂的晨钟》，故事的开展笼罩在宗教圣洁、庄严与赎罪色彩的氛围中。苏妮与罪犯柯琪在雨夜偶遇，彼此相知，但教堂晨钟、十字架，在预示着罪恶的终须面对审判。当教堂钟声响起，柯琪"走近床前，那双浓深而晶亮的黑眼睛，像是在找寻着钟声的来处，嘴唇在颤抖着像是低声的祈祷。"而苏妮也有着同样的心理震动："我也走到床前，聆听这悠扬而冗长的钟声，使我感到了自己的渺小。我的灵魂，像是离开了我的躯壳，追随那钟声的消逝处，深深的去忏悔我的罪恶。"当柯琪最终被捕时，苏妮在响起的钟声中流泪祷告："愿圣灵的上帝赦免我们一切的罪孽……"①将情感与宗教融合，以人生的真与善为皈依，杨琇珍的小说流露出一种虔诚信仰下洁白、单纯的情思；还有《玫瑰念珠》中的女主人公依芙（不知为何杨琇珍竟用本名来命名），因为思念在战场上失踪的心上人，便戴着心上人临别时送她的玫瑰念珠以示等待的决心，小说写到为她治病、对她有好感的叶医生请她吃饭时，有以下的对话：

> "我想你一定是一个虔诚的教徒，"他说："这串玫瑰念珠是不是用来记录念诵玫瑰经的遍数的？"
>
> "是的，不过我不是教徒，更不会念诵玫瑰经，"我轻声地："那串玫瑰念珠是我的一个朋友的。"
>
> "那么，这是纪念品了。"
>
> "不，我不希望它是纪念品，"我坚决地说："总有一天我要还给他的"②

小说以人物内心意识的流动为主线，衬以凄凉哀伤的场景，描绘出一股无尽守候的悲怆之美。由于缺乏现实人生的洗练，她的作品往往充满了脱离现实的少女梦幻式的憧憬，如《庐山之雾》写年轻护士蓝薇在浓雾弥漫的庐山上照顾病人唐玮，不久两人间产生了似有若无的情愫，最后黯然分手，全篇如梦似幻，虚无缥缈，对话十足的文艺腔，完全是典型的言情小说风格，例如以下这一段：

> 我向窗外凝望时，只见对过的山峰，已被浓雾截去了半截。

---

① 杨琇珍：《圣保罗教堂的晨钟》，《万象》第 2 年第 1 期，1942 年 7 月。
② 杨琇珍：《玫瑰念珠》，《生活》第 3 期，1947 年 9 月 20 日。

他颓然的坐在椅上，温柔地："薇，我除了感激之外，我也不知道应该向妳说些什么了！不过，薇，将来有一天，或许你会忘记了我，忘记了我们的友谊，忘记了我们在山上度过的日子；但是，我可以告诉你，我是永远不会忘怀的。将来虽然我还不知道漂泊在人间的哪一角，可是，我将永远替你祝福。"

"玮先生，请您别这样说，您不是早就说过我们是朋友吗？我们永远是好朋友。"

他亲切地凝注着我，柔声地："薇，让我们一块儿隐居起来吧！"

"是的，让我们隐居起来吧！"我忘情地紧紧的握住他的双手。①

不容否认，这样生涩且近乎滥情的作品，呈现的是一位涉世不深、闺秀小姐的爱情想象，浪漫得近似不食人间烟火。她的言情之作，拥有女大学生编织美好爱情的纯净美感，缺乏的是深刻复杂的人性刻画与艺术审美的丰富性、多元性。

另一位同样具有宗教情怀的东吴女作家邢禾丽，先后就读于东吴大学和圣约翰大学国文系，写作时间约在1942年至1944年左右，作品数量有限，目前能找到的也不到10篇。她的小说多以校园生活、自由恋爱及婚姻生活为题材，短篇《上帝的信徒》曾入选1944年谭正璧编选的《当代女作家小说选》。《上帝的信徒》带有强烈的讽刺性，表面上受洗、做礼拜、唱圣诗的季大娘，心里想的全是信教后的种种好处，甚至一边做礼拜，一边心里计划将戒指卖掉作为本钱去做"黑货买卖"，虽有风险，但"油水很足"，小说结尾简洁有力，显现出作者在题材安排上的匠心：

是那么虔诚地低下了头，轻轻地在默祷着："主啊！求您保佑我这次成功。以后若发了财，一定不忘记您老人家的恩典。决计来替您装金，不，捐钱给教会造礼拜堂。主啊，赐福我吧！亚——门。"

有人已在陆续地立起来，季大娘也连忙立起身来。接着用轻快而适意的步伐，满意地和余小姐向堂大门走去，她预备回去要"杀手锏"的干一下。②

①　杨琇珍：《庐山之雾》，原载《万象》1942年6月号。见柯灵主编：《上海四十年代文学作品系列·短篇小说集之一·喜事》，上海书店出版社，2002年，第301页。

②　邢禾丽：《上帝的信徒》，《万岁》第1卷第3期，1943年2月20日。

对于宗教信仰表面化、功利化的现象，以及西方宗教与中国传统文化的冲突，小说的讽刺直接而犀利。

不过，对邢禾丽来说，擅长的可能还是在恋爱婚姻中彷徨挣扎的女性心理，《出走》就是代表之作，描写了一个妻子想要"娜拉"式离家出走的婚姻故事。焕英原本和俊民相恋，因误会而冲动地嫁给了当时也在追求她的培其。婚后丈夫因忙于工作，对她不免有所冷淡忽视，她开始感到"重重的寂寞之雾，包围得透不过一丝气来"，就在此时，功成名就的俊民再度出现，两人旧情复燃，俊民要求她抛弃丈夫，和自己远走高飞，几经挣扎，她下定决心，在一个雨夜留书出走，不料惊醒了丈夫，两人经过一番恳谈，终于重归于好，焕英像一个"做错了事的孩子"，体悟到："建筑在物质上的爱情，才是真正失去了本质的'爱'"。① 对于自由恋爱、婚姻家庭的矛盾等普遍存在的时代议题，邢禾丽显然是有着较大的兴趣与较多的思索，在这一点上，她和东吴女作家们没有太大不同，加上作品不多，置身于这批女作家之间，其创作面目不免有些模糊，未能形成自己较鲜明的创作个性与艺术审美特性。

四、"爱情"为主、"爱国"为辅的双爱模式

这群女作家以个人主观审美抒情的笔调，在政治巨手的翻云覆雨下，自觉经营一篇篇充满"小我情怀"的爱情故事，日常世俗生活成为其主要场景，战争因素与爱国理念虽然经常在小说中出现，但并不构成故事的主轴，而是以背景衬托或人物悲剧的冲突点为主要功能，"爱情"为主、"爱国"为辅的"双爱"模式，遂成为这批女作家习见的创作手法与艺术特征。或许，正因为有了这些女性独具的情感心理与抒情话语，20 世纪 40 年代文坛才不致陷入战争年代意识形态宏大叙事的单调与狭隘之中。研究女性文学的学者阎纯德在评论 20 世纪 40 年代女性文学时就曾指出："她们不是不会写更文学的作品，而是为了责任。与其说是政治'扭曲'了文学，不如说是时代'扭曲'了文学。在非常的历史时期，多数作家身上都会自然而然地存在艺术与政治的冲突、文学与责任的冲突。但是这种冲突是一种历史。"② 他指的主要是丁玲、谢冰莹、萧

---

① 邢禾丽：《出走》，《万岁》第 2 卷第 1 期，1943 年 5 月 1 日。

② 阎纯德：《20 世纪中国女作家研究》，北京：语言文化大学出版社，2000 年，第 16 页。

红、关露、白朗、杨沫、杨绛等一批女作家，自觉以笔为武器，参与伟大历史的进程。但是他也同时指出在上海出现的"张爱玲现象"，包括以写"自己"生活为主的苏青以及潘柳黛等人，认为她们刻意"逃避现实"，在书写"旧事"中以其才华找到了属于自己的文学舞台："她们的作品，描写社会世态和人性、人情，是社会史、人性史的昭示，文学语境丰富多彩，风格细腻，真切而纯净。"包括东吴女作家群在内，这些上海女作家在创作上的独异表现，"填补了战争岁月里中国文学比较单一的状况"。①

从表面上看，战争与爱情，战场与情场，在这批女作家笔下，似乎永远处在二元对立矛盾的情境，不能两全，而且总是为了大我"爱国"而牺牲小我"爱情"。例如施济美的《晚霞的余韵》，描述秦淮河畔天香阁的歌女黎晚霞，虽然与每晚来听唱的韩文渊互有好感，但卢沟桥事变爆发，黎决定加入看护队到前线去，临走时送了一张照片给韩，背面写着："还依恋秦淮河的清唱么，且听一听时代的怒吼吧！不能让六朝金粉麻醉了年青②的心，——我们要记住祖国，永久地。"从此，"秦淮河畔，再也听不到晚霞的声音了"。③ 这样的情节与主题，当然是 40 年代战火燎原、家破人亡的真实写照，也是一种民族主义情绪、战争文化思维投射下的自然反映。不能否认，这是攸关民族危亡、个人生存的时代大潮，这群女作家受过大学高等教育的洗礼，家国意识难免成为她们许多小说中主要的女性叙事视角。

但是，深入分析这些女作家们的作品后，我们却可以发现一个饶富兴味的现象，那就是在这些"爱国"作品中，"前线"往往只是遥远的"他方"，"战场"只是故事上演的背景，甚至于远在战场上的"爱人"在小说中经常是面目模糊，或者是"缺席的存在"，小说家真正致力刻画的是这些女性的"儿女情长"，也是这些细腻生动的情感波澜让读者为之感动而落泪。以杨琇珍的《玫瑰念珠》为例，小说以第一人称方式叙写一位痴恋战场上失踪情人的女子，即使爱人下落不明，她仍然表现出对爱情的忠贞与纯洁，虽然是无望的等待，但"我情不自禁地双手紧握住那串挂在我的胸前的玫瑰念珠，低下头，我默默地在祈祷，默默地为我所盼望的那一天而祝福。"小说一开始，女主人公依芙

---

① 阎纯德：《20 世纪中国女作家研究》，北京：语言文化大学出版社，2000 年，第 16 页。

② 原文如此，应为"年轻"。

③ 施济美：《晚霞的余韵》，原载《小说月报》第 12 期，1941 年 9 月 1 日。引自《莫愁巷》，第 208 页。

就对着镜子说："告诉我，万能的魔术镜，告诉我吧，华华究竟失落在什么地方？"然而从头至尾，"华华"都只是一个象征符号，未多作描绘，作者将心力主要放在依芙对"华华"的相思、痛苦，以及拒绝他人追求的忠贞上。施济美写于 1945 年的《寻梦人》，描述小城蓝园中的林湄因与英传表哥相恋，没想到后来因为战争而分离，她不得不嫁给南洋华侨并随之远走他乡，蓝园也因此易主，颓败残破，直到 20 年后，林湄因再度返国买回这座园子，并在蓝园中追思往事，惆怅不已。爱情仍是故事的主轴，至于拆散他们的"战争"则只是如同所有的"事件"一般，扮演着造成悲剧的角色，虽然林湄因在园中回忆往事而发出"她诅咒那频年的战乱，她诅咒那遍地的烽烟"的感喟，毕竟也只是"悲声低唱"，"飞逝了，流去了"。

郑家瑗的《号角声里》也是如此。裴莉是一所女中的初三学生，在一次全县童军露营大会上结识了南强吹号手秦欧文，短暂相处六天，两人初萌爱意，相约以后"可以从号角声里传递彼此的音讯"。然而几个月之后战争爆发，"学校不得已在紧张中解散。因为离家迁移的匆忙，我们始终未得晤面，因此彼此间音讯杳然。"数年后，他才得知秦欧文已在战争中受伤去世，于是，"第一次我为了爱而流泪！"小说集中描写两人相识的细节，至于战争，仅仅几句话就交代过去。这其实是女作家们写作上不得不采取的策略，毕竟真实的战争军事场面不是她们所了解和亲历的，她们多半只能从侧面描写战争氛围的感受、对战争苦难的焦虑、控诉与承担。以爱情为主要题材的审美书写，将战争的无情与残酷压缩在一定的情感限度中，使她们作品中的战争虽然"无所不在"，但也仅能"如影随形"而已。

1949 年出版《号角声里》的郑家瑗，童年时代在上海度过，后迁居浙江湖州，抗战爆发后重回上海，1941 年入东吴大学，先后修读过英文系、社会系，最后在教育系毕业，此后长期在中、小学教书。她的主要创作活动集中在抗战胜利后的几年间。除一些散文和书评外，主要以小说创作为主。她的文辞平实畅达，描写也还细腻，部分作品对战乱的影响有所反映，但题材上相对狭隘，大多偏重于表现男女青年的情感纠葛和恋爱故事，如《号角声里》《阴暗之窗》《霏微园的来宾》等。由于长期任教的经验，笔下小说大多以校园为背景，如《她和她的学生们》（出书时改题为《曹老师》）描写离婚的曹月清老师为了生活不得不嫁给一个驼背的酱园店老板，引起学生的非议与嘲弄，特别是她最疼爱的学生李湘表现出强烈的不谅解，但在课堂上一番自我剖白后，学生们终于明白曹老师无奈选择的心境，当她对学生感叹地说："一个女人，为了生活去结婚，那原是最平凡的悲剧，也就是现在中国职业妇女最末的一条出路！你们觉得好笑么？"在一定程度上揭露了知识女性深沉多舛的命运。启蒙与救亡，固然在这些作品中有所反映，但真正打动人心的还是主人公们在爱情、婚姻漩涡中打转挣扎的复杂心理。

东吴女作家群中还有汤雪华值得一提。她的作品大多写于沦陷时期，抗战结束后，曾在松江等地执教。她的小说后来结集为《劫难》《转变》二书。大体而言，汤雪华的小说已走出了宁静的校园和温馨的家庭，没有太多的梦幻呓语，在这群女作家中显得独树一格。虽然在表现手法和对题材的深刻掌握上仍不够纯熟，但正如有论者指出的："尽管这类作品因为缺乏实感，多借新闻素材写作，情感稍嫌不够节制，但，一位象牙塔中的人，能够有这样一种情怀，却是难能可贵的。"① 她的作品也带有宗教色彩，例如《南丁格兰的像前》，描写放弃进大学和出洋雄心的年轻女孩以爱，来到规模不大的"基督医院"担任护士，在工作中爱上犹太人医生其尼斯，从起初的抗拒、逐渐协助他逃亡，写出了一段战火下超越国界的爱情，最后以爱被日本宪兵逮捕、用刑，在医院离开世界的那一夜，其尼斯医生和他奥国的未婚妻回来了，以爱就这样"永远带着那个未曾破灭的梦"长眠于挂在墙上的南丁格兰（尔）的像前②。小说反映了孤岛时期的特殊背景，对女主人公痴情等待的心理也有不错的刻画，"双爱"模式的运用尚称成功。

但汤雪华真正驾轻就熟的还是她所熟悉的都会女性生活与心理。从日常琐事出发，她擅长以诙谐的笔调，写出女性对婚姻的复杂感受以及浪费生命的悲剧，例如《一朵纯白的莲花》中写道："女子嫁人，等于断送了上帝苦心创造的一件美术品，这是人世间的悲剧。"《蔷薇的悲剧》里写道："高贵的小姐啊！你有满房漂亮的东西装扮身体，竟不够奢侈，还要撕碎了别人的灵魂来装饰你自己的灵魂！"又如《烦恼丝》中的莫太太，一生丰衣足食，无忧无虑，却为了一头细细的发丝，"到现在，还常在恼着，哭着，笑着，叹着，操心着，忙碌着。"类此"世俗""现实"之作，迎合了上海市民群体的阅读心理，并从而显现出汤雪华超越校园单纯、狭隘创作范畴，掌握深刻复杂人性的艺术才思。

---

① 张曦：《古典的余韵："东吴系"女作家》，《书屋》，2002 年第 9 期，第 65 页。

② 汤雪华：《南丁格兰的像前》，原载《春秋》1947 年 4 月号。见柯灵主编：《上海四十年代文学作品系列·短篇小说集之三·迷楼》，上海书店出版社，2002 年，第 342 页。

五、逐渐清晰的美丽身影

20 世纪 40 年代的上海文坛，一方面因为政治、战争的复杂对立与斗争，一方面因为商业性娱乐化导致的读者通俗化倾向，呈现出多元、丰富与复杂的文学样貌。作为一个繁荣、喧嚣、主流的文学中心，每一个上海作家，对都市的漩流与政治的风暴都无法置身事外或全身而退，即使是正在大学就读或初出校门的年轻女作家也不例外。我们可以看到，在她们的小说中，有对孤岛生活、日军侵略、国共内战的反映，也有对黑暗现实的不满和对受屈辱人民的同情。然而，在战争年代，审美艺术追求趋于一致，控诉呐喊成为时代的最高音时，这群女作家的作品提供了另一种诗意的美感，清新的气息，使因连年战乱而对时局失望、无奈、痛苦的人们，有了另一种选择，可能是逃避，也可能是向往。

在她们擅长编织的爱情故事里，或许有苍白的呓语，不食人间烟火的梦幻，但也有对纯洁之爱的勇敢追求，对亲情、友谊的讴歌。和当时主流的现实主义作品相比，她们的作品没有赤裸裸的战争残酷描写，也没有宣传呼吁的八股教条，而和上海大量充斥的描绘感官肉欲的作品相比，她们的作品又显得清雅脱俗，灵秀纯真，给人心灵的抚慰，宛如一座清幽雅致的园林，让许许多多寻梦的人有休憩、做梦的角落。这也许就是她们的作品在当时广受欢迎的原因。在短暂的十年里，她们的青春才华有了一次光亮的展现，但在主流的文学史论述里，她们的身影显得渺小而孤单，不过，她们优雅的存在姿态与纯净的文学美声，已经为她们占有了一个小小的位置，虽然也只能在边缘。

研究者李奇志曾经撰文举了张爱玲、苏青，以及施济美、汤雪华的作品，指出她们的创作特色与特殊的文学史意义："她们以细密的生活质地来填充文学文本，以一种个人化的、非主流的方式体现了理解、诠释战争和世界的新的可能，最重要的是，她们在战争的废墟中，仍然传达出了被历史压抑的女性群体的声音。"① 从这个角度看，20 世纪 40 年代女性书写确实不能也不应被同时期诸如端木蕻良、路翎、丘东平等男性作家的宏大叙述给淹没、遮蔽。也许，她们的创作还谈不上是严格意义上的女性主义文学，但是她们以女性独具的艺术气质、思维方式去感受生活、观察世界、刻画人物、描写心理、运用语言，

---

① 李奇志：《战争与 20 世纪 40 年代女性文学》，《湖北师范学院学报（哲学社会科学版）》2004 年第 4 期，第 63 页。

创造出有别于男性视角的女性个体经验的文本，突破了男性主导下战争文学的话语禁区，扩大了"五四"以来女性"小我"叙事的艺术倾向，反映了战时及战后女性特殊的精神状态与生存心理，在中国现代文学发展上，可以说是一段以浓厚抒情话语所谱写而成的华彩乐章，它和高亢雄壮的号角声、刀光剑影的冲锋声，同样令人难忘，并最终与男性写作共同建构成 20 世纪 40 年代文学的多元局面。

这批女作家美丽而渺远的身影，近几年来开始逐渐清晰，陈子善、陈学勇、王羽等学者对相关史料的勤力挖掘与用心整编，陆续出版了《小姐集》《太太集》《闺秀集》《莫愁巷》等几近绝版的作品集，使我们得以看到 20 世纪 40 年代与张爱玲、苏青们不同的另一种女作家的文学风情。由于复杂的历史原因，这批女作家在文学史上消失了那么多年，陈子善因此感叹道："历史并不总是公正的，至少在某一阶段是如此。"但在 21 世纪的今天，看着这些被遮蔽一甲子的作品再度陆续问世，我们还是得同意："历史毕竟还是公正的。"①

---

① 陈子善：《小姐集》，"序"，第 1、3 页。

第十章　塔里风情，未央之歌

——无名氏—鹿桥

一、战争文学里的审美艺术及"异数"

抗战爆发以来，"救亡图存"的迫切现实需求成为压倒一切的时代主轴，即使是坚持艺术纯美的创作者，也不可能漠视或拒绝现实，在严峻残酷的现实面前，他们同样无可避免地会受到时代中心风暴的席卷，从而对战争进行审视与书写，以自己的创作对历史进行积极地参与。这是知识分子的使命感和责任意识。然而，也有一些作家始终坚持着自己的立场，坚守着文学的岗位，并未因战争而改变自己一贯的人生追求与艺术理念。沈从文、无名氏、鹿桥、张爱玲、徐訏、梁实秋等人在抗战时期的写作，就是20世纪40年代战争文学中的"异数"①。

以沈从文写于抗战时期昆明的小说《长河》为例，虽然从潜在的创作动因和实践看来，《长河》应该属于"抗战文学"的范畴，但是它"没有像一般抗战文学那样，直奔爱国宣传主题。而是将抗战这一充满激情和焦虑的事件推向远方，使其成为一个若有若无的远景，于不经意之间，显示出它巨大的震撼

---

① 研究无名氏的李伟曾提到，在40年代抗战后期，钱钟书、徐訏、张爱玲、无名氏等四位作家有共同之处："在他们蜚声文坛的时候，正是战争年代，但在他们的作品里不见金戈铁马、炮火硝烟"，而且，"现代文坛的主流派都容不得他们，这四位作家都不见于国内的中国现代文学史"。当然，后来的情况已经有所改变。见李伟：《神秘的无名氏》，上海书店出版社，1998年，第1—2页。

力"①。这应该是上述几位作家这一时期创作上"不约而同"的艺术倾向。不过，这样的说法并非表示他们的作品有刻意抗拒或排斥战争现实的强烈动机，事实上，"抗战"这一攸关民族生死存亡的重大课题，根本是无法回避的，沈从文写作《长河》时，虽然一如既往地维持一贯的叙事风格、湘西素材，以及鲜明的牧歌情调，但是"《长河》毕竟是在抗战这一背景上展开的，它仍然带上了抗战的印记。……与沈从文以前的作品相比，还是多了些政治性，这可能就是抗战这一特殊年代给作品留下的烙印吧"②。

然而，文学的艺术价值终究不同于宣传价值，滚滚烽烟远离之后，这些作家的作品最动人的质素可能不是那些现实战火的描写，而是无情战火下显现出的绚烂多姿的生命深情与可贵人性。在战争的年代，他们特立独行的个性化姿态，显得边缘而渺小，但就像"将对艺术本位立场的坚守看作是另一场战争"③的沈从文一样，他们仍然是"深情的爱国者"，只是以艺术审美在"另一个战场"，为民族进行一场没有硝烟的战争罢了。

二、神秘无名氏，文坛"零余者"

无名氏（1917—2002）④就是这样一位处于战争环境中却将文学的笔触伸向动人爱情世界，同时又以爱情故事烘托战火下真实人性的出色作家。

无名氏的写作生涯始于抗战初起的1937年，20岁的他在南京完成散文《崩颓》，此后笔耕长达一甲子，积累近800万字，至死方休，展现了坚忍的毅力与过人的才华。对他而言，1946年12月出版的小说《野兽·野兽·野兽》是创作的分水岭，在此之前是"习作"，此后才是"创作"。在"习作"阶段，他写了一些未完成的长篇片断，以及两部完整的长篇爱情小说《北极风情画》、《塔里的女人》，与短篇小说集《露西亚之恋》。从1937年至1949年，正是中国危难之秋，"五四"以来感时忧国的传统有了更大更直接的发挥空间，无名氏并没有置身于抗战之外，他在1940年就写了《薤露》《火烧的都门》等气壮山河的抗战散文。然而，他也没有受到时局政治的干扰与限制，能以冷静清

① 张全之：《火与歌——中国现代文学、文人与战争》，北京：新星出版社，2006年，第71页。
② 同上，第71页。
③ 李伟：《神秘的无名氏》，第75页。
④ 无名氏原名卜宝南，又名卜宁，后改名卜乃夫，无名氏是其笔名。因生于南京，卜宁的"宁"即是对南京的纪念。

晰的眼光，穿透群魔乱舞的政治纷争，写出《北极风情画》等动人的爱情故事，又创作《无名书》的第1卷《野兽·野兽·野兽》、第2卷《海艳》、第3卷《金色的蛇夜》上册，试图探索人生的真谛，呈现一种普遍永恒的人性真实。可以说，他的文学作品是在特殊背景下，以生命与血泪交织而成的时代之书，也是以智慧和心血凝练而成的壮阔诗篇。

《北极风情画》与《塔里的女人》是无名氏在20世纪40年代被大家熟悉且深深着迷的小说代表作，尽管作者本身并不满意，称这两部书只是"小玩意"，他真正的创作理想是宏伟"大书"《无名书》。但直到今天，人们谈起无名氏，印象最深的仍是这两部轰动大后方文坛的小说①。他曾分析这两部小说成功的原因，是因为"那些矫揉造作的政治小说，那些刻板的公式化作品，青年人似乎早已厌倦了，开始想呼吸一些新鲜空气，渴望从人类心灵自然流露出的艺术品，那些确能表现生命内在情感的小说"②。现在年轻读者可能无法想象当年这两部小说的盛况，真如风潮狂卷，在西安、重庆、上海、南京、北京等各大城市，凡是喜爱小说的青年男女，几乎人手一册，可谓"满城争说无名氏"。一位杭州小学女教师甚至能从头至尾背诵近十万字的《塔里的女人》，更可以看出此二书的独特魅力。无名氏对这种"如痴如狂"的现象曾剖析道："推究万千青年所以如此'狂'，大约由于我写言情小说的艺术手法、表现技巧，以及我所挖掘的悲剧主角的灵魂深度、情感深度、与爱情境界，和其他作家迥异。这种'异'能否淋漓酣畅的发挥文学奇效，或许可决定读者是否会'狂'。"③ 情感，技巧，文字，无名氏在这三方面的独特表现使他有别于当时的作家，为自己争得了一席之地。

司马长风在分析《野兽·野兽·野兽》时曾赞赏地说："突破了古今中外一切小说的框框，开创了不大像小说的小说，以诗、散文诗，散文和类小说的叙事，混成的新文学品种。叫它小说也可以，叫它散文诗也可以，叫它诗和散文的编织也可以，叫它散文诗风的小说也可以。他打破了传统文学品种的疆

① 无名氏于2002年10月11日凌晨病逝后，相关媒体报道几乎都使用"以《北极风情画》《塔里的女人》等长篇小说享有盛名的作家"来称呼他，足见其在读者心中的印象主要建立在这两部小说的基础上。这两部小说受到读者热烈欢迎，自问世以来，数十年间，在海内外印行多个版本，累积印数百万册以上。参见文史哲编委会编：《哀荣新闻剪影》，《无名氏的文学作品探索与纪怀》，台北：文史哲出版社，2004年，第229—248页。
② 无名氏：《绿色的回声》，广州：花城出版社，1995年，第207页。
③ 无名氏：《自序》，《北极风情画·塔里的女人》，广州：花城出版社，1995年。

界，蹂躏了小说的故垒残阙；这个人真野，真狂，在艺术天地里简直有我无人。"① 这种具有突破性的独创风格，其实在《北极风情画》《塔里的女人》中已见端倪。不以情节结构的紧密设计为主，而是运用多种抒情手法，语言极尽铺陈、激情描写，以感觉、独白、臆想、梦呓、情调、氛围为主的小说写法，从他一开始创作就已经定型，成了他的拿手绝活，甚至不妨称之为"无名氏体"。小说从头到尾往往一气呵成，情意饱满，急切、激烈、坦白、狂热、形象化的文笔，使他的作品给人"野""狂"的直接感受，甚至有时达到"疯"的临界点，这是因为他的作品仿佛是人在生命尽头的呐喊，是情感的迸发跳跃，是力量的复活放射，才会给人闪电雷鸣、暴风骤雨般的强烈撞击，从而陷入情感深沉的震撼中难以自拔。他的小说不仅是文学作品，更是他全副灵魂的倾泻，是他内心最强烈的信念、爱与渴望。

不论思想、个性或人生经历都十分奇特的无名氏，长久以来一直和现代主流文坛处于一种疏离状态。当他以《北极风情画》《塔里的女人》走红文坛、炙手可热之际，他却不再写同类型的第三本小说，其孤傲、叛逆、自信的性格由此可知。他主动远离文坛，自甘于社会边缘，隐居杭州一座尼庵中，全身心地投入不合时宜的《无名书》的艰难写作。超越文坛派系、群体之争，他呕心沥血，上下求索，只为发出个人的声音，只想从宗教的沉思、人性的挖掘、理想的追寻、真理的探索中，拨开心灵的迷雾，宇宙的谜团。小说家赵淑侠对无名氏飘然孤立于自己的"精神乌托邦"，有一段准确的评述："也许由于现实世界中的苦难和丑恶太多，无名氏便将自己关闭在一个幻象世界里，并且要从那里面探索出人生真谛，宇宙根源。总之，无名氏作品给我的感觉是：他是一个追求唯美的人，有意的把目光从这不太美的现实世界上移开，因而他的作品内容离开实际生活如此遥远。"② 与其说是"离开"实际生活，不如说是"超越"来得准确。在这些表面上显得唯美浪漫的文字背后，站立的是一个孤独的沉思者，是一个愿意将自己的生命奉献在理想祭坛上的殉道者。

260万字的《无名书》是无名氏一生心血镕铸的文学结晶，6卷如江河浩瀚的旷世之作，使无名氏在现代文学史上不再籍籍无名，获得的好评恐怕连作者自己都有些意外。例如香港名作家昆南说："当有人问我中国五四以后的伟大作品是哪一部时，我毫不犹豫回答说，是3卷的《无名书初稿》，而绝不是

① 司马长风：《中国新文学史》下册，台北：传记文学出版社，1991年，第106页。
② 赵淑侠：《童年·无名氏·张恨水》，原载《台湾日报》，引自香港：新闻天地社编印：《44位评论家对无名氏代表作——〈无名书〉评论摘要》（未署出版时间），第43页。

什么茅盾、巴金的'三部曲',什么鲁迅或老舍等。"① 赵江滨则评论说:"在文艺创作的自由已被控制得非常有限的岁月里,《无名书》的完成堪称一个奇迹。它表明,对思想文化的专制是很难根绝精神对自由的向往之情的。《无名书》为那个文艺凋零的时期提供了一份理性、良知和个性的不熄的供状。"② 自由与个性,本是作家写作的基本条件与状态,无名氏却只能透过"地下"、"潜在"写作的方式去冥思、追想与创造。陈思和对无名氏的写作精神深表推崇,他说:"从1946年出版《野兽·野兽·野兽》起,整整15年过去,经历了历史性巨变而能不改宗旨完成一部大书的,无名氏是绝无仅有的例子。"③ 他进一步指出:"我们可以把《无名书》看作是一部中国知识分子的'乌托邦'和大同书,它只能在潜隐状态下完成,也可以说代表了中国20世纪50年代潜在创作的最高成就。"④

　　这些推崇、赞誉与肯定,对《无名书》而言是恰如其分的。这是一部兼具历史性、哲学性与文学性的大河小说,以主人公印蒂的成长变化、证道悟道为核心宗旨,写出他在生命历程中的六个阶段与境界,大陆学者汪应果对此的精要说明可供参考:第1卷《野兽·野兽·野兽》是写追求革命的红色狂热;第2卷《海艳》是写追求爱情与肉体的欢乐;第3卷《金色的蛇夜》是写灵魂堕落欲望深渊的黑色狂欢;第4卷《死的岩层》是写对神与宗教的思考;第5卷《开花在星云以外》是写儒、释、耶在禅的基础上浑然一体,形成新的世界观;第6卷《创世纪大菩提》是写在新信仰指导下的社会实践及人生追求。⑤ 书中呈现了人的追寻、彷徨、挫败、痛苦、沉沦、挣扎,以及由此而来的探索、反省、觉醒、顿悟与超然,从爱情、友情、亲情到个人与群体、时代的交织网罗,构成了《无名书》的主要内容与艺术构思。假如《北极风情画》与《塔里的女人》给人浪漫、通俗文学的印象,那么《无名书》给人的是智慧的启蒙与宗教的开示,两者有着截然不同的主题表现与诉求,但仔细观察,二者在

---

　　① 昆南:《浅谈〈无名氏初稿〉三卷》,《中国学生周报》第627期,1964年7月24日。引自《44位评论家对无名氏代表作——〈无名书〉评论摘要》,第3页。

　　② 赵江滨:《从边缘到超越——现代文学史"零余者"无名氏学术肖像》,上海:学林出版社,2005年,第29页。

　　③ 陈思和:《试论〈无名书〉》,《谈虎谈兔》,桂林:广西师范大学出版社,2001年,第100页。

　　④ 陈思和:《代序:试论〈无名书〉》,收入陈思和主编、无名氏著:《无名书精粹》,武汉出版社,2006年,第26页。此文原写于1998年,收入《谈虎谈兔》;后于2004年又有所修改,收入《无名书精粹》。

　　⑤ 汪应果、赵江滨:《无名氏传奇》,上海文艺出版社,1998年,第9—10页。

艺术创造能力与浪漫想象空间上则有着相近的风格与趣味。

无名氏以不群不党的个人风格，为仓皇失措的时代写下了浪漫的史诗，也记录了一个特定时空下知识青年的心灵史。他那大胆瑰丽的文字，狂热倾泻的情感，以及对生命人性的追求，不论深度或广度，至今仍有无限的魅力。然而，这毕竟是一部难以被时代接受的书，它的独特性、独创性，使它有着与众不同的独立性。它是边缘之书，也是超越时代之书，它的意义与价值，注定要在历史的解读中完成。因此，《无名书》的写作过程是寂寞而痛苦的，他受到了时代不公平的对待，不论现实生活或文学评价，长期以来的文学史都对他视若无睹，这当然和他长期隐居遁世有关，但更直接的原因是这些"潜在写作"的不合时宜，或者说与现实政治之间遥远的距离，使他的人与作品消失在读者的公共视域中。

奇迹的完成是以寂寞为代价的。在寂寞的历史夹缝中，他成了文坛的零余者、独行侠，因而蒙上了一层神秘的色彩。正如学者赵江滨所描述的：

> 建国以后①，无名氏悄然从文坛淡出，变为无人知晓的存在，无名氏也像他的名字一样从此在文坛上消失了。很多人都以为他死在战乱中了，也有的人以为他去了遥远的海外，而台湾和香港许多爱好他作品的读者和作家以为他被大陆遣送到了遥远的新疆或是被关在精神病医院里。种种猜疑给无名氏这个名字蒙上了一层神秘的面纱。更为严重的是，与此同时，无名氏也被一部部文学史著作无情"遗忘"。②

消失，遗忘，尘封，终究是一时的，地下传阅与手抄在"文革"期间达到的规模，使无名氏的艺术生命被顽强地延伸着。20 世纪 80 年代以后，无名氏重返文坛，重回读者视域，如"出土文物"浮出文学史的地平线。人们再度在《北极风情画》《塔里的女人》及《无名书》中领略他激情狂放、文采炫丽、语言繁复的诗意追求，而研究者们也终于同意，他不是一般的通俗作家，作品更不是"才子佳人"式的言情之作，他是"集通俗、先锋于一身，两种写作前后并举，而本质上他是一个用文学来探索生命意义的纯文学作家"③。从爱与美切入，无名氏作为一位以精神探索与艺术创新为文学理想的创作者，其

---

① 原文如此，应为"新中国成立以后"。
② 赵江滨：《从边缘到超越——现代文学史"零余者"无名氏学术肖像》，第 2 页。
③ 钱理群、温儒敏、吴福辉：《中国现代文学三十年》（修订本），第 520 页。

"纯文学"的本质与定位应该说是不容抹杀的。

三、北极风情与塔里女人的爱与美

从 20 世纪 40 年代开始创作起，无名氏就将"自由"与"自我"高悬为生命追求的圭臬，由此出发，他对中国现实政治一直抱着带点洁癖的轻蔑与排斥，而对文学写作则有着抒情审美的艺术倾向。他在《海艳》中借印蒂之口说道："在生命里，我只爱两样东西：'自我'和'自由'，没有前者，我等于一个走动的躯壳，比死更可怕的死者。没有后者，活着只是一种刑罚，生命只是个严惩。我宝贵这两样，胜似珍贵两个王国。"[1] 唯有抒情审美的艺术，才能符合"自由"与"自我"的本质。对于美，他近乎等同于生命般地崇拜与向往，他说："只有美，才是灵魂基点，通过这一基点，一切精神建筑才能圆全矗立。凡不以美为支柱的情感，不是纯净的情感。"对于生命，他强调唯一的酬报就是美，"除了它，再没什么是我们百咀不厌的粮食。"如果失足落海，他甚至认为"美是我所能抓住的最后一根绳子、一块木片。我非抓住它不可"[2]。凡此都表现出他对美的虔诚信仰与决心。

对无名氏来说，美与政治是截然对立的两种生命价值。《海艳》中印蒂对他父亲印修静说了许多慷慨激昂的话，其中就提到："世界上，懂得杀人，并且专爱杀人的，是政治家和军人，不是诗人。这个龌龊世界，只有诗人与艺术家是清白的。"[3] 类似的言论在《无名书》中经常出现，如"我所追求的是生命的美丽、生命的爱、生命的智慧、生命的信仰，但在现实政治中，只有丑恶、仇恨、愚蠢、猜疑"。"千言万语一句话：现实政治（特别是中国现实政治，）只是一片污水缸，任何洁白身子跳进去，出来时，也是一身脏和一身臭。污水缸内绝不会有生命和理想，这里面只有两样货物：欺骗与无耻"[4]。对政治的藏污纳垢、扭曲人性，无名氏表达了强烈的憎恨与不满；对满口"革命""斗争""前进"者，他直言痛恨与厌倦："我对街头上响彻云霄的什么'光明'、'时代'、'前进'、'斗争'……一类名词，已经厌倦了。我不再需要粗

---

① 无名氏：《海艳》，台北：文史哲出版社，2000 年，第 299 页。
② 这几句对美的看法均出自无名氏：《海艳》，第 151—153 页。
③ 无名氏：《海艳》，第 68 页。
④ 无名氏：《野兽·野兽·野兽》，台北：文史哲出版社，2002 年，第 524—525 页。

糙事物，我只需要一点和平、精致、梦幻。"① 他认为政治"有损灵性和美"，
"生命够短了，再分一部分给口号标语，是一种愚蠢。我厌恶那些台上的喊声，
台下的掌声。亚里士多德是错的，人不是政治的动物，人只是人！或者，一定
要加饰词，应该说：人是一个爱美的动物"②。回到人的本身，以"美"为生
命存在的本体，厌恶政治的无名氏反复言说的只是一种个人的价值，审美的
意义。

　　也许我们可以说，正因为对现实政治的强烈不满，他躲进了小说审美的乌
托邦里，苦苦维持着自己精神的高洁与清白，透过充满爱与美的言情故事，他
提供给读者（特别是青年读者）一些美的感动与爱的体悟，一种不受政治现实
束缚的自由理想。《北极风情画》与《塔里的女人》，就是他以文字精心堆栈
打造的理想国度与幻美世界。在这个世界里，他关注的不是理性，而是情感；
不是时代，而是个体；不是社会，而是爱与美。

　　约 13 万字的《北极风情画》是无名氏于 1943 年 11 月 9 日至 29 日，以 20
天的时间完成的。故事场景在俄罗斯西伯利亚的一个边陲小城托木斯克，来自
朝鲜的上校参谋林，和在一所女子中学教文学的奥蕾利亚在雪夜中偶遇，进而
相恋，直到林接获军令必须离开托木斯克返回中国，两人这段没有结果的爱恋
被硬生扼杀，女主角选择了殉情自杀，男主角则在悔恨中度过余生。凄美的故
事有着真实的原型。1941 年底，无名氏结识韩国光复军参谋长李范奭将军，
两人共居一室，成为好友，每晚与李范奭长谈，《北极风情画》就是取材于李
范奭的亲身爱情传奇。③ 约 10 万字的《塔里的女人》也是无名氏在 1944 年只
花了 17 天就完成的畅销小说，故事主角觉空的原型是他的好友周善同。周善
同外貌出众，曾任南京鼓楼医院化验室主任，医术高超，又善拉小提琴，兼任
"中央大学"音乐系的提琴教师。在一次音乐晚会上，周善同与"中央大学"
中文系的女学生瞿依相识，瞿依貌美多情，两人相恋，但周善同是有妇之夫，
最终瞿依负气嫁给自己不爱的人，酿成爱情悲剧。这两部小说是无名氏走进文
坛的敲门砖，20 世纪 40 年代的文坛也因此引起一波震动。

---

　　①　无名氏：《海艳》，第 44 页。
　　②　同上，第 297 页。
　　③　抗战期间，韩国抗日革命志士在重庆组成韩国临时政府。临时政府主席是金九，光
复军总司令是李青天，李范奭是参谋长。1941 年，无名氏由李青天、李范奭推荐担任光复
军上校宣传科长，虽然因非黄埔军校出身，而未获军委会同意，但他因此成了临时政府的客
卿，并得以和李范奭有深入的交往。抗战胜利后，李范奭返国担任大韩民国第一任内阁总理
兼国防部长，1950 年底出任韩国驻华大使，1972 年逝世。

　　无名氏在 1942 年时受李范奭之邀前往西安。在西安期间，他曾到华山短暂造访，与高僧谈佛论道。这次的华山经验对他影响深远，"华山"此后成为他生命追求的象征，几乎成了圣山。《无名书》的主角印蒂每次遇到生命的纠结困惑时都会登上华山，在极端的孤独中自省或追悔。《北极风情画》与《塔里的女人》也是如此。小说中的男主角林、觉空都在华山追忆逝去的恋情。华山空灵极致的美，在无名氏笔下令人陶醉，特别是《北极风情画》，为故事清新脱俗的风格作了最佳的铺垫，以下这段对华山之美的描写，堪称典型的无名氏体：

　　　　有谁伫立华山最高峰顶看过雪景么？啊，太美丽了！太神圣了！太伟大了！那不是凡人所能享受的。只有在神话里生活的人，才有这样眼福。那并不是雪景，而是一座座用万千羚羊角堆砌的建筑，通体透明，洁白芳香。整个华岳又像数不清的北极冰山，化宇宙为银色。这里，人只有一种感觉：白色。这白色充满你的眼睛、你的思想、你的心灵、你的血液。你会觉得思想是白的，声音是白的，你的情感你的一切都是白色的。这里，白色就是上帝，是最高主宰，祂把华山一草一木全染成白色，再不容许第二种色彩。望着望着，自己似乎整个融化了。我仿佛觉得，自己每一个细胞全变成白色。变成雪。我身前身后，是白色的酒之海，使我从头到脚沉醉在里面①

这段文字介于诗与散文之间，大胆新鲜的语言，充满了想象力与独特的文采风致，天马行空，浪漫奔放，给人荡气回肠的情感撞击，直接而强烈。在无名氏汪洋恣肆、饱满清新的笔下，女主角奥蕾利亚如女神般的形象栩栩如生，如梦似幻：

　　　　她披着金黄色长长鬈发，仿佛春天太阳下一田麦浪，光闪闪的。她的眼睛是两颗蓝宝石，比印度蓝天还蓝，带梦幻色彩。她的鹅蛋脸白白的，眉毛黑黑的，鼻子高高的，没有一样，不富于雕刻的均匀、和谐，几乎就是一尊古代女神的面部浮雕。她的身材苗条而修长，像一个有训练的舞蹈家，每一波姿态、动作全表现一派温柔、调协，散溢音乐的旋律与节奏。她静坐在淡蓝色灯光下，又天真又庄重地向我凝睇，真似希腊古瓷皿上的

---

① 无名氏：《北极风情画》，台北：文史哲出版社，1998 年，第 8 页。

一幅画像。①

以色彩、音乐、大自然的生动、缥缈、优雅，作者将奥蕾利亚惊人的、超凡脱俗的美毫无掩饰地描绘出来，风华四射，既贴切又传神。这种美在《塔里的女人》中的黎薇身上也可以找到：

> 她的灵魂正和她的装束一样，红极了，也强烈极了。她整个人似乎不是一片血肉，而是一蓬红毒毒的火，走到那里，烧到那里。她的每一个动作，震颤，都是火的飞翔，火的舞蹈。从她身上，人可以呼吸到地腹熔岩的气味。我望完了，不禁在心里道："啊，好一个美人！简直是火焰的化身！任何接触她的人，全会给烧死的！"②

在主角罗圣提眼中，黎薇的美是绝世无双、完美无瑕的，他忍不住赞美道："她是那样美，像一幅活动的迷人幻景，给我以狂热的鼓舞，我从头到脚，沉浸于她的美，像麋鹿嘴部赤裸裸的沉浸于泉水。烦恼的是：她太美了。这种美不是常人所能忍受的。我即使把她看成一幅画、一尊浮雕、一片风景，也抑制不住想匍匐下来，礼赞它们。"③ 黎薇的形象正是他心目中理想的美的体现，他说："我欣赏她，只因为她的性灵、风度、形象，接近我的美的理想。我理想中美的典型、美的规律，现在似乎借她实现了。"④ 无名氏力铸新词，精雕细刻，塑造了奥蕾利亚、黎薇两个一静一动的女性形象，一个温柔庄重，一个天真野性，但内心同样对爱情有着如火燃烧的热烈与狂放，最终也都是因为对真爱、纯爱的执着，而赔上了自己的生命与青春。

《北极风情画》中的林，虽然是一名军人，但他的气质更接近于诗人，"他的语言、细腻的感悟能力、对爱情特有的审美理想、强烈的情感生命状态等使其表现出一种脱俗的气质"⑤。正是这种诗人气质，让他和奥蕾利亚很快地相互理解、欣赏，进而相恋。小说中有一段奥蕾利亚与林的对话：

---

① 无名氏：《北极风情画》，第 56 页。
② 无名氏：《塔里的女人》，台北：文史哲出版社，1998 年，第 21 页。
③ 无名氏：《塔里的女人》，第 48 页。
④ 同上，第 49 页。
⑤ 武文刚：《论无名氏早期爱情写作的精神向度》，《天水师范学院学报》2008 年第 3 期。

"真奇怪，您的谈吐，一点不像军人，倒像诗人哪！"她用神秘的眼色瞪瞪我。

"一个军人难道不能兼一个诗人么？"

"军人与诗人似乎是相反的存在。"

"一个好军人，也是个好诗人。所谓诗人，是指那些对生命最具有深刻理解力的人。军人在火在线，几乎每一秒都在生与死之间徘徊，对于生命他天然的具有深刻理解力。"①

林的诗人气质，加上奥蕾利亚善于弹吉他的音乐才华，两人在艺术所编织的梦幻空间中拉近了距离，也产生了爱情的情境。这种人物特质与情境设计在《塔里的女人》中再次出现，女主角黎薇就是以向罗圣提学拉提琴而产生进一步的情愫，正如罗圣提的分析："我爱音乐，薇也爱。我爱文学，薇也爱。我爱泛舟，她也爱。我爱闲静，她也爱。我们的许多爱好相同，仿佛前生早安排好。在相同的爱好之下，我们的幻想与趣味，自然就和谐一致。"② 这两个爱情故事，都是在远离世俗、艺术意味氤氲的浪漫环境中开始、发展，也因此，一旦现实的问题迎面而至时，这种近乎空灵的爱情就显得不堪一击，《北极风情画》的民族战争，《塔里的女人》的已有家室，让个人的情感最终灰飞烟灭。这种漂泊的爱情注定是一场悲剧。无名氏的想象才华，使这两个奇诡哀艳的悲剧故事带有浓重的悲怆氛围，悲情的意味弥漫于字里行间，过程令人悬念，结局则让人动容，诚如论者所指出的："一个原本可以成为'始乱终弃'的传统故事，在无名氏手中却演绎为如此奇幻美艳、酣畅淋漓的情爱幻想，确实表现了作家独特的浪漫才情与艺术天赋。"③ 这种才情与天赋，带领读者进入了动人的故事中，一同领略其中至情至性、敢爱敢恨的爱情滋味。

在爱与美的两人世界里，现实、战争、礼教、过去与未来种种，都被暂时搁置、遗忘，他们一心沉迷于赤裸裸的情欲与生命的酣醉中，这里头只有原始的爱，自然的美，无名氏使尽全力地将故事中的爱情极大化、唯美化，给人强烈的感官刺激，又在刺激中得到灵魂升华。研究者黄科安对此分析道："无名氏在描绘青年男女情爱时，秉持唯美主义的审美观念。人们阅读他的作品，看到无名氏那种全力以赴地在写美，形象的美、气质的美、环境氛围的美，以及

---

① 无名氏：《北极风情画》，第 74 页。

② 无名氏：《塔里的女人》，第 84 页。

③ 沈庆利：《无名氏北极风情画细读》，《中国现代文学研究丛刊》2008 年第 5 期。

心理体验的美，有时会觉得与其说他在编造故事，毋宁称他在沉溺于美的体验和美的创造。"① 无名氏笔下的爱情结局总是遗憾中带点凄厉残酷，甚至有些恐怖，与相遇相恋时的唯美浪漫形成巨大的反差，这使得他的唯美书写特别令人震撼。《北极风情画》的奥蕾利亚，自杀前写给林的信是如此悲怆，又如此冷静，毁灭与幸福就在一线之间，简直令人难以承受：

> 生命不过是一把火，火烧完了，剩下来的，当然是黑暗。
>
> 这里是四十七根白头发。在你走后的十天中，它们像花样的开在我头上。
>
> 你要玩味它们的白色，最深最深的玩味。
>
> 啊，我的亲丈夫！我已经把一切交给你了，除了这点残骸。它的存在，是我对你的爱的唯一缺陷。现在，我必须杀死这个缺陷，让我的每一滴血每一寸骨每一个细胞都变成你的血、你的骨、你的细胞。让我的名字永恒活在你的名字里！
>
> 我的自我毁灭绝不是悲剧，是我生命中的最后幸福！②

从美丽绝伦的天使，变为黑暗沉沦的魔鬼，这种近乎疯狂的爱情，在《塔里的女人》黎薇身上有更让人感到"惊悚"的发展。当罗圣提在大雪纷飞中千里跋涉到西康小县的小学，找到被他深深伤害过的黎薇时，他所见到的已是散发着死亡气息的"活死尸"：

> 这女人穿着厚厚棉袍，外罩一件粗蓝布旗袍，颈上裹着厚厚深灰色羊毛围巾，全身现得臃肿，笨重，脊背也有点驼。她的瘦削脸孔，不敷一点脂粉，皮肤倒还白净，却充满了皱纹。她的眼睛黯淡无光，散发一股死沉沉的阴气，仿佛刚从墓窟底棺材中拖出来，仍在展览死亡。她的头发梳成小圆髻，简单的悬在脑后，顶部薄薄的一层发丝，一半已经花白。从外表看来，这女子至少已有五十左右，显得苍老了。③

---

① 黄科安：《无名氏：以媚俗手法写现代的言情故事》，《东南大学学报（哲学社会科学版）》2006 年第 3 期。
② 无名氏：《北极风情画》，第 216 页。
③ 无名氏：《塔里的女人》，第 160 页。

生命之火只剩余烬，冰冷与黑暗占据了黎薇的身体与灵魂，阴郁的压迫感让人窒息，不敢置信，也不忍卒睹。冰冷的北极身影，幽闭的塔里回声，无名氏为现代文学史刻画了两个（其实是一个）多么特殊且令人同情的女性形象。在小说的结尾，"我"看完了觉空（即罗圣提）的原稿，徒增惆怅凄伤，作者愈是用美的文字来描写，就让人愈感到来自背脊的寒意与冷冷的悲哀：

> 这是一个月光的世界，白色的世界，银色的世界。仲夏夜真幽，真深，风飔凉凉的。我独自徘徊于月色中，微风里，树荫下，说不出的凉飒，也说不出的黯然。我又想起刚才那个故事，那些琴声，那些流水，它们像四周月光一样，渗透我的灵魂，浸透我的意识。月色是这样美，夜是这样美，树是这样美，可我却觉得说不出的哀凉。①

楚楚有致的抒情描写，将人物内心的沧桑、悲凉，与环境的冷清、寂静相互结合，主角缠绵悱恻、欲说还休的复杂心情，随之跃然纸上，一股绝望的美感也漂浮在字里行间，挥之不散。

小说的爱与美，感动了无数人，但同时也引来一些见仁见智的非议②。有人将这两部小说称作"洋鸳鸯蝴蝶派"，或是"新才子佳人派"，多少带有鄙视之意味。实际上，爱情是人类的本能，也是人类的梦与理想，在当时封闭的社会，这些小说唤醒大家追寻纯洁的爱情，给青年带来内心爱情的春天，既不引人堕落，也非纯粹肉欲感官的满足，所以这样的批评实在有些偏颇失当。无名氏深谙通俗小说的题材处理与表现技巧，但这并不表示他的作品就是一般印象中的通俗、媚俗、煽情之作。他的小说具有曲折离奇的故事情节，生离死别的悲剧结局，在叙述方式上也懂得制造悬念与神秘效果，使情节波澜起伏，跌宕多姿，从而刺激和满足读者的好奇心与阅读兴趣，但同时，他也善于运用富有诗意的笔触，哲理的思考与阐发，使表面通俗的言情小说具有深刻的生命意识而显得厚实，在情与理两个层面都有极致的探索，加上故事中人物的情感深

---

① 无名氏：《塔里的女人》，第174页。
② 傅颂愉发表于1980年8月10日的香港《明报》上的文章《令人争辩的小说》提到："有人认为《塔里的女人》写得失败，悲剧凭空乱造，因素太不充足，情节波动十分牵强，全书从头到尾，只是一连串无谓浪漫的卖弄，音乐被拉来作为风雅的点缀，博取的仅是一些做作的感动与廉价的眼泪，谈不上有什么正确的思想与意识。"但傅颂愉对这些负面的说法并不赞同，认为这是"盲目诋毁"，他的结论是："要真正品尝一本精彩的小说，要从文学上着眼才对，所以我对它抱着极高的评价。"见《塔里的女人》，"附录"，第178页。

度和灵魂意境，遂形成特殊的艺术张力，超越了一般浮泛的言情小说。

无名氏对此显然有着清楚的认识与自信，他说："今天看来，不管此二书有多少缺点，但当年能冲破巨大政治思潮的控制，赤裸裸倾泻青少年的某种火山情愫，展绘青春期的纯粹爱情，渴望人性的梦境之落实，这些总是历史事实。特别要提出来的是：当时所谓社会'革命'思潮汹涌，不少激进青年投入，此两书却强烈暗示，在人的生命中，合乎人性的爱情生活，有时似乎不比政治与革命生活更不重要。"① 只不过，在政治力量强势主宰文坛的时代，这样的体认与声音只能是空谷足音，单薄，微弱，轻易便被宏大的主流声音淹没，甚至销声匿迹。

无名氏的小说以情感炽烈、意象浓丽、笔法狂放的艺术特征，在 40 年代文坛独树一帜，透过文学，他试图为自己、为世人探索爱情的纯美世界。因为他作品中的个人追求与时代的离乱烽火有一定的距离，很长一段时间，这位才华洋溢的作家最终只能悄悄地被拒绝于主流文学之外，成了名副其实的孤独的"无名氏"。无名而有名，有名也无名，无名氏的人与作品已然成为一则饶负深意的文学传奇。

四、战地钟声里的桃花源：西南联大

鹿桥（1919—2002）的《未央歌》，是另一个以爱与美为战乱人世留下生动印记的文学传奇。香港文学史家司马长风说他"在研读了近百部小说之后"，认为在战时战后时期，"长篇小说有四大巨峰：一是巴金的《人间三部曲》，二是沈从文的《长河》，三是无名氏的《无名书》，四便是鹿桥的《未央歌》了"。而以西南联大为背景的《未央歌》"尤使人神往"。②

诗人闻一多曾经写过许多脍炙人口的诗句，也曾经发表过许多精辟见解的神话学论文，然而，我认为人们更应该记得的是他在西南联大前身——长沙临时大学上课时对学生说过的这句话："同学们！中国，不是法兰西，因为，中国永远没有最后一课！"③ 1938 年 2 月 19 日，一千多名临大师生，走在泥泞的红土地上，告别长沙，向着陌生却充满希望的昆明出发。他们坚持的，是在日

---

① 无名氏：《塔里的女人》，"跋"，第 181 页。
② 司马长风：《中国新文学史》下册，第 112 页。
③ 李洪涛：《精神的雕像——西南联大纪实》，昆明：云南人民出版社，2001 年，第 27 页。

寇遍地烽火下仍然要办学、读书的文化薪火，那一刻，他们个人以及整个国家的命运都走到了历史的转折点，因为他们知道，在战地里要听到校园钟声是多么遥远，多么艰难，却又是多么必要。

西南联大，一个充满传奇与意义的大学，就这样在云南昆明这个中国偏远后方的小城，在抗战初期战火方兴未艾的患难时刻诞生了。

包括前身长沙临时大学，西南联大成立于 1937 年 8 月，历经八年抗战，在胜利后一年（1946 年）宣告结束，三校于是年秋季各自返回平津复校。就如抗战永远成为中国历史的一部分，存在 9 年的西南联大也已经成为抗战历史中传奇的一页。虽然，它的实体已经不复存在，但是它的名字已经加载史册，他的事迹也值得人们永远纪念。历史的纪念多半使人沉重、感伤，鹿桥的《未央歌》则以文学的美好笔触，让这所已经消失的学府长存于人们充满情感的记忆与想象中，就如论者所指出：

> 诚然小说不是历史，但它反映的校园生活大多有真实的依据，有许多西南联大毕业生的回忆录为证。鹿桥通过《未央歌》把他"一向珍视"的，"那真的、曾经有过的生活"留给了读者。可以说，20 世纪上半叶没有哪个文本可以提供比它更为丰富的关于抗战时期大学生及其生活的想象，尤其是关于西南联大学生生活的想象。[①]

联大的学生生活和抗战紧密相连。战时的一切都是克难的，联大在仓促中成立，校舍、教室等自不免因陋就简，当时任教于联大商学系的陈岱孙就提到："除了勉筹资金自盖了几十栋砖土墙、茅草顶的平条房外，联大的其余校舍都是或租或借自各地在省会的会馆和城内外的各级学校。"可以说那是一所"被剥夺了办学物质条件的大学"。[②] 但在鹿桥笔下，这些物质上的落后一点也没有影响师生们的求知愿望与敬业态度，反而激发出年轻人逆境向上的斗志。像小童，没有手表，有约会时就提早前往，绝不误时；领到抄书费，却苦于口袋破了，无法安放。穷困但认真向学的朱石樵，连长衫都卖了，好友们捐助蜡烛，让他可以读书写文章。还有大余和蔺燕梅夜访散民村庄去采集歌谣，学生物、

---

① 田正平、陈桃兰：《抗战时期大学生生活的另类书写——〈未央歌〉中的西南联大记事》，《高等教育研究》2009 年第 7 期。

② 陈岱孙：《序》，《国立西南联合大学校史》（修订版），西南联合大学北京校友会编：北京大学出版社，2006 年。

地质的学生在云南运用所学进行研究等等。在那个艰难的环境里，最让人感动的就是学生们能够拥有一张平静的书桌，学习与写作，这是战争年代多大的幸福！这种弦歌不辍的精神成就了西南联大的辉煌历史，也鼓舞和感动了无数的读者。

更让人感动的是，学生们主动为国奉献的无私精神。有的编剧本、演话剧，募捐抗战基金；有的随军入缅，像外文系学生就担任军中的翻译官；有的直奔战地，救护伤员，安顿难民。小说中的范宽湖报考了空军飞行官，凌希慧做了战地女记者，小童甚至差点放弃学业，准备潜回东北做地下工作。学生们取消春季晚会，蔺燕梅的舞都搬到校外募款的游艺会上去了。"寒假中学生都抛了书去作战地服务工作"。① 也就是说，学生们并没有把这里真当成"世外桃源"，而是以年轻人极真极大的热情，尽着自己的本分，爱着这个被战火蹂躏的国家。

虽然《未央歌》中的地理环境多半具有象征性质，难以用写实小说的眼光去一一复核昆明的确实位置，但是昆明小城的人情、景致、氛围、民风，都被鹿桥生动地保存在小说精心设计的许多细节描写中②。例如茶馆林立的特殊风情，小说的第 2 章就有所描述："出了校门顺了公路往西走已到了凤翥街北口。这里一路都是茶馆。小童早看见一家沈氏茶馆里坐了几个熟朋友喊了一声就往里跑。在茶馆里高谈阔论的很少。这几乎成为一种风气。"学生们泡茶馆主要是看书做功课，因为宿舍"饮水不便，灯少床多，又无桌椅"，图书馆则是"地方少，时间限制"，于是，"他们都愿意用一点点钱买一点时间，在这里念书，或休息。这一带茶馆原来都是走沙朗、富民一带贩夫，马夫，赶集的小商人坐的，现在已被学生们侵略出一片地土来，把他们挤到有限的几家小茶馆去了"。这些细节的描写，比严肃的校史记录更真实也更生动。

还有离学校不远、生意鼎盛的"米线大王"，在大年三十夜，以丰盛的晚餐款待这群离家在外的大孩子们，只因为知道这群大学生囊中羞涩，甚至有人每晚省一根蜡烛来凑饭钱，于是，米线大王的老板夫妇、母亲等一家人，特地精心安排，请了大余、小童、朱石樵等九人吃一顿丰盛的年夜饭："酒菜，都上来了。云南风俗下养成的殷勤敬客手段是不能抗拒的。每人碟里都是吃不完

---

① 鹿桥：《未央歌》第 10 章，台北：台湾商务印书馆，1988 年第 42 版，第 332 页。
② 不过，鹿桥也曾经表示，《未央歌》"不是临时瞎编的"，"甚至小说中的地方，在我原先的稿件中都曾经素描过"。见楚戈：《〈未央歌〉未央——鹿桥访问记》，原载《幼狮文艺》第 220 期，1972 年 4 月。此文收录于朴月编著：《鹿桥歌未央》，台北：台湾商务印书馆，2006 年，第 102 页。

的菜。盏里喝不完的酒。"① 云南百姓以实际的行动表现出人性的善良与温暖，特别是战争年代难得的患难与共之情，这和利用战争发国难财的奸商们相比，实在有天壤之别。小童遂忍不住说："这地方人情自来多么厚道！"

"爱"是《未央歌》最鲜明的特色，而这份爱就奠基于西南联大淳厚笃实的校风与昆明直率古朴的乡土民风。从同学彼此之间的小爱，到国与校与家一体的大爱，共构出一个有情有义的美好世界，也为那个家仇国难的战争年代添抹上一片人性的美善。

五、歌咏爱与美的青春诗篇：《未央歌》

《未央歌》在抗战胜利的 1945 年写完，却迟至 14 年后的 1959 年才在香港出版，22 年后的 1967 年才由台湾商务印书馆出版，但书一出版，就立刻风靡了台港两地的校园，成为青年人编织美好理想的一方梦土②。"未央"取自出土汉砖上的文字"千秋万世，长乐未央"，也许我们可以由此联想到，作者透过这部 60 万字的小说想表达的是一种快乐未央、青春未央、友情未央的一阙爱与美的永恒赞歌。

对学生来说，大学生活往往是一生中最美好的时光。如果不是因为对那段校园岁月的回忆怀有极大的留恋与感伤，刚从大学毕业的鹿桥不会写出这部充满浪漫情调与淡淡哀愁的作品。在美丽的云南风情、联大校园中，鹿桥以美丽的心情，讲述了一个爱与美的青春故事，他说《未央歌》是"只有爱没有恨，只有美没有丑的"，这是因为"从一个地方学会了整个的爱；爱自然环境、爱动植物、爱人、爱他们的心境，然后才知道怎样去爱别的地方，去爱整个世界"③。这是一本"以情调风格来谈人生理想的书"，在这个特殊的风格及理想里，"《未央歌》里的地方、情节、人物就分外美。尽情地美，不羞不惧地美，又欢乐地美"④。

全书的开头《缘起》就是一篇"尽情地美"的文字，描写校园池塘中半

---

① 鹿桥：《未央歌》第 4 章，第 116 页。

② 如周芬伶说："在戒严时期，复兴中华文化的口号下，《未央歌》纠结着五四、知识分子、世界民、神州中国等种种情结与遥想，成为青年学子寻求的乌托邦与大学梦。多少学子一面读着《未央歌》一面鞭策自己考进大学。"见周芬伶：《未央的童歌》，《中国时报》2002 年 4 月 1 日，第 39 版。

③ 鹿桥：《六版再致未央歌读者》，《未央歌》，第 5、8 页。

④ 鹿桥：《再版致未央歌读者》，《未央歌》，第 5 页。

岛上"生满了野玫瑰的多刺的枝条","这一丛亚热带气候育养之下的云南特产的野生玫瑰，因为被圈在校园里了，便分外地为年轻的学生们眷爱着。"学生们是如何爱护着这娇艳美丽的玫瑰花呢？鹿桥写道：

> 　　每年花开的时候，不论晨晚，雨晴，总有些痴心的人旁若无人地对了这美景呆呆地想他自己心上一些美丽而虚幻的情事。只要这些花儿不谢，他们的梦便有所寄托。这些花与这些梦一样是他们生活中不可少的一部分，是他们所爱护的。因此他们不用禁止，而人人自禁不去折花。这习俗既经建立，便在学生们心里生了根。……
>
> 　　花开的日子不长，六月底，学校将举行大考时，在大家忙碌中便不为人察觉地那么静悄悄地，水面上就慢慢为落红铺满。雨水涨了，小河们把花瓣带走，送到插了秧的水田里去，送到金汁河里去，送到盘龙江里去，也许还流到红河里去吧？她们就走得远远地，穿过那热带的峡谷，带着窒息的丛草的热味，流到远远的地方去了，再也看不见，再也看不见了！小池塘上又是一片澄清，池塘上只剩了灰色枝叶的影子。一片空虚就留在大家心头，直到明年花开的时候。①

这篇《缘起》其实是一个隐喻，营造了一个与世无争、美好如梦的环境。玫瑰花贯串全书首尾，既是美的化身，也是青春、爱情的象征，在这美好的梦境、情境中，小说女主角蔺燕梅如玫瑰花神般出场，并得到众人的关注与呵护。同时，《缘起》也暗示了所有的灿烂终将归于平淡，即使是美丽的玫瑰也有"落红铺满"的一刻，为这群学生来日星散离别预下了伏笔。不过，等到"明年花开的时候"，又会有新的一季耀眼的绚丽，如同传唱不歇的歌，代代相承。至于柔美却有刺的玫瑰，让人因采撷而受伤，不也透露出成长必须付出代价的讯息吗？

　　在美中成长的鹿桥，写作此书时用心经营的是"那些年里特有的一种又活泼、又自信、又企望、又矜持的乐观情调"，这种情调"在故事情节人物之外，充沛于光线、声音、节奏、动静之中"，他把这种情调挥洒在对这些青年学生生活的叙述与友情、爱情的刻画上，谱写出一首战争年代的青春之歌。全书可以说没有黑暗面，洋溢着美的色调与善的光谱。鹿桥对此有所解释（带着他一贯的叙述腔调）："有人说世上哪有这么美的？可是懂得《未央歌》的人抽不

---

① 鹿桥：《未央歌》，第 2 页。

出时间来回答，因为他们忙着爱美忙不过来。"① 过于浪漫的完美，过于主观的抒情，也许是这部"青春校园小说"的缺点，就如研究者姚丹的分析：

> 《未央歌》的成功在它的抒情，不足也在它的抒情。鹿桥当时刚刚从联大毕业，他的写作是校园写作的延续，具有全部"青春写作"的优势与局限。青春写作的最大来源是他个人的经历和体验，由于急于要将自己的体验以文字加以定型，情感上的奔放宣泄就特别强烈。因为他追求的就是"情调"，这样的抒情氛围倒容易建立了。但其主观色彩过强，价值判断过于明显。②

然而，也正因为鹿桥写作此书时的年轻、单纯与强烈的抒情动因，才使得这部小说没有太多社会复杂因素的干扰，而以个人的声音为主旋律，不掺和在时代主潮的共性中而显得自成一格。学者彭建也注意到了这一点：

> 鹿桥所追寻的"美"与"善"，或许本不存在，一切都是作者对于理想在想象中的叙事，或许这种存在只会存活于那个充满青春和梦想的大学年代，随着时间的前行，一切都将消失而不留任何可以待人追忆的痕迹。正因为如此，鹿桥及时以此文字留下那个青春年代的特殊存在。③

有人说，这部小说"纯净得像只有小红帽而没有大灰狼的童话世界"④，事实不然，且不说日军的空袭轰炸，还有学生节衣缩食、忍饥挨饿的生活，以及后来投入战时军队服务与劳军活动，可见不是不食人间烟火的仙境童话。但它确实和20世纪40年代另一部也以校园为背景的小说《围城》是两个不同的人性世界，不同的文学风格，也有各自不同的艺术成就。陈平原教授将这两部小说称为"两部现代史上影响深远的描写大学生活的长篇小说"，认为钱钟书所虚构的三闾大学与鹿桥写实的西南联大共同构成了"现代中国大学的最为鲜

---

① 鹿桥：《再版致未央歌读者》，《未央歌》，第5页。
② 姚丹：《西南联大历史情境中的文学活动》，桂林：广西师范大学出版社，2000年，第289页。
③ 彭建：《"美"与"善"：对抗存在的被遗忘——论鹿桥〈未央歌〉的蔺燕梅形象及精神追寻》，《绵阳师范学院学报》2009年第7期。
④ 张青：《青春未央，快乐未央——读鹿桥长篇名著〈未央歌〉》，广西：《出版广角》2008年4月号，第65页。

活的记忆"①。但其实它们给人的记忆还是有很大的区别:《围城》以嘲讽谐谑手法,嬉笑怒骂地挑战人性恶的本质;《未央歌》则是以思无邪的纯净笔调,歌咏爱与美的少年情怀。《围城》展示的是知识分子的精神危机与人格缺陷,而《未央歌》则是描绘知识分子追求真善美的人格理想与价值取向。

依陈平原的说法,这两部小说分别代表了"大学叙事"的两个侧面:"现实的以及批判的,理想的以及诗意的"②。在这诗意理想的小说世界里,鹿桥刻意远离现实尘嚣,营造一个冰清玉洁的"精神围城"与"心灵乌托邦",诚如作者所言,如果这样的小说竟然"为通货膨胀记起流水账来",那么"文字还干净得了么?人物性情还能明爽么?昆明的阳光还会耀眼么?云南的风雨还能洗脱心上无名的忧伤么?"③它摆脱了抗战文学宣传的教条,也不以情节叙事为主要的诉求模式,这种迥异于20世纪40年代主流叙事声音的风貌,使《未央歌》成了20世纪40年代大后方文学中的一道亮丽风景。

有人把《未央歌》和《滚滚辽河》《蓝与黑》《莲漪表妹》并列为抗战文学,但鹿桥说,《未央歌》不是写实、写恋爱或抗战,而是写"愿望",写"友情",是一本重情调和风格的书。许多人批评太乌托邦,与抗战脱节,他却认为,苦难是大家都知道的,不用再强调。何况,他们当时确实是在艰困的物质生活中,彼此激励,维持乐观进取的精神,不被现实击倒。故事中伍宝笙的原型祝宗岭女士在多年后接受访问时即说道:"当时我们并没有觉得那么苦!日子中也还是有很多快乐的。"④以校园"情调"为主的《未央歌》,和上述以战场"情节"为主的抗战小说确实有着很大的差距。毕竟,鹿桥写完此书时才26岁,还正是青年——一个涉世不深、初出校门,并未真正直面战争的文艺青年。

以情调和情怀为主轴,鹿桥最让人折服的是写活了几位小说中的人物形象。小童的原型其实就是作者自己,待人真诚,坦率自然,人格纯净可爱,最后留校担任助教,与鹿桥一样。从小说开始的天真无愁,历经岁月风雨的洗练,到了小说后半部,他的思想逐渐成熟,但却能保持未泯的天真之心。蔺燕梅娇嫩艳丽,多才多艺,得到众人的呵护,但她在大余的影响下也曾向上要强,甚至缅甸战事爆发,旅缅侨胞流亡到云南,他和大余在暑期参加了救助难

---

① 陈平原:《文学史视野中的"大学叙事"》,《北京大学学报(哲学社会科学版)》2006年第2期。

② 同上。

③ 鹿桥:《再版致未央歌读者》,《未央歌》,第5页。

④ 朴月:《未央歌人物写真》,《鹿桥歌未央》,第306页。

胞的工作，柔美与坚强兼具，最后在大自然、宗教、小童那里找到属于她自己的思想和力量；余孟勤是研究生，辩才无碍，勤学用功，有"圣人"的绰号，曾代表学校到滇南去慰劳驻防国军，在昆明流行霍乱疫情时，也负责西车站的急救事务，指挥服务的同学，是学生中的领袖人物。伍宝笙是善解人意的学姐，心如明镜，在这群学生中是一股安稳的力量，"伍宝笙的美丽是天生的，她自己从未感觉到它。"（第2章）和蔺燕梅的艳光四射相比，她的美不全在外形，而在聪慧体贴的内心，是她促成了小童与蔺燕梅的恋情，也是他点醒了大余的"错爱"，最终给自己成就美好的姻缘。

这四位主角各自代表了生命追求的四个面向：小童是真，伍宝笙是善，大余是知，蔺燕梅是美。这四种形象合在一起，建构出鹿桥心目中的完善人格。鹿桥就说过："这四个人合起来才是主角。这主角就是'人'。是你，是我，是读者，也是作者。"说得更清楚点，"书中这个'我'小的时候就是'小童'，长大了就是'大余'。伍宝笙是'吾'、蔺燕梅是'另外'一个我。"①这许多的"我"，说明了全书的精神其实是"无我"，也就是没有个别的"我"，而是那个战时岁月中无数的"我们"年轻人的缩影。

鹿桥有敏锐易感的文人性格，细腻的感受力使他毫不费力地能以多情渲染的文笔写下他心动的人、事、景、物，以年轻人充沛的爱去体验现实人生，去思考生命的价值和意义，感受世间万象的流动衍变，例如第1章对联大开学、昆明夏天的描述就很能看出鹿桥文字修辞、意象经营的巧妙传神：

> 昆明的九月正是雨季的尾巴，雨季的尾巴就是孔雀的尾巴，是最富于色彩的美丽的。新校舍背后，向北边看，五里开外就是长虫峰，山色便是墨绿的。山脊上那一条条的黑岩，最使地质系学生感兴趣的石灰岩，是清清楚楚地层层嵌在这大块绿宝石里。山上铁峰庵洁白的外垣和绛红的庙宇拼成方方正正的一个图形，就成为岩石标本上的一个红纸白边的标签。四望晴空，净蓝深远白云朵朵直如舞台上精致的布景受了水银灯的强光，发出眩目的色泽。一泓水，一棵树，偶然飞过的一只鸟，一双蝴蝶，皆在这明亮、华丽的景色里竭尽本分地增上一分灵活动人的秀气。甚至田野一条小径，农舍草棚的姿势，及田场上东西散着的家禽，犬马，也都将将合适地配上一点颜色。一切色彩原本皆是因光而来。而光在昆明的九月又是

---

① 鹿桥：《再版致未央歌读者》，《未央歌》，第6页。

特别尽心地工作了。①

校园生活中每一个印象深刻的画面，在鹿桥富于光线、颜色、气味等多重变化的情感映像下，幻化成一幅幅情景交融、触动人心的图景。作者年轻的心灵颤动的历史，透过小说的细节描绘集中地表现出来，我们看到了一个没有世俗污染、生命本真本色的年轻人，对爱与美尽情地歌咏与追寻。以下一段对昆明气候、校园夜景的描写可说是上乘的美文，抒情写景都让人陶醉：

> 夜当真来了。她踏着丘陵起伏的旷野，越过农田水舍，从金马山那边来，从穿心鼓楼那边来，从容地跨着宽大的步子，飘然掠过这片校园，飞渡了昆明湖，翻过碧鸡山脊，向安宁，祥云，大理，保山那边去布她的黑纱幕去了。夜当真来了，一阵冷风，枝上迟归的小鸟冻得："吱——"的一声。抖了一下柔软的小羽毛，飞回家了。到处都是黑的。牧猪人赶了猪群回来，前面的牧猪人嘴里"啰，啰，啰，"地唤着。后面的用细竹枝"刷，刷，刷，"地打着。一群黑影子滚滚翻翻地从公路边，成行的树干旁擦过去了。公路上还有车辆，还有人马，也都看不见了。只听得"索索"声音，大概全想快点走完一天的路罢？
>
> 这夜景是一个梦开始的情形呢？还是一个梦结束的尾声？这是才落下的一幕呢？还是将开的一幕？那些走动的声音就是舞台幕后仓忙布景人的脚步罢？这无时间可计算的一段黑暗就是幕前的一刻沉默罢？喏！灯光亮了！校园中的总电门开了！图书馆，各系办公室，各专门期刊阅览室，读书室，各盥洗室，及一排一排如长列火车似的宿舍整齐的窗口，全亮了！所有的路灯也都亮了！窗口门口，能直接看到灯的地方，更是光明耀眼！曲折的小河沟也有了流动的影子。校园内各建筑物也都有了向光，和背光的阴阳面。走动着的人物也都可以查觉了，黑色的幕是揭去了。②

鹿桥用清新秀丽、层次分明的笔调，赋予九月甫开学的联大校园以鲜明的形象和色彩，青春气息扑面而来，放在小说的首章，呈现的是新学期开始的新鲜气象与雀跃心情，从夜的黑到"光明耀眼"，预告着一出动人的戏剧即将登场，仿佛是静默的画面突然动了起来，"黑色的幕是揭去了"，给人一种无穷的期待

---

① 鹿桥：《未央歌》，第11页。
② 同上，第15页。

与愉快的想望。这段五百余字的描写，在整部 60 万字的篇幅中极其渺小，但类似这样生动的写真，不夸张地说，在小说中俯拾即是。这是鹿桥的才华，也是《未央歌》的独特美感，一个个意境悠远的画面，一句句带点哲思的对话，一件件趣味盎然的小事，一次次情感的波澜起伏，为全书渲染出一种宁谧的基调和淡淡的氛围，充分显现出鹿桥所追求的美的感受与爱的理解。

整部《未央歌》，既是成长的童话，也是生命的寓言。这则童话说的是"美"，这则寓言说的是"爱"，爱与美交织的生命之歌，名曰"未央"。虽然故事始于 1940 年的开学，写到 1943 年几位主角毕业离校为止，然而，这首歌终将传唱下去，一如小说结尾第 17 章写道："正和校园中的玫瑰一样，每年呈现及时花朵，又何用我们来发什么闲愁！"故事的终了，鹿桥刻意安排西山华亭寺的履善和尚下山来找学校附近火化院的幻莲师父，两位出世人物的一番闲谈，可谓饶负深意：

> 两人烹起一壶上好的十里香名茶，坐在柏树荫下，横论这几年校中风云变幻。二人谈到会心处，便相顾笑乐一阵。
>
> 幻莲因为身离学校近了，又常和学生们往来，眼光便全在学校之中。履善远居山上，看法自有不同。他说："这个看来竟像个起头，不像个结束。不见这些学生渐渐都毕业，分散到社会上去了么？他们今日爱校，明日爱人，今日是尽心为校风，明日协力为国誉。我们只消静观就是了。"
>
> 幻莲听了点头。眼见庭院寂静，日暖生烟，手掌大的厚树叶，偶而团团转着落下一两片，阶前的花，鲜红艳紫迎了阳光，欣欣向荣，不觉心上怡悦，坐在那里，竟睡着了。[1]

这真是一幅云淡风轻、禅意深远的画面。结束是另一个故事的开始。在结束与开始之间，生命成长，成熟；情感开花，结果。我们无须想象这群年轻人离开校园后的发展与经历如何，只要感动于他们在校园期间曾经有过的友情、爱恋、求学与生活故事中的真善美即可，就如履善和尚说的："只消静观就是了"。40 年代的抗战烽火在天外燃烧着，这个发生在战火边缘的校园青春故事，因为鹿桥，因为爱与美，终于成为一则文学上的传奇。

---

① 鹿桥：《未央歌》，第 607 页。

六、未央的心愿：寻找一种永远

　　鹿桥与无名氏都是带点传奇色彩的作家，巧合的是，鹿桥写完《未央歌》是 1945 年，无名氏完成《北极风情画》是 1943 年，两人同为 26 岁，写作时间又如此接近。《未央歌》的问世颇经一番周折，而《无名书》的出版过程更是史无前例的奇迹。1950 年代，无名氏在恐怖、死亡的包围中续写《无名书》后 3 卷半，约 170 万字，这"潜在写作"的成果，"文革"时被抄没，他也入狱一年多，直到"文革"结束后平反，于 1979 年发还这批书稿，于是，他以复写、分批方式，陆续秘密寄往香港给他的二哥卜少夫，花了 1 年 9 个月时间，以 2900 封信走私寄出，直到 1981 年卜少夫收到第 6 卷《创世纪大菩提》的最后一页，此一巨大工程才告完成①。也因为这些书籍在海外的出版，无名氏才迅速走红。鹿桥静水流深式的安静作风，与无名氏急如星火的冒险性格，二者有强烈的对比，但其作品的畅销与撼动人心却无二致，共同为 20 世纪 40 年代文学史谱下传奇一章的贡献，也同样让人赞叹。

　　鹿桥和无名氏都是有个性、有风格的作家，对他们而言，"一切成规的形式都拦不住个性和创意"②。司马长风曾评论无名氏说："他不遵守任何规格，要怎么写就怎么写；他也不睬任何教条，要说什么就说什么。活泼泼的一个人，整个的呈露在你面前，不但色彩鲜明，甚至连气味都可闻到，这真是难以抗拒的魅力。"③ 这段描述放在鹿桥身上也同样适用。不过，司马长风也指出："鹿桥不像无名氏那么'野'和'狂'，结构虽然离奇，并没有抛离轨道，因为小说中仍流露了几个故事。故事只是蜻蜓点水，重要的是人物，那风概和情怀。"④ 可以说，无名氏的情节美较为突出，鹿桥的情调美则较为鲜明。

　　只要是美的作品，人们都会发自真心的感动与喜爱。无名氏的作品《塔里

---

①　这段特殊的"秘密行动"，详细过程可参看无名氏：《搏——八十自述》，《抒情烟云》下册，台北：文史哲出版社，1998 年，第 577—579 页。李伟的说法略有出入，他说："从 1979 年到 1982 年 10 月，三年零九个月中，他向香港寄出大约四千封信。平均每年发信约千余封，堪称人世奇观。"见李伟：《神秘的无名氏》，第 225 页。有所出入的原因应该是：无名氏说的是《无名书》的后半部分，而李伟指的是《无名书》全部 6 册书稿。

②　司马长风：《中国新文学史》下册，第 113 页。

③　司马长风：《无名氏的散文》，原载《香港快报》1977 年 9 月 14 日；引自无名氏：《塔里·塔外·女人》，台北：风云时代出版社，1990 年，"附录"，第 241 页。

④　司马长风：《中国新文学史》下册，第 113 页。

的女人》在"文革"期间，竟然以手抄本形式风行于各大城市之间，保守估计达几十万册；台湾中国电视公司将它拍成电视连续剧，又再度掀起畅销热潮。因为这本书，无名氏走进畅销作家之林，但也因为这本书，他走完了86年的人生。2002年7月，他为了赶写20集《塔里的女人》电视连续剧脚本，患贫血病而住院10天，出院后仍埋头疾书，于10月时吐血而死，临死前手书"不要死"三字，真令人百感交集。

鹿桥的《未央歌》则是被谱成了歌曲，至今仍在传唱。黄舒骏填词谱曲的《未央歌》发表于1988年，不同的年代，却有着同样的心情①：

> 当大余吻上宝笙的唇边我总算了了一桩心愿
> 只是不知道小童的那个秘密是否就是蔺燕梅
> 在未央歌的催眠声中多少人为它魂萦梦牵
> 在寂寞苦闷的十七岁经营一点小小的甜美
>
> 我的朋友我的同学在不同时候流下同样的眼泪
> 心中想着朋友和书中人物之间究竟是谁比较像谁
> 那朵校园中的玫瑰是否可能种在我眼前
> 在平凡无奇的人世间给我一点温柔和喜悦
>
> 你知道你在寻找你的蔺燕梅你知道你在寻找你的童孝贤
> 你知道你在你知道你在你知道你在寻找一种永远
>
> 经过这几年的岁月我几乎忘了曾有这样的甜美
> 突然听说小童在台湾的消息我想起从前的一切
> 为何现在同样的诗篇已无法触动我的心弦
> 也许那位永恒的女子　永远不会出现在我面前

---

① 黄舒骏16岁考入台中一中后，花了3天时间把600多页的《未央歌》读完，从此这本书成了他的精神食粮，书里的主要人物在他脑海里挥之不去。他不仅想把这部小说写成歌，还想拍成电影。这首歌曲是他1988年首张专辑的第一首歌。1995年的某天，黄舒骏接到鹿桥友人的电话，希望可以联络，并留下美国的地址和电话。黄舒骏激动不已，立刻打越洋电话给鹿桥，并于两周后，抱着吉他飞到鹿桥美国的家中。鹿桥亲切招呼他，两人聊着有关《未央歌》的往事。不同年代的人却有着同样激动的心情，黄舒骏说，这是他人生中最美妙的一天。参见赵雅芬：《未央歌结缘黄舒骏美梦成真》，《中国时报》2006年9月1日。

我的弟弟我的妹妹　你们又再度流下同样的眼泪

喔！多么美好的感觉　告诉我你心爱的人是谁

多么盼望你们有一天　真的见到你的蔺燕梅　伍宝笙和童孝贤

为我唱完这未央的心愿

　　岁月过去，留下了爱与美的记忆；永恒不会消逝，它在一代代读者的心里。在人的一生中，总有一些阶段，需要这种爱与美的滋润与追想。《未央歌》刻意远离战争、动乱、失序的现实，留恋着黄金般的美好岁月，正如论者所分析的："《未央歌》的世界，有如一个美丽的花园，一个人的一生中，总要有一个时候——大学也好，现在也许要提早到高中或初中——让他进到这个花园里，欣赏它的美，他的心中就永远珍藏了这个花园，以及因此对美的记忆。在以后人生颠踬的路上，有一天他还可以想起这个花园，记起人间的情和美。"[1]正是这样的心理，即使是在无情战火威胁下，浪漫的玫瑰花依然会在战场的一角悄悄盛开着。无名氏与鹿桥在 20 世纪 40 年代的小说创作，就是那如诗般甜美的玫瑰，开在时代边缘、主流之外，但她的香气与丰姿，却使沉重、单调、残酷的战争文学史，有了盎然的生机与动人的风华。

---

①　刘毓玲：《且从歌声话未央》，《中央日报》1999 年 5 月 10 日，第 8 版。

结论 "一个人"的文学史

——中国现代作家个人化写作的自觉追求与历史经验

一、不尽是文学的世纪

总结 20 世纪中国文学走过的曲折道路, 源自于一开始就是在一种特殊背景下产生和开展的, 救亡、启蒙、政治等特殊的时代任务, 使这个时期的文学不利于抒情审美纯文学的发展。柯灵对 20 世纪上半叶的看法就指出了这种特殊的时代特点:

> 不知是历史偶然的巧合, 还是有意的考验, 中国新文学运动发难以后的三十年, 竟和战争结下不解之缘。开场既和第一次世界大战首尾相衔, 临末又经历了第二次世界大战的全程。莽莽神州大地, 备受帝国主义列强侵陵鱼肉的同时, 军阀混战连绵不断, 革命战争重叠交错, 内忧外患, 天灾人祸, 轮番袭击。到抗日战争的炮声一响, 国家已经走到存亡绝续的边缘。
>
> 新文学运动的风雨阴晴, 都和这动荡的时代息息相关。①

特殊时代召唤特殊的文学, 不可否认的, 战争与政治文化的语境和氛围, 始终制约着 20 世纪大多数年代的基本走向, 也支配着作家的创作心理和审美定势。政治与文学, 国家与个人, "强国梦" 与 "抒情美", 在现代文学史上

---

① 柯灵:《第三个十年——〈中国新文学大系〉(1937—1949) 散文卷序》,《隔海拜年》, 台北: 业强出版社, 1992 年, 第 244 页。

从来就不曾处于平衡的局面，"去政治化"的追求基本上是"痴人说梦"，所以 20 世纪特殊的文学场域使文学自主性的实践显得步履艰难。正如皮埃尔·布迪厄（Pierre Bourdieu，1930—2002）所指出的："处于文化生产场存在中的自主要求，应该考虑到不断翻新的阻碍和权力，比如教会、国家或大经济机构的权力，还是内部权力，特别是那些特定的生产和传播工具的控制者（报纸、出版社、电台、电视）。"① 正是一些"不断翻新"的种种意识形态"权力"的阻碍与控制，使 20 世纪的文学自主性受到严重的侵害与挤压，在很长一段时期，文学成了政治服务的工具或机器。自由与个性，本是文学自身具有的品格，然而这种出自人性、审美情感的追求，在 20 世纪上半叶几乎成了一种奢求。

至于有人提出"非文学的世记"的说法，我不完全赞同，也许，"不尽是文学的世纪"会是更为符合文学史实的说法。救亡、启蒙、政党、革命、主义、集团、阶级等主要思潮与主流话语，确实曾经将文学审美、抒情、自主性、自由、个性、趣味、人性、心灵等创作初衷与核心价值，加以利用、摧残、迫害、限制，造成 20 世纪上半叶抒情审美的文学千疮百孔，惨不忍睹。不过，这不是全部，而是局部；不是"一网打尽"，而是"夹泥沙以俱下"。在苦难重重的时代，抒情审美意识不会、不能、也不允许成为作家创作思想、生命存在的全部，但是，在他们心灵的皈依、精神的寄托与艺术的向往、文学的追求过程中，抒情审美意识也不会、不曾、不可能从他们的思想、生命中完全消失。文学，特别是抒情审美艺术的文学，就像是连天烽火中，崩塌墙边一朵在风中瑟瑟抖动的青嫩小花，散发着微弱却清芳的香气，因为这朵小花，20 世纪的文学才没有沦为一致的苍白与单调，而有了一丝的美好与想望，一抹清丽动人的色彩。

也就是说，任何排他性的单一思想体系或状态，都应该受到质疑和挑战。统一、单一、一体、一元等许多"一"，背后都代表着极端的权威和不可撼动的教条，不能挑战，不能更改。我们希望打破这样决绝的"一"，或是盲目、集体向"一"走去的趋势。非此即彼，一锤定音，很容易让我们的美学思维方式流于片面化、简单化、绝对化。所有定于一尊的纲领、路线、政策、纪律，对文学来说，都将会窒息其生机、压制其发展、葬送其生存的空间与进步的可能性。这个认知，历史已经有过充分的证明。回顾"五四"以来 30 年新文学

---

① ［法］皮埃尔·布迪厄：《艺术的法则——文学场的生成和结构》，北京：中央编译出版社，2001 年，第 399 页。

运动的发展，历史也可以证明，作家并没有辜负他所处的时代，然而，这并不意味作家可以成为驯服的政治工具，就如柯灵所言："世界文学史，包括中国文学史在内，似乎还没有提供一个实例，证明有一部公认的文学名著，是因为阐述某种具体政策而获得成功的。要求文学从属于政治，结果是买椟还珠，得不偿失，这已经有足够的经验教训了。"①

20世纪特殊的政治语境，使得抒情审美的写作无法成为"重要"，但谁也不能否认，它又是一种"必要"。它不会是时代的中心焦点，但谁也不能抹杀它在边缘存在的位置。坚持抒情、坚持审美，不仅需要才气，有时候更需要勇气，即使只是一个姿态，都会让人觉得弥足珍贵。

二、抒情之必要，审美之必要

以研究文艺心理学、美学著称的学者童庆炳，在其《文学审美特征论》一书中指出："诚然，文学作为一种意识形态包括了巨大的认识因素，但构成文学之所以为文学的充分而必要的条件，则不是认识而是审美。文学作品中的认识因素是重要的，但它只有溶入审美因素，化为审美因素，才有存在的权力。"② 他特别举了俄国著名文学评论家别林斯基（1811—1848）的说法来强调这个论点，别林斯基对文学的思想作用和认识作用一向非常重视，但是他说："无疑地，艺术首先必须是艺术，然后才能是一定时期的社会精神和倾向的表现。不管一首诗充满着怎样美好的思想，不管它是多么强烈地反映着当代问题，可是如果里面没有诗，那么，它也就不能表现美好的思想和任何问题，我们所能看到的，不过是体现得很坏的美好的企图而已。"③ 也就是说，真正的文学作品与非文学之间的区别关键在于审美特质。没有审美，即使有再好的思想，它依然不是文学。

至于抒情，它是作家审美把握的关键。所谓"审美把握"，是指"创作主体的感知、表象、想象、理解和情感的自由融合的心理过程"，这其中"情感"是使审美得以产生、进行与完成的重要元素，因为对于一切美的创造，

---

① 柯灵：《第三个十年——〈中国新文学大系〉（1937—1949）散文卷·序》，《隔海拜年》，第255页。

② 童庆炳：《文学与审美》，《文学审美特征论》，武昌：华中师范大学出版社，2000年，第44页。

③ ［俄］别列金娜编：《别林斯基论文学》，梁真译，上海：新文艺出版社，1958年，第16页。

"感知、表象是出发点，想象是基本途径，理解是透视力，而情感作为一种自由的元素与上述各种心理功能的融合，是美的发现力"。因此，"情感的介入与否和介入的程度，是创作主体审美把握的关键。从一定意义上看，我们简直可以这样说，创作主体的审美把握，就是情感把握"①。没有情感的介入，就没有艺术想象，也就不能发现生活的美，进而创造出艺术的美。抒情审美意识是作家追求文学表现与艺术效果的基础，特别是以"美"为特征的文学作品，几乎可以说是作家抒情审美意识的反映、投射下的产物。创造社的发起人之一张资平，尽管其作品在文学史上的评价颇有争议，但我们同意他说的一句话："凡是足称为文艺的作品必然是抒情的，同时是审美的艺术的创作。"② 也正是如此，文学创作才能显现出不同创作主体个人化的诸多差异性与特殊性，从而形成文学表现风格的千姿百态。因为抒情审美意识是在作家自我表现的自由状态下产生，因此它往往带有主观的、个性的、自由的、精神的、自觉的等特质。

文学创作是一种审美的感觉、体验与认识，是一种极具个人化的感情活动。由于审美活动的特征是个人的，同时也是独创的，所以即使作家关心人类、社会，但一旦进入创作，他感兴趣的仍是个人独特的命运与际遇。这种独创性与个体性，特别在以作家的内心世界为主要审美对象的抒情写作中表现得最为直接与鲜明。或许可以这样说，越是个性自觉的时代，越容易出现一个抒情审美文学繁荣的局面。中国现代文学30年发展的历史，抒情审美文学始终位居边缘，正好说明了这个时期不适合个性写作的特殊环境。

对于有些作家愿意用文学去干预社会生活，去拥抱社会群众，去实践社会理想，这样的"用心"与"付出"，坦白说是无可非议的。毕竟，作家离不开这个时代，如果作家所关心、思考的问题仅仅是"私人的"，不能代表一种普遍性，作品中所表达的思想感情也不能与他人的思想感情相呼应的话，那么这种作品自然是不会有多大价值的。只不过，拥抱社会群体的公共性写作不能成为普遍性的定律，常态性的规范，更不能成为文学创作上的"政治正确"。没有权威，没有禁忌，没有对不对，只有好不好、美不美，只有文学与非文学的区分。唯有确认这一点，文学才能真正得到自由。

---

① 这一段对"审美把握"的说明，参见童庆炳：《文学与审美》，《文学审美特征论》，第43页。

② 张资平：《新红A字自序》，收于《张资平自传》，南京：江苏文艺出版社，1998年。此文写于1944年。

从"五四"的救亡、启蒙，再到抗战、内战时的救亡，30 年的历史经过了一个循环，救亡被赋予不同的时代意义，同时散发出更为强大的现实力量。1931 年"九一八"事件后的救亡思潮，唯恐亡国灭种的民族危机感，导致很多激进的自由主义者纷纷"左"倾，接受社会主义，林语堂是少数不向左转的人之一。他在 20 世纪 30 年代提倡性灵、幽默、小品文的写作，其深层的意义是要争"不得体"的自由、言论的自由、"不政治正确"的自由。在国家压制个人的 30 年代，提倡小品文其实就是提倡个人自由。且看他出版于 1937 年的《生活的艺术》中的这段话：

> "为艺术而从事艺术"的口号，常受旁人的贬责，但我以为这不是一个可容政治家参加议论的问题，而不过是一个关于一切艺术创作的心理起源的无可争论的事实。……商业式的艺术不过是妨碍艺术创作的精神，而政治式的艺术则竟毁灭了它。因为艺术的灵魂是自由。现代独裁者拟想产生一种政治式的艺术，实在是做一件绝不可能的企图。他们似乎还没有觉得艺术不能藉刺刀强迫而产生，正如我们不能用金钱向妓女买到真正的爱情。①

对大多数坚持文学审美理想的作家而言，这应该是一个"无可争论的事实"，然而，文人的自由心灵与强硬的政治话语仍然产生了抵牾。林语堂以宽容、同情、理解为本质的"幽默"主张，为他个人带来了许多的批判、攻击与误解。在"集体"的历史感、权威感、崇高感、使命感、秩序感的重重网罗下，像林语堂这样"个人"的审美性、自由感竟让人有"无地自容"之感。

整个 30 年的现代文学史，深受国家权力、革命意识操控的"集体书写"获得前所未有的滋长，怎么说都是一种失衡的遗憾。在那个特殊的年代，战争是必要的，革命是必要的，但抒情与审美对人心的抚慰、情绪的升华又何尝不是同样重要呢？即使是遭受亡国之痛的肖邦，他创作的乐曲、演奏的音乐也并不全是呐喊与咆哮的。相反的，人们是透过他抒情婉转的小夜曲才认识波兰的。就如谢有顺所说："像周作人、沈从文、张爱玲这样一些作家，他们可能都没有着力去书写所谓的时代转折和社会变化，但是，他们那些远离时代喧嚣的文字，因为忠诚于自己的内心，留下了很多私人化的生活细节，反而为我们

① 林语堂：《以艺术为游戏和个性》，《生活的艺术》，台北：远景出版公司，1976 年，第 352—353 页。

保存了那个时代最基本的经验和事实，成为那个时代最为真实的记忆之一。"①也许，"一个人"的历史，要比"一群人"的历史更为贴近生活的真实、人性的本质与历史的真相吧。

在战火连天的 20 世纪 40 年代，文坛不缺乏集体救亡与政治意识下的创作，丁玲、巴金、茅盾、郭沫若、萧军、老舍、丘东平、冯雪峰、艾青、田间、彭燕郊、阿垄、夏衍、田汉、巴人……只是较具代表性的名字，其他知名或不知名的作家还可以写成一长串的名单。他们作品中所燃烧的抗日激情确实令人"激动"，有的作家甚至直接走上硝烟弥漫的战场，慷慨悲壮的身影同样令人"震动"，只是，他们许多主题先行、政治优先的作品能否穿越时空，具有长久"感动"人心的力量，可能就见仁见智了。钱理群对西南联大诗人的描述很可以给我们一些启发：

> 这或许也算是战争中的奇迹：当战争进入相持阶段，在遍地硝烟之中，在由于物质匮乏而出现的经商狂潮中，竟然出现了相对宁静的校园里对精神的坚守，成为园内人极为珍惜、园外人十分向往的战争中的精神家园（圣地），就在这样的特殊氛围中，培养出了一批战乱中的校园诗人，并以其特殊的风貌，给这一时期的诗歌打上了不可磨灭的烙印，并对以后的新诗发展产生深远的影响。人们首先注意到的，是遥远的西南一角昆明，大后方最高学府西南联大。②

他特别举了诗人冯至对诗的思维、形式、语言、抒情写作的突破为例，认为他的《十四行集》"吐露内心感"，"是属于个人的诗"，是"从身边的日常生活与自然中发现内在的哲理"，"并自觉上升到生命哲学的层次"，"它使中国现代诗歌第一次具有了'形而上的品格'"。③ 显然这和当时许多写阶级感、民族感的诗有着完全不同的思考与表现。当我们今天捧读《十四行集》时，依然会为其中庄严的瞬间体验，例如生命的孤独、自我与万物的对话、自然流动的意象等所深深感动。我们还可以联想到鹿桥的《未央歌》，这样一部以抗战为背景、西南联大学生生活与感情为主的作品，和主流文学思潮作品相比，自然显得"不合时宜"，然而，它却以抒情审美的情调、文字，为"抗战文学"

---

① 于坚、谢有顺：《于坚谢有顺对话录》，苏州大学出版社，2003 年，第 19 页。
② 钱理群、温儒敏、吴福辉：《中国现代文学三十年》（修订本），第 578 页。
③ 同上，第 581 页。

谱下一阕唯美动人的乐章，并且在冲锋呐喊的战歌鼓声远去之后，被人们惊喜地、永恒地传唱着。

海德格尔（Heidegger，1889—1976）在《人，诗意地安居》中提到，"美是无蔽性真理的一种呈现方式"，"澄明之光在作品中闪耀，它就是美。"① 在我看来，自由与个性是美的前提，以抒情审美意识为出发点的个人化写作，不管在何种特殊、严峻的条件下，都应该是让作品发出"澄明之光"的主要来源之一。

三、在历史漩流中艰难前进的身影

晚清时以梁启超为代表的知识分子，强调的是"群"的重要，《论小说与群治之关系》一文可为代表。到了五四时期，强调的则是"个人"，是"己"，郁达夫在《中国新文学大系·散文二集·导言》中的说法可为代表，他说："五四运动的最大的成功，第一要算'个人'的发见。"谈到散文，他也强调："现代的散文之最大特征，是每一个作家的每一篇散文里所表现的个性，比从前的任何散文都来得强。"② 此外，周作人也将五四新文学的本质界定为"人的文学"："一，这文学是人性的；不是兽性的，也不是神性的。二，这文学是人类的，也是个人的；却不是种族的，国家的，乡土及家族的。"他说这是从"文学的主位的人的本性"以及"文学的本质"所定下的两个要求③；茅盾同样强调在文学创作时"发展个性"的重要："人的发见，即发展个性，即个人主义，成为'五四'时期新文学运动的主要目标；当时的文学批评和创作都是有意识的或下意识的向着这个目标。……个人主义成为文艺创作的主要态度和过程，正是理所必然。而'五四'新文学运动的历史的意义，亦即在此。"④ 可以说，"五四"是发现个人、个性解放的时代，也是现代文学主体性、审美性诞生的时代。

然而，20世纪20年代中期开始风起云涌的革命潮流，又将文学发展带回

① ［德］海德格尔：《人，诗意地安居》，郜元宝译，桂林：广西师范大学出版社，2000年，第87页。

② 郁达夫：《中国新文学大系·散文二集·导言》，第5页。

③ 周作人：《新文学的要求——1920年1月6日在北平少年学会讲演》，《周作人自编文集·艺术与生活》，第19—20页。

④ 茅盾：《关于"创作"》，《茅盾文艺杂论集》上册，上海文艺出版社，1981年，第298页。

到"群"的轨道，和梁启超一样，文学再一次被视为救国救民的工具，为某些"主义""党派""运动"服务，变为革命的传声筒。作家主体"我"逐渐消失，取而代之的是阶级、党派、集团的"我们"。就如研究个人主义的学者李今对五四新文学的分析："在五四文学这短短的十年中，由于自我意识的觉醒，……为压抑了几十年的人类的尊严、个体的尊严提供了扬眉吐气的机会，为中国精神界的发展提供了喘息活跃的时间，使在文化上从未获得合法权的自我无顾忌地理直气壮地体验到了自己的情感、创造能力和智慧的威力。"然而，"中国人的个体精神负累太多太重，难以超越现实，在精神的空间中自由地无拘无束地放松和翱翔"①。于是，自我意识在短暂抬头后，重新又受到压抑。这样的压抑随着时局的动荡与战火的加剧，日趋严峻、沉重，等到抗战炮火响起，"人不分男女老幼，地不分东南西北"，"一切为抗战"的政治动员，使得宣传性、功利性、战斗性的文学成为时代的必须。那个时代是不允许文学做个人的自我表达，个人化的心灵景观很快被淹没在集体呼喊与群众斗争的历史大潮下，奄奄一息。抒情审美写作——这个充满个体精神与自我意识的艺术表现，在20世纪上半叶的文学历史中，在启蒙民众、救亡国族为主要职责的文学主流下，只能蜿蜒在现实与艺术的夹缝之中，艰难地生存。

抗战期间出版《向太阳》《他死在第二次》《旷野》《火把》等诗集的诗人艾青（1910—1996），不管是在艺术道路还是人生道路上，都是满含深情地讴歌民族战斗，焕发着同仇敌忾、为国献身的精神力量，因而被闻一多称为"时代的号角""鼓手"。他曾经真诚地自剖道："我将学习谦虚，使自己能进步；我将更努力工作，使自己能不惭愧生存在这伟大的时代。我没有一天不希望自己的作品更充实，使我的声音更广地进入人民的心里；因此，我愿意人家批评，严正的批评，我一定会欢喜而且感激，只要他们的出发点，是为了抗战，为了胜利。"② 对于诗人与时代的关系，他更明确地指出："最伟大的诗人，永远是他所生活的时代的最忠实的代言人；最高的艺术品，永远是产生它的时代的情感、风尚、趣味等等之最真实的纪录。抗战在今天的中国，在今天的世界，都是最大的事件，不论诗人对于这事件的态度如何，假如诗人尚有感官的

① 李今：《个人主义与五四新文学》，哈尔滨：北方文艺出版社，1992年，第173—174页。
② 艾青：《为了胜利》，《艾青全集》第3卷，石家庄：花山文艺出版社，1994年，第127页。

话，他总不能隐瞒这事件之怵目惊心的存在。"① 于是，他奔赴延安，接受新思想的锻炼，积极投身革命工作，希望能救民族于水火之中，和时代同流的渴望成为他创作的动因与艺术倾向。在《我爱这土地》一诗中他痛切地说："为什么我的眼里常含泪水？/因为我对这土地爱得深沉……"② 对土地、民族、政治的信仰，使艾青成了时代的旗手。

然而，这样"政治正确"、力求"与时代同拍"的战士诗人，在抗战期间还是受到了批评。他写于1939年的叙事长诗《他死在第二次》，虚构了一个身负重伤的士兵，伤愈后重返战场，最终战死的情节与人物形象。这个战士在艾青笔下带有悲壮的色彩，也有怵目惊心的死亡恐惧："我们的枪哪儿去了呢/还有我们的涂满血渍的衣服呢/另外的弟兄戴上我们的钢盔/我们穿上了绣有红十字的棉衣/我们躺着又躺着/看着无数的被金属的溶液/和瓦斯的毒气所啮蚀过的肉体/每个都以疑惧的深黑的眼/和连续不止的呻吟/迎送着无数的日子/像迎送着黑色棺材的行列"。这样的心理描写无疑是真实而生动的。最后，士兵"在燃烧着的子弹/第二次——也是最后一次呵——/穿过他的身体的时候"，他"终于像一株/被大斧所砍伐的树似的倒下了"。诗人悲恸的联想给人无尽的凄凉感："在那夹着春草的泥土/覆盖了他的尸体之后/他所遗留给世界的/是无数的星布在荒原上的/可怜的土堆中的一个/在那些土堆上/人们是从来不标出死者的名字的/——即使标出了/又有什么用呢？"③ 诗中传达的是对无名英雄、英勇战士的歌颂与哀悼，怎么看都是大时代一个侧面的真实投影。出乎艾青预料的，这首诗竟受到严厉的批评，最有代表性的是吕荧的长文《人的花朵——艾青与田间合论》，其中写道：

> 《他死在第二次》的"他"是一个兵士，而我们在他的情感与生命里，几乎看不见一点兵士的痕迹；"他"在实质上是一个诗化了的知识分子的情感与生命的化身。……诗人把"他"的生命局限在感触与憧憬的世界里，而诗人把他自己的歌声寄附在他的身上。但是，由于人物缺乏诸本质的生活面与感情面的体现，"他"的形象没有具现在读者的面前，他的生活的气息是那么淡薄，几乎像是一个漂浮在云雾中的人物。他的歌声失

① 艾青：《诗与时代》，《艾青全集》第3卷，第71页。
② 艾青：《我爱这土地》，《艾青全集》第1卷，第229页。
③ 艾青：《他死在第二次》，《艾青全集》第1卷，第266—282页。

去了感动人的生命与力量。①

显然，艾青笔下有些悲观、感伤的战士形象，不符合批评者（或多数人）所认为应有的勇敢乐观、昂扬向上的精神，与抗战时期人们所需要或崇拜的英雄形象有所落差，就如研究者何清的分析："国家需要英雄，需要牺牲；人们崇拜英雄，漠视牺牲；文学作品歌颂英雄也就在情理之中。艾青的《他死在第二次》与当时文学的整体氛围是不太协调的，主人公的心理现实与英雄的崇高感出入甚多。写了战士的焦虑、恐惧，写了'他'惨黄的脸色，也写了'他'对生活的留恋，这怎么能是我们的英雄呢？更何况作者还表达了一种悲观情调。这首诗说起来是有点不合时宜。"② 这正是问题所在。吕荧的指责很明显，问题不在战士，而在诗人。当然，理解与支持的声音也有，如孟辛、端木蕻良等都撰文参与了这场风波。最终，诗人做了这样的申辩："批评家们说我的诗知识分子的气味太浓，他们的话所含的暗示我知道。事实上，没有一个作者不被他的教养和出身的环境所限制了的，而每个作者的进步过程就是他逐渐摆脱他的限制的过程。我是一个从来也不敢停止努力的人。我在继续不断地摆脱我出身的环境所加给我的限制。"③ 这与其说是申辩，不如说是反省与检讨。

我想，如果连艾青都不免于被批判，我们就不难理解，在政治挂帅的时代，梁实秋、林语堂、沈从文、张爱玲等人力图超脱于政治漩涡之外，坚守自己独立的艺术追求与人格追求是多么艰难了。似乎在某些时代、某些人的观念里，只有意识形态主导一切的文学才是"纯文学"——它甚至于容不下一点情感的杂质、审美的介入。现代文学30年的历史经验已经昭然若揭：个人面对集体主流庞大、无形的制约与影响，很难不被淹没、牵制，如果一味"拒绝合唱"，"坚持己见"，"与众不同"，不是被孤立排挤，形单影只，就是彻底没顶，放逐噤声——除非，你加入集体，让"我"消失，成为"我们"中的一分子。

20世纪40年代在上海活跃的一批校园女作家就是这样消失在后来文学史家的视域中。这个以施济美为代表的"东吴女作家群"，她们的小说作品多从青春与爱的热情出发，透过一篇篇生涩却真挚、狭隘却美善的文字，向目的地

---

① 原载《七月》第6集第3期，引自海涛、金汉编：《艾青专集》，南京：江苏人民出版社，1982年，第442—443页。

② 何清：《忧郁的注视——艾青》，台北：文史哲出版社，2004年，第125页。

③ 艾青：《我怎样写诗的》，《艾青全集》第3卷，第133页。

出发，这目的地便是创造一种精神的、浪漫的美的存在。在这批年轻女作家的作品中，不乏这样的关键词：诗、青春、梦、惆怅、月光、夜、黄昏、蓝星、爱与美、回忆等等，大量伤情伤己、缠绵悱恻的情绪在故事中氤氲着，情爱的失落，人生的迷茫，精神的困境，青春的敏感，或隐或显地吟唱低诉。在现实的洪流面前，这样的作品不免显露出其不合时宜的脆弱性，当"时代精神"与"救亡意识"成为评判文学的单一价值之际，她们的"儿女私情"必然成为"家国之思"底下难以承受的"生命之轻"。

　　和这群女作家同时崛起于上海的张爱玲，同样感受到时代的崩解、战争的灾难，她笔下的空袭、封锁、扔炸弹、刺杀汉奸等许多情节，不能说不是受到战争的影响，然而，"她是以一种带几分冷漠的超然对待抗战的"①。她对此有过解释："我们对于战争所抱的态度，可以打个比喻，是像一个人坐在硬板凳上打瞌睡，虽然不舒服，而且没完没了地抱怨着，到底还是睡着了，能够不理会的，我们一概不理会。出生入死，沈浮于最富色彩的经验中，我们还是我们，一尘不染，维持着素日的生活典型。"② 在她看来，战争和其他不可抗拒的自然灾害一样，既然无力回天，也就只能听天由命，漠然处之。源于特殊的家庭环境与成长历程，以及她深刻的精神创伤和孤僻的性格，她对写作也有属于自己不随流俗的见解，她曾说："像一切潮流一样，我永远是在外面的"③，这句话准确地道出她依凭感觉、心灵、个性创作的审美理念。时代社会的风云变幻，惊心动魄的政治斗争，显然都不是她追求的核心。1944 年，抗战最后的阶段，她"依然故我"地多次表达不与时代主流合拍的信念，如《自己的文章》中提到：

　　　　我写作的题材便是这么一个时代，我以为用参差的对照的手法是比较适宜的。我用这手法描写人类在一切时代之中生活下来的记忆。而以此给予周围的现实一个启示。我存着这个心，可不知道做得好做不好。一般所说"时代的纪念碑"那样的作品，我是写不出来的，也不打算尝试，因为现在似乎还没有这样集中的客观题材。我甚至只是写些男女间的小事情，

---

　　① 杨守森主编：《20 世纪中国作家心态史》，北京：中央编译出版社，1998 年，第 276 页。

　　② 张爱玲：《烬余录》，《流言》，第 43 页。《流言》最早于 1944 年由上海五洲书报社出版。

　　③ 张爱玲：《忆胡适之》，《张看》，台北：皇冠出版社，1976 年，第 172 页。

我的作品里没有战争，也没有革命。①

以"小事情"取代"大时代"，她不歌颂战斗，不描写英雄，不抒发人民群众的心声，而只是面向个人小我心灵，咀嚼属于个人的悲欢沧桑；在《写什么》中她甚至带点嘲讽地说："有个朋友问我：'无产阶级的故事你会写么？'我想了一想，说：'不会。要么只有阿妈她们的事，我稍微知道一点。'后来从别处打听到，原来阿妈不能算无产阶级。幸而我并没有改变作风的计划，否则要大为失望了。"② 她依然写她最有兴趣也最擅长的题材——普通人日常生活、恋爱婚姻的种种纠葛等。然而，她自己也意识到，这样的坚持是"不合时宜"的，她说："文人讨论今后的写作路径，在我看来是不能想象的自由——仿佛有充分的选择的余地似的。……我认为文人该是园里的一棵树，天生在那里的，根深蒂固，越往上长，眼界越宽，看得更远，要往别处发展，也未尝不可以，风吹了种子，播送到远方，另生出一棵树，可是那到底是很艰难的事。"③ 张爱玲和其他许多坚持抒情审美的作家一样，都面临了艰难的处境与无情的批判、孤立。曾经在 20 世纪 40 年代与张爱玲多所交往的作家柯灵，对张爱玲传奇的文学生涯有过一段发人深省的评价：

> 中国新文学运动从来就和政治浪潮配合在一起，因果难分。五四时代的文学革命——反帝反封建；30 年代的革命文学——阶级斗争；抗战时期——同仇敌忾，抗日救亡，理所当然是主流。……我扳着指头算来算去，偌大的文坛，哪个阶段都安放不下一个张爱玲，上海沦陷，才给了她机会。日本侵略者和汪精卫政权把新文学传统一刀切断了，只要不反对他们，有点文学艺术粉饰太平，求之不得，给他们什么，当然是毫不计较的。天高皇帝远，这就给张爱玲提供了大显身手的舞台。抗战胜利以后，兵荒马乱，剑拔弩张，文学本身已经成为可有可无，更没有曹七巧、流苏一流人物的立足之地了。张爱玲的文学生涯，辉煌鼎盛的时期只有两年（1943—1945），是命中注定：千载一时，"过了这村，没有那店"。幸与

---

① 张爱玲：《自己的文章》，《流言》，第 22 页。
② 张爱玲：《写什么》，《流言》，第 124 页。
③ 同上。

不幸，难说得很。①

看来，张爱玲坚持个人化的写作，缔造的传奇背后其实是无尽的苍凉。她后来在文学史册上消失，柯灵认为"毫不足怪"，因为"国内卓有成就的作家，文学史家视而不见的，比比皆是"②。如果一个时代剥夺了作家自由创作的可能性，仅仅留下众口一声的主流话语，幸与不幸，应该是非常清楚的。

　　20世纪30年代上海新感觉派小说代表人物之一的施蛰存（1905—2003），从1929年开始，陆续发表《鸠摩罗什》《将军底头》等小说，以"挖掘和表现人物的潜意识、隐意识和深层心理变化，强化心理分析的深刻度和细密度，丰富和发展心理小说的表现技巧"③，成为中国"现代派"的重要推手。新感觉派在审美意识追求上的非现实化、个人化、私密化风格非常强烈，李欧梵就认为他在30年代作家普遍感时忧国的大环境下，却"自愿躲在城市的'象牙塔'里作艺术创新尝试"，与整个时代的主潮流"反其道而行"④，然而，这样一位个人意识鲜明的作家仍然无法挣脱政治意识形态的罗网，他写于1933年的一篇文章就表露了心中的犹疑与不安：

　　　　而这时候，普罗文学运动的巨潮震撼了中国文坛，大多数的作家，大概都是为了不甘落伍的缘故，都"转变"了。《新文艺》月刊也转变了。于是我也——我不好说是不是，转变了。我写了《石秀》，《花》这两个短篇。但是，在这两个短篇之后，我没有写过一篇所谓普罗小说。这并不是我不同情于普罗文学运动，而实在是我自觉到自己没有向这方面发展的可能。甚至，有一个时候我曾想，我的生活，我的笔，恐怕连写实的小说都不容易作出来，倘若全中国的文艺读者只要求着一种文艺，那时我唯有搁笔不写，否则，我只能写我的。⑤

---

　　① 柯灵：《遥寄张爱玲》，原发表于《读书》杂志1985年第4期，引自《柯灵文集》第1卷，第361页。

　　② 柯灵：《遥寄张爱玲》，引自《柯灵文集》第1卷，第361页。

　　③ 刘增杰等：《中国现代文学思潮研究》，开封：河南大学出版社，1996年，第207页。

　　④ 李欧梵：《中国现代小说的先驱者——施蛰存、穆时英、刘呐鸥》，《现代性的追求：李欧梵文化评论精选集》，台北：麦田出版公司，1996年，第164页。

　　⑤ 施蛰存：《我的创作生活之历程》，《施蛰存散文》，杭州：浙江文艺出版社，1999年，第124页。

施蛰存最终还是坚持"我只能写我的",否则只好"搁笔不写",这个艰难的选择使他不至于沦为众多"普罗文学"作家的一分子,而维持着自己独立的艺术人格与文学风貌。

当施蛰存于1929年埋首创作富实验性的心理小说之际,剧作家夏衍(1900—1995)则于1929年与郑伯奇、冯乃超等人组织成立了"上海艺术剧社",提出"普罗列塔利亚戏剧"(即无产阶级戏剧)的口号。20世纪30年代时,夏衍的历史剧《赛金花》被称为"国防戏剧之力作"。抗战时期,他写了《心防》《法西斯细菌》《芳草天涯》等符合时代主潮、"政治正确"的剧作。然而,多年以后,他对自己"配合政治""为政治服务"的写作心态有了沉重的反省:

> 从抗日战争前后起,我写了一些不合格的剧本和相当数量的杂文随笔,现在看来,我写的东西极大部分是为了配合政治,为政治服务的。文艺为政治服务这个口号,经过多年的实践检验,证明它不仅不很完善,而且很明显地带有"左"倾思潮的烙印,但是我重读这些文章,却并没有后悔的心情,也不想加以修改,因为任何一个人,在一个特定的时代和环境中,不可能不受到历史、社会条件的影响和制约,而当时,正是革命和战争最剧烈的时候。因此,去年出版了两册作品选集和一本杂文随笔集,我都让它留下历史的斑痕,而没有加以装饰和掩盖。[1]

虽说并不感到"后悔",但这番自白还是充满遗憾的。当然,这里并无苛责之意,正如他所言,那毕竟是"一个特定的时代和环境",任何"一个人"都可能卷入"一群人"的时代洪流中,这是时代的影响和制约,个人要与时代对抗,除了"自觉",很难"强求"。

从晚清、"五四"、抗战到1949年,作家们经历了一个剧变的时代,也各自走在不同的道路上,或前进,或退缩,或坚定,或彷徨,或一致,或凌乱,纵横交错出一段复杂的文学历史。章诒和在《往事并不如烟》中说过一句感慨良深的话:"不是中国人,不是知识分子,就很难估量中国知识分子在现代史上承受过的压力和分量。"[2] 正是这种压力和分量,使20世纪中国作家走过的

---

① 夏衍:《夏衍论创作·自序》,上海文艺出版社,1982年。引自巫岭芬编:《夏衍研究专集》上册,杭州:浙江文艺出版社,1990年,第515页。

② 章诒和:《往事并不如烟》,台北:时报出版公司,2004年,第441页。

每一个印记都格外沉重，艰辛，同时也格外令人感动、尊敬。

四、个人的声音，文学的永恒

尽管所谓"个人化写作"作为一个颇有影响的创作概念并广泛被使用是在1990年代①，但符合其实质概念精神的写作却要早得很多。根据吕永林的研究，"个人化写作"概念的界定，最具代表性的是1995年12月，由王干、戴锦华于北京的一次关于"女性文学与个人化写作"的对话：

> 戴锦华曾从三个层面界定"个人化写作"的涵义：一是指个性、风格意义上的创作个人化；二是指只从个人的视点、角度切入历史，构成对权威话语和主流叙事的消解；三是就女作家而言，个人化写作有着私密化的自传意义。这一界定后来受到了评论者们的广泛认可，此后诸多研究或评论，无论是将个人化写作理解为与"公共化"相对的"私人化"，还是与"宏大叙事"相对的"小叙事"，或者与"共名"相对的"无名"，乃至"非历史化"、"欲望化"、"消费主义"等等，都大致不出戴锦华的这一界定。②

本书使用"个人化写作"，比较接近于第一、二个层面，但也不完全吻合。对这个词语的厘清非本文讨论的重心，事实上这个语词本身的范畴与性质界定也还未能统一，例如陈晓明对"个人化写作"的阐释就更接近我的理解，他的解释是：一、"远离社会的中心价值体系"，个人经验成为"文学写作的全部根本"；二、"无法建立，也无法认同任何一种明确的'集体想象'关系"，"写

---

① 根据吕永林的研究，"1990年代中后期以来，一些女性作家、'晚生代'作家、'70后'作家才公开认同或使用个人化写作这个词语，包括他们的创作在内的更多文学创作也才被一些研究者和评论者网罗在'个人化写作'的名下予以讨论。也只有在1990年代以后出版的一些文学史（如洪子诚主编的《中国当代文学史》，朱栋霖、丁帆、朱晓进主编的《中国现代文学史》，陈思和主编的《中国当代文学史教程》等）中才正式使用了'个人化写作'这一术语。"见吕永林：《个人化及其反动——穿刺"个人化写作"与1990年代》，上海：东方出版中心，2010年，第13页。

② 吕永林：《个人化及其反动——穿刺"个人化写作"与1990年代》，第22页。王干、戴锦华的对话《女性文学与个人化写作》，发表于《大家》1996年第1期。

作者不再有充当历史主体的欲望","文学写作不再追逐意识形态实践"①。对于这个词语,我想强调的是回归创作主体的审美意识,不受集体、政治、意识形态钳制的个人书写。它是个人的独语、私语,是言志、抒情、诗意的追求,是自觉的、大写的"我",是自由的、向内转的美的写作。它相对于政治文化、时代话语、公共话语,不偏向载道、功能、使命,反对宣传的、一体化写作。个人化写作不是个人主义,而是强调创作主体的个性、自由与独立,以发出个人的声音为鹄的,它只对自己真实的内心负责。

美国"国家书卷奖"得主哈金(Ha Jin,1956—)在2001年访台座谈会"荒唐人生VS.真实小说"中发言提到:"我不相信人群,我不相信集体,我只相信个人,因为文学是个人创造的,这一点是非常重要的,就是说你要成为一个作家,你必须紧紧地站在你自己的中心,不围着别人转。"② 这里传达的正是"个人化写作"最重要的本质。类似的看法其实早在1937年的林语堂就曾表述过,他以坚定直接的语气说:"凡在写作中不敢用'我'字的人,决不能成为一个好作家""写作不过是发挥一己的性情,或表演一己的心灵。"③ 高行健的说法更为接近而完整,他说:

> 文学,也只有文学,才能说出政治说不出,而意识形态不可能说出的这种个人的声音和真切的感受。每一个时代的作家从各自的经验出发,去摸索人生终极的意义,这是一条无止境的路。这种追求出于人对自身确认的需要,文学才发出这永恒的叩问。又因人而异,各有各的解答,也无所谓过时与否,并不在乎是否贴上时代的标记。这也就是为什么文学的历史不可能写成一部进化史,也不受政治权力的更替和时间的磨损,可以一读再读,人类的经验和由此得来的认知才世代相传。④

作家刘再复的许多看法也表达了相同的理念与立场,他再三强调,文学应

---

① 陈晓明:《反抗危机:论"新写实"》,《文学评论》1993年第2期,第88—100页。这里主要引用吕永林的归纳,见《个人化及其反动——穿刺"个人化写作"与1990年代》,第80页。

② 丁文玲纪录:《荒唐人生 vs. 真实小说》,《中国时报·开卷周报》2001年9月30日。哈金为华裔小说家,本名金雪飞,哈金为其英文笔名。

③ 林语堂:《写作的艺术》,《生活的艺术》,第378、374页。

④ 高行健:《环境与文学——国际笔会东京大会2010文学论坛开幕式演讲》,《明报月刊》2010年11月号,第49—50页。

该坚守自身的独立品格，保持对文学的忠诚信仰。他认为文学的自救之道就是不要当"风气中人"（钱钟书语）与潮流中人，而是应该选择"局外人"的角色，也就是要从政治文化语境中跳出来，从商业市场大潮中跳出来，建构属于自己的精神家园，象牙之塔。只有在象牙塔里，作家才能进入"深邃精神生活的自由"。①

容许我引一段诗人宗白华（1897—1986）谈自我写诗的心境与体验，因为那独特的、个人的、抒情的创作经验简直美得像一首诗：

> 民国 10 年的冬天，在一位景慕东方文明的教授夫妇的家里，过了一个罗曼蒂克的夜晚；舞阑人散，踏着雪里的蓝光走回的时候，因着某一种柔情的萦绕，我开始了写诗的冲动。从那时以后，横亘约摸一年的时光，我常常被一种创造的情调占有着。黄昏的微步，星夜的默坐，大庭广众中的孤寂，时常仿佛听见耳边有一些无名的音调，把捉不住而呼之欲出。往往是夜里躺在床上熄了灯，大都会千万人声归于休息的时候，一颗战栗不寐的心兴奋着。静寂中感觉到窗外横躺着的大城在喘息，在一种停匀的节奏中喘息，仿佛一座平波微动的大海，一轮冷月俯临这动极而静的世界，不禁有许多遥远的思想来袭我的心，似惆怅，又似喜悦；似觉悟，又似恍惚。无限凄凉之感里，夹着无限热爱之感。似乎这微渺的心和那遥远的自然，和那茫茫的广大的人类，打通了一道地下的深沉的神秘的暗道，在绝对的静寂里获得自然人生最亲密的接触。我的《流云小诗》，多半是在这样的心情中写出的。往往在半夜的黑影里爬起来，扶着床栏寻找火柴，在烛光摇晃中写下那些现在人不感兴趣而我自己却借以慰藉寂寞的诗句。②

一种神秘的、形而上的美的经验，无遮蔽地表现出自己灵魂的深度，但同时也展现了人类灵魂与世界灵魂的深度。我认为最动人的个人化写作无非如此。

正是在这样的经验理解与审美认识基础上，我梳理了王国维、鲁迅、周作人、废名、朱自清、冰心、湖畔诗人、徐志摩、林徽因、闻一多、沈从文、何其芳、卞之琳、东吴女作家群、鹿桥、无名氏等近 30 位现代作家以抒情审美

---

① 刘再复：《文学的自救——文学自性的毁灭与再生》，《明报月刊》2010 年 7 月号，第 109 页。

② 宗白华：《我和诗》，《流云小诗》，合肥：安徽教育出版社，2000 年，第 7 页。此文写于 1923 年，初刊于《文学》第 8 卷第 1 期"新诗专号"，1937 年 1 月 1 日出版。

意识为底蕴、出发点的个人化写作,并试图依时间的先后,将这些个人的声音汇聚成"一个人"的文学史。研究 20 世纪中国新诗的学者杨四平指出:"文学是非常强调个性的东西。张扬文学个性并保持其原貌才是文学史写作的真正使命。"因为,"文学史是由一个个文学英雄共同创造出来的",所以应该"以个人来呈现主流,而非以主流来附带个人"①。这确实是令人深思的卓见。不过,本书的写作虽然也是从个别作家切入,但这批作家并不指望成为"文学英雄",更不愿在时代主流意识指导下从事创作。即使是在枪杆子当道的年代,他们仍始终相信笔杆的力量,绝不牺牲文学审美的"本色",来扮演政治上的"角色",这是这些作家对辉煌时代、宏大命题的反叛与消解。

他们坚持抒情审美,坚持着那样一种声音,有自我的、有感情的声音,并以这种声音面向淹没我们的宏大轰鸣,以独立之姿,接受淬炼和考验。在历史起伏的漩流冲击下,他们在艰难中踽踽独行的身影,看来是那么渺小、单薄,但时间毕竟是公正的,那原本渺小的、"一意孤行"的文学身影,已经越来越巨大。

文学史已经证明,个人的声音,微小,但坚不可摧。

---

① 杨四平:《20 世纪中国新诗主流·导言》,合肥:安徽教育出版社,2004 年,第1—2 页。

参考文献

（按作品发表及图书出版时间先后排序）

一、普通图书

[1] 俞平伯. 燕知草 [M]. 上海：开明书店，1928.

[2] 徐志摩. 轮盘 [M]. 上海：中华书局，1930.

[3] 李素伯. 小品文研究 [M]. 石家庄：新中国书局，1932.

[4] 阿英. 现代十六家小品 [M]. 上海：光明书店，1935.

[5] 朱湘. 中书集 [M]. 上海：生活书店 1937.

[6] 谭正璧. 当代女作家小说选 [M]. 上海：太平书局，1944.

[7] 废名. 废名小说选 [M]. 北京：人民文学出版社，1957.

[8] 梁启超. 饮冰室文集 [M]. 台北：中华书局，1960.

[9] 梁启超. 清代学术概论 [M]. 台北：中华书局，1963.

[10] 梁实秋. 谈闻一多 [M]. 台北：传记文学出版社，1967.

[11] 张爱玲. 流言 [M]. 台北：皇冠出版社，1968.

[12] 林语堂. 生活的艺术 [M]. 台北：远景出版公司，1976.

[13] 张爱玲. 张看 [M]. 台北：皇冠出版社，1976.

[14] 余光中. 青青边愁 [M]. 台北：纯文学出版社，1977.

[15] 李泽厚. 中国近代思想史论 [M]. 北京：人民文学出版社，1979.

[16] 王家新，等. 中国现代爱情诗选 [M]. 武昌：长江文艺出版社，1981.

[17] 朱金顺. 朱自清研究资料 [M]. 北京：北京师范大学出版社，1981.

[18] 茅盾. 茅盾文艺杂论集 [M]. 上海：上海文艺出版社，1981.

［19］冯雪峰. 冯雪峰论文集［M］. 北京：人民文学出版社，1981.

［20］鲁迅. 鲁迅全集［M］. 北京：人民文学出版社，1981.

［21］王瑶. 中国新文学史稿［M］. 上海：上海文艺出版社，1982.

［22］海涛，金汉. 艾青专集［M］. 南京：江苏人民出版社，1982.

［23］叶嘉莹. 王国维及其文学批评［M］. 台北：源流出版社，1982.

［24］杨牧. 周作人文选［M］. 台北：洪范书店，1983.

［25］卞之琳. 人与诗：忆旧说新［M］. 上海：三联书店，1984.

［26］曾小逸. 走向世界文学［M］. 长沙：湖南人民出版社，1985.

［27］王训昭. 湖畔诗社评论资料选［M］. 上海：华东师范大学出版社，1986.

［28］李欧梵. 中西文学的徊想［M］. 香港：三联书店，1986.

［29］秦贤次. 云游——徐志摩怀念集［M］. 台北：兰亭书店，1986.

［30］朱光潜. 朱光潜全集［M］. 合肥：安徽教育出版社，1987.

［31］周锡山. 王国维文学美学论著集［M］. 山西：北岳文艺出版社，1987.

［32］杨牧. 徐志摩诗［M］. 台北：洪范书店，1987.

［33］萧艾. 王国维评传［M］. 台北：骆驼出版社，1987.

［34］凌宇. 沈从文传——生命之火长明［M］. 北京：十月文艺出版社，1988.

［35］鹿桥. 未央歌［M］. 台北：台湾商务印书馆，1988.

［36］赵沨，徐京安编. 外国文学流派研究资料丛书·唯美主义［M］. 北京：中国人民大学出版社，1988.

［37］俞元桂，姚春树，汪文顶. 中国现代散文十六家综论［M］. 上海：华东师大出版社，1989.

［38］唐弢. 西方影响与民族风格［M］. 北京：人民文学出版社，1989.

［39］鲁非，凡尼编. 中国新文学大师名作赏析：闻一多［M］. 台北：海风出版社，1989.

［40］朱自清. 中国新文学大系诗集［M］. 台北：业强出版社，1990.

［41］李宁. 小品文艺术谈［M］. 北京：中国广播电视出版社，1990.

［42］巫岭芬. 夏衍研究专集［M］. 杭州：浙江文艺出版社，1990.

［43］周作人. 中国新文学大系·散文一集［M］. 台北：业强出版社，1990.

［44］金钦俊. 中国新文学大师名作赏析：何其芳［M］. 台北：海风出版

社，1990.

［45］郁达夫．中国新文学大系·散文二集［M］．台北：业强出版社，1990.

［46］茅盾．茅盾全集［M］．北京：人民文学出版社，1990.

［47］陈思和．中国新文学整体观［M］．台北：业强出版社，1990.

［48］陈锺英，陈宇．中国现代作家选集·林徽因［M］．香港：三联书店，1990.

［49］无名氏．塔里·塔外·女人［M］．台北：风云时代出版社，1990.

［50］卢启元．中国新文学大师名作赏析：冰心［M］．台北：海风出版社，1990.

［51］司马长风．中国新文学史［M］．台北：传记文学出版社，1991.

［52］陈思和．笔走龙蛇［M］．台北：业强出版社，1991.

［53］张恩和．中国新文学大师名作赏析：周作人［M］．台北：海风出版社，1991.

［54］陈镇国．冯文炳研究资料［M］．福州：海峡文艺出版社，1991年.

［55］潘颂德．中国现代诗论四十家［M］．重庆：重庆出版社，1991.

［56］沈从文．沈从文别集［M］．长沙：岳麓书社，1992.

［57］吴立昌．中国新文学大师名作赏析：沈从文［M］．台北：海风出版社，1992.

［58］吴立昌．人性的治疗者——沈从文传［M］．台北：业强出版社，1992.

［59］李今．个人主义与五四新文学［M］．哈尔滨：北方文艺出版社，1992.

［60］孟庆枢．日本近代文艺思潮与中国现代文学［M］．长春：时代文艺出版社，1992.

［61］柯灵．隔海拜年［M］．台北：业强出版社，1992.

［62］张曼仪．中国现代作家选集·卞之琳［M］．台北：书林出版公司，1992.

［63］叶至善，等．叶圣陶集［M］．南京：江苏教育出版社，1992.

［64］郑明娳．现代散文现象论［M］．台北：大安出版社，1992.

［65］宋炳辉．夜莺与新月——徐志摩传［M］．台北：业强出版社，1993.

［66］阿英．夜航集［M］．北京：中国文联出版公司，1993.

［67］孙党伯，袁謇正. 闻一多全集［M］. 武汉：湖北人民出版社，1993.

［68］龙泉明. 中国现代作家审美意识论［M］. 武汉出版社，1993.

［69］罗荣渠. 现代化新论［M］. 北京：北京大学出版社，1993.

［70］艾青. 艾青全集［M］. 石家庄：花山文艺出版社，1994.

［71］卓如. 冰心全集［M］. 福州：海峡文艺出版社，1994.

［72］凌宇. 沈从文散文全编［M］. 杭州：浙江文艺出版社，1994.

［73］陈芳明. 典范的追求［M］. 台北：联合文学出版社，1994.

［74］钟敬文. 荔枝小品·西湖漫拾［M］. 石家庄：河北教育出版社，1994.

［75］朱寿桐. 新月派的绅士风情［M］. 南京：江苏文艺出版社，1995.

［76］徐志摩. 徐志摩全集［M］. 上海：上海书店，1995.

［77］张德厚，张福贵，章亚昕. 中国现代诗歌史论［M］. 长春：吉林教育出版社，1995.

［78］绍衡. 曹聚仁文选［M］. 北京：中国广播电视出版社，1995.

［79］无名氏. 绿色的回声［M］. 广州：花城出版社，1995.

［80］蔡元培. 蔡元培文集［M］. 台北：锦绣出版公司，1995.

［81］蓝隶之. 闻一多诗全编［M］. 杭州：浙江文艺出版社，1995.

［82］蓝隶之. 何其芳诗全编［M］. 杭州：浙江文艺出版社，1995.

［83］朱乔森. 朱自清全集［M］. 南京：江苏教育出版社，1996.

［84］朱徽. 中西比较诗艺［M］. 成都：四川大学出版社，1996.

［85］李欧梵. 现代性的追求：李欧梵文化评论精选集. 台北：麦田出版公司，1996.

［86］胡适. 胡适文存［M］. 合肥：黄山书社，1996.

［87］许道明. 中国文论选·现代卷（中）［M］. 南京：江苏文艺出版社，1996.

［88］陈思和. 写在子夜［M］. 上海：上海人民出版社，1996.

［89］刘增杰，等. 中国现代文学思潮研究［M］. 开封：河南大学出版社，1996.

［90］钱理群. 精神的炼狱——中国现代文学从"五四"到抗战的历程［M］. 南宁：广西教育出版社，1996.

［91］柯灵. 民国女作家小说经典［M］. 上海：上海古籍出版社，1997.

［92］夏晓虹. 追忆梁启超［M］. 北京：中国广播电视出版社，1997.

［93］陈思和．还原民间——文学的省思［M］．台北：东大图书公司，1997．

［94］陈宪年．创作个性论［M］．合肥：安徽教育出版社，1997．

［95］郭沫若．作品经典［M］．北京：中国华侨出版社，1997．

［96］盛晓峰．施济美小说——凤仪园［M］．上海：上海古籍出版社，1997．

［97］解志熙．美的偏至：中国现代唯美——颓废主义文学思潮研究［M］．上海：上海文艺出版社，1997．

［98］乐齐，范桥．俞平伯［M］．北京：中国广播电视出版社，1997．

［99］于润琦．海派作家作品精选［M］．凤仪园，哈尔滨：黑龙江人民出版社、北方文艺出版社共同出版，1998．

［100］孔庆东．1921：谁主沉浮［M］．济南：山东教育出版社，1998．

［101］沈从文，张兆和．沈从文家书——从文兆和书信选［M］．台北：台湾商务印书馆，1998．

［102］汪应果，赵江滨．无名氏传奇［M］．上海：上海文艺出版社，1998．

［103］李伟．神秘的无名氏［M］．上海：上海书店出版社，1998．

［104］张资平．张资平自传［M］．南京：江苏文艺出版社，1998．

［105］贺圣谟．论湖畔诗社［M］．杭州：杭州大学出版社，1998．

［106］无名氏．北极风情画［M］．台北：文史哲出版社，1998．

［107］无名氏．塔里的女人［M］．台北：文史哲出版社，1998．

［108］无名氏．抒情烟云［M］．台北：文史哲出版社，1998．

［109］杨守森．20世纪中国作家心态史［M］．北京：中央编译出版社，1998．

［110］钱理群，温儒敏，吴福辉．中国现代文学三十年［M］．北京大学出版社，1998．

［111］谢冕．百年中国文学总系［M］．济南：山东教育出版社，1998．

［112］杜卫．走出审美城［M］．北京：东方出版社，1999．

［113］施蛰存．施蛰存散文［M］．杭州：浙江文艺出版社，1999．

［114］张兆和．湖畔［M］．上海：上海古籍出版社重新编印，1999．

［115］止庵．废名文集［M］．北京：东方出版社，2000．

［116］何其芳．何其芳全集［M］．石家庄：河北人民出版社，2000．

［117］金尚浩．中国早期三大新诗人研究［M］．台北：文史哲出版

社，2000.

[118] 宗白华. 流云小诗 [M]. 合肥：安徽教育出版社，2000.

[119] 胡山源. 文坛管窥——和我有过往来的文人 [M]. 上海：上海古籍出版社，2000.

[120] 范培松. 中国散文批评史 [M]. 南京：江苏教育出版社，2000.

[121] 姚丹. 西南联大历史情境中的文学活动 [M]. 桂林：广西师范大学出版社，2000.

[122] 梁从诫. 林徽音文集 [M]. 台北：天下文化公司，2000.

[123] 无名氏. 海艳 [M]. 台北：文史哲出版社，2000.

[124] 童庆炳. 文学审美特征论 [M]. 武昌：华中师范大学出版社，2000.

[125] 刘川鄂. 中国自由主义文学论稿 [M]. 武汉：武汉出版社，2000.

[126] 蔡登山. 人间四月天——名人的爱情故事 [M]. 台北：翰音文化公司，2000.

[127] 阎纯德. 20世纪中国女作家研究 [M]. 北京：北京语言文化大学出版社，2000.

[128] 李洪涛. 精神的雕像——西南联大纪实 [M]. 昆明：云南人民出版社，2001.

[129] 范伯群. 洒向人间皆是爱——冰心 [M]. 台北：文史哲出版社，2001.

[130] 柯灵. 柯灵文集 [M]. 上海：文汇出版社，2001.

[131] 高行健. 没有主义 [M]. 台北：联经出版公司，2001.

[132] 陈思和. 谈虎谈兔 [M]. 桂林：广西师范大学出版社，2001.

[133] 张新颖. 20世纪上半期中国文学的现代意识 [M]. 北京：三联书店，2001.

[134] 卞之琳. 卞之琳文集 [M]. 合肥：安徽教育出版社，2002.

[135] 江涌，卞永清. 秋实满园——梁实秋 [M]. 台北：文史哲出版社，2002.

[136] 沈从文. 沈从文全集 [M]. 太原：北岳文艺出版社，2002.

[137] 汪曾祺. 晚翠文谈新编 [M]. 北京：三联书店，2002.

[138] 李泽厚. 中国现代思想史论 [M]. 台北：三民书局，2002.

[139] 周作人. 周作人自编文集 [M]. 止庵，校订. 石家庄：河北教育出版社，2002.

[140] 柯灵. 上海四十年代文学作品系列. 中篇小说集之一·投机家 [M]. 上海：上海书店出版社，2002.

[141] 柯灵. 上海四十年代文学作品系列. 短篇小说集之一·喜事 [M]. 上海：上海书店出版社，2002.

[142] 柯灵. 上海四十年代文学作品系列. 短篇小说集之三·迷楼 [M]. 上海：上海书店出版社，2002.

[143] 南帆. 文学理论 [M]. 杭州：浙江文艺出版社，2002.

[144] 陈青生. 年轮——四十年代后半期的上海文学 [M]. 上海：上海人民出版社，2002.

[145] 陈新华. 百年家族——林长民·林徽因 [M]. 台北：立绪出版公司，2002.

[146] 张俊才，李扬. 20 世纪中国文学主潮 [M]. 石家庄：河北教育出版社，2002.

[147] 无名氏. 野兽·野兽·野兽 [M]. 台北：文史哲出版社，2002.

[148] 廖大国. 一个无题的故事——何其芳 [M]. 台北：文史哲出版社，2002.

[149] 钟敬文. 钟敬文文集·诗学及文艺论卷 [M]. 合肥：安徽教育出版社，2002.

[150] 罗振亚. 中国现代主义诗歌史论 [M]. 北京：社会科学文献出版社，2002.

[151] 于坚，谢有顺. 于坚谢有顺对话录 [M]. 苏州：苏州大学出版社，2003.

[152] 江弱水. 中西同步与位移——现代诗人丛论 [M]. 合肥：安徽教育出版社，2003.

[153] 李济生. 巴金与文化生活出版社 [M]. 上海：上海文艺出版社，2003.

[154] 姚峰，邢超，徐国源. 低吟浅唱的歌者——卞之琳 [M]. 台北：文史哲出版社，2003.

[155] 杨联芬. 晚清至五四：中国文学现代性的发生 [M]. 北京：北京大学出版社，2003.

[156] 虞坤林整理. 徐志摩未刊日记 [M]. 北京：北京图书馆出版社，2003.

[157] 刘洪涛. 《边城》：牧歌与中国形象 [M]. 南宁：广西教育出版

社，2003.

[158] 王珞. 沈从文评说八十年 [M]. 北京：中国华侨出版社，2004.

[159] 文史哲编委会. 无名氏的文学作品探索与纪怀 [M]. 台北：文史哲出版社，2004.

[160] 朱晓进，等. 非文学的世纪——20 世纪中国文学与政治文化关系史论 [M]. 南京：南京师范大学出版社，2004.

[161] 何清. 忧郁的注视——艾青 [M]. 台北：文史哲出版社，2004.

[162] 张中良. 20 世纪三四十年代中国小说叙事 [M]. 台北：秀威资讯科技公司，2004.

[163] 章诒和. 往事并不如烟 [M]. 台北：时报出版公司，2004.

[164] 贺仲明. 喑哑的夜莺——何其芳评传 [M]. 南京：南京师范大学出版社，2004.

[165] 杨四平. 20 世纪中国新诗主流 [M]. 合肥：安徽教育出版社，2004.

[166] 李健吾. 咀华集·咀华二集 [M]. 上海：复旦大学出版社，2005.

[167] 夏志清. 中国现代小说史 [M]. 上海：复旦大学出版社，2005.

[168] 张淑萍. 一个纯美主义者的激情——林徽因画传 [M]. 江西：21 世纪出版社，2005.

[169] 郭沫若. 历史人物 [M]. 北京：中国人民大学出版社，2005.

[170] 赵江滨. 从边缘到超越——现代文学史"零余者"无名氏学术肖像 [M]. 上海：学林出版社，2005.

[171] 西南联合大学北京校友会编. 国立西南联合大学校史（修订版）[M]. 北京：北京大学出版社，2006.

[172] 飞白，方素平. 汪静之文集 [M]. 杭州：西泠印社出版社，2006.

[173] 马睿. 未完成的审美乌托邦——现代中国文学自治思潮研究 [M]. 成都：巴蜀书社，2006.

[174] 张全之. 火与歌——中国现代文学、文人与战争 [M]. 北京：新星出版社，2006.

[175] 无名氏. 无名书精粹 [M]. 武汉：武汉出版社，2006.

[176] 刘洪涛，杨瑞仁. 沈从文研究资料 [M]. 天津：天津人民出版社，2006.

[177] 废名. 新诗十二讲——废名的老北大讲义 [M]. 沈阳：辽宁教育出版社，2006.

［178］朴月. 鹿桥歌未央［M］. 台北：台湾商务印书馆，2006.

［179］吴投文. 沈从文的生命诗学［M］. 北京：东方出版社，2007.

［180］陈子善，王羽. 小姐集［M］. 北京：人民文学出版社，2007.

［181］陈学勇，王羽. 太太集——20 世纪四十年代上海女作家小说［M］. 上海：上海远东出版社，2008.

［182］王风. 废名集［M］. 北京：北京大学出版社，2009.

［183］田广. 废名小说研究［M］. 北京：中国社会科学出版社，2009.

［184］周良沛. 中国现代诗人评传［M］. 台北：人间出版社，2009.

［185］范伯群. 多元共生的中国文学的现代化历程［M］. 上海：复旦大学出版社，2009.

［186］范培松. 冰心研究资料［M］. 北京：知识产权出版社，2009.

［187］《新文学史料》编辑部. 旧时月色中的文人们［M］. 北京：人民文学出版社，2009.

［188］李岫. 李广田研究资料［M］. 北京：知识产权出版社，2010.

［189］吕永林. 个人化及其反动——穿刺"个人化写作"与 1990 年代［M］. 上海：东方出版中心，2010.

［190］陈子善. 莫愁巷［M］. 上海：文汇出版社，2010.

［191］新闻天地社. 44 位评论家对无名氏代表作——《无名书》评论摘要［M］. 香港：新闻天地社，［出版时间不详］.

二、译著

［1］别列金娜. 别林斯基论文学［M］. 梁真，译. 上海：新文艺出版社，1958.

［2］康德. 判断力批判. 上卷［M］. 宗白华，译. 北京：商务印书馆，1964.

［3］叔本华. 作为意志和表象的世界［M］. 北京：商务印书馆，1982.

［4］刘易斯·阿尔都塞. 列宁与哲学［M］. 杜章智，译. 台北：远流出版公司，1990.

［5］海德格尔. 人，诗意地安居［M］. 郜元宝，译. 桂林：广西师范大学出版社，2000.

［6］皮埃尔·布迪厄. 艺术的法则——文学场的生成和结构［M］. 北京：中央编译出版社，2001.

［7］冯铁．"寻找女性"：管理沈从文文学遗产的女作家张兆和之评价与欣赏［J］．杨书，王文欢，译．现代中国文化与文学（4）［J］．2007（5）

三、报刊文章

［1］周作人．发刊词［J］．骆驼草周刊，1930－05－12（1）．

［2］邢禾丽．上帝的信徒［J］．万岁，1943，1（3）．

［3］周瘦鹃．写在紫罗兰前头［J］．紫罗兰，1943（3）．

［4］浦江清．朱自清先生传略［J］．国文月刊，1945（37）．

［5］林怀民．温柔敦厚的至情［J］．联合文学，1987（2）．

［6］陈晓明．反抗危机：论"新写实"［J］．文学评论，1993（2）．

［7］袁进．周作人美学思想的形成、特点与矛盾［J］．上海社会科学院学术季刊，1995（2）．

［8］沉寂．身世凄楚的女作家［N］．新民晚报，1999－02－24．

［9］杜寒风．王国维美学与20世纪中国美学［J］．云南大学人文社会科学学报，2000（1）．

［10］南帆．空洞的理念——"纯文学"之辩，上海文学，2001（6）．

［11］朱忠元，刘朝霞．王国维美学思想略论［J］．洛阳师范学院学报，2002（6）．

［12］周芬伶．未央的童歌［N］．中国时报，2002－04－01（39）．

［13］李奇志．战争与20世纪40年代女性文学［J］．湖北师范学院学报，2004（4）．

［14］蓝棣之．作为修辞的抒情——林徽因的文学成就与文学史地位［J］．清华大学学报，2005（2）．

［15］陈平原．文学史视野中的"大学叙事"［J］．北京大学学报，2006（2）．

［16］孟宪爽．"何其芳现象"探究［J］．文教资料，2006（13）．

［17］李佳意，张能泉．闻一多与唯美主义［J］．湘潭师范学院学报，2006（4）．

［18］武文刚．论无名氏早期爱情写作的精神向度［J］．天水师范学院学报，2008（3）．

［19］许仲友，论《画梦录》的寂寞［J］．太原大学教育学院学报，2009（3）．

［20］张堂锜. 湖畔诗社研究若干问题考辨［J］. 文艺争鸣，2010（5）.

［21］高行健. 环境与文学——国际笔会东京大会 2010 文学论坛开幕式演讲［J］. 明报月刊，2010 – 11.

| 后 记 |

1

每次拿到学术书籍,除了翻看内容提要及目次外,我特别喜欢阅读前序和后记,尤其是后记。前序因为置于书前,总不免肩负起说明全书旨要、内容精华、学术创见与价值等严肃的话题和使命,但后记就不同了,它既不需要解释或说明撰写的立场或前提,也无须再重复书中偏重于枯燥论述、理性思维的内容,因此,它相对显得感性而轻松,特别是在历经长时间学术跋涉的艰辛与痛苦之后,面对书稿的完成,所有的作者应该都有一种如释重负的感受,这种感受在后记中娓娓道来,特别能打动人心。

我每次在看一些后记时,总能感同身受,心领神会,因为我们都曾经历过同样的过程,当一本书稿开始定题书写,真不知何时能完成,一旦写到最后一个字,那种快乐、激动、欣慰的个中滋味,实在难以言传。在后记中,往往会写出撰写过程的焦虑、彷徨、困难,也道出柳暗花明的欣喜、成就感,而且总不忘感谢恩师、学友、家人的支持与鼓励,并提到书写岁月里难忘的转折与记忆——我觉得,只有在写到这些时,作者才会卸下严肃的学者面孔,从而让读者感受到他温暖、真诚的性情。有时看到作者写了一长串感谢的名字,外人可能略而不读,但我深深知道,那每一个名字背后的意义与重量。

我终于写完这本书稿了。我希望自己能拥有一点点特权,抛开严肃的学术话题,怀抱着激动感恩的心,真实地写下自己和这部书稿奋战多年的后记。但愿也有后来者能从我的后记中,感受到每一字句背后的复杂心境与诚实态度。

2

这本书的完成只是对中国现代作家抒情审美意识探讨的初步成果。由于涉及的时空、作家、作品、思潮繁多而且复杂，其内容的不够完备，结构系统的不够紧凑，许多历史隙缝的难以一一填补，都是可以想见并已存在的缺漏。但它多少在一定层面上梳理并揭示出了中国现代作家抒情审美意识的基本特征、主要线索与各种互动关联，尤其是一些课题对象的重要性与典型性，也许能够引起进一步深入研究相关议题的兴趣。

我认为，文学艺术不是形式问题，而应该是情感问题。审美意识是作者透过作品的情感性显现。我所理解的抒情审美意识并不是纯粹的形式主义的表现方式与态度，而是与作家的生命主体意识相关的内在表达方式与态度。我相信，透过对一个一个作家及其代表作品的历时性线索的探求与掌握，我们将可以进行多维视野的考察、透视与追踪，将现代文学的现象事实、作家的审美心理、文化性格、精神状态的不同层面、特点和规律，作整体宏观又具体而微的分析阐释，从而更深刻地洞察中国现代文学的风貌和底蕴。

我希望能透过一些深具意义的现象和事实的探究，来试图接近历史的整体，并且在叙述这些历史细节与传递讯息的过程中，不要牺牲其具体性、生动性与丰富性。我也相信，只有尽可能地回到具体的历史语境，在文本与史料中进行讨论，才能获得相对接近真实的解释。我无意（也无此能力）写一部专门的文学发展史，我只能从不同的"点"切入，做比较深入的开掘，或许稍加连缀，也可以看出中国现代作家抒情审美意识发展的"史"的轮廓。但也仅仅是轮廓而已。审美意识有其历史的、社会的、文化的共性，也有其因个人条件不同所形成的差异性，这些差异性在透过作家作品的具体剖析中可以清楚看到。我认为，了解他们的差异性要比了解其共同性更为重要。从某个角度看，我对中国现代作家抒情审美意识的具体分析，正是试图从个性与共性、特殊性与普遍性的关系中，去把握一个时代的审美趣味与审美理想。

娴熟于近现代文学史发展规律的钱理群教授，他对鲁迅、周作人等文人心灵的探索，以及对文学史在"对话与漫游""返观与重构"中的研究与写作，打开了我对文学史研究的视野，也激发了我对文学史研究的热情。他有许多卓越的见解对我启发甚多，例如他对文学研究过于偏向时代社会，轻忽个人内心的现象感到忧虑：

> 文学反应时代的基础和目的，是每个人自己内心的内容以及内心的变化，这在一般"反应论"中是被忽视的，我们研究文学对时代的反应，向来所用的标准，是外在物质社会的变化，而非人的内心的自觉，是群体的变化，而非个人的变化。现在，情况好像变得越来越是如此了，文学研究

似乎已经可以乃至应该不必指向内心，有些优秀的文学研究者甚至以今是
而昨非的忏悔的口气说以往的文学研究过分纠缠于人的内心、心理和精神
乃是一种迷误，如今，我们只要翻开任何一本稍稍前卫一点的文学研究杂
志，满目都是"权力"、"意识形态"、"分配"、"公正"、"制度"、"正
义"、"跨国资本"之类的字眼在旋转，在跳动，真让人恍然感觉人生在
世，只需和凯撒周旋，而不必与上帝对话了。①

　　面对这种失衡、偏至的研究现况，钱理群强调必须"从现代政治学、社会
学和文化学的绝对统治的话语缝隙中追问文学的根据，并通过文学追问灵魂的
根据，'心'的根据"②，只有这样，中国现代文学的研究才能完整、全面。有
了他具体的"示范"，让我多年来对作家个别的精神与复杂的心灵，始终抱持
着高度的兴趣与探索的勇气。

　　在写作这部书稿的过程中，我一方面尽可能理性、系统地整理并讨论每一
位作家的创作历程、风格、得失与定位，另一方面，我坚守文学本位的理解，
试图挖掘这些作家真实、感性的内心世界，尝试以我的体悟写出这些20世纪
知识分子复杂的精神史、灵魂史。读者也许可以从我下笔的力度与角度，看出
我心中的块垒、情感的波折与思想的轨迹。我用感情写这些作家，因为他们正
是以感情的真挚与丰沛感动着无数人，舍弃此途，我将无法掌握他们生命的真
正本质与言语背后的真相。事实上，这样的写作方式与精神，我在钱理群、陈
思和、李泽厚、刘再复等许多我所敬佩的学者著作中感受尤深。不倚赖玄虚的术
语、冰冷的理论、空洞的修辞，而是以诚实真切的热情与体会，去体贴，去投入，
去接近这些优美纯真的艺术心灵。坦白说，我所做的、能做的，仅仅如此。

<h2 style="text-align:center">3</h2>

　　复旦大学陈思和教授的现当代文学研究思路与坚持写作的毅力，长久以来
对我是一种无形的启发和向往。从《中国新文学整体观》到《脚步集》，我看
到的是一位卓有成就的学者，在学术领域与教育工作上孜孜不倦的动人身影。
从交往的第一年开始，每回遇见他，总是承他赠送新作，质与量都是沉甸甸
的，捧读之余，对其治学的用功与待人的谦礼，深感一种典范的存在，足以令

---

①　钱理群：《"价值"的大小与"白心"的有无》，《中国现代文学研究丛刊》2004年
第1期。
②　同上，第29页。

人仰望。

他在为另一位我很景仰的学者范伯群教授新作《多元共生的中国文学的现代化历程》写的序言中，有一段话特别触动了我：

> 记得我在读大学的时候，中文系主任是朱东润先生。老人家当时八十多岁了，身体还是非常健朗，常常拿了手电筒一个人跑到学生宿舍里与学生谈话。有一次，说到编写文学史的问题，朱先生说，有两种编写文学史的方法，一种是书桌上先放着六本别人写的文学史著作，然后你就编写第七本，意思是说，你可以东抄西抄，观点全是别人的。还有一种方法是你要一个朝代一个朝代地研究，写出自己的心得，那就没有这么容易了。老先生说到这里，轻轻地摇摇头。我到现在还记得他说话的神情。编写文学史要有自己独特的体会，用鲁迅的话说，关键就是要有史识，而不仅仅做一个文学史料长编。这话说起来容易，做起来是何等的困难。我本人就有很深的体会。

要"写出自己的心得"，要有"史识"，这简单的"过来人语"，对我却是当头棒喝。现在我也终于能够体会，"做起来是何等的困难"。

从 2004 年在《杭州师范学院学报》发表《纯美的凝望——中国现代作家精神探索的一个面向》开始，我对本书讨论的议题就不曾停歇地思考、阅读，6 年的时间，教书的繁忙与能力的有限，进度极其缓慢。我其实意不在写一部为了"升等大业"的专书，而是希望透过这个议题的写作，让自己对晚清、"五四"至 1949 年这一段现代文学的历程有深入的认识与掌握，特别是对这段文学史中代表性的作家作品重新或开始仔细全面阅读，以求不"人云亦云"，或者明白何以"人云亦云"。这才是我真正的企图。我刻意放慢脚步，搜购一个个作家的《全集》，然后逐一阅读，笔记心得。从《鲁迅全集》开始，周作人、朱自清、冰心、徐志摩、何其芳、卞之琳、沈从文、废名、胡适、郁达夫、叶圣陶、夏丏尊、丰子恺，一直到郭沫若、丁玲、艾青、梁实秋、林语堂、张爱玲等等，我都设法买到全集，加上许多社团流派如湖畔诗社、新月社、东吴女作家群等材料的搜集，《文学周报》《创造日》《浅草》《夜莺》《新月》《鲁迅风》等期刊的添购，我沉浸其中，按图索骥，终日流连于这些文学光景，日子过得充实而自得。我要特别提到我的同事陈芳明教授，他和我的研究室同在百年楼三楼，几乎天天碰面，但我们从不"串门子"，只是偶尔在走廊遇见闲聊几句，他治学的认真与写作的勤奋也总是激励着我。记得有一次，他提到应该提倡"全集式阅读"，我听了真有知音之感，也就更加坚定这样的治学步骤与阅读方式。

此外，我也舍弃了传统逐篇发表论文，然后集结成书的方式，让自己再度回到"博士论文"的写作状态，也就是命题、架构、阅读、书写，有计划地撰写一本相对系统完备的专书。这让我也吃足了苦头。因为各种评鉴的需要，我参加学术会议或投稿学术期刊，所写的论文都与这本书的主题尽量无涉，加上这些论文的"有效期限"，进度缓慢的我，只好不断写作"不在计划中"论文。就这样，在政大十年的时光转眼过去。

这十年的时间，我其实不曾怠惰，出版了 10 多本书，发表了数十篇论文，暂且不论耗费多少时间心力在各种繁杂的公共事务与教学服务，仅以研究而言，我对自己是无愧于心的。

4

在历史长河中，10 年只是一瞬，但对我个人而言，却是一段漫长的生命旅程。面对工作，我无愧；但面对生活，我却有悔。如果不是家人的体谅和牺牲，我不可能在学术道路上前进一点点。岁月神偷 10 年间，我的两个孩子长大，从小学到大学，从中学到研究所，对他们成长的历程，我确实疏忽了很多；我的内人，总是默默地支持着我，放弃许多家庭生活该有的欢乐，甚至也原谅我多次忘记一些应该纪念的节日，除了感激与抱歉，我不知该如何表达内心对她的亏欠与不安。我一度怀疑自己对工作的付出是否值得，原因来自家庭，但我对工作的热情与坚持，动力还是来自家庭。10 年的时间，我已经两鬓斑白，满面尘霜，面对未来，我确实应该调整生活的重心与方式，毕竟时不我与。

1999 年，刚进政治大学任教的第一学期，我的母亲过世；10 年之后，我遭逢丧父之恸。母亲的离开，完全在我意料之外，我至今每每想起，总有椎心之痛。有时清晨醒来，泪流满面，只因为梦见了母亲。我记得，当我拿到博士学位时，她感到极大的欣慰与喜悦，但不识字的母亲，自然不能理解我写的博士论文，也无法阅读我写的一本又一本的书。这实在是我生命中一个难以弥补的遗憾。母亲走后，孤独的父亲日渐衰老，我知道他需要家人的陪伴，即使我有空就南下湖口探视，依然远远不够。"忙"是每一次自我安慰的借口，他最终也在三个孩子都忙的情况下，消瘦，厌世，以致撒手离去。不是不知道，我在忙碌中失去的远远要比得到的多，但就是身不由己地在江湖中打转，奔波，茫然，疲惫。对于父母，我实在有愧有憾，尤其是自己身为人父后，更知他们对我的付出是永远无法回报万一的。如果可以，我愿意将这本小书献给在天上的父母亲，告诉他们，如果不是他们的养育之恩，书中的每一个字，都将无法成形，诞生。

生活总是忙碌而又不能尽如人意的。除了家人的支持，我必须要特别感谢10年来许多师友对我的关心、鼓励与协助，他们对我曾经"有厚望焉"，但我让他们失望了。已经离开的沈谦老师，如果知道我的进度如此缓慢，肯定是会严加督促的；许多师友或直接，或委婉地提醒，在我心中积累了极其沉重的负荷。这两年来，我终于大量减少外务，比较专心地撰写这本书稿，但也因此，许多朋友疏远了，师长们疏于请安了，一些邀约也横下心来婉拒了，心中的惴惴不安，实在难以向外人道。

我要特别感谢李瑞腾老师，我的学术启蒙与成长都有他用心提携的点拨；文史哲出版社彭正雄先生，许多书籍的出版都是因为他宽容的提拔；退休同事唐翼明老师、董金裕老师等，从"不断提醒"到"不好意思提醒"再到"不敢提醒"，他们内心的"煎熬"我完全可以理解；我的研究生助理们，从顺文、名好到家仪、千绫，不断帮我去图书馆借书或复印资料，却总是等不到我在研究所开一门现代文学的课程。对于他们，我除了感激、抱歉，实在无言以对。

关切的"压力"还有一部分来自大陆的朋友。特别是苏州大学的"兄弟们"。由于以前在《中央日报》编副刊，很早就结识了苏大的栾梅健、王尧、马亚中、徐国源、季进等志同道合的朋友，十多年深厚的交往，我看着他们"事业"蒸蒸日上，真是打从心底替他们高兴，每回去大陆旅行或开会，苏州已然成为不能回避的"景点"。他们对我的热情照顾，和兄弟的感情没有两样。和我同龄的栾梅健，交往尤其密切，合作尤其频繁，情谊尤其深远。我经常在这些兄弟们身上找到努力上进的力量，一如他们送我怎么喝都喝不完的茶叶，香气四溢的时刻，我总是想起他们。他们多次相邀开会或旅游，我总是婉拒的多，原因多半出在这本怎么写也写不完的书。

我再一次深刻体会到"如释重负"的感觉。在《未央歌》的《尾声》中，作者鹿桥说："我的歌唱完了，我的心也闲了。"在为这本书写后记的此刻，我却深深地感觉到，这几年来压在心头的负荷虽然减轻了许多，但要到"闲"的境界只怕还早。不过没关系，这几年学会了"忙里偷闲"，现在的年纪能这样已是幸福。

谢谢家人、师长、朋友、兄弟、学生们，不一一具名，因为你们的名字已经牢牢在我心中。

5

山上百年楼的研究室，是我阅读、写作的"象牙之塔"，我在这里度过无数个晨昏，看过几度花开花落，迎送过一届又一届年轻学子。白天，只要将窗帘轻轻拉开，我就可以看到学生上课的情景。下课钟响，嘈杂的嬉闹声也会传入耳际，对面的系图书馆总有学生来看书、借资料，热闹而有活力。但是到了晚上，人声邈远，灯火亮起，整栋建筑沐浴在黝黑的光影里，悄无声息的安静下来。这时候，只有隐藏在丛林里的夜鹭，每5秒钟一声的鸣啼，打破山中的寂静，规律清晰地陪伴着我的孤独，以及我的阅读。有人告诉我那就是暗光鸟，总在夜里清醒着。只要天气好的夜晚，夜鹭总是准时地出现，直到我开车离去，它依然没有闲着地迭声叫唤。我好奇这种鸟的习性，几次在暗黑的停车场，见到它缓慢小心地来回踱步。我会停下来，和它相对注视许久，像是打招呼，更像是道别。我结束一天的工作，将百年楼交给它。日复一日。

终于结束这本书的写作，心中感慨万千。百年楼的夜鹭不会知晓，它还是不间断地啼唤着。我也不知道学术的尽头在哪里，只能继续埋首，在解释的路途上，试着发出自己的声音。日复一日。

张堂锜

2017 年 12 月，（台湾）政治大学文学院百年楼

补 记

这是我在中国大陆出版的第三本书，内容主要探讨抒情审美意识在民国文学史中的特殊表现与曲折道路，能列入李怡、张中良两位先生主编的《民国文学史论》丛书，并由广州花城出版社出版，深感荣幸。

此书最初撰写时的预设读者其实就是大陆学界的同行，毕竟台湾学界研究中国现代文学的人并不多，因此部分内容最初曾经在台湾由文史哲出版社少量印行，以便来日寻求大陆出版的机会。感谢苏州大学文学院院长王尧教授的热心，帮我找了一家出版社，但在尚未实际运作之际，获得李怡教授的热情邀约，计划将拙作列入《民国文学史论》丛书，对这本以民国作家为叙述主体的书稿而言，能以集体的方式隆重亮相，自然是最适当也最好的安排了。对于王尧、李怡两位老友的长期关心与协助，在此表示我由衷的谢意。

研究中国现代文学 20 年，出版了十多本相关的著作，尽管也充满热情和乐趣，但一直要到近几年，因为投入"民国文学"的提倡与研究，才特别感到一种学术上自觉突破的活力与使命感。在台湾，我编刊物、办会议、主持中心的业务运作、策划丛书，都与民国文学有关，甚至在大学研究所开设"民国文学专题"课程，几年下来，看到"民国文学"研究逐渐开花结果，研究者越来越多，曾经有过的孤独与寂寞也已经被喜悦和甜美所取代。我深深觉得，这是一条值得继续开拓的"林间小径"，能不能成为"康庄大道"并不重要，重要的是我将在这条路上走下去，和一群志同道合的朋友们。

最后，特别谢谢一路上对我的学术研究曾经支持、关心和鼓励过的师友们，当然，也包括了花城出版社的领导及《民国文学史论》丛书责任编辑张瑛。我担任过报社、出版社编辑多年，知道编辑在图书出版中所起的作用。在本书的编校过程中，责任编辑花费了不少时间和精力。来来回回数十封邮件，是我们讨论书稿中存在的问题及解决问题的见证。一本书的出版，能得到诸多相识或不相识的人协助，是我的幸运，也是彼此的缘分。

张堂锜

2018 年 6 月，政大文学院百年楼